21 世纪电子商务专业核心课程系列教材

电子商务数据库技术

（第四版）

主　编　潘　郁
副主编　陆敬筠
参　编　李世收　李　婷
　　　　胡　桓　潘　芳

北京大学出版社
PEKING UNIVERSITY PRESS

图书在版编目(CIP)数据

电子商务数据库技术/潘郁主编. —4版. —北京：北京大学出版社，2022.10
21世纪电子商务专业核心课程系列教材
ISBN 978-7-301-33416-4

Ⅰ.①电… Ⅱ.①潘… Ⅲ.①电子商务－关系数据库系统－高等学校－教材 Ⅳ.①F713.36 ②TP311.138

中国版本图书馆CIP数据核字（2022）第179685号

书　　名　电子商务数据库技术（第四版）
　　　　　DIANZI SHANGWU SHUJUKU JISHU（DI-SI BAN）
著作责任者　潘　郁　主编
责任编辑　巩佳佳
标准书号　ISBN 978-7-301-33416-4
出版发行　北京大学出版社
地　　址　北京市海淀区成府路205号　100871
网　　址　http://www.pup.cn　新浪微博：@北京大学出版社
电子信箱　zyjy@pup.cn
电　　话　邮购部010-62752015　发行部010-62750672　编辑部010-62704142
印　刷　者　河北滦县鑫华书刊印刷厂
经　销　者　新华书店
　　　　　787毫米×1092毫米　16开本　21.75印张　588千字
　　　　　2002年2月第1版　2004年6月第2版　2016年10月第3版
　　　　　2022年10月第4版　2022年10月第1次印刷（总第19次印刷）
定　　价　68.00元

第四版前言

20 世纪 90 年代，人类社会信息化进程的一个重大变化就是 Internet 的出现。现在 Internet 已经从单纯的学术科研网络向综合性商业网络发展，运用 Internet 进行电子商务活动风靡世界。我国从 1999 年开始，特别是 1999 年下半年，掀起了电子商务的热潮。同时，有关介绍电子商务的论文和著作大量出版。要使电子商务持续稳定地发展，社会上急需掌握电子商务实务与计算机网络运行环境的复合型人才。为此，我们组织编写了电子商务系列教材，从各个方面阐述了开展电子商务工作所需的基本知识和技术基础。《电子商务数据库技术》（第四版）是该系列教材中的一本。本书着重讲述电子商务数据库技术的基本组成部分和实现方式，力图覆盖 Web 数据库的技术和非技术层面。本书的编写本着从易到难、循序渐进、理论与实践并重的原则，力争突出“三基”，做到概念清楚，深入浅出，面向实际应用，适用于教学，从而为读者运用计算机网络开展商务工作，应用、维护和开发电子商务网站打下坚实的基础。另外，在内容的选择上，我们还注意反映这一领域的新方法、新技术，以使读者对数据库领域的前沿动态有所了解。

全书共分 10 章，主要介绍了以下内容：

(1) 基于 Web 的数据库技术的基本概念、基本开发方法和工作内容，以及 Web 数据库技术在电子商务中应用的新发展。

(2) 数据管理的模型、关系数据库的相关理论，以及当前流行的数据库管理系统。

(3) T-SQL 语言、数据库设计方法和数据库安全保护技术基础知识。

(4) 电子商务数据库应用案例。

本书第一版于 2002 年 2 月正式出版。2004 年 6 月修订出版了第二版。2016 年 10 月修订出版了第三版。本次再版是为了适应科学技术的进步和社会发展的需求，编者在广泛收集意见和建议的基础上，结合长期的教学实践和科研应用，以夯实知识基础和强化技能训练为目标，根据技术发展和应用实际更新了软件（将 SQL Server 由 2005 版更新至目前人们普遍使用的 2014 版，将 Access 由 2003 版更新至 2019 版），更新了电子商务数据库设计开发的应用实例，增加了对 NoSQL、

NEWSQL 等内容的介绍。

本书由南京工业大学经济与管理学院潘郁教授担任主编，参加编写工作的有潘郁（第 1 章、第 8 章）、陆敬筠（第 2 章、第 3 章、第 4 章）、李婷（第 5 章、第 7 章）、胡桓（第 6 章）、潘芳（第 9 章）、李世收（第 10 章）。

本书运用了编者长期以来积累的科研成果和技术经验，同时也参考了国内外有关书籍和资料以及大量的网站信息（在每一章的末尾以参考文献的形式列出），在此对相关作者和机构表示诚挚的谢意。由于编者水平有限，疏漏之处难免，敬请广大读者批评指正。此外，本书的完成得到了南京工业大学精品课程建设基金、南京工业大学教学改革与质量工程基金、南京工业大学优秀教材建设基金等项目的资助，在此谨致谢忱。

编　者

2022 年 7 月

目　　录

第 1 章　电子商务中的数据库技术 …… (1)
1.1　电子商务的基本结构框架 …… (1)
1.2　电子商务数据库应用开发过程 …… (3)
1.3　本章小结 …… (7)
1.4　本章习题 …… (7)
1.5　本章参考文献 …… (7)
第 2 章　数据库概论 …… (8)
2.1　数据管理技术 …… (8)
2.1.1　数据管理的概念 …… (9)
2.1.2　数据管理技术的发展过程 …… (9)
2.2　大数据分析与管理技术 …… (12)
2.2.1　大数据的特征 …… (13)
2.2.2　大数据存储技术 …… (14)
2.2.3　大数据处理模式 …… (16)
2.2.4　大数据处理的基本流程 …… (19)
2.3　数据模型 …… (20)
2.3.1　基本概念 …… (20)
2.3.2　概念数据模型 …… (23)
2.3.3　逻辑数据模型 …… (26)
2.4　数据库系统概述 …… (32)
2.4.1　数据库系统的发展过程 …… (32)
2.4.2　数据库系统的组成 …… (33)
2.4.3　数据库系统的三级模式结构 …… (34)
2.4.4　数据库管理系统 …… (36)
2.5　电子商务数据库应用系统的结构 …… (38)
2.5.1　客户机/服务器结构 …… (39)
2.5.2　浏览器/服务器结构 …… (42)
2.5.3　电子商务数据库应用系统的实现技术 …… (45)
2.6　本章小结 …… (47)
2.7　本章习题 …… (48)

2.8 本章参考文献 …… (48)
第 3 章 关系数据库设计基础 …… (49)
3.1 关系数据库 …… (49)
3.1.1 关系数据库的概念 …… (49)
3.1.2 关系数据库的特点 …… (50)
3.2 函数依赖 …… (50)
3.2.1 关系数据库设计缺陷 …… (50)
3.2.2 函数依赖 …… (51)
3.2.3 关键字 …… (52)
3.2.4 多值依赖 …… (53)
3.3 关系模式的范式和规范化 …… (53)
3.3.1 关系模式的范式 …… (53)
3.3.2 关系模式的规范化 …… (56)
3.3.3 规范化举例和小结 …… (57)
3.4 数据库设计中关系范式的应用 …… (58)
3.5 本章小结 …… (60)
3.6 本章习题 …… (60)
3.7 本章参考文献 …… (61)
第 4 章 SQL Server 2014 …… (62)
4.1 SQL Server 概述 …… (62)
4.1.1 SQL Server 的发展历程 …… (62)
4.1.2 SQL Server 2014 简介 …… (64)
4.1.3 SQL Server 2014 的服务器组件 …… (66)
4.1.4 SQL Server 2014 的管理工具 …… (66)
4.1.5 SQL Server 2014 的服务管理 …… (67)
4.1.6 SQL Server 2014 的使用 …… (70)
4.1.7 SQL Server 数据库的组成 …… (72)
4.1.8 SQL Server 2014 的系统数据库 …… (74)
4.2 T-SQL …… (75)
4.2.1 T-SQL 概述 …… (75)
4.2.2 数据类型 …… (79)
4.2.3 变量 …… (84)
4.2.4 运算符 …… (85)
4.2.5 函数 …… (86)
4.2.6 批处理和流程控制语句 …… (87)
4.3 用户数据库的创建和管理 …… (90)
4.3.1 用户数据库的创建 …… (90)
4.3.2 查看和修改数据库属性 …… (95)

4.3.3 管理用户数据库 …… (98)
4.4 数据表和表数据 …… (100)
4.4.1 数据表的创建和删除 …… (100)
4.4.2 修改表结构 …… (104)
4.4.3 表数据操作 …… (106)
4.4.4 创建、删除和修改约束 …… (110)
4.4.5 默认值对象和规则 …… (120)
4.5 数据库的查询 …… (122)
4.5.1 查询语句 SELECT …… (123)
4.5.2 多表查询(连接查询) …… (131)
4.5.3 联合查询 …… (136)
4.6 视图 …… (136)
4.6.1 视图概述 …… (136)
4.6.2 创建视图 …… (137)
4.6.3 查询视图 …… (140)
4.6.4 更新视图 …… (141)
4.6.5 管理和维护视图 …… (143)
4.7 索引 …… (144)
4.7.1 索引概述 …… (144)
4.7.2 索引的分类 …… (145)
4.7.3 创建索引 …… (147)
4.7.4 删除索引 …… (149)
4.8 存储过程和触发器 …… (150)
4.8.1 存储过程 …… (150)
4.8.2 触发器 …… (160)
4.9 备份还原与导入导出 …… (167)
4.9.1 数据库的备份 …… (168)
4.9.2 数据库的还原 …… (173)
4.9.3 数据导入 …… (176)
4.9.4 数据导出 …… (181)
4.10 SQL Server 2014 的安全性管理 …… (186)
4.10.1 SQL Server 2014 的安全体系 …… (186)
4.10.2 服务器的安全性管理 …… (188)
4.10.3 数据库的安全性管理 …… (194)
4.10.4 数据库对象的安全性管理 …… (198)
4.11 本章小结 …… (200)
4.12 本章习题 …… (200)
4.13 本章参考文献 …… (202)

第5章 Access 数据库 …… (203)
5.1 Access 概述 …… (203)
5.2 Access 的基本操作 …… (204)
5.2.1 窗口简介 …… (204)
5.2.2 菜单栏 …… (205)
5.2.3 起始页和标题栏 …… (206)
5.2.4 导航窗格 …… (207)
5.2.5 有关组的操作 …… (208)
5.2.6 窗体 …… (209)
5.3 Access 数据库及其基本操作 …… (214)
5.3.1 创建数据库 …… (214)
5.3.2 打开数据库并操作数据库对象 …… (215)
5.3.3 创建表 …… (216)
5.3.4 表的基本操作 …… (221)
5.4 Access 数据库的使用 …… (222)
5.4.1 定义主键 …… (222)
5.4.2 创建索引 …… (223)
5.4.3 建立和使用查询 …… (226)
5.5 本章小结 …… (232)
5.6 本章习题 …… (233)
5.7 本章参考文献 …… (233)
第6章 电子商务数据库系统设计 …… (234)
6.1 电子商务数据库的类型和特点 …… (234)
6.1.1 电子商务数据库的类型 …… (234)
6.1.2 电子商务数据库的特点 …… (236)
6.2 数据库系统的生命周期和设计流程 …… (237)
6.2.1 数据库系统的生命周期 …… (237)
6.2.2 数据库系统的设计流程 …… (238)
6.3 数据库需求分析和概念设计 …… (239)
6.3.1 需求分析 …… (239)
6.3.2 概念设计 …… (243)
6.4 DBMS 的选择、逻辑设计、物理设计及实现 …… (245)
6.4.1 DBMS 的选择 …… (245)
6.4.2 逻辑设计 …… (247)
6.4.3 物理设计 …… (251)
6.4.4 数据库实现、运行和调整 …… (253)
6.5 面向大数据的电子商务数据库设计 …… (253)
6.5.1 大数据和 NoSQL 运动 …… (253)

6.5.2　NoSQL 数据库的类型和常见的 NoSQL 数据库 …… (260)
6.5.3　NewSQL 数据库 …… (264)
6.6　本章小结 …… (265)
6.7　本章习题 …… (265)
6.8　本章参考文献 …… (265)
第 7 章　电子商务数据库安全和保护 …… (266)
7.1　数据库保护基础 …… (266)
7.1.1　电子商务数据库安全分析 …… (267)
7.1.2　电子商务数据库保护常规技术 …… (268)
7.2　数据库保护相关技术 …… (270)
7.2.1　数据库的备份与恢复 …… (270)
7.2.2　容灾管理技术 …… (273)
7.2.3　数据库保护的法律相关问题 …… (274)
7.3　数据库安全 …… (276)
7.3.1　数据库数据的安全 …… (277)
7.3.2　防范数据库系统被非法用户侵入 …… (277)
7.4　本章小结 …… (279)
7.5　本章习题 …… (279)
7.6　本章参考文献 …… (279)
第 8 章　CGI 和 ODBC 互连技术 …… (280)
8.1　CGI 的基本内容 …… (280)
8.2　ODBC 的基本原理 …… (283)
8.3　数据源与 Web 的 ODBC 连接 …… (284)
8.4　移动商务数据库互连技术 …… (290)
8.5　本章小结 …… (290)
8.6　本章习题 …… (290)
8.7　本章参考文献 …… (290)
第 9 章　电子商务基础数据库 …… (291)
9.1　电子商务数据库的分类 …… (291)
9.2　电子商务基础数据库设计 …… (291)
9.3　本章小结 …… (300)
9.4　本章习题 …… (300)
9.5　本章参考文献 …… (301)
第 10 章　电子商务数据库应用实例 …… (302)
10.1　电子商务数据库的选择和设计准则 …… (302)
10.1.1　电子商务数据库的选择 …… (302)
10.1.2　电子商务数据库的设计准则 …… (303)

10.2 实例一:网上书店 …………………………………………………………… (305)
10.2.1 模型 …………………………………………………………………… (305)
10.2.2 数据库表的创建 ……………………………………………………… (306)
10.2.3 查询 …………………………………………………………………… (307)
10.2.4 窗体 …………………………………………………………………… (311)
10.2.5 报表 …………………………………………………………………… (311)
10.2.6 页 ……………………………………………………………………… (311)
10.3 实例二:某学校网上物资查询系统 ……………………………………… (312)
10.3.1 总体规划 ……………………………………………………………… (312)
10.3.2 总体结构 ……………………………………………………………… (312)
10.3.3 系统部分功能 ………………………………………………………… (312)
10.3.4 网站结构 ……………………………………………………………… (313)
10.3.5 表结构 ………………………………………………………………… (314)
10.3.6 业务流程 ……………………………………………………………… (317)
10.3.7 查询 …………………………………………………………………… (318)
10.4 实例三:小型企业基于 Web 的 ERP 系统 ……………………………… (318)
10.4.1 系统概况 ……………………………………………………………… (318)
10.4.2 项目管理流程 ………………………………………………………… (318)
10.4.3 表结构设计 …………………………………………………………… (319)
10.4.4 表的创建 ……………………………………………………………… (323)
10.4.5 窗体 …………………………………………………………………… (327)
10.4.6 查询 …………………………………………………………………… (328)
10.5 实例四:Android 移动商务点餐系统 ……………………………………… (329)
10.5.1 总体规划 ……………………………………………………………… (329)
10.5.2 主要功能模块结构 …………………………………………………… (330)
10.5.3 系统主要工作流程 …………………………………………………… (332)
10.5.4 表结构 ………………………………………………………………… (332)
10.6 本章小结 …………………………………………………………………… (336)
10.7 本章习题 …………………………………………………………………… (336)
10.8 本章参考文献 ……………………………………………………………… (336)

第 1 章

电子商务中的数据库技术

经济合作与发展组织在有关电子商务的报告中对电子商务的定义是：电子商务是发生在开放网络上的企业之间、企业和消费者之间的商业交易。这可以看成是狭义的电子商务定义。广义的电子商务除了商业交易之外，还包括利用计算机网络技术进行的其他商业活动，如市场分析、客户联系、物资调配、内部管理、企业间合作等。开展电子商务活动需要大量地运用 Web 技术，在计算机网络上以声音、图像、视频、虚拟现实等形态传播商务信息，这就需要数据库在 Web 网站交互界面的后台对各类信息进行各类管理工作。

本章主要内容：

1. 电子商务的基本结构框架；
2. 电子商务数据库应用开发过程。

1.1 电子商务的基本结构框架

电子商务以互联网为平台，从事各种带有商业性质的活动。常见的电子商务活动有以下几种类型。

（1）企业经营。

企业经营是指生产企业和销售企业利用互联网进行的管理和营销等活动。

（2）网上银行。

网上银行又称网络银行、在线银行或电子银行。它是指银行在互联网中设立虚拟柜台，经营货币信贷业务等金融服务活动。网上银行的业务内容包括基本网银业务、网上投融资、网上购物支付、理财纳税、企业银行和其他金融服务等。

（3）网上商店和网上购物。

网上商店和网上购物是指通过互联网从事零售业务的商店以及消费者在网上进行的销售和购物活动。

（4）网络服务。

网络服务是指通过互联网提供的各种信息服务，如网上旅游、网上娱乐、网上教育等。

（5）其他。

电子商务还包括认证机构、海关、税务等机构或部门通过互联网从事的各种相关工作。

电子商务是商务信息爆炸的客观选择，也是信息技术发展应用的重要成果。电子商务正改变着人们传统的商务活动，改变着人们的消费方式，改变着企业的生产方式和营销方式，并迅速改变着国际流通业，促使形成现代物流管理方式，对世界的经济金融状态和政府的行为等都产生着深远的影响；同时，电子商务还将导致社会新问题的产生和对策研究，派生出新的行业和服务机构。

互联网是电子商务的物理基础，它把电子商务的各个方面及各个环节整合在一起。电子商务的基本结构框架如图1.1所示。

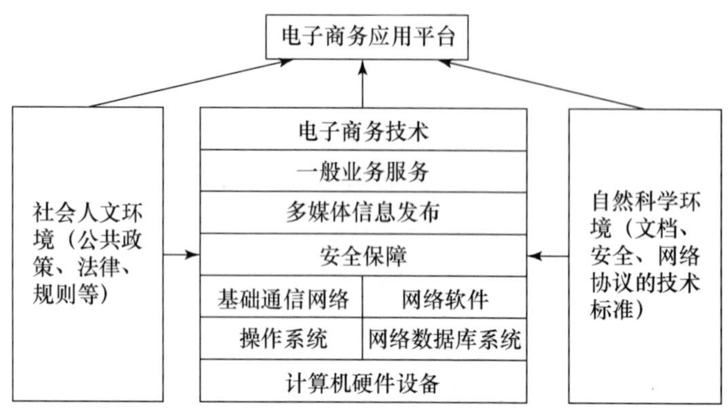

图1.1　电子商务的基本结构框架

在电子商务的基本结构框架中，社会人文环境、自然科学环境和电子商务技术构成了电子商务应用平台的三个支柱。电子商务的社会人文环境和自然科学环境主要强调了为实现电子商务应用而建立的公共政策、法律、规则和文档、安全、网络协议的技术标准等，这是保障电子商务实施的必要条件。

互联网的硬件主要有工作站、服务器和终端、基于计算机的电话设备、集线器、数字交换机、路由器、调制解调器和光电耦合器等。基础通信网络是电子商务的硬件基础设施，承担着电子商务信息传输的任务，包括远程通信网、有线电视网、无线通信网和互联网。运用公用数据通信网和公用电话交换网将多个局域网互联起来，就构成了覆盖全球的互联网。经营计算机网络服务的是网络服务提供商（Internet Service Provider，ISP）。国际上著名的ISP有American Online、CompuServe，国内的有中国移动、中国联通、中国电信等。

互联网在操作系统和网络软件的支持下，提供的应用主要有WWW、电子邮件、FTP和Telnet等。目前，人们一般采用客户机/服务器结构或者浏览器/服务器结构开发用户端应用程序。用户可以很方便地访问互联网，使用互联网提供的各种服务。互联网最主要的应用是WWW。WWW服务器（Web Server）用于存储、管理Web页以及提供WWW服务。在实际应用中，与WWW服务器配套的服务器有两类：一类是代理服务器（Proxy Server），主要有充当防火墙和WWW服务的本地缓冲区的作用；另一类是数据库服务器（Database Server），数据库服务器也是互联网的重要组成部分。目前，WWW服务器一般通过通用网关接口（Common Gateway Interface，CGI）与外部程序（又称CGI程序）进行通信，通过开放

式数据库互连(Open Database Connectivity,ODBC)与数据库连接。ODBC是微软公司制定的一种连接数据库的开放标准,已被大多数数据库厂家所接受。各种常见的数据库都可以通过信息页的形式显示。信息页制作人员只要在WWW主页中嵌入SQL语句,用户就可以直接通过信息页访问数据库文件。为了适应WWW与数据库链接的要求,很多公司纷纷推出了数据库WWW数据转换工具、数据库WWW开发工具、报表生成工具等。

电子商务活动中的信息通常以多媒体的形式在互联网上传播。最常用的多媒体信息发布应用就是WWW,它可以用电子数据交换(Electronic Data Interchange,EDI)、超文本标记语言(Hyper Text Markup Language,HTML)或Java将多媒体内容发布在Web服务器上,然后通过一些传输协议将发布的信息传送到接收端。

一般业务服务是实现网上商务活动的标准化服务,包括物流管理、视频点播、网上银行、电子市场、电子广告、网上娱乐、有偿信息服务、家庭购物和目录服务等。

上述技术内容构成了完整的电子商务应用平台。其中,数据库承担着对商务信息的存储、管理、查询、结算和处理等功能。数据库添加了Web访问能力后,就可以在互联网上发挥作用。如在Web站点发布产品信息时不用制作上百个网页,只需准备一个模板页,然后与后台数据库连接,就可以使客户方便地浏览所需的产品信息。

1.2 电子商务数据库应用开发过程

1. 电子商务与Web集成的形式

电子商务彻底摆脱以纸张为介质的传统交易方式的关键是建立信息的虚拟组织,即将Web与数据库集成。这主要有以下三种形式。

(1) 运用Web发布数据。

运用Web发布数据即把Web作为发布工具使用,浏览器与动态超文本标记语言(Dynamic HTML, DHTML)、应用服务器、数据库查询相互作用。Web通过ODBC由后台数据库动态生成,按照要求采用多种形式显示数据库中的数据。这条数据流的流向是从数据库到用户。

(2) 运用Web共享数据。

电子商务涉及在线商业交易,数据流是双向的。在展示和购物阶段,大量相关数据主要从数据库流向消费者。当交易完成时,也会有相关数据从消费者流向数据库。通过使用数据库和Web,人们可以实现双向地分享数据和数据结构,其中,人们通常采用的技术是新闻组网络系统和邮件列表。

(3) 用数据库驱动Web站点。

通常情况下,对用户来说,数据库是不可见的,它在后台支持着Web虚拟窗口。相关工作人员可以使用数据库来关联和自动创建Web页面,并保持其数据不断更新。

2. 数据库信息技术研究的热点

无论是生产厂家还是销售商,建立各种信息资源数据库的目的除保障其电子商务活动正常运作以外,更重要的是要通过分析,找出对自己生产、经营有用的信息。随着时间的推移，各类历史数据将会越来越多，仅靠人工去分析将是不可能的。数据仓库(Data Warehouse)和数据挖掘(Data Mining)技术是当前数据库信息技术研究的热点。

(1) 数据仓库。

数据仓库是指一个面向商务主题的，集成数据收集、整理和加工，生成使用者所需信息的资源平台。数据仓库的业务目标是收集人们需要的信息，通过即时生产、快速反应和在线服务等方式，以时间竞争和时间管理为目的，使商业循环以越来越快的速度进行。数据仓库的体系结构包括数据源、数据存储与管理、联机分析处理服务器、前端工具与应用等。数据仓库的核心是关系数据库，它不是现成的软件或硬件产品。确切地说，数据仓库是一种解决方案，它可以根据企业管理者的要求，自动将企业中不同业务部门(如财务、制造、销售、服务等)需要的数据提取出来，存放在一定的位置，并向其他管理人员共享数据，向决策者提供分析所需的数据。数据仓库可以帮助企业真正理解客户的需求，分析客户需要购买什么、需要何种服务、如何支付费用，以及选择怎样的支付周期最为适宜等。借助数据仓库的帮助，企业可以决定如何向用户提供他们所需要的产品与服务。据统计，成功的数据仓库技术可以达到 400%的投资回报。

(2) 数据挖掘技术。

电子商务活动会产生大量的数据。从某种意义上讲，大部分历史数据是免费的，但其中蕴含了很多尚未被利用的商业价值。所谓数据挖掘，就是对这些庞大的历史数据进行再分析，以选定目标客户、分析市场定位、发现新的商业机会等。由此可见，Web 数据库在电子商务运作过程中扮演着重要的角色。

3. 电子商务数据库应用开发过程

企业要从事电子商务活动，首先要建立自己的数据库驱动的 Web 站点(即电子商务网站)。Web 站点就是企业在互联网上的商店。企业建立电子商务网站的步骤如图 1.2 所示。

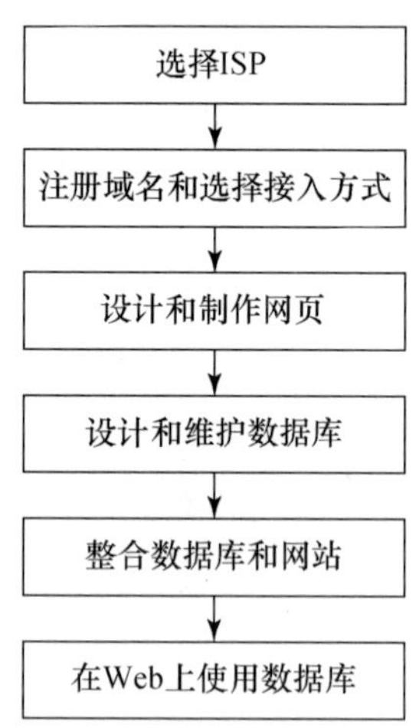

图 1.2 企业建立电子商务网站的步骤

(1) 选择 ISP。

企业开展电子商务活动，首先要选择一个 ISP。ISP 可以让用户与互联网建立连接并向用户提供网络服务。用户只有向 ISP 申请了账号后，才能够使用互联网服务。ISP 可以分

为互联网内容提供商(Internet Content Provider,ICP)和互联网接入提供商(Internet Access Provider,IAP)两类。ICP为客户提供各种网上信息服务,如网络新闻、搜索引擎、网页制作、电子商务等。IAP专门为用户提供上网服务。国外一般不强调ICP和IAP的区别。

企业在根据自己的实际情况选择ISP时,应注意以下几个方面。

① ISP能够向用户提供的技术条件(如可用的网络带宽)和存储空间的大小。

② ISP能够向用户提供的网络设施与结构。ISP的设施情况,如服务器的容量、主机速率、软件情况以及CGI支持等,将在很大程度上影响企业所建电子商务网站的质量。

③ ISP能够提供的服务种类、服务质量和信用。ISP自身的行为往往是商业行为,因此,其服务种类、服务质量和信用就显得十分重要。在出现网络故障时,实力强大的ISP能够迅速解决问题,而势单力薄的ISP则可能使企业延误商机。

④ 使用成本。

除上述几个方面之外,从事电子商务活动的企业还必须选择能够提供数据库服务的ISP。这类ISP同时也是数据库服务提供商(Database Service Provider,DSP),其优势在于可同时提供企业所需要的数据库服务。

(2) 注册域名和选择接入方式。

域名是企业在Internet上的地址,并且具有商标的性质。企业注册域名后才能在互联网里确立自己的一席之地。国际域名在全世界范围内是统一注册的。为了保证和促进我国互联网的健康发展,加强我国互联网域名系统的管理,中华人民共和国工业和信息化部于2017年8月颁布了《互联网域名管理办法》,对全国的互联网域名服务实施监督管理。在中华人民共和国境内从事互联网域名服务及其运行维护、监督管理等相关活动应当遵守《互联网域名管理办法》。企业在建立网站时,应根据自身的实际情况选择网站接入Internet的形式。目前,许多ISP都能提供虚拟主机、托管服务器和专线接入三种服务方式。

(3) 设计和制作网页。

在注册了域名,并且确定了网站接入互联网的方式之后,接下来企业就需要进行网站的设计和建设了。网站是由网页组成的,企业在对建立网站的目的和网站的内容进行通盘规划后,就可以开始设计和制作网页了。网页的设计和制作离不开网页制作工具。网页制作工具一般分为两种:可见型网页制作工具和非可见型网页制作工具。初学者大都采用第一种,因为它们有"所见即所得"的特性,容易掌握,而且它们不仅可以作为网页编辑器,还能管理站点,是将编辑、管理、发布集合在一起的Web工具软件。比较流行的网站制作软件是被称为"网页三剑客"的Dreamweaver、Fireworks和Flash。非可见型网页制作工具在使用时是直接编辑HTML代码,不是"所见即所得"的。此类工具开始于HotDog,现在常用的是HomeSite。

(4) 设计和维护数据库。

网站的后台数据库技术是网站建设的重要技术,几乎没有一个电子商务网站可以离开后台数据库而独立存在。网站后台数据库性能的好坏将直接影响整个网站的性能。因此,企业在选择数据库软件时,第一应确认该数据库软件是否能满足本企业电子商务工作的要求,第二要确认该数据库软件是否为数据库服务提供商和应用服务器所支持。

数据库软件有许多不同类型，分别介绍如下。

① 桌面型数据库软件。包括 Microsoft Access、FileMaker Pro 和 xBase（如 FoxBase 等）。经过应用和开发，这些产品已经扩展并强化到可以支持网络和多用户配置。

② 中小型面向对象型数据库软件。某些中小型面向对象型数据库软件由 Java 语言编写，许多这样的产品被专门设计用于在互联网上使用。

③ 大型分布型数据库软件。大型分布型数据库软件（如 DB2、Oracle、Informix、SQL Server 和 Sybase）作为数据库软件的主力已有多年了。这些产品已经配备了与应用服务器的接口，而且某些产品还拥有应用服务器功能。

④ 数据仓库型数据库软件。数据仓库型数据库软件可与远端数据库结成庞大的数据库系统。

所谓数据库设计，是指在现有的数据库管理系统（Database Management System，DBMS）上建立数据库的过程。数据库设计的内容是：对于一个给定的环境，进行符合应用语义的逻辑设计，以及提供一个确定存储结构的物理设计，建立实现系统目标并能有效存取数据的数据模型。数据库可供多个用户共享，并具有尽可能小的数据冗余。其数据存储独立于应用程序，应用程序可以对数据进行插入、检索、修改，也可以按照一种公用的和可控制的方法进行数据的结构化。用于电子商务 Web 站点的数据库需要与一个庞大的顾客或存货清单数据库互动，有时，还要与一个独立的包含销售信息、广告宣传册和宣传画等的数据库互动。通常，电子商务网站的 Web 数据库具有下述特征。

① 对电子商务运营的各个方面确保数据安全。

② 对电子商务交易过程进行管理，多重数据库的存取必须做单一化处理。

③ 对客户确认已经完成，但由于硬件或软件故障而未能执行的交易可以弥补。

开展电子商务活动的企业所创建的 Web 数据库必须满足以下条件。

① 要符合企业电子商务活动的需要，即能正确地反映企业的现实环境（包含企业需要处理的所有商业数据），并能支持企业需要进行的所有业务处理。

② 能被某个现有的 DBMS 所接受。

③ 要具有较高的质量，如易于维护、易于理解、效率较高等。

但是，目前在数据库设计中，还没有一个完善的设计模型，主要依靠设计者的知识、经验和水平。所以，针对同一个应用对象，在采用同一个 DBMS 的情况下，不同设计者所设计的数据库的性能可能相差很大。

数据库被创建好后，后期的工作就是维护数据库，包括备份系统数据、恢复数据库系统、产生用户信息表并为信息表授权、监视系统运行状况、及时处理系统错误、保证系统数据安全、周期性地更改用户口令等。

（5）整合数据库和网站。

客户通过超文本传输协议（Hyper Text Transfer Protocol，HTTP）从 Internet 上获取资源，访问企业的 Web 站点，向应用服务器和数据库服务器交互传送请求和数据。其中，HTML 格式的表单不仅是一种格式，也是客户输入数据和发送数据到网络服务器时普遍使用的方法。数据库与动态网页的整合应用，是创建动态网页的一个重点技术。数据库也可以成为连接对外开放网站与企业内部管理系统间的数据交换中心。脚本语言扩展了

HTML,将数据库与 Web 站点整合在一起,使网页除了能在浏览器上进行静态显示以外,还可以做更多的事情。用 HTML 编写脚本不依赖于语言,因此,人们可以将标准的 HTML 脚本与用 JavaScript、Visual Basic 或者其他脚本语言编写的脚本结合在一起。脚本语言在数据库驱动的 Web 站点方面有如下三个最基本的用途。

① 脚本语言可以处理用户在表单中输入的数据,可编辑、复制它们到隐含域等。

② 脚本语言可以增强界面效果,比如在鼠标经过对象时,将对象进行高亮显示,以及改变按钮的颜色等。

③ 脚本语言可以控制表单的提交和生成复杂的 URL 请求。

(6) 在 Web 上使用数据库。

ISP、数据库驱动的 Web 站点、数据库和应用服务器在 Internet 标准和协议的协调匹配下,整合在一起有序地运作。

1.3 本章小结

在电子商务应用平台的支持下,数据库具有对商务信息进行存储、管理、查询和结算等功能。网站的后台数据库技术是网站建设的重要技术,几乎没有一个电子商务网站可以离开后台数据库而独立存在。网站后台数据库性能的好坏将直接影响整个网站的性能。

1.4 本章习题

1. 对电子商务的概念可以从哪几个方面理解?
2. 网络通信设施在电子商务中起什么样的作用?
3. 电子商务应用的技术条件有哪些?你认为你所处的环境是否具备电子商务应用的条件?
4. 常见的电子商务活动有哪些?哪种电子商务活动在整个商务市场所占比例最大?
5. 举出几个你身边电子商务应用的例子。

1.5 本章参考文献

姜红波,2019. 电子商务概论[M]. 3 版. 北京:清华大学出版社.

蒋定福,刘蕾,董新平,2020. 电子商务概论[M]. 北京:清华大学出版社.

庞大莲,张冰新,2018. 电子商务概论 [M]. 3 版. 北京:北京大学出版社.

曲翠玉、毕建涛,2019. 电子商务理论与案例分析 [M]. 2 版. 北京:清华大学出版社.

赵礼强,荆浩,马佳,等,2019. 电子商务理论与实务 [M]. 2 版. 北京:清华大学出版社.

周晓光,2017. 电子商务网站实训[M]. 北京:北京大学出版社.

第2章

数据库概论

20世纪70年代以来，数据库技术的发展使得信息技术的应用从传统方式转变到了现代化的数据管理方式。数据库技术的应用已经深入到工农业生产、商业、行政管理、科学研究、教育、工程技术和国防军事等领域。数据库技术在电子商务领域应用广泛，电子商务的发展也对数据库技术的发展起着很大的推动作用。

数据库是相互关联的数据的集合，它用综合的方法组织数据，具有较小的数据冗余，可供多个用户共享，具有较高的数据独立性和安全控制机制，能够保证数据的安全性和可靠性，并允许并发地使用，可及时、有效地处理数据，且能保证数据的一致性和完整性。

本章主要内容：

1. 数据管理技术；
2. 大数据分析与管理技术；
3. 数据模型；
4. 数据库系统概述；
5. 电子商务数据库应用系统的结构。

2.1 数据管理技术

随着社会的发展，人们需要掌握和处理的信息越来越多。要想充分地开发与利用这些信息资源，就必须对大量信息进行识别、存储、处理和传递。人脑在识别信息以及对信息进行分析、综合、推理、联想等方面具有很强的优势，但在记忆信息、快速处理信息等方面能力较弱。而以电子计算机为基础的数据库技术具有信息存储量大，处理和传输速度快，逻辑推理严密，重复性强且不会疲劳，能够合理有效地存储各种信息，能够准确、快速地提供有用的信息等特点，刚好弥补了人脑加工和处理信息能力的不足，所以它很快成为人们信息处理方面强有力的工具。

2.1.1 数据管理的概念

在数据库技术领域,信息、数据、数据处理和数据管理是几个密切相关的概念,正确理解这几个概念对学习和掌握数据库技术有重要意义。

1. 信息与数据

(1) 信息。

信息(Information)是现实世界对客观事物的反映,这种反映主要体现为事物属性的表现形式,是对事物存在方式或运动状态的刻画。信息可能对人类的行为产生影响,具有潜在的或明显的实际应用价值。

信息具有以下几个主要特征。

① 可传递性。

信息是可以传递的,传递过程消耗能量,信息传递必须借助载体。

② 可感知性。

信息是可以被"感觉"到的,感觉的方式可能由于信息源的不同而呈现多样性,如耳朵可以听到信息,眼睛可以看到信息。

③ 可管理性。

信息是可以被管理的,人们可以通过一定的方法对信息进行分类、加工、存储和传播等。

信息和物质、能量一样,是重要的资源,对社会活动产生着深刻而重要的影响。信息已经成为一种产业,"信息社会""信息经济"等词语的产生和使用,折射出人类对信息的一种依托。

(2) 数据。

数据是描述事物的符号记录,是信息的符号化表示,是信息的载体,即数据是信息表示的一种符号形式。这种符号形式可以是语言、图表、数字、声音等。

在概念上,信息和数据既有区别,又有联系。数据是信息的载体,可以有多种表现形式,数据可以客观地反映信息的内容;信息是数据的内涵,仅由客观事物的属性来确定,与数据形式无关,即信息的内容不会随着数据表现形式的不同而改变。但在实际应用中,如果不需要特别强调信息和数据的差异,这两个概念是可以互换的。

2. 数据处理与数据管理

数据处理泛指人们对各种类型的数据进行的处理操作,如对数据进行的采集、转换、分类、存储、排序、加工、维护、统计和传输等。操作过程可能是重复而复杂的,最终可能会产生新的数据或信息。数据处理的目的是从原始数据中提取有价值的、可作为决策依据的信息。

在复杂的数据处理过程中,有些操作是基本的,如数据存储、分类、统计和检索等,这些基本的数据操作通常被称为数据管理。数据管理实际上是数据处理工作中的一部分,是数据处理的核心内容。数据库系统的基本功能就是数据管理。

2.1.2 数据管理技术的发展过程

数据管理技术的发展,是与信息技术的整体发展同步的,是随着计算机硬件和软件的发展而不断发展的。到目前为止，数据管理技术共经历了三个发展阶段：人工管理阶段、文件系统阶段和数据库系统阶段。

1. 人工管理阶段

20 世纪 50 年代中期以前，数据管理技术处于人工管理阶段，这是数据管理的初级阶段。当时计算机刚刚诞生不久，主要用于科学计算。

在人工管理阶段，硬件方面，没有磁盘等可直接存取的存储设备，只有磁带、纸带、卡片等；软件方面，没有操作系统和管理数据的软件，只有简单的管理程序。那时候的数据处理方式是批处理。

在人工管理阶段，数据管理具有以下特点。

(1) 不保存数据。

在人工管理阶段，计算机主要用于科学计算，只是在计算某一课题时将有关数据输入，用完后不保存原始数据，也不保存计算结果。

(2) 缺乏数据管理软件。

在人工管理阶段，没有专门对数据进行管理的软件系统，程序员不仅要规定数据的逻辑结构，而且要在程序中设计物理结构，包括存储结构、存取方法、输入输出方式等。

(3) 数据冗余大。

在人工管理阶段，数据与程序不具有独立性，一组数据对应一个程序，数据是面向应用程序的。即使两个程序用相同的数据，也必须各自定义、各自组织，数据无法共享、无法相互利用和互相参照，从而导致程序与程序之间有大量重复的数据。

在人工管理阶段，数据管理基本上是手工的、分散的，计算机还没有在数据管理中发挥应有的作用。所以，这种管理方式严重影响了计算机的使用效率。

人工管理阶段数据与程序之间的关系如图 2.1 所示。

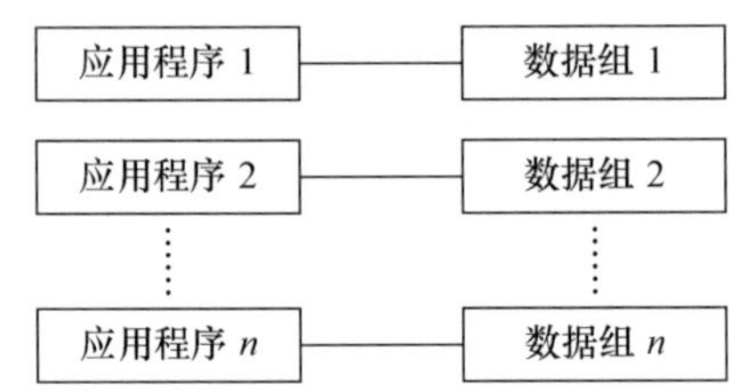

图 2.1 人工管理阶段数据与程序之间的关系

2. 文件系统阶段

20 世纪 50 年代后期到 60 年代中期，数据管理技术进入了文件系统阶段。这一阶段计算机技术有了很大的发展，出现了计算机的联机工作方式，计算机开始大量用于管理。硬件方面，外存储器有了磁盘、磁鼓等可以直接存储的设备；软件方面，这一阶段出现了操作系统以及包含于其中的文件系统，可专门对大量数据进行管理。不过，文件系统也只是简单地存放数据，它们之间并没有有机的联系，数据的存储依赖于应用程序的使用方法，不同的应用程序仍然很难共享同一个数据文件。另外，文件系统对数据存储没有一个相应的模型约束，所以数据冗余大。

在文件系统阶段，数据管理具有以下特点。

(1) 数据冗余大。

文件系统中的文件都与某个应用程序相对应，数据仍是面向应用程序的，即使不同应用程序所需要的数据有部分相同，各应用程序也必须独立建立各自的文件，而不能共享相同的数据。

(2) 数据不一致。

由于同一信息在不同的应用范围内采集，采集标准可能不一样，因此会出现同一信息在不同的应用程序中有不同的数据表示的情况。

(3) 程序和数据具有物理独立性，但不具有逻辑独立性。

文件系统可以提供存取方法，使程序与数据之间进行转换，而不需要程序员维护，这就使得程序和数据具有物理独立性。由于文件系统中的文件是为某一个特定应用程序服务的，因此文件的逻辑结构相对于该应用程序是优化的。但这会使得系统难以扩充，一旦数据的逻辑结构改变，则对应的应用程序必须修改。同时，应用程序改变，相应文件的数据结构也得改变。所以，这一阶段的程序和数据之间缺乏逻辑独立性。

文件系统阶段数据与程序之间的关系如图 2.2 所示。

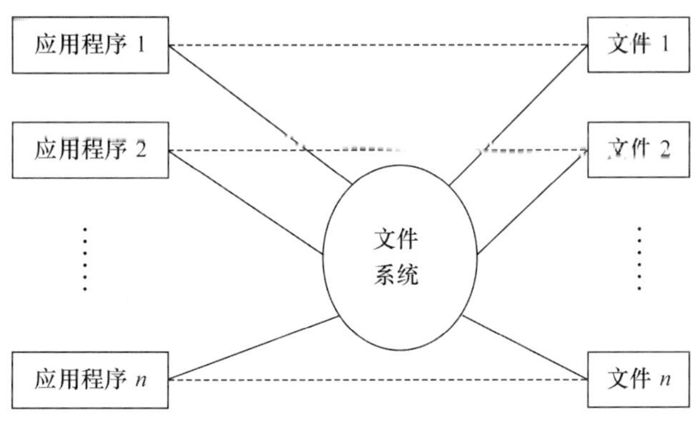

图 2.2　文件系统阶段数据与程序之间的关系

3. 数据库系统阶段

从 20 世纪 60 年代后期开始数据管理技术进入了数据库系统阶段。计算机用于管理后，数据量急剧增加。其中，非数值数据占据的比例较大，而非数值数据比数值数据复杂得多，人们不仅要知道各项数据本身的内容，而且还要知道它们之间的关系，这就需要一个高度组织化的数据管理系统。另外，由于计算机软硬件技术的飞速发展，以及网络通信的出现，使得各种用户共享一个数据集合成为可能。在这种情况下，出现了数据库系统。在数据库系统阶段，数据库中的数据不再是面向某个应用程序的，而是面向整个企业(组织)或整个应用程序的。

数据库系统解决了人工管理和文件系统的弊端，它把对数据的定义和描述从应用程序中分离出去，使程序对数据的存取全部由 DBMS 完成，从而保证了数据和程序的逻辑独立性。这样，数据就可以供多用户共享且冗余最小。一个良好的数据库管理系统可以为多种程序并发地使用数据库提供及时有效的管理，并保证数据的安全性和完整性。

在数据库系统阶段,数据管理具有以下特点。

(1) 使用复杂的数据模型来表示数据结构。

数据库通过数据模型来描述数据本身的特征以及数据之间的关系。用数据库系统管理数据时,人们不仅要考虑在一个程序中数据的结构,还要考虑在整个工程中应用、处理的数据的结构。数据的结构化是数据库系统的重要特征之一,是其与文件系统的根本区别所在。

(2) 具有很高的数据独立性。

人们可以使用简单的逻辑结构来操作数据,而不需要考虑数据的物理结构,同时,数据物理结构的改变也不影响数据的逻辑结构和应用程序。

(3) 数据共享度高、冗余小。

由于数据库是从整体上来描述数据的,数据不再面向某一个应用程序,所以大大减少了数据的冗余,节省了存储空间,减少了存取时间,也避免了数据的不一致性。在具体使用时,人们可以抽取整体数据的子集用于不同的应用程序。当应用程序改变时,人们只要重新选择数据的子集或者在原数据基础上稍加改变,即可适应新的应用程序。

数据库系统阶段数据与程序之间的关系如图 2.3 所示。

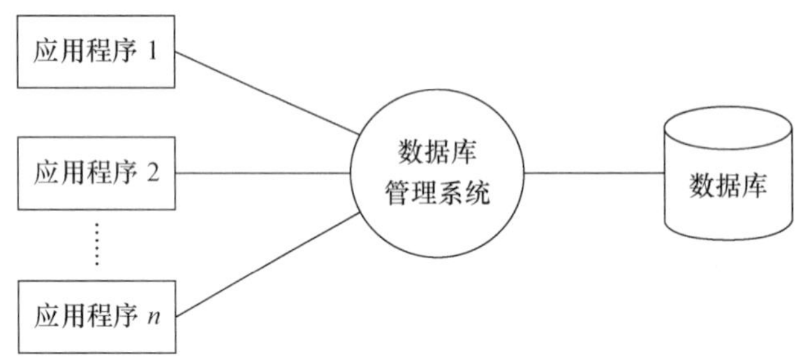

图 2.3　数据库系统阶段数据与程序之间的关系

2.2　大数据分析与管理技术

进入 21 世纪后,随着互联网技术的飞速发展和智能终端的广泛应用,数据的生产和采集变得非常容易,数据正在呈指数级增大,人们进入了一个全新的信息时代——大数据(Big Data)时代。为了实现对大数据的有效处理,人们需要提供一套全新的、能够实时处理分布式海量数据的存储技术和分析方法。目前,这些技术和方法正在不断发展和完善中,有的已经比较成熟,为人们提供了实实在在的大数据服务。虽然目前大数据技术不是数据库原理的主要内容,但我们应该对大数据的概念和发展情况有所了解,毕竟它是数据管理技术的最新发展,甚至有人认为大数据管理是数据管理技术发展的第四个阶段。实际上,现在许多关系数据库管理系统也支持大数据分析和管理,如 SQL Server 2014、Oracle Database 12c 等产品就提供了 NoSQL 数据库,以实现对大数据的存储和分析等。下面对大数据的特征、存储技术、处理模式和处理的基本流程等内容进行简要介绍。

2.2.1 大数据的特征

随着信息技术的不断发展,越来越多的信息能够以数据的形式被记录下来。互联网、智能终端、各类传感器和物联网设备等都成为数据的来源。数据正以前所未有的速度增加。

近些年,学术界、工业界,甚至各国政府都开始密切关注大数据问题。例如,学术界的《自然》(*Nature*)和《科学》(*Science*)等国际顶级学术期刊相继出版专刊,专门探讨大数据问题。2008年,《自然》推出了《大数据》(*Big Data*)专刊,从互联网技术、网络经济学、超级计算、环境科学、生物医学等多个方面介绍大数据带来的挑战。2011年,《科学》推出了《数据处理》(*Dealing with Data*)专刊,讨论大数据所带来的挑战和大数据科学研究的重要性。我国领导人在国内外场合多次提出,要发展大数据、人工智能等相关产业。2014年《政府工作报告》提到大数据,引起了社会各界的广泛关注。2015年国务院印发《促进大数据发展行动纲要》。2016年工业和信息化部印发《大数据产业发展规划(2016—2020年)》。2021年,工业和信息化部印发《"十四五"大数据产业发展规划》,在政策层面明确了数据是新时代重要的生产要素,是国家基础性战略资源,强调要培育大数据交易市场和优质的大数据服务提供商。目前,我国大数据产业发展取得明显成效。

"大数据"已经成为一个炙手可热的名词。从字面上看,其表示数据规模庞大,但仅仅从数据规模上无法区分大数据这一概念和以往的海量数据(Massive Data)、超大规模数据(Very Large Data)等概念。然而,至今仍没有一个公认的大数据的准确定义。而且,随着时间的推移,计算机的计算能力、存储能力会不断提升,大数据的概念也会不断演化。如何驾驭大数据将会成为人们需要面对的数据管理常态问题。

驾驭大数据的前提是了解大数据的特征。大数据最具代表性的四个特征可用四个以字母V开头的英文单词表示,简称大数据的"四V"特征。

(1) 体量大(Volume)。

大数据体现在数据量极为庞大,其计量单位可以是TB级、PB级,甚至更大的级别。这就对数据存储和处理提出了更高要求。

(2) 速度快(Velocity)。

大数据呈现出高速增长的态势,而且产生的速度还在不断加快。如何对快速产生的庞大数据进行实时处理是颇具挑战性的问题。

(3) 多样化(Variety)。

大数据包含多种多样的数据类型,既可以是存储在二维表中的结构化数据,也可以是文本、视频、图像、语音、文件等非结构化数据。多样化的数据类型使得对大数据的存储和检索变得非常复杂。

(4) 价值高(Value)。

通过对大数据进行合理的分析,人们能够从中挖掘出很多有价值的信息。这些信息将有助于提高社会生产效率,提升人们的生活质量,甚至可以创造更大的商业价值。然而,尽管大数据具有很大的价值,其价值密度却很低。要在浩如烟海的数据中找到具有价值的部分,需要高效的大数据分析和处理技术。

2.2.2 大数据存储技术

传统的关系数据库所用的关系模型以完善的关系代数理论为基础，具有规范的定义，遵守各种严格的约束条件，支持事务的 ACID[原子性(Atomicity)、一致性(Consistency)、隔离性(Isolation)、持久性(Durability)]特性，从而能确保数据的一致性和正确性，并能提供完备系统的查询优化机制。由于其严谨性，关系模型自 20 世纪 70 年代诞生开始，就成为数据管理领域的主流产品。然而随着大数据时代的到来，传统关系数据库的发展面对大数据时代的数据管理需求越来越力不从心。这主要体现在以下几个方面。

(1) 无法保证对大数据的查询效率。

大数据时代，世界上每时每刻都在产生海量的数据。面对快速增长的数据量，关系模型的严谨性就显得过于死板，复杂的事务处理机制将阻碍其性能的提升，这就使得传统关系数据库在一个包含 10 亿条记录的数据表上进行 SQL 查询时效率极低。

(2) 无法应对繁杂的数据类型。

关系数据库存储的是清洁规整的结构化数据。但在大数据时代，数据种类繁多，文本、图像、音频和视频等非结构化数据所占比重超过了 80%，这无疑是关系数据库难以应对的。

(3) 横向可扩展能力不足。

传统关系数据库由于自身设计的原因，通常很难实现性价比较高的横向扩展，横向扩展是大数据时代计算和存储的重要需求。

(4) 很难满足数据高并发访问需求。

大数据时代，诸如购物记录、搜索记录、朋友圈消息等信息都需要实时更新，这就会导致高并发的数据访问，可能产生每秒高达上万次的读写请求。在这种情况下，传统关系数据库引以为傲的事务处理机制与包括语法分析和性能优化在内的查询优化机制就阻碍了其在并发性能方面的表现。

在大数据时代数据管理需求的推动下，各种新型的 NoSQL(Not Only SQL)数据库不断涌现。这一方面弥补了关系数据库存在的各种缺陷，另一方面也撼动了关系数据库的传统垄断地位。NoSQL 数据库不是指某个具体的数据库，而是对非关系型数据的统称。NoSQL 数据库采用类似键值、列簇、文档和图等非关系模型，通常没有固定的表结构，没有复杂的查询优化机制，也没有严格的事务 ACID 特性的约束。因此，与关系数据库相比，NoSQL 数据库具有更高的查询效率、更灵活的横向扩展性和更高的并发访问需求处理能力，能够存储和处理非结构化数据。根据所采用的数据模型不同，NoSQL 数据库又可分为以下几种。

(1) 键值存储数据库。

这类数据库主要使用哈希表作为数据索引。哈希表中有一个特定的键和一个指针指向特定的数据。这类数据库的优势是简单、易部署、查询速度快；缺点是数据无结构，通常数据只被当作字符串或者二进制数据。Tokyo Cabinet/Tyrant、Redis、Voldemort、Oracle BDB 等都属于这类数据库。

(2) 列存储数据库。

这类数据库通常用来应对分布式存储海量数据的存储需求。在列存储数据库中，数据以列簇式存储,同一列数据被存在一起。这类数据库的优点是查找速度快、可扩展性强、更容易进行分布式扩展;缺点是功能相对受局限。Cassandra、HBase、Riak 等属于这类数据库。

(3) 文档型数据库。

这类数据库与键值存储数据库类似,数据按键值对的形式进行存储,但与键值存储数据库不同的是,这类数据库的键值为结构化数据。这类数据库适用于 Web 应用。这类数据库的优点是对数据结构要求不严格,表结构可变,不需要像关系数据库一样需要预先定义表结构;缺点是查询性能不高,缺乏统一的查询方法。CouchDB、MongoDB 等属于这类数据库。

(4) 图数据库。

这类数据库专注于构建关系图谱,存储图结构数据,适用于社交网络、推荐系统等。这类数据库的优点是能够直接利用图结构相关算法,如最短路径寻址法、N 度关系查找法等;缺点是很多时候需要对整个图做计算才能得出需要的信息。Neo4J、InfoGrid、Infinite 等属于这类数据库。

NoSQL 数据库不受关系模型约束,具有较好的扩展性,很好地弥补了传统关系数据库的缺陷。但 NoSQL 数据库并没有一个统一的架构,每类 NoSQL 数据库都有各自适用的场景。同时,NoSQL 数据库不能严格保证事务的 ACID 特性,这就会导致数据的一致性和正确性得不到保证。而且,NoSQL 数据库缺乏完备系统的查询优化机制,在复杂查询方面的效率不如关系数据库。为此,业界又提出了 NewSQL 数据库。

NewSQL 数据库是对各种新的可扩展、高性能数据库的简称。这类数据库不仅有 NoSQL 数据库对海量数据的存储管理能力,还保持了传统关系数据库支持事务 ACID 特性和 SQL 访问特性。不同的 NewSQL 数据库的内部架构差异较大,但是它们有两个共同的特点:一是都支持关系模型;二是都是用 SQL 作为其主要的访问接口的。这类新式关系数据库在保留传统关系数据库优良特性的同时,追求提供与 NoSQL 数据库相同的扩展性能。传统数据库是基于磁盘的体系结构设计的,所以很多方面无法突破,难以有大的飞跃。NewSQL 数据库能够结合传统关系数据库和 NoSQL 数据库的优势,并且易于横向扩展,这是数据库发展的必然方向。

目前,市面上已有的 NewSQL 数据库有 Spanner、PostgreSQL、SAP HANA、VoltDB、MemSQL 等。其中,Spanner 是谷歌公司研发的可扩展、多版本、全球分布式、同步复制的数据库,是谷歌公司第一个可以全球扩展并支持数据外部一致性的数据库。PostgreSQL 是很受欢迎的开源数据库,其稳定性强,有大量的几何、字典、数组等数据类型,在地理信息系统领域处于优势地位。SAP HANA 基于内存计算技术,是面向企业的分析性应用产品,主要包括内存计算引擎和 HANA 建模工具两部分。VoltDB 是基于内存的关系数据库,采用 NewSQL 体系结构,既追求与 NoSQL 体系架构具有相匹配的系统可扩展性,又维护了传统关系数据库的事务 ACID 特性和 SQL 访问特性,在执行高速并发事务时比传统的关系数据库系统快很多倍。MemSQL 有符合 ACID 特性的事务处理功能、SQL 兼容性以及高度优化的 SQL 存储引擎,提供了与 MySQL 相同的编程接口,速度比 MySQL 快很多倍。

除上述 NewSQL 数据库外,还有一些在云端提供存储服务的 NewSQL 数据库(亦可称为数据库),如 Amazon RDS。

综上所述，大数据时代对数据的存储和处理提出了新的需求，数据存储架构开始向多元化方向蓬勃发展，形成了包括传统关系数据库、NoSQL 数据库和 NewSQL 数据库在内的三大阵营。由数据管理技术的发展经验可知，同一种数据库存储架构不可能满足所有应用场景，这三大阵营各有各的应用场景和发展空间，传统关系数据库并没有被 NoSQL 数据库和 NewSQL 数据库取代。可以预言，在未来的一段时间内，这三大阵营共存共荣的局面还将持续，它们将共同推动数据管理技术向新的高度发展。

2.2.3 大数据处理模式

大数据具有体量大、产生速度快等特点，传统的单机串行处理模式往往很难完成对大数据的处理，人们在处理大数据时必须借助并行分布式处理方法。根据大数据应用类型的不同，大数据处理模式分为批处理(Batch Processing)和流处理(Stream Processing)两种。下面分别以 Apache 的 Hadoop 和 Storm 为例，介绍批处理和流处理的典型处理模式。

1. 分布式批处理模式的代表——Hadoop

批处理是指对数据先存储再统一处理。Hadoop 是一个用 Java 语言开发的开源分布式批处理架构，其中实现了 MapReduce 批处理编程模型。MapReduce 模型是由谷歌公司在 2004 年提出的。MapReduce 模型包含三种角色：Master 进程、Map 进程和 Reduce 进程，其中，Master 进程负责任务的划分与调度，Map 进程用于执行 Map 任务，Reduce 进程用于执行 Reduce 任务。该模型的主要思想是：Master 进程把大规模的数据划分成多个较小的部分，分别映射到多个 Map 进程并进行并行处理，得到中间结果，之后由 Reduce 进程对这些中间结果进行规约、整理，进而得到最终结果。MapReduce 模型的执行流程如图 2.4 所示。

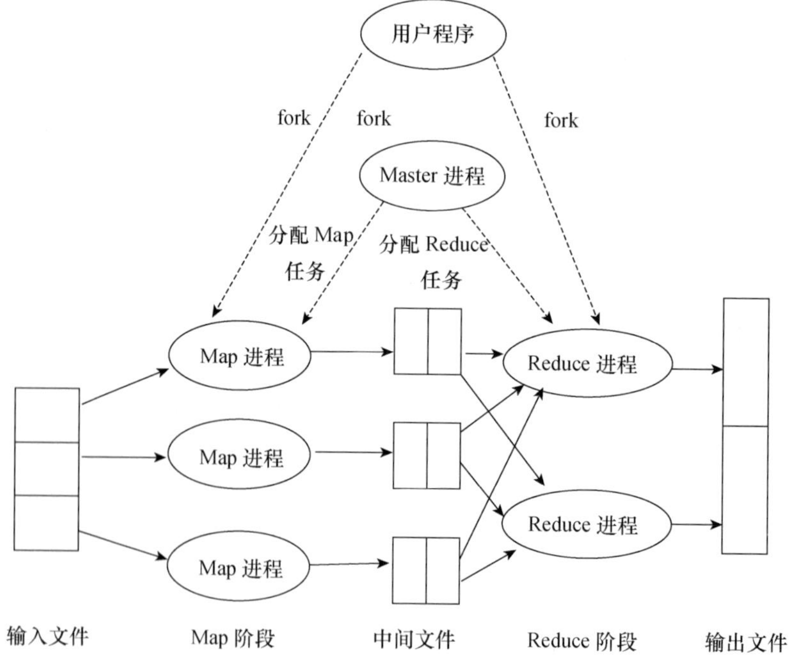

图 2.4 MapReduce 模型的执行流程

一个 MapReduce 作业的执行流程如下：

① 根据用户提交的程序创建出 Master 进程，Master 进程启动后划分任务，并根据输入文件所在位置和集群信息选择机器创建出 Map 进程或 Reduce 进程。

② Master 进程将划分好的任务分配给 Map 进程和 Reduce 进程，任务划分和任务分配可以并行进行。

③ Map 进程执行 Map 任务，即读取相应的输入文件，并根据制定的输入格式不断地读取〈key，value〉对，同时对每个〈key，value〉对执行用户自定义的 Map 函数。

④ Map 进程不断往本地内存缓冲区输出〈key，value〉对中间结果，等到缓冲区的内容超过一定大小时，MapReduce 写入本地磁盘中，Map 进程将中间结果组织成文件，便于后续 Reduce 进程获取。

⑤ Map 任务执行完成后，Map 进程向 Master 进程汇报，Master 进程将该消息通知 Reduce 进程。Reduce 进程向 Map 进程请求传输生成的中间结果，当 Reduce 进程获取完所有的中间结果后，会对这些数据进行排序操作。

⑥ Reduce 进程执行 Reduce 任务，即对中间结果的每个相同的 key 及 value 集合执行用户自定义的 Reduce 函数。Reduce 函数的输出结果被写入最终的输出文件。

除了使用 MapReduce 批处理编程模型，Hadoop 的核心内容还包括 Hadoop 分布式文件系统（Hadoop Distributed File System，HDFS）。HDFS 是一个具有高度容错性的系统，适合部署在普通的机器上。HDFS 能提供高吞吐量的数据访问，适合处理大规模数据集的应用程序。

Hadoop 具有以下优点。

（1）方便部署。

Hadoop 可以方便地部署在由一般商用机器构成的大型集群或者云计算服务器上。

（2）高容错性。

即使集群中的计算机硬件频繁出现失效等情况，Hadoop 也能够处理大多数此类故障。

（3）容易扩展。

Hadoop 通过增加集群节点，可以线性扩展，以处理更大的数据集。

（4）使用简单。

Hadoop 允许用户快速编写出高效的并行代码，使用简单。

（5）免费、开源。

Hadoop 是一款开源批处理框架，可以免费使用。

Hadoop 的典型应用包括网络搜索、日志处理、推荐系统、数据分析、视频图像分析和数据集成等。

2. 分布式流处理模式的代表——Storm

流处理与先存储再处理的批处理模式不同，流处理将源源不断产生的数据视为数据流，每当新的数据到达系统时，就立刻对数据进行处理并返回结果。可见，流处理适合网页点击数统计、股票交易数据分析和传感器网络事件监测等实时分析应用。Apache Storm 是一个免费、开源的分布式实时流处理系统。Storm 在流处理中的地位相当于 Hadoop 在批处理中的重要地位。

Storm基于拓扑(Topology)实现对数据流的分布式实时处理。拓扑是一个有向无环图(Directed Acyclic Graph)。一个典型的Storm拓扑结构如图2.5所示。在Storm拓扑结构中,数据以元组(Tuple)的形式进行转发和处理。与Hadoop中的MapReduce作业不同,Storm拓扑结构一经启动,将永久运行,并不断处理实时到达的数据。Storm拓扑结构由Spout和Bolt两类组件构成。Spout从外部读取数据,并向Storm拓扑结构传输数据元组,它相当于数据产生者。Bolt对所接收的数据元组进行处理和转发,它相当于数据消费者。一个复杂的Storm拓扑结构可由多个Spout和多个Bolt组成,并且可以为每个Spout或Bolt设置任务并行度。Storm可提供多种组件间的数据分发策略,如随机分组、按字段分组、全局分组和广播发送等,用以完成Storm拓扑结构中上游组件的各个任务向下游组件的各个任务的数据分发。

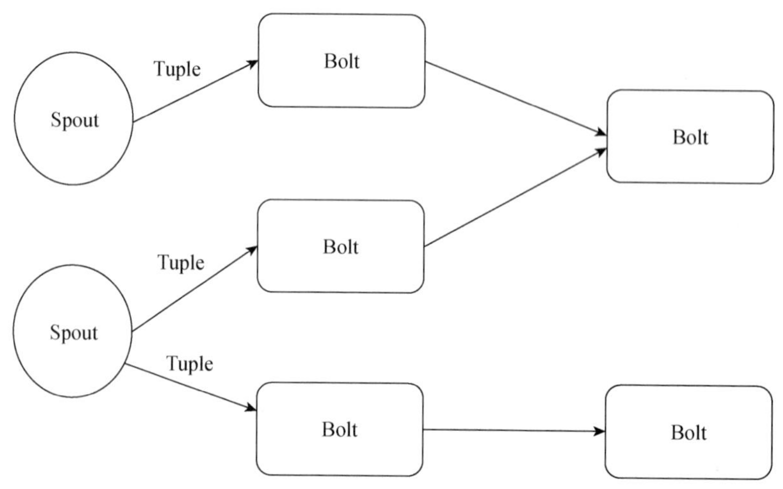

图2.5 一个典型的Storm拓扑结构

Storm具有以下优点。

(1) 易整合。

Storm可以方便地与数据库系统进行整合。

(2) 易使用。

Storm提供丰富的应用程序接口(Application Program Interface,API),方便用户使用。

(3) 易扩展。

Storm可以部署和运行在大规模分布式集群中,容易扩展。

(4) 易纠错。

Storm可以自行重启故障节点,并完成对故障节点任务的重新分配。

(5) 可靠的消息处理。

Storm可保证每个消息都能被系统完整地处理。

(6) 免费、开源。

Storm是一款开源处理框架,可以免费使用。

2.2.4 大数据处理的基本流程

大数据来源广、类型多，但是大数据处理的基本流程是一致的，包括数据集成、数据分析和数据解释三个步骤。

1. 数据集成

大数据的一个重要特征就是多样化，这意味着大数据来源广泛、类型庞杂，并经常存在数据冗余和错漏现象，给数据处理带来巨大的挑战。要处理大数据，首先要对从数据源抽取的数据进行更合理的集成。数据集成是指通过访问、解析、规范化、标准化、整合、清洗、抽取、匹配、分类、修饰和数据交付等，把不同来源、不同格式、不同特点和不同性质的数据在逻辑上或物理上进行有机地集中，从而为后期数据处理提供保障。数据集成的目的是保证数据的质量和可信性。如果数据集成工作没做好，就会导致整个大数据项目延期，甚至失败。因此，在大数据给人们带来价值前，人们必须先对其进行合理的集成。

2. 数据分析

数据分析是整个大数据处理流程中的核心环节，因为大数据蕴含的价值需要通过数据分析才能得以实现。传统的数据分析技术包括统计分析、机器学习、数据挖掘等。这些技术在处理大数据时面临一些新的挑战，具体体现在以下三个方面。

(1) 硬件环境和算法性能。

大数据虽然蕴含了巨大的价值，但是大数据同时也存在着价值密度低的特点，因为大数据中存在大量的冗余数据、噪音数据、遗漏数据和错误数据。因此，在对大数据进行分析之前，需要先对其进行清洗、整合等。如此大规模的数据清洗和整合工作，无疑会对硬件环境和算法性能提出新的挑战。

(2) 数据处理的实时性和准确性的平衡。

大数据拥有不容小觑的产生速率。很多数据分析应用都要求对快速产生的数据进行实时分析，并快速给出分析结果。在这种情况下，数据分析的准确性不再是大数据分析应用考虑的主要因素，这就需要人们在设计数据分析算法时，要在数据处理的实时性和处理结果的准确性之间取得一定平衡。

(3) 数据分析技术的优化。

大数据规模庞大、类型庞杂。这将导致人们很难获取整个大数据的数据分布特性，也就很难利用数据分布这类重要信息对相关数据分析技术进行优化。

3. 数据解释

虽然数据分析是大数据处理流程中的核心环节，但是，用户更关心对分析结果的展示。即使分析过程高效，分析结果正确，如果没有通过用户容易理解的方式向用户展示大数据的分析结果，那也会大大降低分析结果的实际价值，极端情况下甚至会误导用户。传统的数据解释方法是在计算机终端打印显示分析结果或以文本的形式向用户呈现分析结果。这种数据解释方法在面对小数据量时可能是一种省力高效的选择。然而，大数据的分析结果往往规模大，并且分析结果之间的关系错综复杂，因而传统的数据解释方法将不再适用。目前，业界推出了很多数据可视化技术，用图、表等形象的方式向用户展现大数据的分析结果。常见的数据可视化技术包括标签云(Tag cloud)、历史流(History flow)和空间信息流(Spatial information flow)等。国内外也有不少数据可视化软件产品,如国外的 Tabluea、FusionCharts、D3.js、iCharts,以及国内的海致 BDP、国云大数据魔镜等,用户可根据具体应用情境进行选用。

2.3 数据模型

2.3.1 基本概念

在介绍几种具体的数据模型之前,我们先介绍与其相关的一些基本概念。

1. 数据模型的概念

数据模型是数据库系统的数学形式框架,用来描述数据的一组概念和定义,包括如下几个方面的内容。

(1) 数据的静态特征。

数据的静态特征主要包括对数据结构和数据间联系的描述。

(2) 数据的动态特征。

数据的动态特征是一组定义在数据上的操作,包括操作的含义、操作符、运算规则及其语言等。

(3) 数据的完整性约束。

数据的完整性约束是一组规则,数据库中的数据必须满足这组规则。

数据库系统的数据模型有很多种,大体可分成两类。一类是面向值的数据模型,如目前用得最多的关系模型。在关系模型中,数据库的数据被看作若干关系,关系则被看作简单的二维表格。另一类是面向对象的数据模型,如语义数据模型。面向对象的数据模型对现实环境的数据有很强的表现力,是适应计算机应用发展需要的新一代数据模型。早先的层次模型和网状模型用有向图描述数据及其联系,它们可归入完善的面向对象的数据模型。

不同的数据模型适合不同的应用环境,所以,在众多的数据模型中不存在所谓的最好的数据模型。不同的数据模型在以下几个方面的特征不同。

(1) 面向值和面向对象。

传统的关系模型是面向值的数据模型,允许用说明性数据语言。面向对象的数据模型提供了对象标识,所以被称为面向对象的数据模型。

(2) 冗余处理。

所有的数据模型都以某种方式帮助用户避免重复存储同一数据。重复存储会造成数据冗余,数据冗余不仅浪费空间,而且可能造成数据不一致(因为同一数据在一处修改而另一处没有修改)。面向对象的数据模型在数据冗余方面处理得更好,人们一般通过为对象建立一份副本,在其他要用到该对象的地方通过对象标识或指针指向这个副本的方法来避免数据冗余。

(3) 对多对多联系的处理。

在关系模型中,这个问题留给了物理设计层解决,网状模型则禁止多对多联系。

以上这些不同决定了不同数据模型有不同的适用范围。在实际应用中,为了更好地描述现实世界中的数据特征,常常针对不同的场合或不同的目的,采用不同的数据模型。

(1) 概念数据模型(Conceptual Data Model)。

概念数据模型是面向数据库用户的现实世界的数据模型,与具体的数据库管理系统无关。概念数据模型主要用来描述现实世界的概念化结构,它是数据库设计的初始阶段。该模型摆脱计算机系统及数据库管理系统的具体技术问题的束缚,集中精力分析数据和数据间的联系等。概念数据模型只有转换成逻辑数据模型,才能在数据库管理系统中实现。最常用的概念数据模型是 E-R 模型。它是将现实世界的信息结构转换成数据库的数据模型的桥梁。

(2) 逻辑数据模型(Logical Data Model)。

逻辑数据模型是用户从数据库中看到的数据模型,是具体的数据库管理系统所支持的数据模型,如网状模型、层次模型、关系模型和面向对象模型等。逻辑数据模型既要面向用户,也要面向系统,一般由概念模型数据转换而来。

(3) 物理数据模型(Physical Data Model)。

物理数据模型是描述数据在存储介质上的组织方式的数据模型。它不仅与具体的数据库管理系统有关,而且与操作系统和硬件有关。每一种逻辑数据模型在实现时都有对应的物理数据模型,一般都由数据库管理系统自动完成物理数据模型的实现工作,设计者只负责设计索引、聚集等特殊结构。

2. 其他相关概念

数据库中存储和管理的数据都来自客观事物,那么,如何把现实世界中的客观事物抽象为能用计算机存储和处理的数据呢?这是一个逐步转化的过程。一般来说,这个过程包括三个阶段,涉及三个领域,即现实世界、信息世界和机器世界。也就是说,从人们对现实生活中事物特性的认识到计算机数据库里的具体表示要经历这三个领域。

(1) 现实世界。

现实世界是指存在于人脑之外的客观世界。现实世界中存在着各种事物,在现实世界里,我们把客观存在且可以识别的事物称为个体。个体可以是一个具体的事物,也可以是抽象的概念。每个个体都有自己的特征,这些特征是人们区分个体的根据。个体往往具有多方面的特征,人们通常选择自己感兴趣的以及最能够表征该个体的若干特征来描述该个体。以单位职工为例,人们通常选择用姓名、年龄、性别、部门以及职务等来描述其特征。

在现实世界里,个体与其他个体之间存在着联系,这种联系是客观存在的。例如,职工和部门的联系是职工在部门中就职等。个体之间的联系也是多方面的,人们往往仅选择那些自己感兴趣的联系来进行研究。

(2) 信息世界。

信息世界又称概念世界,是现实世界在人们头脑中的反映,是对客观事物及其联系的一种抽象描述。信息世界不是现实世界的简单复制,它要经过选择、命名、分类等抽象过程才能产生概念数据模型。概念数据模型是现实世界到机器世界必然要经过的中间层次。建立概念数据模型涉及下面几个术语。

① 实体。

在信息世界里，我们把客观存在且可相互区别的事物称为实体。实体可以是实际的事物，也可以是抽象事件，还可以是事物之间的联系。比如，一名职工、一个部门属于实际的事物；一次订货、借阅若干本图书、一场考试则是比较抽象的事件。

我们把具有相同特征的实体集合称为实体集。属性的集合可以表征一种实体的类型，我们将其称为实体型，如可以用职工号、姓名、年龄、性别、部门等属性来表征职工这一实体型。实体型"职工"表示职工整体，并不具体指某个职工。以后在不引起混淆的情况下，我们所说的实体就是指实体型。

② 属性。

属性是用来描述实体的某一方面特性的。例如，职工实体用若干属性(职工号、姓名、性别、出生日期、职务、部门)来描述。属性的具体取值称为属性值，用以描述一个具体实体。例如，属性组合(0986、张洋、男、01/06/53、处长、审计部门)，在职工花名册中就表征了一个具体的人。

③ 实体标识符。

如果某个属性或属性组合的值能够唯一地标识出实体集中的每一个实体，则可以选择该属性或属性组合作为实体标识符。上例中的"职工号"可以作为实体标识符，由于可能有重名者存在，故"姓名"不宜作实体标识符。

④ 联系。

现实世界中的事物是存在普遍联系的。这种联系反映到信息世界后可以分成两类：一类是实体内部各属性之间的联系；另一类是实体之间的联系。实体内部各个属性之间的联系通常在数据库的规范化过程中进行处理，实体之间的联系用E-R模型来反映。

(3) 机器世界。

机器世界又称存储世界或数据世界。信息经过加工编码后进入机器世界，机器世界的处理对象是数据。机器世界常用到以下几个概念。

① 字段。

在机器世界中，我们把相应于信息世界中的属性的数据称为字段，或者叫数据项、数据元素、初等项。

② 记录。

在机器世界里，我们把相应于信息世界中的每一实体的数据称为记录。

③ 文件。

在机器世界里，我们把相应于信息世界中的实体集的数据称为文件，它是同类记录的集合。

④ 记录型。

在机器世界里，我们把相应于信息世界中的实体型的数据称为记录型。

⑤ 关键字。

在机器世界里，我们把相应于信息世界中的实体标识符的数据称为关键字，有时也称为码。

上述几个概念的对应关系如图 2.6 所示。

信息世界		机器世界
实　　体	←→	记　录
属　　性	←→	字　段
实 体 集	←→	文　件
实 体 型	←→	记录型
实体标识符	←→	关键字

图 2.6　信息世界与机器世界中几个概念的对应关系

实体、属性、记录、字段均有型与值之分。例如，职工是一个实体型，林玫、王芮则是实体值。属性中的性别、年龄是属性型，而男、女，23、30 则分别为性别、年龄的属性值。记录型是一个框架，只有给它的每个数据项取值后才能得到记录。

2.3.2　概念数据模型

数据库设计工作比较复杂，需要将现实世界的数据组织成符合具体数据库管理系统工作需要的数据模型，一般情况下这个工作不可能一次到位。在实际应用中，很少直接采用传统数据模型(层次模型、网状模型和关系模型)进行数据库设计。美籍华人 Peter Chen 于 1976 年提出了实体-联系方法。这种方法简单、实用，所以得到了非常普遍的应用，这也是目前描述概念数据模型最常用的方法。这种方法所使用的工具即为 E-R 图。人们把 E-R 图所描述的现实世界的信息结构称为组织模式或企业模式，同时把这种描述结果称为 E-R 模型。E-R 模型是最常用的概念数据模型。E-R 模型可以进一步转换为任何一种数据库管理系统所支持的数据模型。提出 E-R 模型主要有以下几个目的：

① 企图建立一个统一的数据模型，以概括三种传统数据模型；

② 企图将 E-R 模型作为三种传统数据模型之间互相转换的中间模型；

③ 企图将 E-R 模型作为超脱数据库管理系统的一种概念数据模型，以比较自然的方式模拟现实世界，而不是首先考虑它在机器中如何实现。

1. E-R 图的要素

E-R 图有三个要素：实体、属性和实体之间的联系。

(1) 实体。

实体集用矩形框表示，框内标注实体名称。

(2) 属性。

属性用椭圆形框表示，并用连线与实体连接起来。如果属性较多，为使图形更加简明，有时也将实体与其相应的属性用另外的单独列表表示。

(3) 实体之间的联系。

实体之间的联系用菱形框表示，框内标注联系的名称，并用连线将菱形框与有关实体相连，同时在连线上注明联系类型。

2. 实体间的联系类型

实体间的联系类型是指一个实体集中的每一个实体与另一个实体集中多少个实体存在联系，并非指一个矩形框通过菱形框与另外几个矩形框之间画连线。

实体间的联系虽然复杂，但都可以分解为少数几个实体间的联系，最基本的是两个实体间的联系。联系抽象化后可归结为以下三种类型：

(1) 一对一联系(1∶1)。

设 A、B 为两个实体集。若 A 中的每个实体至多和 B 中的一个实体有联系，同时 B 中的每个实体也至多和 A 中的一个实体有联系，那么 A 与 B 就是一对一联系。例如，一个公司只有一个总经理，同时一个总经理不能在其他公司兼任，这个公司和这个总经理就是一对一联系。这里，要注意"至多"一词的含义，一对一联系不一定都是一一对应的关系。图 2.7 所示为一对一联系。

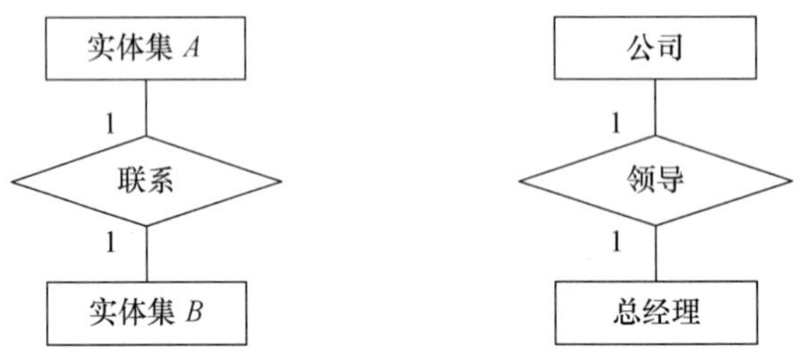

图 2.7　一对一联系

(2) 一对多联系(1∶n)。

A、B 为两个实体集，如果 A 中的每个实体可以和 B 中的几个实体有联系，而 B 中的每个实体至多和 A 中的一个实体有联系，那么 A 与 B 就属于一对多(1∶n)联系。这类联系比较普遍，例如，部门与职工是一对多联系，因为一个部门有多名职工，而一名职工只在一个部门就职；班级与学生也是一对多联系，因为一个班级有很多个学生，而一个学生只能属于一个班级。图 2.8 所示为一对多联系。

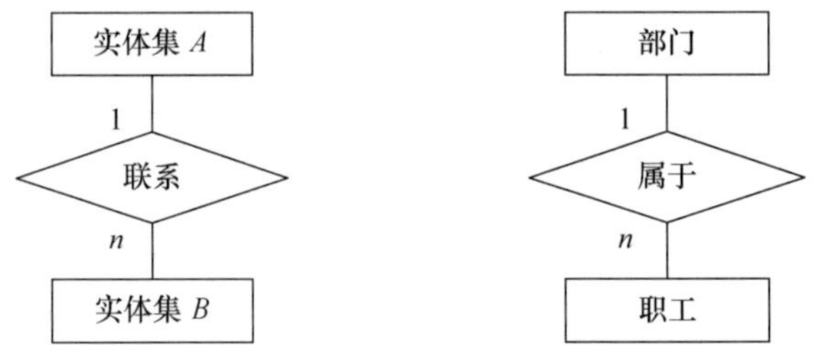

图 2.8　一对多联系

我们可以将一对一联系看作一对多联系的一个特殊情况，即 $n=1$ 时的特例。

(3) 多对多联系(m∶n)。

A、B 为两个实体集，若 A 中的每个实体可以与 B 中的多个实体有联系，同时 B 中的每个实体也可以与 A 中的多个实体有联系，那么，A 与 B 就是多对多联系(m∶n)。例如，一个研究人员可以参与多个科研课题，一个科研课题可以有多名研究人员参与，研究人员与科研课题就是多对多联系。图 2.9 所示为多对多联系。

3. E-R 图中的联系类型

E-R 图中的联系有递归联系、二元联系和多元联系三种。

(1) 递归联系。

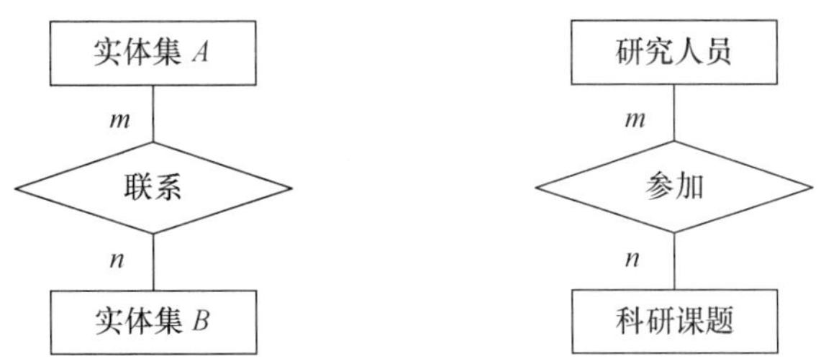

图 2.9 多对多联系

递归联系是指一个实体集与其本身的联系，如机关职工实体集，某些职工处在领导岗位上，它们与其他职工是管理与被管理的关系，如图 2.10 所示。

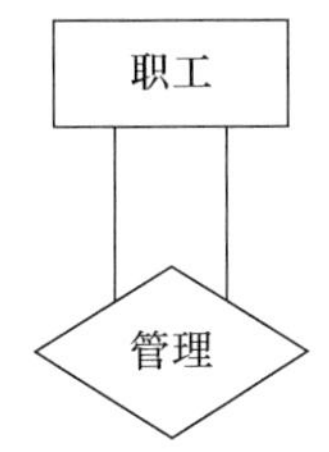

图 2.10 递归联系

（2）二元联系。

二元联系是指两个实体集之间的联系。图 2.7～图 2.9 中的联系都是二元联系。

（3）多元联系。

多元联系是指三个以上实体集之间的联系，如图 2.11 所示。

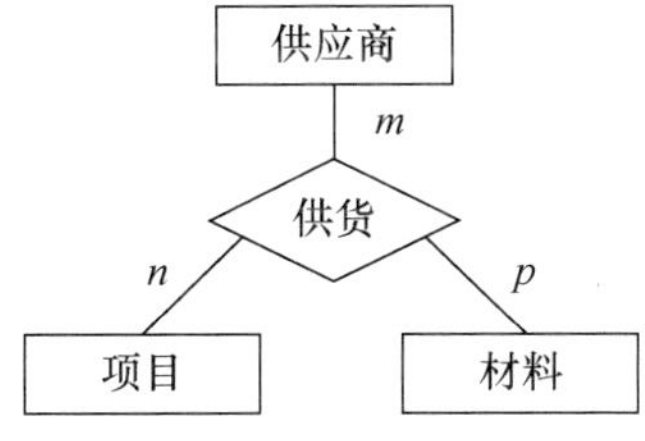

图 2.11 多元联系

4. 作 E-R 图的步骤

E-R 方法为抽象地描述现实世界提供了一种有力的工具，它所表示的概念数据模型是各种数据模型的共同基础，进行数据库设计时必然要用到此方法。

作 E-R 图具体包括以下几个步骤。

（1）确定所有的实体集；

（2）确定实体集之间的联系；

（3）选择实体集应包含的属性；

（4）确定实体集的关键字，用下划线在属性上标明关键字的属性组合；

（5）确定联系的类型，在用连线将表示联系的菱形框与实体集连接时，在线旁注明是 1

或 n,以表示联系的类型。

当 E-R 图比较复杂,实体与联系都比较多时,为了简洁,也可不在同一张图上画出属性,即可以在一张图上绘出实体与联系的图形,另外再分别给出每个实体或联系的属性。

怎样确定实体、联系和属性呢?没有一个固定的方法,它取决于数据库设计人员对于所分析的应用模式中的对象的重要程度的理解。因此,一个数据库的 E-R 图不是唯一的,强调不同的侧面,按照不同的理解,可以得到不同的 E-R 图。

5. E-R 图设计注意事项

(1) 真实性。

E-R 图是用于描述现实世界的概念数据模型,因此必须真实反映现实世界,不能无中生有。在设计数据库时,对于复杂的实体和联系,必须先弄清它们的“来龙去脉”,对于它们的属性也要进行逐一考察,看是否确有必要考虑这方面的特征,以免给以后的数据库设计带来麻烦。

(2) 简单性原则。

现实世界是很复杂的,事物之间都是普遍联系的。但是在绘制 E-R 图时,需要对客观现实进行简化,即只对与数据库系统设计目的相关的部分进行建模。

(3) 实体与属性确定规则。

由于实体和属性之间并没有形式上的明显界限,所以在确定实体或属性时,通常遵循着这样的原则:

① 属性必须是不可再分的数据项,即属性不能再具有需要描述的信息,不能包含其他属性。

② 属性不能与其他实体具有联系,在 E-R 图中,只有实体与实体之间才能有联系。

2.3.3 逻辑数据模型

在 20 世纪 60 年代末 70 年代初,相继出现了层次模型、网状模型、关系模型。它们的特点是能有效地存储和处理数据,但表达能力有限,不能描述和模拟现实世界中的复杂应用,基本上是面向机器的。所以,对于决策支持系统和计算机辅助制造这样的复杂应用,这三种模型的描述和建模能力显然不足。随着面向对象技术和人工智能技术的发展,在上述传统数据模型基础上产生了一批面向用户的语义模型,如前面所述的 E-R 模型和函数数据模型等。尽管如此,层次模型、网状模型和关系模型这三大传统模型,特别是关系模型,仍是当今使用的主流模型。

1. 层次模型

在现实世界中,许多事物之间的联系可用一种层次结构表示出来。例如,一所大学由若干学院组成,一个学院由若干系组成,一个系由若干专业组成,等等。层次模型就是根据现实世界中存在的这些层次结构特点而提出的一种数据模型。它是三大传统数据模型中出现最早的一种数据模型。

层次模型是用树型结构来表示实体之间的联系的。它把整个数据库的结构表示成一个有序树的集合,有序树的每一个节点都是有若干数据项组成的逻辑记录型。

图 2.12 所示为某大学教务管理系统的层次模型。该大学设有若干学院，每个学院设有若干个系，每个系设有若干专业，有若干名教师，每个专业和每名教师只属于一个系；另外，每个专业开设若干课程，并有若干个学生，而一个学生只能属于某一个专业，一门课程也只能由一个专业开设。

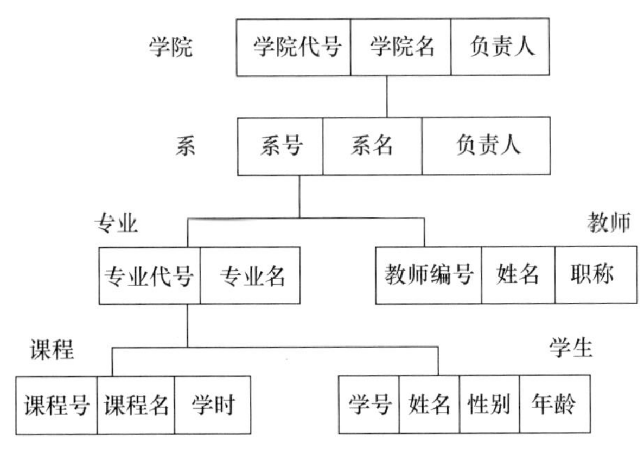

图 2.12　某大学教务管理系统的层次模型

由图 2.12 可见，该层次模型有六个记录类型：学院、系、专业、教师、课程和学生。学院为根记录类型，它是系记录类型的父记录类型，而系记录类型则是学院记录类型的子记录类型。层次模型中只有一个节点无父节点，该节点被称为根节点(学院记录类型)。其他节点是依据根节点而存在的，它们有且仅有一个父节点。同一个父节点下的子节点被称为兄弟节点，无子节点的节点则被称为叶节点。在层次模型中，父节点与子节点的联系都是一对多的联系，并且总是从父节点指向子节点。所以记录之间的联系可以不用命名，只要指出父节点，就可以找到其子节点。在层次模型中，从根节点开始，按照父—子联系，依次连接的记录序称为层次路径。在层次模型中，数据是按层次路径存取的。如果要访问某个节点，可以运用相关的根树遍历方法从根节点开始查找该节点，然后对其进行访问。

层次模型只能表示一对多联系，而现实世界中事物之间的联系往往是很复杂的，既有一对多联系，也有多对多联系。为了反映多对多联系，层次模型引入一种辅助数据结构——虚拟记录类型和逻辑指针，可以将多对多联系转换成一对多联系。例如，在上述学校教务管理系统中，如果要反映学生选修课程的情况(选修课中学生和课程之间为多对多联系)，就需要引进一个虚拟记录型“选修”和逻辑指针，这样就能用层次结构表示多对多联系，如图 2.13 所示。

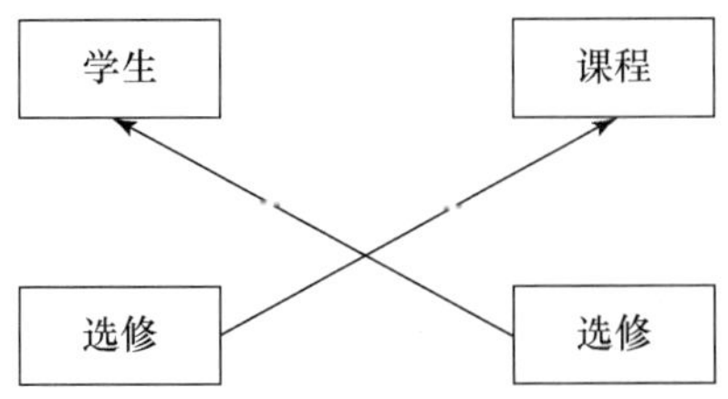

图 2.13　多对多联系的层次结构表示法

层次模型的优点是可以自然、直观地描述层次关系。层次模型的缺点主要表现在以下几个方面。

① 处理效率低。

层次模型的数据结构是一种根树结构，对任何节点的访问都必须从根节点开始，这使得对底层节点的访问效率变低，并且难以进行反向查询。

② 不易进行更新操作。

更新操作包括插入、删除和修改。在层次模型中，对某个节点进行更新操作时，有可能导致整棵树大面积变动，对大数据集来说，这是一个沉重的打击。

③ 安全性不好。

在层次模型中，当删除一个节点时，它的子节点和孙子节点都将被删除。

④ 数据独立性差。

当用层次模型表示数据时，要求用户了解数据的物理结构，并需要显式说明存取路径。

层次模型是一种简单的数据模型，无法描述复杂的联系，表达能力弱，又有着明显的缺点，所以其适用范围比较小。

2. 网状模型

美国负责开发 COBOL 语言的数据系统语言协会的一个数据库任务组，在其发表的一个报告中提出了网状模型。在网状模型中，每一个节点代表一个记录类型，联系用链接指针来实现。网状模型突破了层次模型的两点限制：即允许节点有多于一个的父节点；可以有一个以上的节点没有父节点。在网状模型中，子女到双亲的联系不是唯一的，即网状模型可以很容易实现多对多联系，可以描述更复杂的现实世界。网状模型对每一对父节点与子节点之间的联系都要指定名字，这种联系被称为系。系中的父节点被称为首记录型或主记录型，子节点被称为子记录型或属记录型。

图 2.14 所示为网状模型示例。图中有四个系，分别为“学生-成绩”系、“课程-成绩”系、“专业-学生”系和“专业-课程”系。

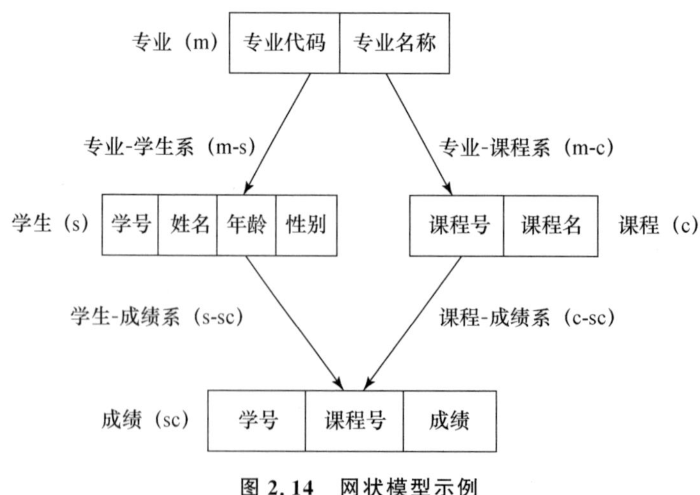

图 2.14 网状模型示例

图 2.15 所示为表示学生 A、B 和课程 C、D、E 之间的选修关系的网状模型示例。

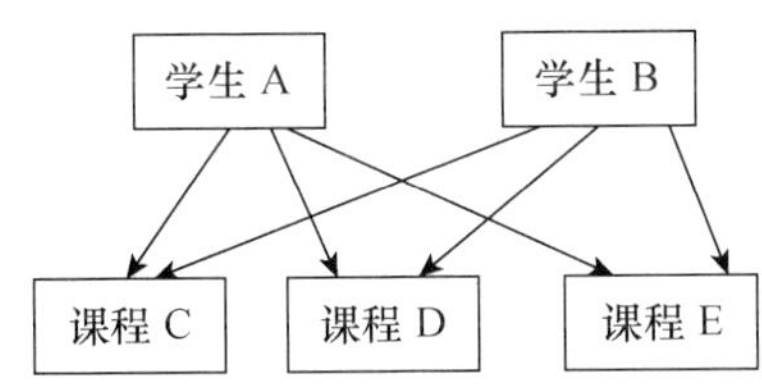

图 2.15　学生选课网状模型示例

在网状模型中，节点间联系的实现必须通过同时指出其父节点和子节点来完成，而在层次模型中只需指出某节点的父节点即可(根节点除外)。这种差异的存在使得网状模型相对于层次模型在性质上和功能上都发生了重要的改变：网状模型比层次模型具有更大的灵活性和更强的数据建模能力。例如，网状模型非常容易用于描述现实世界中的多对多联系，而且还可以用于描述两个实体之间存在两个或两个以上联系的情况。

网状模型的主要缺点是：在使用网状模型时，用户必须熟悉数据的逻辑结构，即结构的复杂性增加了用户查询和定位的难度。一般说来，数据结构越复杂，其功能就越强，所要处理的操作也越多，因此相应的数据操作语言也就越复杂。另外，复杂的结构会给数据库设计带来困难。

对于小数据量来说，层次模型和网状模型的缺点体现得不太明显，但当作用于大数据量时，这两种模型的缺点就非常明显。所以，这两种数据模型不适合用于以处理海量数据为特征的数据处理任务。目前，这两种模型基本退出了市场，取而代之的是关系模型。

3. 关系模型

基于层次模型和网状模型的数据库系统被开发出来以后，在继续开发新型数据库系统的工作中，研究人员发现层次模型和网状模型缺乏坚实的理论基础，难以开展深入的理论研究。于是人们开始寻求具有严格理论基础的数据模型。在这种背景下，1970 年，美国 IBM 公司的研究员 E. F. Codd 提出了关系模型。关系模型是目前数据库系统普遍采用的数据模型，也是应用最广的数据模型。自 1980 年以来，计算机厂商推出的数据库管理系统的产品几乎都支持关系模型。关系模型流行的主要原因在于其对数据及数据间联系的表示非常简单。在关系模型中，无论是数据还是数据间的联系，都用关系来表示，它支持用高度非过程化的说明型语言来表示数据的操作。同时，关系模型具有严格的理论基础——关系代数。

关系模型是通过表格数据，而不是通过指针连接来表示和实现两个实体间的联系的。可以通俗地说，关系就是二维表格，表格中的每一行被称作一个元组，它相当于一个记录值；每一列是一个属性，列可以命名，称为属性名，此处的属性与前面所讲的实体属性相同，属性值相当于记录中的数据项或字段值。关系是元组的集合，如果表格有 n 列，则称该关系为 n 元关系。关系模型具有如下属性：

① 表格中的每一列都是不可再分的基本属性；

② 各列的名字不同，列的顺序不重要；

③ 行的次序无关紧要；

④ 关系中不允许有完全相同的两行存在。

表2.1所示为一个关系模型的例子——员工信息表。

表 2.1 员工信息表

员工编码	姓　名	部　门	性　别	职　务
50002	文明	办公室	男	科员
60003	李翔风	人事科	男	科长
70004	张晓风	财务科	女	科员
70005	王莉勤	后勤处	女	处长

通常,我们将关系名及其属性名集合称为关系模式,具体的关系是实例。例如,表2.1所示的员工信息表的关系模式为:员工信息表(员工编码,姓名,部门,性别,职务)。其中"员工信息表"为关系名。

在支持关系模型的数据库中,数据被看作一个个的关系,描述数据库全部关系的一组关系模式被称为关系数据库的数据库模式。数据库的所有具体的关系组成关系数据库的一个实例。

关系模型具有以下几个优点。

(1) 描述的一致性。

无论是信息世界中的实体还是联系,都是用一个关系来描述的,这保证了数据操作语言相应的一致性。在关系模型中,每一种基本操作功能都只需要一种操作运算。

(2) 利用公共属性发生联系。

关系模型中的各个关系之间都是通过公共属性发生联系的。

(3) 结构简单直观。

关系模型采用表结构,便于用户理解,有利于用户进行交互,并且在计算机中实现也极为方便。

(4) 有严格的理论基础。

二维表的数学基础是关系代数,对二维表进行的数据操作相当于在关系数据中对关系进行运算。这就使得关系模型中整个模型的定义与操作均建立在严格的数学理论基础上。

(5) 语言表达简练。

在进行数据库查询时,关系模型用严密的关系运算表达式来描述查询,从而使查询语句的表达非常简练直观。

关系模型的缺点是在执行查询操作时,需要执行一系列的查表、拆表、并表操作,故执行时间较长。但是,采用优化技术的当代关系数据库系统的查询操作的效率完全不输于建立在其他数据模型上的数据库系统。

正因为以上特点,关系模型和关系数据库系统已成为当代数据库技术的主流。本书将重点基于关系模型介绍电子商务数据库应用开发的相关技术。

4. 三种数据模型的比较

层次模型、网状模型和关系模型由于结构上的不同,它们都有各自的特点。为了比较它们,首先要给出比较的标准,由此才能看出一个模型的好坏。对于数据模型,人们一般主要关心这样两个方面。

（1）使用容易程度。

数据库系统的用户是各种各样的。因此，一个有良好接口的数据库系统将是十分受欢迎并具有生命力的。所以，在选择数据模型时，选择一个用户使用方便（即能使程序设计和表达询问很容易）的模型很重要。

（2）实现效率。

在选择数据模型时，要考虑系统的实现难易和系统的效率如何，即要考虑一个数据模型是否允许数据库管理系统方便地把概念模式和概念到物理的映像，转换成一种既能节省空间，又能快速响应询问的实现。

从使用的方便性来说，关系模型是最佳的。关系模型对用户的要求很低，它有功能丰富的、对关系数据库进行各种询问的高级语言。这些语言对于那些不熟悉程序设计的人来说是十分合适的。而层次模型和网状模型这样的格式化数据模型，由于要求用户既要了解记录类型的存取路径，又要了解它们之间的相互关系，因此增加了用户的负担。

从实现效率来说，层次模型和网状模型要优于关系模型。层次模型和网状模型的存取路径事先都是规定好的，链技术可以大显身手。所以层次模型和网状模型的存取效率比较高，而且容易实现。

从存储空间方面来说，层次模型和网状模型比关系模型更能合理地利用空间。

以前，商品化的数据库系统几乎全都是基于层次模型和网状模型的。因为这样的数据库系统着眼于大型数据库的维护，这两种数据模型很容易支持它们对高效率的要求。但是，后来关系模型越来越受到人们的重视。原因有三点：第一，用于设计大型数据库的概念也适用于中小型数据库，随着小型数据库的广泛应用，关系模型固有的容易使用的特点越来越突出；第二，关系模型那些表面上的低效性，许多时候是能够消除的，如可以通过优化技术来提高效率；第三，用层次模型和网状模型设计的数据库系统是通过指针链来查找数据的，而用关系模型设计的数据库系统则是通过查表来查找数据的。改进指针链的查找收效甚微，而加快查表速度则大有潜力可挖。

人们将层次模型、网状模型和关系模型统称为传统数据模型。由于历史和技术条件的限制，传统数据模型主要有如下几点不足。

（1）以记录为基础，不能很好地面向用户和应用。

传统数据模型的基本结构是记录，而人们对现实世界的认识往往通过实体来实现，实体不一定与记录相对应。一个记录中可能包含多个实体；同样，一个实体也可能被分在多个记录中加以描述；有些实体也可能仅仅作为某个记录的属性出现，无记录和其对应。记录的划分往往从便于实现考虑，而不一定反映人们对现实世界的认识。另外，在传统数据模型中，记录中的属性以及每个属性的域都是事先定义好的，无法灵活描述纷繁的现实世界。

（2）不能以自然的方式表示实体间的联系。

对实体的描述是数据模型的一个重要方面，对实体间联系的描述是数据模型另一个重要方面。层次模型和网状模型虽然提供了描述实体间联系的方式，但这些方式不是实体间联系的自然表现，而是实体间联系在数据库中的物理实现。把本来应该对用户隐蔽的物理实现的细节当作数据模型的组成部分呈现在用户面前，这不但不便于用户理解和使用，而且有损于数据的物理独立性。尽管关系模型避开了这个缺点，实体间的联系或通过一个表示联系的关系来表示,或通过公共属性来表示。但是,关系模型表示联系的方式不是显式的,用户很难从数据模型中看出实体间的全面联系,现实世界中实体间的联系被湮没在关系和属性之中。所以,这三种传统数据模型都不能自然地表示实体间的联系。

(3) 数据类型太少,难以满足应用需要。

传统数据模型都是面向事物处理的。它们一般只提供最常用的一些简单的数据类型,如整数、实数、字符串等。随着计算机应用的发展,人们不但希望数据库系统能够提供更丰富的数据类型并允许用户定义新的数据类型,而且希望属性值不被直接给出,而由规则或过程导出。随着时态数据库和空间数据库的发展,人们进一步要求数据附有时间和空间属性,这些都是传统数据模型不能直接支持的。

由于传统数据模型存在上述不足,从 20 世纪 70 年代后期开始,陆续出现了各种非传统的数据模型。这些数据模型出现在关系模型之后,因此又称为后关系模型,如前面介绍的 E-R 模型以及面向对象模型。

5. 面向对象模型

面向对象方法(Object-Oriented Paradigm,OOP)是近年来出现的一种新颖的、具有独特优越性的方法,其基本出发点就是按照人类认识世界的方法和思维方式来分析和解决问题。面向对象方法提供了一种全新的对问题进行建模的方式,用这种方式进行建模和表示而形成的数据模型就是面向对象模型。

目前,面向对象模型的相关理论和方法还不够成熟,还处于理论研究和实验阶段。

2.4 数据库系统概述

2.4.1 数据库系统的发展过程

数据库系统的发展始终是以数据模型的发展为主线的,所以按照数据模型的发展情况,数据库系统的发展可划分为以下三个阶段。

1. 第一代数据库系统

第一代数据库系统即层次数据库系统和网状数据库系统。这一代数据库系统主要支持层次模型和网状模型,其主要特点是:支持三级抽象模式的体系结构;用存取路径(指针)来表示数据之间的联系;数据定义语言(Data Definition Language,DDL)和数据操作语言(Data Manipulation Language,DML)相对独立;数据库语言采用过程性(导航式)语言。第一代数据库系统的发展过程如下。

1964 年,美国通用电气公司的巴赫曼(Bachman)等人开发出世界上第一个数据库管理系统——IDS(Integrated Data Store)系统,奠定了网状数据库系统的基础。

1969 年,美国 IBM 公司成功研制出世界上第一个商品化数据库管理系统——IMS(Information Management System)系统,这是一个层次数据库系统。

1969—1970 年,美国数据系统语言协会(Conference on Data System Language)下属的数据库任务组(DataBase Task Group)对数据库方法进行了系统的研讨,提出了 DBTG 报告,建立了以网状数据模型为基础的数据库系统概念。

2. 第二代数据库系统

第二代数据库系统即关系数据库系统。这一代数据库系统主要支持关系模型,其主要特点是:概念单一化,数据及数据间的联系都用关系来表示;以关系代数为理论基础;数据独立性强;数据库语言采用说明性语言,大大降低了用户的编程难度。第二代数据库系统的发展过程如下。

1970 年,美国 IBM 公司的研究员 E. F. codd 提出了关系模型,开创了关系数据库系统的研究,奠定了关系数据库系统的理论基础。科得因此在 1981 年获得了图灵奖。

1974 年,美国 IBM 公司 San Jose 研究实验室研制出 System R,并在 IBM System/370 机器上运行,这是世界上最早的、功能强大的关系数据库系统。之后,IBM 公司又陆续推出了 SQL/DS 和 DB2 等产品。

1980 年以后,关系数据库系统的产品迅速推出,如 Oracle、Informix、Sybase、dBASE、FoxBASE、FoxPro 等。

1990 年以后,关系数据库系统的产品版本不断更新,功能越来越强大,支持分布式数据库、客户机/服务器数据库以及客户机/浏览器/服务器数据库等,同时实现了开放式网络环境下异构数据库的互联操作,以及在整个企业/行业范围内的在线事务处理应用支持。

3. 第三代数据库系统

第三代数据库系统即新一代数据库系统——面向对象数据库系统。这一代数据库系统是基于扩展的关系模型或面向对象模型的,是尚未完全成熟的一代数据库系统。第三代数据库系统的主要特点是:支持数据、对象和知识等的管理;在继承第二代数据库系统技术的基础上引入新技术(如面向对象技术);对其他系统开放,具有良好的可移植性、可连接性、可扩充性和可互操作性。

第三代数据库系统的代表性例子包括 Servio 公司的 Gemstone、Object Design 公司的 Objectstone、Objectivity 公司的 Objectlvity/DB、Versant Object Technology 公司的 Versant、Intellitic International 公司的 Matisse、Itasca Systems 公司的 Itasca、O2 Technology 公司的 O2 等,它们都支持严格面向对象的数据模型。与此同时,面对新的应用领域的挑战,许多商品化的关系数据库系统也对支持的数据模型进行了扩充,发展成对象关系数据库系统。

2.4.2 数据库系统的组成

数据库系统是一个复杂的系统,因为它不仅包括数据库和数据库管理系统本身,而且包括引进数据库技术后的整个计算机系统,是数据、硬件、软件和相关人员的组合体。总体来说,数据库系统由五个部分组成:硬件资源、软件资源、数据库、数据库管理员和用户。

1. 硬件资源

数据库系统的硬件资源包括主机、存储设备、输入/输出设备和计算机网络环境等。

2. 软件资源

数据库系统的软件资源包括以下三个方面。

① 操作系统,如 Windows 系统、UNIX 系统及 Linux 系统等。

② 数据库管理系统，如 Oracle、DB2、Sybase 等。

③ 高级语言编译系统，如 C++、VB 等。

数据库系统软件资源的核心是数据库管理系统。

3. 数据库

数据库不仅包括描述事物的数据本身，还包括相关事物之间的联系。数据库中的数据不像文件系统那样，只面向某一特定应用，而是面向多种应用，可以被多个用户、多个应用程序共享的。数据结构独立于使用数据库的程序，数据由数据库管理系统进行统一管理和控制，用户对数据进行的各种操作（如增加、修改、删除等）都是通过数据管理系统实现的。

4. 数据库管理员

为了保证数据库高效、正常地运行，数据库系统一般都设有专门人员来负责管理和维护工作。这些专门人员被称为数据库管理员。他们是懂得和掌握数据库全局知识并设计和管理数据库的骨干人员。数据库管理员的主要职责包括：

① 负责数据库管理系统及其开发工具的安装及升级；

② 为数据库系统分配存储空间并预测未来的存储需求；

③ 协助开发者建立基本的对象（如表、视图、索引等）；

④ 维护和优化数据库的性能；

⑤ 负责数据库系统的备份和恢复；

⑥ 统筹调配用户的访问权限，避免数据冲突。

5. 用户

数据库系统的用户分为两类。一类是最终用户，另一类是专业用户。最终用户无须熟悉程序语言和数据处理技术，他们主要通过终端的人机对话对数据库进行联机查询，或者通过数据库应用系统提供的界面来使用数据库，这些界面包括菜单、表格、图形和报表。专业用户即应用程序员。这类用户应熟悉数据库管理系统接口语言及数据库管理系统提供的数据操作语言。他们负责设计应用系统的程序模块，对数据库进行操作。

2.4.3 数据库系统的三级模式结构

数据库系统的三级模式结构如图 2.16 所示。

1. 用户级数据库

用户级数据库是用户看到和使用的数据库，所以被称为用户视图，又被称为子模式、外模式、用户模式等。它是单个用户看到并获准使用的那部分数据的逻辑结构（称为局部逻辑结构），用户根据系统给定的外模式，用查询语言或应用程序去操作数据库中的数据。

2. 概念级数据库

概念级数据库是数据库管理员看到的数据库，因此也被称为 DBA 视图，又被称为概念模式。它把用户视图有机地结合成一个逻辑整体，描述的是数据的全局逻辑结构，不涉及数据的物理存储细节和硬件环境，也与具体的应用程序及使用的高级程序语言无关。

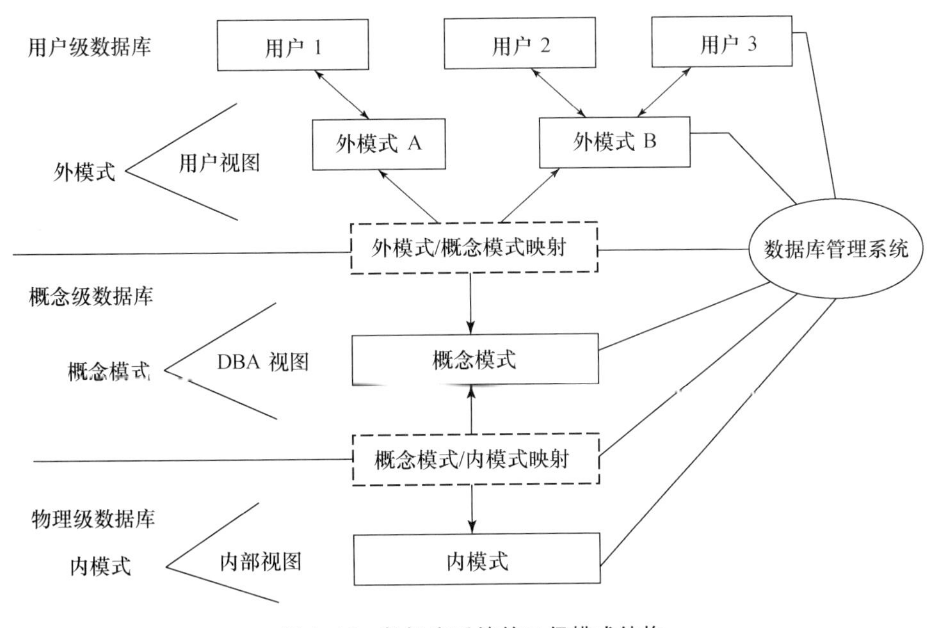

图 2.16 数据库系统的三级模式结构

3. 物理级数据库

物理级数据库又被称为内部视图或存储模式、内模式，是全体数据库数据的内部表示或底层描述，用来定义数据的存储方式和物理结构。从机器的角度看，内部视图是指令操作处理的位串、字符和字；从系统程序员的角度看，内部视图是他用一定的文件组织方法组织起来的一个个物理文件(或存储文件)。系统程序员编制专门的访问程序，实现对内部视图中数据的访问，所以物理级数据库也被称为系统程序员视图。

数据库的三级模式结构定义了数据库的三个抽象级。这三级可通过一定的对应规则相互转换，从而被连接在一起成为一个整体，这种对应规则被称为映射。用户级数据库和概念级数据库之间的映射定义了各个外模式和概念模式之间的对应关系，使外部记录可以通过这一映射转换成相应的概念记录，反之亦然。用户级数据库和概念级数据库之间的映射阻隔了概念模式的变化对外模式的影响。当概念模式的结构发生变化时，只要改变外模式/概念模式映射，就可以让外模式保持不变。同样，概念级数据库和物理级数据库间的映射定义了概念模式和内模式之间的对应关系，这种映射的存在，使得当内模式的结构发生变化时，只要对概念模式/内模式映射做相应的修改，概念模式就可以保持不变。因此，数据库系统的三级模式结构和它们之间的映射是实现数据独立性的保证。

对一个数据库系统来说，实际上存在的只是物理级数据库，它是数据访问的基础。概念级数据库只不过是物理级数据库的一种抽象(逻辑)描述，用户级数据库是个别用户的数据视图，即与某一应用有关的数据的逻辑描述。用户根据外模式进行操作，数据库管理系统通过外模式到概念模式的映射将操作与概念级联系起来，又通过概念模式到内模式的映射将概念级与物理级联系起来。这样，用户就可以在较高的抽象级别上处理数据，而把数据组织的物理细节留给系统。

2.4.4 数据库管理系统

数据库管理系统是对数据库进行定义、管理、维护和检索的一个软件系统。数据库管理系统总是基于某种数据模型的，因此，可以把它看成某种数据模型在计算机系统上的具体实现。数据库管理系统的任务之一就是保证数据安全可靠的同时，提高数据库应用的简明性和方便性。

1. 数据库管理系统的功能

数据库管理系统的功能主要包括以下几个方面。

（1）数据库的定义。

数据库管理系统总是提供数据定义语言，用于描述外模式、概念模式和内模式及各模式之间的映射（描述的内容包括数据的结构、数据的完整性约束条件和访问控制条件等），并负责将这些模式转换成目标形式，存在系统的数据字典中，供以后操作或控制数据时查用。

（2）数据库的操作及查询优化。

数据库管理系统通过提供数据操作语言实现对数据库的操作，基本操作包括对数据的检索、插入、删除和修改。用户只需根据外模式给出操作要求，而其处理过程的确定和优化则由数据库管理系统完成。查询处理和优化机制的好坏直接反映数据库管理系统的性能。

（3）数据库的控制运行。

数据库管理系统提供并发访问控制机制和数据完整性约束机制，因此可避免多个读写操作并发执行可能引起的冲突、数据失密，或者安全性、完整性被破坏等一系列问题。

（4）数据库的恢复和保护。

数据库管理系统一般都会保存工作日志、运行记录等若干恢复用数据。一旦出现故障，使用这些数据便可将数据库恢复到一致状态。此外，当数据库性能下降或系统软硬件设备发生变化时，借助这些数据数据库也能得到重组或更新。

（5）数据库的数据管理。

数据库中物理存在的数据包括两部分：一部分是元数据，即描述数据的数据，主要是对三级模式结构的描述，它们构成数据字典的主体，数据字典由数据库管理系统管理和使用；另一部分是原始数据，它们构成物理存在的数据库。数据库管理系统一般提供多种文件组织方法供数据库设计人员使用。数据被按照某种组织方法装入数据库后，对它的检索和更新都由数据库管理系统的专门程序完成。

除了上述功能外，当代数据库管理系统还提供了许多基于图形用户界面（Graphical User Interface，GUI）的用户接口软件，如查询管理器、报表生成器、统计图形生成器等。这些软件的规模有时甚至超过了核心数据库管理系统软件，它们极大地方便了用户对数据库的操作。

2. 数据库管理系统的工作过程

当数据库建立起来后，用户就可以通过终端操作命令或应用程序在数据库管理系统的支持下使用数据库了。那么，在执行用户的存取数据请求时，数据库管理系统是如何工作的呢？下面我们以用户从数据库中提取一条外部记录（用户记录）为例，介绍一下数据库管理系统是如何工作的，以便使大家进一步了解数据库管理系统的工作过程及其与操作系统的关系。

① 用户程序 A 用相应的数据操作语言向数据库管理系统发出请求并递交必要的参数，控制权转入数据库管理系统。

② 数据库管理系统分析应用程序提交的命令及其参数，按照应用程序 A 所用的外模式名，确定其对应的概念模式名，同时还可能需要进行合法性检查。若没通过检查，则拒绝执行该操作，并向应用程序返回出错信息。

③ 数据库管理系统根据概念模式名，调用相应的目标模式，根据外模式/概念模式映射确定应读取的概念记录类型和记录，再根据概念模式/内模式映射找到其对应的存储记录类型和存储记录，同时还要进一步检查操作的有效性，如没通过检查，则拒绝执行该操作，返回出错状态信息。

④ 数据库管理系统查阅内模式，确定所要读取的存取记录所在的文件。

⑤ 数据库管理系统向操作系统发出读指定文件中指定记录的请求，把控制权交给操作系统。

⑥ 操作系统接到命令后，分析命令参数并确定相应文件记录所在的存储设备及存储区，接着启动输入/输出，读出相应的物理记录，然后从中分解出数据库管理系统所需要的存储记录送入系统缓冲区，把控制权返回给数据库管理系统。

⑦ 数据库管理系统根据概念模式/外模式映射，将系统缓冲区内的内容映射为应用程序所需的外部记录，并控制系统缓冲区与用户工作区之间的数据传输，最终把用户所需要的外部记录送往应用程序工作区。

⑧ 数据库管理系统向应用程序 A 返回状态信息，说明此次请求的执行情况，如“执行成功”“数据找不到”等，并记载系统工作日志。

⑨ 应用程序查看“状态信息”，了解其请求是否得到满足，根据状态信息决定其后续工作。

数据库管理系统的工作过程如图 2.17 所示。

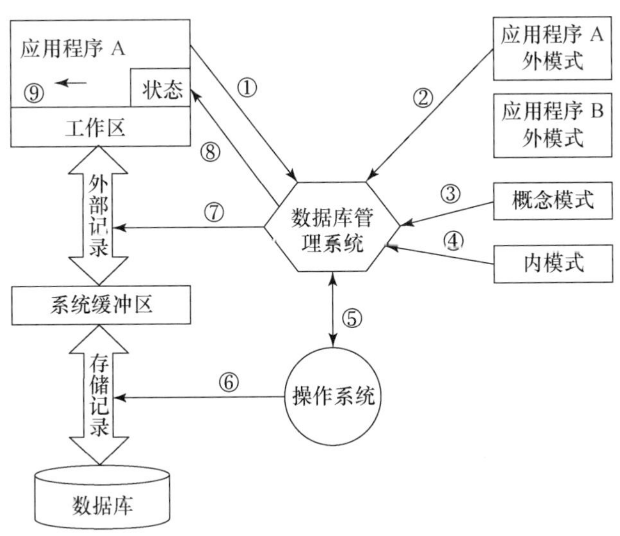

图 2.17 数据库管理系统的工作过程

3. 数据库管理系统的选择

数据库设计就是在数据库管理系统上建立数据库的过程。但是，通常一个计算机系统中往往不止一个数据库管理系统，因此数据库设计的任务之一就是正确评价数据库管理系统，以选择一个合适的数据库管理系统，这是非常重要的工作。

选择数据库管理系统也是一项非常复杂的工作，只有明确用户的功能要求和操作要求，才能选到适合的数据库管理系统。因此，在选择数据库管理系统之前，数据库设计者需要先确定数据库应用系统对数据库管理系统的要求，主要应确定以下几个方面的内容。

① 数据库管理系统的类型，如是专用数据库管理系统，还是通用数据库管理系统；

② 数据库管理系统所支持的数据库的规模以及数据量；

③ 数据库的安全性、完整性、恢复及并发控制能力需求；

④ 数据独立性程度；

⑤ 数据库终端用户的类型、联机处理特性、数据处理特性以及系统对数据语言的要求等；

⑥ 系统开发和数据库利用的难易，如提供哪些开发工具、主语言、数据操作语言的功能、终端语言等；

⑦ 监测数据库性能的能力；

⑧ 数据库管理系统厂商所能提供的支持。

选择的过程是对各种候选数据库管理系统的技术特性和操作特性进行评价的过程。如果一个数据库管理系统能满足其中的主要要求，则认为这个数据库管理系统达到了技术指标，可以考虑选用。在选择数据库管理系统时，还需注意以下几个因素：

① 数据库管理系统的性能，通常用每秒钟运行的事务总数来表示。用户最好自己设计测试方案并进行测试，而不是简单地依据开发商所提供的测试指标、测试数据和测试方法。

② 开发新数据库和新应用程序的代价。

③ 是否有利于应用程序的未来发展，即系统是否易扩充、易转换，是否能满足未来新的应用要求。

2.5 电子商务数据库应用系统的结构

计算机的应用结构经历了集中式结构、文件服务器结构、客户机/服务器结构几个阶段，后来发展到现在的浏览器/服务器结构。

1. 集中式结构

在集中式结构中，所有的资源(数据)和处理(程序)都在一台称为主机的计算机上完成，用户输入的信息通过客户机终端传到主机上。这种结构可以实现集中管理，安全性好。但是由于应用程序和数据库都存放在主机上，所以无法真正划分应用程序的逻辑，开发和维护都非常困难；不在同一地点上的数据无法共享，系统庞大复杂，无法开展计算机间的协作。

2. 文件服务器结构

在文件服务器结构中，应用程序在客户工作站上运行，而不是在服务器上运行，文件服务器只提供资源(数据)的集中管理和访问途径。这种结构配置灵活，在一个局域网内可以方便地增减客户端工作站。但是，由于文件服务器只提供文件服务，所有的应用处理都在客户端完成，这就要求客户端的个人计算机必须有足够的能力，以便执行需要的任何程序。这可能需要客户端的计算机经常升级，否则无法改进应用程序的功能或提高应用程序的特性。

3. 客户机/服务器结构

客户机/服务器（简称C/S）结构是以网络环境为基础，将计算应用有机分布在多台计算机中的结构。其中一台或多台计算机提供服务，被称为服务器（Servers），其他计算机负责接受服务，被称为客户机（Clients）。客户机/服务器结构把系统的任务进行了划分，它把用户界面和数据处理操作分开在前端（客户端）和后端（服务器端），服务器负责数据的存储、检索与维护，而客户机负责提供图形用户接口，承担诸如处理与显示检索所得的数据、解释和发送用户的请求等任务。在客户机/服务器结构中，客户机提出数据服务请求，由服务器把按照请求处理后的数据传送给客户。因此，在网络中传输的数据仅仅是客户机需要的那部分数据，而不是全部。这个特点使得客户机/服务器结构的工作速度主要取决于进行大量数据操作的服务器，而不是前端的硬件设备；同时大大降低了对网络传输速度的要求，使系统性能有了较大的提高。客户机/服务器结构增加了数据库系统的数据共享能力，服务器上存放着大量的数据，用户只需要在客户机上用标准的SQL语言访问数据库中的数据，便可方便地得到所需要的各种信息。

4. 浏览器/服务器结构

基于Internet/Intranet的浏览器/服务器（简称B/S）结构从本质上来说，与客户机/服务器结构一样，都是用同一种请求和响应方式来执行应用的。但客户机/服务器结构在客户端集中了大量应用软件，而浏览器/服务器结构是一种基于超链接（Hyperlink）、HTML、Java的三层或多层结构，客户端仅需要单一的浏览器软件，是一种全新的体系结构。它解决了跨平台问题，用户通过浏览器可访问几个应用平台，形成了一点对多点、多点对多点的结构模式。

2.5.1 客户机/服务器结构

1. 客户机/服务器结构的组成

从用户的角度来看，客户机/服务器结构有三个基本组成部分：客户机、服务器、客户机与服务器之间的连接。

（1）客户机。

客户机是一个面向最终用户的接口或应用程序。它向一个设备或应用程序（服务器）发出请求信息，然后将信息显示给用户。客户机把大部分的工作留给服务器，让服务器上的高档硬件和软件充分施展其特长。通过网络把数据分析和图形表示从服务器上分离下来，这样客户机硬件就能大大减少网络上的传输事务，使网络能为用户提供更为有效的信息流。

（2）服务器。

服务器的主要功能是建立进程和网络服务地址、监听用户的调用、处理用户的请求、将结果交给客户机和释放与客户机的连接。服务器多是大型机或高档微机，一般配有高档的处理器、大容量内存、稳定快速的总线和网络传输，以及完整的安全措施。

（3）客户机与服务器之间的连接。

客户机与服务器之间的连接是通过网络连接实现的。对应用系统来说，客户机与服务器之间的连接多是指一种软件通信过程。目前，各种连接客户机和服务器的标准接口和软件很受欢迎,如ODBC,该接口可在应用程序与多个数据库服务器之间进行通信。使用时,客户机应用只需与标准的ODBC函数打交道,采用标准的SQL语言来编程,而不必关心服务器软件的要求及完成方式。

2. 二层客户机/服务器结构

在客户机/服务器结构中,当个人计算机与服务器连接时,整个处理将被分配在客户机和服务器系统之间,通过对任务进行合适的分组,可以使整个系统保持高效运转。

客户机与服务器存在分工差异,它们完成的处理是不同的。一般来说,服务器速度快、数据存储量大,完成的工作比客户机多,主要负责向客户机提供数据服务,实现数据管理和事务逻辑。而客户机的性能则相对较低一些,客户机只完成整个工作的较小部分,主要负责应用逻辑的处理、用户界面的处理和显示通过网络与服务器的交互。

客户机/服务器结构既可指硬件的结构也可指软件的结构。硬件的客户机/服务器结构是指某项任务在两台或多台计算机之间进行分配。客户机在完成某一项任务时,通常要利用服务器上的共享资源和服务器提供的服务。软件的客户机/服务器结构是指把一个软件系统或应用系统按照逻辑功能划分为若干个组成部分,如用户界面、表示逻辑、事务逻辑、数据访问等,然后把这些部分按照其相对角色的不同分为客户端软件和服务器端软件。客户端软件负责数据的表示和应用,能够请求服务器端软件的服务,如请求服务器端软件为其提供数据的存储和检索服务。客户端软件和服务器端软件可以分布在网络的不同计算机节点上,也可以放置在同一台计算机上。客户端软件和服务器端软件的功能划分可以有多种不同的方案。

客户机/服务器结构如图2.18所示。客户机/服务器结构是一个开放体系结构,因此数据库不仅要支持开放性,而且还要开放系统本身(包括用户界面、软硬件平台和网络协议),同时,利用开放性在客户机一侧提供应用程序接口及网络接口,这样用户仍可按照他们熟悉的、流行的方式开发客户机应用。在服务器一侧,客户机/服务器结构通过对核心关系数据库管理系统的功能调用,使网络接口满足了数据完整性、保密性及故障恢复等要求。有了开放性,数据库服务器就能支持多种网络协议,运行不同厂家的开发工具,对某一应用程序开发工具,也可以在不同的数据库服务器上存取不同数据源中的数据,这样就能使应用系统的开发具有很大的灵活性。

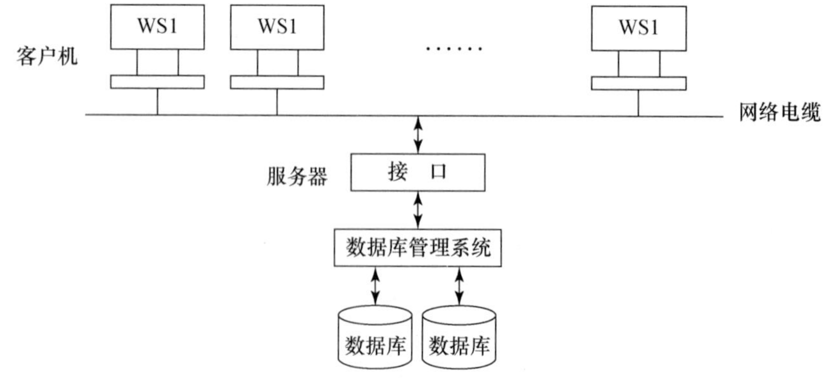

图2.18　客户机/服务器结构

3. 三层客户机/服务器结构

在二层客户机/服务器结构中，开发工作主要集中在客户端，客户端软件不但要完成用户交互和数据显示的工作，而且还要完成对应用逻辑的处理工作，即使用户界面与应用逻辑位于同一平台上。这样就带来了两个突出的问题：一是系统的可伸缩性较差，二是安装维护较困难。

因为在一个系统中并不是所有的客户机要求都一样，所以它们要求程序的功能也不尽相同。使用二层客户机/服务器结构应用软件时，开发人员提供的所有程序都是相同的，除非开发人员根据不同用户的需求将大的软件裁剪成不同的小软件分发给不同的用户。

另外，在系统开发完毕后，整个系统的安装也非常繁杂。在每一台客户机上不但要安装应用程序，而且必须安装相应的数据库连接程序，还要完成大量的系统配置工作。所有的客户机都要配置好几层软件，因而变得很庞大，被称为“肥客户机”。这样，如果系统有大量用户，并且用户是分布的和流动的，如广域网环境下的应用系统，则整个系统的安装和维护将非常困难。在系统进行修改后，所有客户机上的软件都将受到影响。

为了解决二层客户机/服务器结构存在的问题，人们又提出了三层客户机/服务器结构。三层客户机/服务器结构整个系统由三个部分组成：客户机、应用服务器和数据库服务器。客户机上只需安装应用程序，它负责处理与用户的交互和与应用程序的交互。应用服务器负责处理应用逻辑，即接受客户机应用程序的请求，然后根据应用逻辑将这个请求转化为数据库请求后与数据库服务器进行交互，并将与数据库服务器交互的结果传送给客户机的应用程序。数据库服务器根据应用服务器发送的请求进行数据库操作，并将操作结果传送给应用服务器。三层客户机/服务器结构如图 2.19 所示。

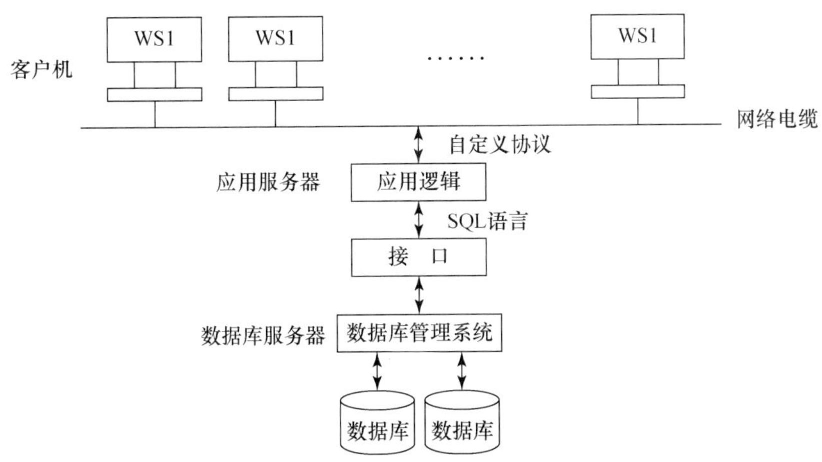

图 2.19 三层客户机/服务器结构

从图 2.19 可以看出，三层客户机/服务器结构的特点是用户界面与应用逻辑位于不同的平台上，并且应用逻辑可被所有用户共享。因此，系统应提供用户界面与应用逻辑之间的连接，两者之间的通信协议是由系统自行定义的。

应用逻辑被所有用户共享是三层客户机/服务器结构与二层客户机/服务器结构之间最大的区别。中间层，即应用服务器是整个三层客户机/服务器结构的核心，它必须具有处理系统的具体应用的能力和为满足不同数量客户机的请求而进行性能调整的能力，并能提供事务处理和安全控制。根据应用逻辑的不同，应用服务器软件应可以被划分为不同的模块，并且一个模块应能够同时响应多个客户机应用程序的请求，从而使客户机应用程序在需要某种应用服务时只与应用服务器上处理这个应用逻辑的模块通信即可。

三层客户机/服务器结构主要具有如下几个优点。

① 整个系统被分为不同的逻辑块，层次非常清晰；

② 能够使"肥客户机"变成"瘦客户机"；

③ 开发和管理的工作向服务器转移，使得分布数据处理成为可能；

④ 使管理和维护工作变得相对简单；

⑤ 客户机可省去与数据库系统直接互动的麻烦，性能比二层客户机/服务器结构更优。

2.5.2 浏览器/服务器结构

基于客户机/服务器结构的信息管理系统经过30多年(从1985年至今)的发展，已得到了广泛的应用，它为企业信息管理系统的共享、集成和分布式应用作出了巨大贡献。但是客户机/服务器结构也存在着许多缺点，如安装、升级、维护困难；使用不方便，培训费用高；软件建设周期长，适应性差；系统生命周期短，移植困难；系统建设质量难以保证。Internet的兴起和电子商务的发展对数据库应用系统的结构提出了新的要求。

1. 基于Internet/Intranet的浏览器/服务器结构的产生

进入20世纪90年代，数字信号处理技术、网络通信技术、多媒体技术和产业发展逐渐成熟并互相融合，奠定了智能联网的技术基础。Internet技术掀起了全球信息产业的一场深刻革命，它不仅改变了人们的生活方式，改变了人们的商业行为，而且改变了人们的办公方式。

基于Internet/Intranet的浏览器/服务器结构为信息系统开发人员提供了一个新的框架结构，使他们能很快地把注意力从用户界面等细节问题转移到更核心的问题上，也使得不管开发的是哪种应用程序、哪种平台，在浏览器上都能使用。通过Intranet，信息系统的维护、培训、分销变得很容易，软件版本的升级、更新也无须牵扯到用户，只要将服务器端的软件更新，所有用户就都能自动更新应用。

早期的浏览器/服务器结构也是二层，Web服务器只是简单地接受Web浏览器通过HTTP提交的请求，然后进行相应的处理，并且以HTML格式化的文档作为响应。浏览器上见到的是静态的HTML页面。

随着应用的扩大和技术的发展，浏览器/服务器二层结构自然地延伸为浏览器/Web服务器/数据库服务器三层结构或多层结构。浏览器/Web服务器/数据库服务器三层结构如图2.20所示。

在浏览器/Web服务器/数据库服务器结构中，表示层在客户端，只需安装一个浏览器软件。客户端的工作很简单，负担很轻。Web服务器既是一个浏览服务器，又是应用服务器。应用逻辑层在这个中间服务器中，人们可以把整个应用逻辑和商业规则驻留其上，而且Web服务器支持多种数据库管理系统和数据结构。Web服务器的主要功能是：作为一个HTTP服务器，负责处理HTTP协议，接受请求并按照HTTP格式生成响应；执行服务器端脚本

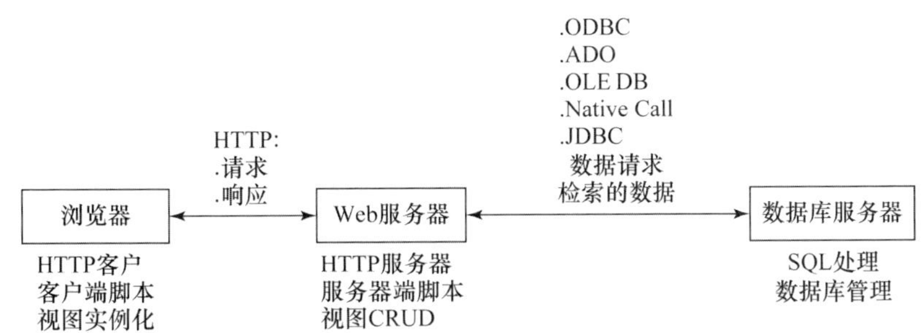

图 2.20 浏览器/Web 服务器/数据库服务器三层结构

(如 VBScript、JavaScript 等);对于数据库应用,负责创建、读取、修改、删除(CRUD)视图实例。除此之外,Web 服务器通过对象中间件技术(Java、DCOM、CORBA 等),还在网络上寻找对象应用程序,完成对象间的通信。数据层在数据库服务器上,数据库服务器上还安装有数据库管理系统,提供 SQL 查询、数据库管理等服务。Web 服务器与数据库服务器的接口方式有 ODBC、ADO、OLE DB、JDBC、Native Call 等。

与客户机/服务器结构相比,浏览器/服务器结构具有以下优点。

① 浏览器/服务器结构是一种"瘦客户机"模式,客户端软件仅需安装浏览器,应用界面单一,客户端硬件配置要求较低,可由相对价廉的网络计算机(NC)替代。

② 浏览器/服务器结构具有统一的浏览器客户端软件,易于管理和维护。在客户机/服务器结构中,操作人员必须熟悉不同的界面,为此需要对操作人员进行大量培训。而在浏览器/服务器结构中,因客户端浏览器的人机界面风格单一,系统的开发和维护工作变得简单易行,有利于提高效率。这样,不仅节省了开发成本,减少了维护客户端软件的时间和精力,而且便于用户的使用。浏览器/服务器结构具有极大的可扩展性,客户端的数量几乎不受限制。

③ 浏览器/服务器结构无须开发客户端软件,浏览器软件容易从网上下载,也很容易升级。

④ 在浏览器/服务器结构中,应用开发效率高,开发周期短,见效快;应用对开发人员的技术要求低,其版本更新时只需集中维护放在服务器端的代码即可。

⑤ 浏览器/服务器结构具有极强的伸缩性,可以透明地跨越异质网络和计算机平台,无缝地联合使用数据库、超文本、多媒体等多种形式的信息,可以选择不同的厂家提供的设备和服务。

⑥ 浏览器/服务器结构采用公开的标准和协议,系统资源的冗余小,可扩充性良好。

2. 采用浏览器/服务器结构的系统的工作方式

采用浏览器/服务器结构的系统有以下三种工作方式。

(1) 简单式。

简单式,即基于浏览器的浏览器/服务器模式,该方式利用 HTML 页面在用户的计算机上显示信息。在静态页面中,Web 浏览器需要一个 HTML 页面,它提交一个 URL 地址到 Web 服务器。Web 服务器从 Internet 上检索浏览器需要的本地或远程的网页,并将这些网页返回到 Web 浏览器上。Web 浏览器显示由 HTML 写成的文档、图片、声音和图像,而

Web 服务器则是将网页发送至浏览器上的有特殊目的的文件服务器。在这个过程中,浏览器打开一个和服务器的链接,服务器返回页面结果并关闭链接。

有时也可以使用 Java Applet(Java 小应用程序)、ActiveX 和 Java Bean 来加强网页的表达能力。这些程序使网页具有了动态特性。

(2) 交互式。

在这种方式中,浏览器显示的不只是静态的由服务器端传送来的页面信息。在打开与服务器的链接及传输数据以前,HTML 页面显示供用户输入的表单、文本域、按钮,用户可通过这些与服务器进行交互。

从被访问的数据来看,在这种方式中用户所访问的数据往往是只读的,如帮助文件、文档、用户信息等。这些非核心数据一般没有处理能力,它们总是处在低访问率上。这种方式已是一个三层结构了,浏览器通过中间层软件 CGI 间接操作服务器程序,CGI 与服务器端的数据库互相沟通,再将查询结果传送至客户端,而不是一味地将服务器端的资料全部接收过来。

(3) 分布式。

这种模型将结构中目前的已有设施与分布式数据源结合起来,最终会代替真正开放的客户机/服务器应用程序。在分布式中,浏览器无须下载 HTML 页面,客户程序是由可下载的 Java 编写的,并可以在任何支持 Java 的浏览器上执行 Applet。当 HTTP 服务器将含有 Java Applet 的页面下载到浏览器时,Applet 在浏览器端运行并通过构件(Component)支持的通信协议(IIOP,DCOM)与传输服务器上的小服务程序(Servlet)通信。这些小程序按构件的概念撰写,收到信息后,它们经过 JDBC、ODBC 或本地方法向数据库服务器发出请求,数据库服务器接到命令后,再将结果传送给 Servlet,Servlet 将结果送至浏览器由浏览器显示出来。

3. 浏览器/服务器结构的实施方案

目前,在浏览器上发布信息常用的文件有两种:HTML 文件和 Java Applet 类。

HTML 文件只能发布超文本格式的信息。HTML 是 Web 上的第一个标记语言,用于编制 Web 网页。后来,在 HTML 基础上发展出了功能更为强大的动态超文本标记语言和可扩展标记语言(Extensible Markup Language,XML)。其中,XML 具有许多优点,如提供了表达数据库视图的标准方法,明确区分了结构、内容和实例化,能够对文档进行有效性检查,允许各行业定制自己的专用 XML 等。

Java Applet 类嵌入在 HTML 文件中,可发布图形信息。

HTML 文件和 Java Applet 类与数据库相联系的方法基本相同,它们都可以通过 CGI、API 和 ODBC 方式来发布数据库中的数据。另外,Java Applet 类还可以通过 JDBC 方式来与数据库建立联系。

下面,我们以 Microsoft 的解决方案为例来说明浏览器/服务器结构的实施方案。

基于浏览器/服务器结构的 Microsoft 实施方案如图 2.21 所示。在客户端配置 Windows 7 操作系统,Internet Explorer 4.0 以上浏览器。在 Web 服务器端配置 Windows Server 2019 操作系统、Internet Information Services 7.0 和 Active Server Page。在数据库服务器端配置 Windows Server 2019 和 SQL Server 2014。

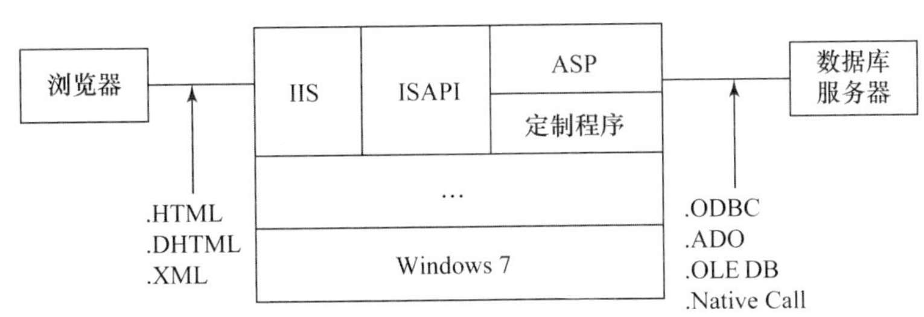

图 2.21 基于浏览器/服务器结构的 Microsoft 实施方案

在 Web 服务器端，ASP 可以配合使用 JavaScript、VBScript、Perl、ActiveX 等代码。定制的应用程序可用 Java 或 C++编写。

数据库服务器可以选择 Oracle、Sybase、MS SQL Server、DB2 等数据库管理系统，用于存放和管理共享数据。

2.5.3 电子商务数据库应用系统的实现技术

随着 Web 数据库系统的不断应用和发展，数据库系统的实现技术也越来越重要。电子商务数据库应用系统在实现中采用了许多新的软件技术，其中，数据库性能优化技术、开放式数据库互连和 Web 数据库访问技术是实际开发过程最常用的技术，下面将对它们做简单的介绍。

1. 数据库性能优化技术——SQL

SQL 是结构化查询语言，是专门为数据库而建立的操作命令集，是一种功能齐全的数据库语言。在使用 SQL 时，使用者只需要发出"做什么"的命令，而无须考虑"怎么做"。SQL 功能强大、简单易学、使用方便，已经成为数据库操作的基础。目前，国际上所有关系数据库管理系统(包括 DB2 以及 Oracle、SQL Server、Sybase、Informix 等大型数据库管理系统)都采用 SQL。

SQL 不仅有查询功能，还有数据定义、数据操作和数据控制功能。数据定义功能是指对基表以及视图进行定义；数据操作功能是指在基表上进行查询、插入、修改、删除等；数据控制功能是指事务管理、数据保护(包括数据库的恢复，并发控制以及对数据库的安全性和整体性的控制等)功能。

SQL 语言有两种使用方式：一种是联机交互方式，在该方式下，SQL 可以独立使用，被称为自含式语言；另一种是嵌入式方式，在这种方式下，人们以某些高级程序设计语言(如 COBOL、C 等)为宿主语言，将 SQL 嵌入其中，使 SQL 依附于宿主语言，这时 SQL 被称为嵌入式语言。

不管采用哪种使用方式，SQL 的基本语法结构都不变，只是在采用嵌入式方式时，需要在嵌入式结构中增加若干语句，以建立宿主语言与 SQL 之间的联系。关于 SQL，本书第 4 章将做详细介绍。

2. 开放式数据库互连

在一个包括多个服务器和大量用户的客户机/服务器结构的数据库系统中，来自不同厂商的客户端软件以及用户开发的客户应用要访问不同厂商的服务器中的数据，这些数据可能存在于不同厂商的关系数据库、非关系数据库中。要对这些数据进行透明的访问，就需要开放式数据库互连。ODBC 和 JDBC 是两种使用最广泛的开放式数据库互连。

ODBC 是一种用于访问数据库的统一接口标准，由 Microsoft 公司于 1991 年年底宣布，在很短的时间内，被人们广泛接受，成为事实上的工业标准。

ODBC 是基于 SQL 的，是一种在 SQL 和应用界面之间的标准接口，它解决了嵌入式 SQL 接口非规范核心问题，免除了应用软件随数据库的改变而改变的麻烦。

JDBC 是 Java 应用对数据库访问的应用程序编程接口标准。JDBC 保证 JDBC API 可以在其他通用 SQL 级的应用程序编程接口（包括 ODBC）之上实现，这表明所有支持 ODBC 的数据库不加任何修改就能够与 JDBC 协同工作。

在客户机/服务器结构的数据库系统中，ODBC 和 JDBC 使得不同的数据源可以提供统一的数据库访问界面。客户端应用通过 ODBC 就可以实现对不同数据源的访问。本书第 8 章将详细介绍 ODBC。

3. Web 数据库访问技术

在 Internet 中，Web 用户和发布 Web 的服务器通过 HTTP 建立联系。Web 用户向服务器发送一个包含 URL 题头字段和其他用户数据的 HTTP 请求，而服务器则返回包含请求内容的 HTTP 响应。

Web 服务器与数据库服务器之间的通信通常有两种解决方案：一种是由 Web 服务器提供中间件来连接 Web 服务器与数据库服务器；另一种是把应用程序下载到客户端直接访问数据库。后一种方法在程序的编写、调试上较为烦琐，也难以保证网络安全。相比较而言，中间件技术更具有优势，而且代表着一种发展方向。

中间件负责管理 Web 服务器和数据库服务器之间的通信并提供相应的服务，它可以依据 Web 服务器提出的请求对数据库进行操作，以超文本的形式输出结果，然后 Web 服务器将相应的页面返回到 Web 浏览器，从而把数据库信息提供给用户。这里简单介绍以下几种访问技术。

(1) CGI。

CGI 即通用网关接口，它规定了浏览器、Web 服务器、数据库服务器和外部应用程序之间数据交换的标准。

CGI 程序设计可以使用诸如 C++、Visual Basic 等编程语言，除程序设计的输入/输出部分外，CGI 程序的设计与一般的程序设计一样，因此，采用 CGI 是实现 Web 用户与 Web 服务器信息交互的一种快速简洁的方案。

基于 CGI 的应用较简单、灵活，开发工具丰富，功能多，技术也相对成熟；但是，基于 CGI 的编程比较复杂，程序的编译、连接是与某个具体的数据库管理系统相联系的，平台无关性差，尤其对功能强大的 Web 数据库的应用显得有些力不从心。

(2) Web API。

Web 服务器提供商为扩展其服务器的性能，都各自开发 API 来取代 CGI。目前，最流行的两种 API 分别是 ISAPI(Internet Server Application Program Interface) 和 NSAPI (Netscape Server Application Program Interface)。这两种 API 可以让人们以标准方式编

写与 Web 服务器交互的应用程序。现在 NSAPI 也支持 ISAPI 标准，这意味着只有一种 Web API 标准了。

API 由于是由各厂商与各自的服务器绑定而各自开发的，所以兼容性较差，仅适用于 Windows 系统，另外，其交互性也比较差且开发难度大，往往使开发人员望而却步。

(3) ASP。

由于 Web API 开发的难度较大，于是微软公司推出了 ASP 技术。它的出现使动态交互式 Web 网站的创建变得轻松容易起来。借助 ASP 技术，人们只需要用几行脚本语言，就能将后台数据库信息发布到 WWW 网站上去。ASP 技术在编程和网页脚本的可读性方面大大优于传统接口技术。

ASP 完全摆脱了 CGI 的局限性，使用户可以轻松使用 HTML、脚本语言和 ActiveX 组件，创建可靠的、功能强大的、与平台无关的 Web 应用系统。它不但可以进行复杂的数据库操作，而且它生成的页面具有很强的交互性，允许用户方便地控制和管理数据。

(4) JSP。

JSP(Java Server Pages)是基于 Java Servlet 以及整个 Java 体系的网络开发技术。利用这一技术，人们可以建立先进、安全和跨平台的动态网站。

在传统的网页 HTML 文件中加入 Java 程序片段(Scriptlet)和 JSP 标记，就构成了 JSP 网页。Web 服务器在遇到访问 JSP 网页的请求时，首先执行其中的程序片段，然后将执行结果以 HTML 格式返回给用户。程序片段有操作数据库等相关功能。所有程序操作都在服务器端执行，传送客户端的仅是得到的结果，对客户端浏览器的要求很低，客户端浏览器可以实现无 Plugin、无 ActiveX、无 Java Applet，甚至无 Frame。

总的说来，JSP 和 ASP 在技术方面有许多相似之处。两者都是为基于 Web 的应用服务实现动态交互网页制作提供的技术环境支持，两者都能为程序开发人员提供实现应用程序的编制与自带组件设计网页从逻辑上分离的技术，而且两者都能够替代 CGI，使网站建设与发展变得较为简单和快捷。当然，它们也有区别，其中最本质的区别是：两者来自不同的技术规范组织，其实现的基础是 Web 服务器平台的要求不相同。ASP 是基于 Windows 平台的技术，而 JSP 是跨平台的。

总之，在设计电子商务数据库应用系统时，往往需要根据实际的应用规模、已有的软硬件投资和将来可能的发展等多种因素来综合考虑。

2.6 本章小结

当前，数据库已经成为计算机信息系统和应用系统的组成核心，数据库技术已成为现代信息系统和应用系统开发的核心技术，更是“信息高速公路”的支撑技术之一。本章先在简述数据库技术发展历史的基础上，介绍了数据库技术的相关概念以及几种重要的数据模型，并对它们进行了比较。接着本章简单介绍了大数据及 NoSQL 数据库技术。最后结合电子商务系统的特点，本章介绍了电子商务数据库应用系统的两种体系结构(客户机/服务器结构和浏览器/服务器结构)及相应的实现技术。

2.7 本章习题

1. 什么是数据模型？一个完整的数据模型应该包括哪些方面的内容？
2. E-R 模型有何作用？
3. 解释以下术语：实体、实体集、属性、关键字、联系。
4. 网状模型、层次模型和关系模型各有何特点？
5. 如何理解数据库的三级模式结构？
6. 为什么说数据库管理系统是数据库系统的核心？
7. 试分析电子商务系统中数据的特点以及数据管理对于电子商务的重要性。
8. 根据学校实际情况，建立学校教学管理系统的 E-R 模型。
9. 查阅资料，了解 NewSQL 数据库的发展及应用现状。

2.8 本章参考文献

邓立国，佟强，2017. 数据库原理与应用——SQL Server 2016 版本[M]. 北京：清华大学出版社.

何玉洁，2016. 数据库原理与应用教程[M]. 北京：机械工业出版社.

刘卫国，亚晖，2007. 数据库技术与应用——SQL Server[M]. 北京：清华大学出版社.

刘瑜，刘胜松，2020. NoSQL 数据库入门与实践——基于 MongoDB、Redis[M]. 北京：中国水利水电出版社.

马军，2008. SQL 语言与数据库操作技术大全——基于 SQL Server 实现[M]. 北京：电子工业出版社.

蒙祖强，许嘉，2018. 数据库原理与应用——基于 SQL Server 2014[M]. 北京：清华大学出版社.

秦婧，傅冬，王斌，2017. SQL Server 2014 数据库教程[M]. 北京：机械工业出版社.

宋金玉，陈萍，陈刚，2014. 数据库原理与应用[M]. 2 版. 北京：清华大学出版社.

王珊，萨师煊，2014. 数据库系统概论[M]. 5 版. 北京：高等教育出版社.

卫琳，2019. SQL Server 2014 数据库应用与开发教程[M]. 4 版. 北京：清华大学出版社.

张立新，徐剑波，2017. 数据库原理与 SQL Server 应用教程[M]. 北京：电子工业出版社.

第 3 章

关系数据库设计基础

企业在发展电子商务的过程中，如何实现数据组织与管理性能的最佳结合？如何有效控制数据的完整性和一致性？如何防止数据冗余？如何评价数据库系统的性能？这些都离不开关系数据库的规范化理论，关系数据库的规范化理论是进行事务管理型数据库设计的必备基础知识。

电子商务系统是基于 Internet 平台的应用系统，随着 Internet 上 Web 数据库应用的不断发展，计算机软硬件技术的发展，以及各类软件开发工具的出现，数据库应用系统的开发方法与技术有了很多变化，也大大改变了数据库应用系统开发技术的面貌。

本章主要内容：

(1) 关系数据库；
(2) 函数依赖；
(3) 关系模式的范式和规范化；
(4) 数据库设计中关系范式的应用。

3.1 关系数据库

关系数据库是迄今为止最流行的数据库，SQL Server、Oracle 等都是关系数据库。关系数据库已广泛用于实际工程项目。关系数据库的相关知识是 IT 相关从业人员必备的基本知识。

3.1.1 关系数据库的概念

关系数据库是以关系模型为基础的数据库。一个关系既可以描述一个实体，也可以描述实体之间的联系。一个关系模型包括一组关系模式，各个关系模式之间并不是完全孤立的。只有它们之间相互关联，才能构成一个模型。这些关系模式的全体构成关系数据库模式。在关系数据库中，一个关系可以表示为一张二维表，也称数据表，一个关系数据库是若干关系的集合。

一张数据表由一系列的记录(行)组成。每条记录由若干数据项组成。数据项也就是字段值、属性值,它是关系数据库中最小的数据单位,不能再分解。

在关系数据库中,每张数据表都有自己的名字(表名)。在同一个数据库中,表名是唯一的。当要访问数据库的某个数据项时,可先通过表名找到对应的数据表,然后检索该数据项所在的记录,最后通过记录访问该数据项。

3.1.2 关系数据库的特点

关系数据库主要具有如下几个特点。

(1) 具有较小的数据冗余,支持创建数据表间的关联,支持较复杂的数据结构;

(2) 应用程序脱离了数据的逻辑结构和物理存储结构,数据和程序之间的独立性高;

(3) 实现了数据的高度共享,为多用户数据访问提供了可能;

(4) 提供了各种相应的控制功能,能有效保证数据存储的安全性、完整性和并发性等,为多用户的数据访问提供了保证。

3.2 函数依赖

3.2.1 关系数据库设计缺陷

在介绍如何设计一个好的关系模式之前,我们先通过一个例子来看看某些不恰当的关系模式可能导致的问题。

设有一个"员工信息表"如下:

员工信息表[员工姓名,性别,政治面貌,籍贯,社会关系(与本人的关系,姓名,工作单位所在地),本人简历(起止年月,所在单位,证明人)]。

表 3.1 是该关系的一个实例(只给出部分数据)。

表 3.1 员工信息表的部分数据

员工姓名	性 别	政治面貌	籍 贯	社会关系			本人简历		
				与本人的关系	姓 名	工作单位所在地	起止年月	所在单位	证明人
张楠	男	党员	江苏	父亲	张其	南京	1976/09—1982/08	小学	郑建
张楠	男	党员	江苏	母亲	李青	南京	1982/09—1988/07	中学	李祥
张楠	男	党员	江苏	姐姐	张萍	杭州	1988/09—1992/07	大学	张如玉

从表 3.1 可以看出,"社会关系"和"本人简历"两个数据元素各自分别包含三个数据元素。这就会使同一员工的姓名、性别、政治面貌、籍贯等数据元素的值在多个记录中重复存储,产生了大量的数据冗余。同时,数据的重复存储也会给数据更新带来麻烦。例如,当某个员工的政治面貌发生改变时,则关系中所有与该员工相关的记录都要更改,如果有一个没

改,就会导致数据不一致。

除此之外,设计得不好的关系模式还会带来其他一些异常情况,如插入、删除异常等。

例如,有一个"员工-项目"关系如下:

员工-项目(工号,姓名,职务,职称,项目编号,参与项目名称,项目负责人,承担任务,客户评价)。

在这个关系中,只有根据员工的工号和所参与项目的项目编号,才能确定某员工在某个项目中承担的任务。如果单位新承接了一个项目,尚未确定参与的员工,那么此时主关键字"工号"取值为空,而关键字是不允许出现空值的,这就会导致该项目诸如项目负责人等信息无法存入数据库。同时,暂时未参与任何项目的员工的信息也无法存入数据库,即存在插入异常。

另外,当一个项目完成之后,如果删除该项目记录,则参与该项目的员工的相关信息也被删掉了,即存在删除异常。

这些异常的产生主要是因为关系模式的结构,即关系模式中的属性之间存在过多的数据依赖关系。也就是说,在上述关系中,除了所有属性对主关键字属性的数据依赖外,还存在别的依赖关系。

在现实世界中,任何一个实体或实体的属性之间都存在一定的联系。例如,在"员工信息表"中,假设没有重名现象,则员工姓名"张楠"决定了其性别、政治面貌等属性值;员工姓名"张楠"和"与本人的关系"中的"父亲"值决定了张楠父亲的姓名、工作单位所在地;员工姓名"张楠"和 "1988/09—1992/07"值决定了张楠的"所在单位"及"证明人"。这些数据元素之间的依赖关系表示如下:

员工姓名→性别;员工姓名→政治面貌;员工姓名→籍贯;员工姓名+与本人的关系→"社会关系"中的姓名;员工姓名+与本人的关系→"社会关系"中的工作单位所在地;员工姓名+起止年月→"本人简历"中的所在单位;员工姓名+起止年月→"本人简历"中的证明人。

如果将上面例子中的关系进行分解,就可以得到以下三个新的关系。

员工(姓名,性别,政治面貌,籍贯);

员工社会关系(姓名,与本人的关系,工作单位所在地);

员工简历(员工姓名,起止年月,所在单位,证明人)。

被分解成三个新的关系后,原关系存在的各种问题就都不存在了。这样的分解将更加符合现实世界的客观情况。分解的依据就是属性之间的函数依赖关系。

3.2.2 函数依赖

函数依赖(Functional Dependency)反映了数据之间的内部联系,它是进行关系分解的依据。

为了方便起见,我们假设 $R(A1,A2,A3,\cdots,An)$ 是一个关系模型,$U=\{A1,A2,A3,\cdots,An\}$ 是 R 的所有属性集合,X、Y 和 Z 分别表示 R 的属性子集。

【定义 1】 若对于 R 中的 X 的任何一个具体值,Y 有唯一的具体值与之对应,则称 Y 函数依赖于 X,记作 $X\rightarrow Y$,X 被称为决定因素(Determinant)。

如果 $X\rightarrow Y$,且 Y 不是 X 的子集,则称 $X\rightarrow Y$ 是非平凡的函数依赖(Nontrivial Functional Dependency)。我们讨论的都是非平凡的函数依赖。

例如，有“学生”关系如下：

学生(学号，姓名，性别，系号，系负责人，课程名，成绩)。

在这个关系中，学号→姓名，系号→系负责人，学号＋课程名→成绩。

【定义 2】 在 R 中，如果 Y 函数依赖于 X，且不函数依赖于 X 的任何真子集，则称 Y 完全函数依赖于 X(Full Functional Dependency)，记作 $X \xrightarrow{F} Y$，否则 Y 部分函数依赖于 X(Partial Functional Dependency)，记作 $X \xrightarrow{P} Y$。

例如，在“学生”关系中，“成绩”完全函数依赖于“学号＋课程名”，而“姓名”则部分依赖于“学号＋课程名”。

【定义 3】 在 R 中，对于 X、Y、Z，若 $X \xrightarrow{F} Y$，$Y \not\subset X$，$Y \to Z$，则称 Z 对 X 传递函数依赖(Transitive Functional Dependency)，记作 $X \xrightarrow{T} Z$。

例如，有“配件-供应商-库存”关系如下：

配件-供应商-库存[配件编号，配件名称，规格，供应商名称，供应商地址，价格(厂价)，库存量，库存占用资金]。

在这个关系中，每个供应商只有一个地址。那么，在该关系中，“配件编号＋供应商名称”是主关键字。因为“配件编号”能唯一确定一种配件的名称及其规格，所以属性“配件名称”和“规格”部分函数依赖于主关键字“配件编号＋供应商名称”。由于一种配件可以由多家供应商供货，而不同的供应商所提供的价格是不一样的，只有知道了配件编号和供应商名称，才能确定配件价格(厂价)，因此，“价格(厂价)”完全函数依赖于“配件编号＋供应商名称”。同样，“库存量”也完全函数依赖于“配件编号＋供应商名称”。

另外，由于库存占用资金＝价格×库存量，因此，“库存占用资金”函数依赖于“价格＋库存量”，这样，“库存占用资金”就传递函数依赖于“配件编号＋供应商名称”。

3.2.3 关键字

前面我们已经提到过关键字，介绍了函数依赖之后，我们就可以给出关键字的定义。

1. 候选关键字(候选码)

【定义 4】 在 R 中，设 K 是 U 的属性或属性集合。如果 $K \xrightarrow{F} U$，则称 K 是关系 R 的一个关键字(码)。如果 K 是属性组合，则称其为组合关键字(或合成关键字)。关键字可以唯一地标识一条记录，关系中能够作关键字的属性或属性组合可能不是唯一的。在关系中能够唯一区分、确定不同记录的属性或属性组合被称为候选关键字。人们可从候选关键字中选定一个作为主关键字(主码)。

包含在任意一个候选关键字中的属性，称为主属性。不包含在任何候选关键字中的属性称为非主属性。

在极端情况下，若关系的全部属性被作为关键字，则称其为完全关键字。此时关系中没有非主属性。

候选关键字具有以下两个性质。

① 标识的唯一性：对于 R 中的每一个元组，K 的值确定后，该元组就确定了。

② 无冗余性：当 K 是属性组合时，则 K 的任何一个部分都不能标识该元组。

2. 外关键字(外码)

【定义5】 在 R 中，若属性或属性组合 X 不是 R 的关键字，但 X 是其他关系的关键字，则称 X 是 R 的外关键字(外码)。

主关键字和外关键字提供了表示关系之间联系的方式。

例如，有“职工”关系如下：

职工(职工号，职工姓名，年龄，部门编号)。

“部门”关系如下：

部门(部门编号，部门名称，部门负责人)。

在“职工”关系中，“部门编号”不是它的关键字，但“部门编号”是“部门”关系的关键字，所以“部门编号”是“职工”关系的外关键字。

3.2.4 多值依赖

属性之间的关系中除了函数依赖，还有多值依赖(Multivalued Dependency)。与函数依赖相比，多值依赖不太直观，较难理解。关系模式中如果存在多值依赖，也会造成数据冗余，导致数据操作异常。

【定义6】 在 R 中，若 $Z=U-X-Y$，当且仅当对 R 中给定的一对(X,Z)值，有一组 Y 的值与之对应，这组值仅仅决定于 X 值，而与 Z 值无关时，多值依赖 $X\rightarrow\rightarrow Y$ 成立。

例如，某单位的供应部门直接将各工程所需要的物资从供应商的仓库发往工程所在地，为了规划运输方案，我们可以定义如下的关系，来存储所有零件的可能的运输源和目的地：

运输(工程名称，工程地址，物资名，供应商名，供应商地址)。

这个关系的关键字为“物资名＋工程名称＋供应商名”，其中，除了有工程名称→工程地址，供应商名→供应商地址这两个函数依赖关系外，还有物资名→→工程名称＋工程地址，物资名→→供应商名＋供应商地址多值依赖关系。因为在这一关系中，一种物资可以被多个工程使用，与该物资由谁提供无关。同样，一种物资可以由多个供应商提供，与哪些工程使用该物资无关。可以看出，由于多值依赖的存在，这个关系有冗余。

另外，很明显，当关系模式中至少有三个属性时，才有可能存在多值依赖。我们可以将函数依赖看成多值依赖的一种特殊情况，即函数依赖一定是多值依赖，而多值依赖是函数依赖的概括，即存在多值依赖的关系，不一定存在函数依赖。

3.3 关系模式的范式和规范化

3.3.1 关系模式的范式

关系数据库中的关系是要满足一定规范化要求的。范式(Normal Form，NF)是衡量关系模式规范程度的标准。满足最低要求的为第一范式，简称1NF。在第一范式的基础上，进一步满足一些要求的为第二范式，简称2NF，依次类推。高等级范式是在低等级范式的基础上增加一些约束条件而形成的。可见，等级越高，范式的约束条件越多，要求就越严格。

1. 第一范式(1NF)

如果关系 R 的每一个属性的值为不可分离的原子值,即每个属性都是不可再分的基本数据项,则 R 是第一范式,记作 $R \in 1NF$。

第一范式是关系模式必须达到的最低要求,不满足该条件的关系模式就是非规范化关系,即非第一范式。目前,大部分商用的关系数据库管理系统处理的关系至少是 1NF 的。

例如,有“部门”和“职工”两个关系如下,其中,“部门”关系是 1NF 的,而“职工”关系是非 1NF 的。

部门:

部门编号	部门名称	部门负责人

职工:

职工编号	职工姓名	工资		
		基本工资	补贴	奖金

“职工”关系经过转化也可以变成 1NF 的关系:

职工编号	职工姓名	基本工资	补贴	奖金

我们发现,将“职工”关系转换为 1NF 的方法就是将属性“工资”分解成三个不可再分的属性:基本工资、补贴、奖金。

2. 第二范式(2NF)

如果关系 $R \in 1NF$,且 R 中每一个非主属性完全函数依赖于主关键字,则 R 是第二范式,记作 $R \in 2NF$。

设有“职工情况表”关系如下:

职工情况表(职工工号,职工姓名,性别,出生年月,起止年月,工作单位,证明人)。

这个关系的主关键字为“职工工号+起止年月”。在非主属性中,只有“工作单位”和“证明人”完全函数依赖于主关键字,“职工姓名”“性别”“出生年月”对主关键字都是部分函数依赖,因为只要有了职工工号就可以确定它们的值。所以“职工情况表”不是 2NF 的关系。

通过简单的投影分解我们可以把非 2NF 的关系转化为 2NF 的关系。方法为:将部分函数依赖关系中的主属性(决定方)和非主属性从关系模式中提出,单独构成一个关系;将余下的属性,加上主关键字,构成另一个关系。例如,我们可以将“职工情况表”分解成如下两个 2NF 的关系:

职工情况(职工工号*,职工姓名,性别,出生年月);

职工履历(职工工号*,起止年月*,工作单位,证明人)。

标“*”的属性是主关键字。

这里所说的投影分解，是指所得关系是原关系的投影，而在分解后的关系中，仍存在着分解前的函数依赖关系：

职工工号→职工姓名，职工工号→性别，职工工号→出生年月，每个职工的工号是唯一的；

职工工号＋起止年月→工作单位，职工工号＋起止年月→证明人。

3. 第三范式(3NF)

如果 $R\in 2NF$，且它的任何一个非主属性都不传递函数依赖于任何主关键字，则 R 是第三范式，记作 $R\in 3NF$。

我们可以用如下方法将非 3NF 的关系转化为 3NF 关系。

① 将函数依赖关系中起传递作用的主属性(决定方)和非主属性提出，单独构成一个关系，将决定方和原关系中余下的属性，加上主关键字，构成另一个关系。

② 去掉关系中的多余项。

例如，有"配件库存"关系如下：

配件库存[配件编号，供应商名称，价格(厂价)，库存数量，库存占用资金]。

在这个关系中，同一种配件可以由不同的供应商提供，不同的供应商提供的同一种配件的价格是不一样的，库存数量也是不一样的。所以该关系中存在的函数依赖关系是配件编号＋供应商名称→价格(厂价)，配件编号＋供应商名称→库存数量，价格(厂价)＋库存数量→库存占用资金。该关系是 2NF 的关系，但非主属性"库存占用资金"传递函数依赖于主关键字"配件编号＋供应商名称"。因为库存占用资金＝价格×库存数量，而价格和库存数量是函数依赖于主关键字的，所以，"库存占用资金"传递函数依赖于主关键字，该关系不是 3NF 的关系。若将该关系中非主属性"库存占用资金"去掉，则该关系就变成如下的 3NF 关系：

配件库存[配件编号，供应商姓名，价格(厂价)，库存数量]。

4. BCNF

3NF 的关系模式消除了非主属性对关键字的传递函数依赖和部分函数依赖，但消除得并不彻底，因为当关系中有多个关键字为属性组合时，仍有可能存在主属性对关键字的部分函数依赖和传递函数依赖，由此也会造成数据冗余，从而给操作带来麻烦。

为了解决 3NF 的不彻底性，Boyce 和 Codd 于 1974 年共同提出了改进的 3NF，即 Boyce/Codd 范式，简记为 BCNF。Boyce/Codd 范式通过消除决定主属性和关键字之间的依赖关系，从而消去主属性之间的部分函数依赖和传递函数依赖。

如果关系 $R\in 3NF$，$X,Y\subseteq U$，若 $X\rightarrow Y$，且 $Y\not\subset X$ 时，X 必含有关键字，则 $R\in BCNF$。

从 BCNF 的定义可以看出，一个 BCNF 的关系一定符合以下条件：

① 非主属性对关键字完全函数依赖；

② 主属性对不包含它的关键字完全函数依赖；

③ 没有属性完全函数依赖于一组非主属性。

3NF 和 BCNF 有一定的关系。若一个关系属于 BCNF，则它一定属于 3NF，即 BCNF 是 3NF 的特例。但反之则不然，属于 3NF 的关系不一定属于 BCNF，3NF 是在 BCNF 基础上放宽了一个限制，即允许决定主属性中不包含关键字。

5. 第四范式

第四范式是 BCNF 的推广，它适用于多值依赖关系。

如果关系 $R \in$ BCNF，若 $X \rightarrow\rightarrow Y(Y \not\subset X)$ 是非平凡的多值依赖，且 X 含有关键字，则称 R 是第四范式，记作 $R \in$ 4NF。

一个关系如果属于 4NF，则它一定属于 BCNF；但一个属于 BCNF 的关系不一定属于 4NF。使关系达到 4NF 的方法是消除非平凡、非函数依赖的多值依赖：

如果关系 $R(X,Y,Z)$ 满足多值依赖 $X \rightarrow\rightarrow Y, Y \rightarrow\rightarrow Z$，那么可以将其分解为 $R_1(X,Y)$ 和 $R_2(Y,Z)$ 两个关系。

到目前为止，人们已经提出五级范式，但在实际应用中最有价值的是 3NF 或 BCNF。所以，一般分解到 3NF 就可以了。

3.3.2 关系模式的规范化

关系模式的规范化主要通过分解来完成，即通过分解将一个低一级范式的关系转化成若干个高一级范式的关系。规范化设计理论是数据库设计的基本指导理论。

规范化设计理论的基本思想是：逐步消除函数依赖中不合适的部分，使各关系达到一定程度的分离，使概念单一化，也就是让一个关系描述一个概念、一个实体或者实体间的一种联系。也正因为如此，一般经过规范化处理的关系结构比较简单、数据间的关系比较清晰、维护操作比较方便、数据的独立性也比较强。

关系的规范化程度越高，数据的冗余就越小，更新异常也越少。但是，由于连接运算费时，关系规范化程度越高，反倒会使查询所花的时间越多。因此，规范化应根据具体情况权衡利弊，适可而止。对于数据变动不频繁的数据库，其规范化程度可以低一些。实际工作中，一般达到多数关系属于 3NF 即可。

另外要注意的是，规范化仅仅从一个侧面提供了改善关系模式的理论和方法。对一个关系模式，规范化程度是衡量其好坏的标准之一，但不是唯一的标准。数据库设计者的任务是在一定的制约条件下，寻求较好的满足用户需求的关系模式。因此，从这个层面看，规范化的程度也不是越高越好，它取决于应用。

根据关系数据库设计理论，优化关系数据库设计的过程，实际上是对关系模式进行规范化的过程，即不断通过分解使非规范化的关系达到规范化要求的过程。一般来说，对关系 $R(A1,A2,A3,\cdots,An)$ 的分解就是用 R 的一组子集 $\{R_1,R_2,R_3,\cdots,R_k\}$ 来代替 R，且这组子集满足条件：

$$R = R_1 \cup R_2 \cup R_3 \cup \cdots \cup R_k$$

其中，任意两个子集 R_i 和 R_j 相互的交集不要求为空，即它们可以有共同的属性。通过分解，可消除数据冗余，从而消除插入、删除、修改等的异常。对于关系分解，我们不仅要求消除数据冗余，还要求分解后的关系和分解前的关系能表示出相同的信息。在关系模式的规范化过程中，一般都采用无损连接分解。利用函数依赖和多值依赖所做的投影分解都是无损连接分解。

在对关系模式进行规范化时，一般要遵循以下三个原则。

（1）要进行无损连接分解。

无损连接分解，即关系模式分解过程中数据不能丢失或增加，应把原关系模式中的所有数据无损地分解到各个子关系模式中，以保证数据的完整性。

（2）合理选择规范化程度。

从存取效率方面考虑，低级范式造成的冗余度很大，既浪费存储空间，又影响数据的一致性。因此，人们希望规范化程度越高越好。从查询效率方面考虑，低级范式连接运算的代价小，因此，低级范式比高级范式好。这是一对矛盾，所以具体操作时应根据实际情况，合理选择规范化程度。

（3）正确性和可实现性原则。

根据目前的研究结果，关系模式的分解很难尽如人意。因此，在规范化过程中，需要根据实际情况确定如何遵循以上两个原则，并对通过分解产生的各关系模式进行评价、调整，最终确定更合适的一组关系模式，从而保证关系模式分解的正确性和可实现性。

3.3.3　规范化举例和小结

为了避免数据冗余、插入异常、删除异常、修改异常等情况，就要对关系模式进行合理分解，即进行关系模式的规范化。

结合前面的内容，对关系进行规范化的目的可以概括为以下四点：

① 把关系中的每一个数据项都转换成一个不能再分的基本项；

② 消除数据冗余，并使关系的检索简化；

③ 消除在进行数据插入、删除、修改等操作时的异常情况；

④ 使关系模式更灵活，易于使用非过程化的高级查询语言进行查询。

各个范式的要求一个比一个严，按照它们的定义，我们可以用图 3.1 概括关系模式规范化的过程。

非规范化的关系
↓ 消去重复组项，将非规范化的关系分解成若干个规范化的关系，并指定一个或若干个属性作为主关键字
1NF
↓ 消除非主属性对主关键字的部分函数依赖
2NF
↓ 消除非主属性对主关键字的传递函数依赖
3NF
↓ 消除主属性对不包含它的主关键字的部分函数依赖
BCNF

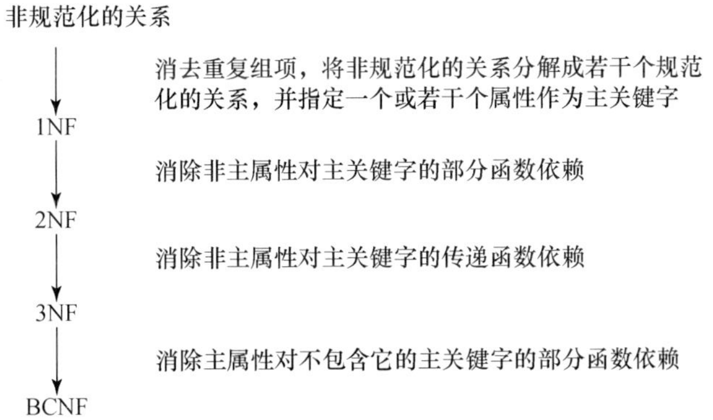

图 3.1　关系模式规范化的过程

下面，我们以简单的关系模式为例，按照上述过程将其逐级规范化。

设有“教师任课”关系如下：

教师任课[教师工号，姓名，性别，职称，系号，系名称，教学情况（课程号，课程名，教学水平，学分）]。

该关系模式为非规范化的关系模式，我们可按照以下几个步骤将其逐级规范化。

(1) 消去重复组项。

我们以教师讲授一门课作为一条记录，合并所有的相关属性，得到如下的关系：

教师任课(教师工号，姓名，性别，职称，系号，系名称，课程号，课程名，教学水平，学分)。其中，“教师工号＋课程号”为关键字，此关系为 1NF 的关系。

(2) 消除部分函数依赖。

在“教师任课”关系中，一些非主属性对关键字“教师工号＋课程号”存在部分函数依赖，如“姓名”“性别”“职称”部分函数依赖于“教师工号＋课程号”，因为它们实际上是由“教师工号”决定的。因此，需要对关系进行分解，使非主属性完全函数依赖于关键字，按照这个思路，我们得到如下三个关系：

教学情况(教师工号，课程号，教学水平)，关键字为{教师工号，课程号}；

教师(教师工号，姓名，性别，职称，系号，系名称)，关键字为“教师工号”；

课程(课程号，课程名，学分)，关键字为“课程号”。

这三个关系都是 2NF 的关系。

但是，在“教师”关系中，教师工号→系号，系号→系名称，非主属性“系名称”传递函数依赖于“教师工号”，因此该关系不是 3NF 的关系。

(3) 消除传递函数依赖。

为消除传递函数依赖，我们将“教师”关系进一步分解成如下两个关系：

教师(教师工号，姓名，性别，职称，系号)，关键字为“教师工号”；

系(系号，系名称)，关键字为“系号”。

所以，可以用下面的四个关系来代替最初的“教师任课”关系：

教师(教师工号，姓名，性别，职称，系号)，关键字为“教师工号”；

系(系号，系名称)，关键字为“系号”；

教学情况(教师工号，课程号，教学水平)，关键字为“教师工号＋课程号”；

课程(课程号，课程名，学分)，关键字为“课程号”。

由这四个关系组成的关系模式中已不存在传递函数依赖，因此，该关系模式已是 3NF 的关系模式。同时，在这四个关系中，每个决定因素都是关键字，因此，这组关系也满足了 BCNF 的要求。

对关系模式的规范化可以小结如下：

① 目的：规范化的目的是使结构合理，清除存储异常并使数据冗余尽量小，便于对数据进行插入、删除和修改等操作。

② 原则：遵从概念单一化“一事一地”原则，即一个关系描述一个实体或实体间的一种联系。规范化的实质是概念单一化。

③ 方法：将原关系投影分解成两个或两个以上的关系。

④ 要求：分解后的关系集合应当与原关系等价，即经过自然连接可恢复原关系而不丢失信息，并保持属性间合理的联系。

3.4 数据库设计中关系范式的应用

数据库设计是一个复杂的过程。数据库设计的一个基本问题是如何建立一个好的数据

库模式,也就是给出一组数据,如何构造一个适合它们的数据模式,使数据库系统无论是在数据存储方面,还是在数据操作方面都有较好的性能。利用关系数据库设计理论就可以解决这个问题。

关系数据库设计理论是数据库语义学的重要内容。借助于近代数学工具,它提出了一整套严密的理论和实用的算法,巧妙地把抽象的数学理论和具体的实际问题结合起来,对现实世界存在的数据依赖关系进行规范化处理,从而得到一个好的数据库模式。经过规范化的关系模式至少可以避免许多常见的异常。

理论上的做法如此,而在实际应用中并非完全这样做。这主要有以下两个原因。

① 对于复杂的关系模式,要找出其中所有的函数依赖关系并不是一件容易的事,若漏掉或错误地确定了一些函数依赖关系,并不能得到一个在理论上被认为是好的数据库设计。

② 即使能正确地找到所有的函数依赖关系,采用机械的分解方法,并不考虑关系的具体大小,以及数据的动态特征(是否经常更新),将其全部规范到同样的程度,也是不合适的。

所以,当前流行的关系数据库设计方法是先得到现实世界的 E-R 模型,然后将其转化成关系模式,再进行关系模式的规范化。

然而这并不意味着关系数据库设计理论在实际数据库设计中没有意义,它对我们进行关系数据库模式的设计仍然具有指导作用。第一,关系数据库设计理论为我们提供了分析和判别一个好的数据库设计的标准;第二,从 E-R 模型转化得到的关系模式可再用关系数据库设计理论进行优化;第三,由 E-R 模型转化得到的关系模型有时很烦琐,关系数据库设计理论可以指导我们合并关系模式,以精简设计。

数据之间的函数依赖关系是现实世界中客观存在的,所以数据依赖关系的确定最好在进行系统分析、生成 E-R 模型的过程中完成,而不是在得到关系数据库模型后,再去寻找存在哪些函数依赖关系。实际上,在生成 E-R 模型时确定数据之间的函数依赖关系也更为容易,因为 E-R 模型更接近现实世界。

例如,在确定一个实体集和其相应的属性后,也就确定了属性对实体集的依赖关系,以及实体集中非主属性对主属性的依赖关系;又如,如果联系 R 表示从实体集 $E1$ 到实体集 $E2$ 的一对多联系,广义来说,是实体集 $E2$ 决定了实体集 $E1$,在转换成关系模式后,联系 R 形成的关系模式的集合中有 $E2$ 的关键字 X 和 $E1$ 的关键字 Y,则 $X \rightarrow Y$ 成立,而且 X 决定了 R 中任何一个属性集,若 $E1$ 和 $E2$ 之间是一对一联系,则 $Y \rightarrow X$ 也成立,可见,在 E-R 模型中隐含着许多数据依赖关系。因此,在设计 E-R 模型时,要仔细分析实体间存在的联系,这样能使我们从 E-R 模型得到的关系数据库模式基本达到 3NF 的规范程度。

在 E-R 模型中,任何事物、数据或知识都可以是实体,实体的属性是对实体某一方面特征的描述,它也有可能具有非常复杂的结构,而且属性之间也可能存在各种各样的数据依赖关系。由于我们建立 E-R 模型的最终目的是生成关系数据库,但在关系模式中是不能描述具有复杂结构的属性的,所以,在发现实体某一属性结构复杂时,通常要在 E-R 模型中加入新的实体来解决这个问题,即将一个实体分解成多个实体,将具有复杂结构的属性处理成实体。同样,当发现某实体的属性之间除了存在对关键字属性的完全函数依赖关系外,还有其他的函数依赖关系,或在分析插入、删除、修改等动态特性时发现有可能发生异常时,也可以通过发现新实体,将其添加到 E-R 模型中,从而消除这些函数依赖关系。当然,是否一定要消除这些函数依赖关系，还要综合考虑数据冗余和数据的动态特性。函数依赖关系多，数据冗余就多，但查询代价小。所以，对于因为保留函数依赖关系而造成数据冗余，应设计数据库触发器或采取别的措施，来保证在插入、删除、修改时的数据一致性，避免发生数据操作异常的情况。

从 E-R 模型转换而来的关系模式，一般很少含有很多属性。因为 E-R 模型中实体一般分得较细，转换得到的关系模式较小，为了以后数据库查询的方便，很多情况下是要合并关系模式，而不是分解关系模式。所以在实际应用中，要想得到一个好的数据库模式，应根据具体情况对关系模式进行处理，既有可能要分解关系模式，也有可能要合并关系模式。

在对 E-R 模型转换过来的关系模式进行合并时要注意避免产生多余的数据依赖关系，以免造成数据冗余。合并关键字相同的关系模式时不会产生数据冗余，合并存在外关键字约束的两个关系模式时会产生数据冗余，因此，对是否进行合并也要全面考虑。

那么，如何将 E-R 模型转换为关系模式呢？具体的转换规则如下。

① E-R 图中的每个实体集，都相应地转换成一个关系，实体集的名称就作为关系的名称，实体集中实体的属性则作为关系的属性，实体的标识符作为关系的关键字，每个实体由该关系的一个元组表示。

② 对于 E-R 图中的联系，一个联系转换成一个关系，联系的名称作为关系的名称，联系的属性作为关系的属性，所有参加联系的实体集的关键字也作为该关系的属性，该关系的关键字与联系的类型有关。

若是 1∶1 联系，则任选一参加联系的实体集的关键字作为关系的关键字；

若是 m∶n 联系，则将所有参加联系的实体集的关键字作为联系所对应的关系的关键字；

若是 1∶n 联系，则将多方的实体集的关键字作为关系的关键字。

上述转换规则简单、方便，但按照上述规则转换而来的数据库模式一般来说不是最好的，如果关系的个数太多，太烦琐，则数据会重复存储，浪费空间，并且使许多查询不方便，牵涉到多个表，所以有必要将一些关系进行合并。可以将具有相同关键字的关系合并，使合并后的关系包含合并前关系的所有属性。对照关系范式的要求，最终要使每一个关系都满足 3NF 的要求。

3.5 本章小结

数据库设计的一个基本问题是如何建立一个好的数据库模式，也就是给出一组数据，如何构造一个适合它们的数据模式，使数据库系统无论是在数据存储方面，还是在数据操作方面都有较好的性能。本章在讨论了函数依赖概念的基础上，重点介绍了根据关系模式中属性之间的函数依赖关系对关系模式进行规范化的过程理论，并讨论了在数据库应用系统开发实践中如何进行数据库设计。

3.6 本章习题

1. 解释下列术语：函数依赖，部分函数依赖，传递函数依赖，多值函数依赖。

2. 举出具有多值函数依赖关系的例子。

3. 什么是范式？它有哪些类型？这些范式之间的关系是什么？

4. 实际进行关系模式规范化时应注意哪些问题？

5. 将第 2 章第 8 题的 E-R 模型转换成关系模式，并对其进行规范化，使每一个关系都为 3NF。

6. 某数据库中，有一个关系如下：

订货（订单号，订购单位名，地址，产品型号，产品名，单价，数量）。

（1）列出你认为合理的数据依赖关系；

（2）将该关系模式规范成 3NF 的关系模式。

3.7 本章参考文献

邓立国，佟强，2017. 数据库原理与应用——SQL Server 2016 版本[M]. 北京：清华大学出版社.

何玉洁，2016. 数据库原理与应用教程[M]. 北京：机械工业出版社.

马军，2008. SQL 语言与数据库操作技术大全——基于 SQL Server 实现[M]. 北京：电子工业出版社.

蒙祖强，许嘉，2018. 数据库原理与应用——基于 SQL Server 2014[M]. 北京：清华大学出版社.

秦婧，傅冬，王斌，2017. SQL Server 2014 数据库教程[M]. 北京：机械工业出版社.

宋金玉，陈萍，陈刚，2014. 数据库原理与应用[M]. 2 版. 北京：清华大学出版社.

王珊，萨师煊，2014. 数据库系统概论[M]. 5 版. 北京：高等教育出版社.

詹英，林苏映，2022. 数据库技术与应用——SQL Server 2019 教程[M]. 北京：清华大学出版社.

张立新，徐剑波，2017. 数据库原理与 SQL Server 应用教程 [M]. 北京：电子工业出版社.

第 4 章

SQL Server 2014

对每一个需要进行数据存储、分析处理并给出数据报告的组织而言，数据库解决方案都是不可或缺的一部分。SQL Server 是由微软出品的一款功能全面的关系数据库管理系统。它运行在 Window 平台上，与操作系统有机结合，是目前的主流数据库管理系统之一。

本章主要内容：

1. SQL Server 概述；
2. T-SQL；
3. 用户数据库的创建和管理；
4. 数据表和表数据；
5. 数据库的查询；
6. 视图；
7. 索引；
8. 存储过程和触发器；
9. 备份还原与导入导出；
10. SQL Server 2014 的安全性管理。

4.1 SQL Server 概述

4.1.1 SQL Server 的发展历程

关系模型理论被提出后，受到了业界的广泛重视，基于层次模型和网状模型的数据库产品则快速衰落，各大数据库厂商也都推出了自己的关系数据库产品。20 世纪 80 年代，微软和 Sybase 合作，并获得了 Ashton-Tate 的支持，将 Sybase 开发的数据库纳入 OS/2 操作系统中，第一个名义上由微软开发的数据库 Ashton-Tate/Microsoft SQL Server 1.0 于 1989 年上市，微软在 1990 年推出了 Microsoft SQL Server 1.0。

1992 年，微软和 Sybase 共同出品了 SQL Server 4.2，最初以 16 位开发，而后由于 32 位操作系统开始盛行，微软用 Win 32 API 重新编写数据库核心代码，并于 1993 年发布 SQL

Server for Windows NT(4.2)。它是第一款应用在 Windows NT 上的 SQL Server,这标志着 Microsoft SQL Server 的正式诞生。

1994 年 4 月,微软向 Sybase 购买了有关 Windows 平台上 SQL Server 的代码版权,实现了对 SQL Server 的完全控制,并于 1995 年发布了 SQL Server 6.0。该版本对微软而言具有里程碑的意义,因为它是完全由微软自行开发的产品。1996 年,微软推出了 SQL Server 6.5。

20 世纪 90 年代,数据库竞争十分激烈。为了能让 SQL Server 有更好的兼容性并允许其在便携式计算机中工作,微软对数据库核心代码进行重新编写,于 1998 年年底推出了 SQL Server 7.0。SQL Server 7.0 适用于企业应用。之后,在市场竞争的推动下,微软再次升级数据库产品,并在 2000 年 8 月发布了 SQL Server 2000。

SQL Server 2000 是一个非常优秀的版本,具有良好的数据处理能力,灵活的数据管理、分析功能以及便捷的操作性,很多商务网站和企业平台都使用了该产品,它是当时流行的三大数据库(另外两个数据库分别是 Oracle 和 IBM DB2)之一。

2005 年 11 月,SQL Server 2005 发布。该版本在 SQL Server 2000 的基础上有了较大的改动,如使用 SQL Server Management Studio 取代了 SQL Server Enterprise Manager;增加了新的 T-SQL 命令;增强了 XML 处理能力和商业智能(Business Intelligence, BI)功能;提高了数据库引擎的安全性等,为后续版本的更新打下了基础。

2008 年 8 月,微软发布 SQL Server 2008。该版本在 SQL Server 2005 的基础上再次进行了改进并增加了新的功能,如增强了可伸缩性,减少了安全漏洞,提供的集成开发环境提高了团队协同工作的能力。

2012 年 3 月,微软发布 SQL Server 2012。它可以利用 AlwaysOn 将多个组进行故障转移,允许数据库管理员在服务器上创建自定义数据库角色,用 BI Semantic Model 代替了分析服务统一维度模型(Analysis Service Unified Dimensional Model)等。

2014 年 4 月,微软发布 SQL Server 2014。该版本增加了内存联机事务处理(On-Line Transaction Processing,OLTP)技术,通过 Power Pivot 实现内存商业智能;允许数据库从 SQL Server 实例托管到 Windows Azure 虚拟机中;增强了备份和还原功能;允许与固态硬盘结合,从而提高了输入输出效率。

SQL Server 2016 则是微软数据平台历史上最大的一次跨越性发展,它新增了数据全程加密、延伸数据库、支持 R 语言、实时业务分析与内存 OLTP 内置 JSON(JavaScript Object Notation)支持、行级安全等功能。

2017 年 3 月,微软在 Build 大会上发布了 SQL Server 2017,该版本增加了一些新的数据服务和分析功能,包括强大的 AI 功能、对 R 语言和 Python 的支持等。

2019 年 11 月,微软正式发布了其新一代数据库产品 SQL Server 2019,带来了大数据集群、数据虚拟化等重磅特性。在 2019 年年末发布的 SQL Server 2019,展现了微软在新时代对下一个十年的展望和雄心。尤其是 SQL Server 大数据集群的推出,这将促成一批全新大数据平台的落地,也会启发业界思考未来大数据的架构模式,以及商业技术与开源世界和谐并存之道。

本书的主要内容是电子商务数据库的基本原理和应用,包括关系数据库、数据库设计方法及数据管理、存储、查询、分析、备份等方面的内容，这些内容只涉及 SQL Server 的一些基本功能，与云计算、大数据分析并无直接关联，而且不同版本的 SQL Server 对安装环境(包括硬件环境和软件环境)的要求不同，版本越高，对安装环境的要求也越高，考虑到相当一部分用户的机器未必能很好地支持高版本软件的运行，因此，本书选择介绍 SQL Server 2014 的相关内容。

4.1.2 SQL Server 2014 简介

SQL Server 2014 在原有版本的基础上，集成了云技术和内存技术，以适应新的发展需求，新增的大量功能使本地和云端的工作负载性能得到了提升，提高了 SQL Server 的可用性和可管理性。

1. SQL Server 2014 的新增功能

(1) 内存 OLTP：SQL Server 2014 提供了一个新的、内存优化的 OLTP 数据库。用户只需要对代码进行少量的改动，甚至不需要改动，就可以让应用程序的性能和扩展性得到提升。

(2) AlwaysOn 可用性组：可用性功能包括可用性组和用模仿应用程序的组来故障转移数据库的能力。虽然这不是 SQL Server 2014 新增的功能，但是 SQL Server 2014 增强了这项功能。

(3) SQL Server Backup to Windows Azure 工具：这是一个免费工具，允许用户将数据备份到 Windows Azure Blob 存储。它可以加密和压缩本地或云中存储的备份。

(4) SQL Server Backup to URL：这个功能最初在 SQL Server 2012 SP1 CU2 中发布，现在已经完全集成到了 Management Studio 界面，所以用户可以在 Windows Azure Blob 存储服务中备份和还原数据。

(5) SQL Server Managed Backup to Microsoft Azure：这个功能基于保持期和数据库上的事务负载，可自动将 SQL Server 数据(包括完整的事务日志)备份到 Microsoft Azure Blob 存储。

(6) 列存储索引：SQL Server 2014 包含可更新的群集列存储索引，可以优化大数据卷。

(7) 加密设备：SQL Server 2014 支持加密设备，可用的算法包括 AES(Advanced Encription Standard)128、AES129、AES256 和 Triple Data Encription Standard(3DES)。要加密备份必须使用一个证书或非对称密钥。

(8) 延迟持续性：通过将部分或全部事务指定为延迟持续的事务，可以降低延迟。在日志记录被写入磁盘之前，这个异步过程报告 COMMIT 成功。当事务日志条目被成块刷新到磁盘时，延迟持久事务就成为持久事务。这种功能只用于内存 OLTP。

(9) 压缩和分区：改进的压缩和分区功能能够重建单独分区。

(10) 资源调控器：现在该功能允许指定资源池中物理输入输出的限制。

(11) Transact-SQL(T-SQL)的增强：包括内联指定基于磁盘的表的索引等功能。将兼容模式设置为 110 后，SELECT... INTO 语句可以与数据库并行操作。

(12) 对 SQL Server Data Tools-Business Intelligence(SSDT-BI)的更新：包括支持针对多维模型创建 Power View 报表。其他对 SSDT-BI 的改进包括支持针对较早版本(2005

+)的 Analysis Services 和 Reporting Services 创建项目。目前还不支持与 Intelligence Services 项目的向后兼容。

(13) 商业智能解决方案拓展：SQL Server 2014 改进了自 SQL Server 2012 以来最终用户的商业智能体验，并且通过 Microsoft Office 365 带来的 Power BI 解决方案，以及现有的商业智能产品，对商业智能进行了全新的扩展。

2. SQL Server 2014 的版本

针对不同的应用环境，SQL Server 2014 发布了不同的版本，主要有企业版(Enterprise Edition)、商业智能版(Business Intelligence Edition)、标准版(Standard Edition)、Web 版(Web Edition)。除此之外，还有扩展版，如精简版(Express Edition)和开发版(Development Edition)。以上所有版本均有 64 位和 32 位供用户选择。在安装正式版之前，微软允许客户使用评估版(Evaluation Edition)。评估版有 180 天的试用期，试用期结束后，用户可以输入正式版序列号获取某个版本的使用权。

(1) 企业版。

企业版是功能最全的版本。它提供了最全面的高端数据中心功能，支持数据库快照、联机索引、联机架构更改、快速恢复、镜像备份、热添加内存和 CPU，拥有 SQL Server 2014 最高级别的安全和性能。除此之外，它还提供了端到端的商业智能，支持最终用户访问深层数据。

在计算能力、分析服务、报表服务、可利用内存方面，该版本均没有限制，拥有操作系统支持的最大值(即性能由操作系统的瓶颈决定)，具有良好的伸缩性和安全性等。

(2) 商业智能版。

商业智能版提供了综合性平台，可支持企业构建和部署安全、可扩展且易于管理的商业智能解决方案。该版本提供基于浏览器的数据浏览与可见性功能、功能强大的数据集成功能，以及增强的集成管理功能。该版本还分析服务和报表服务，可以帮助企业更好地利用数据，获取更有价值的数据分析结果，提高决策质量。

由于该版本具有针对性，因此分析服务、报表服务在性能上和企业版一致，但不支持联机索引、联机架构更改、快速恢复、镜像备份、热添加内存和 CPU 功能，同时也降低了伸缩性及安全性。

(3) 标准版。

标准版提供了基本数据管理和商业智能数据库，保证企业能够顺利地运行其应用程序，并支持将常用开发工具用于内部部署和云部署，以达到用最少的资源实现最高效的数据库管理的目的。

该版本在计算能力、分析服务、报表服务、可利用内存方面均设有限制，但在功能、可伸缩性、安全性上和商业智能版差距不大。该版本适合中小企业。

(4) Web 版。

Web 版既适用于小规模的应用，也能胜任大规模的工程。该版本具有较好的伸缩性、经济性和管理性，对企业而言是一个不错的低成本选择。

(5) 精简版。

精简版是入门级的免费产品，是学习和构建桌面及小型服务器数据驱动应用程序的理想选择。该版本是独立软件供应商、开发人员和准备构建客户端应用程序的人员的最佳选择。该版本拥有核心数据库引擎,有非常严格的硬件和功能限制,支持无缝升级到其他高端SQL Server版本。该版本可在Visual Studio的IDE中直接操作数据库。该版本不带SQL Server Management Studio,如有需要,可下载SQL Server Management Studio Express来管理本地数据库。

(6) 开发版。

开发版的功能和组件与企业版一致,但该版本有许可限制,只允许用于开发和测试,不可以用作商业性服务器。

4.1.3 SQL Server 2014 的服务器组件

SQL Server 2014 提供了一系列的组件,用于支撑高性能的数据管理功能和智能数据分析功能。

1. 数据库引擎

数据库引擎是SQL Server 2014的核心组件,其基本功能是对数据进行存储、处理和保护。数据库引擎还包含复制、全文搜索以及用于管理关系数据库和XML数据库的工具。

2. 分析服务组件

分析服务组件包括用于创建和管理联机分析处理和数据挖掘应用程序的工具,通过联机分析处理,用户可以对多维、复杂的海量数据进行快速的高级分析,可以发现趋势性结果,这对决策有指导作用。

3. 报表服务组件

报表服务组件是指提供全面报表决策方案的服务器和客户端组件,可用于创建、管理和部署各种类型的报表(包括表格报表、矩阵报表、图形报表以及自由格式报表等)。报表服务组件还是一个可用于开发报表应用程序的可扩展平台。

4. 集成服务组件

集成服务组件可对SQL Server 2014数据转换服务(DTS)、数据导入/导出功能进行扩充,形成用于数据移动、复制和转换的图形工具和可编程对象。

5. 主数据服务组件

主数据服务组件是从SQL Server 2008 R2开始新增加的关键商业智能组件之一,其目的是为企业提供单个权威信息来源,可以为其他应用和数据提供权威引用。通过配置主数据服务组件,工作人员可以管理任何领域的产品、客户、账户等。

4.1.4 SQL Server 2014 的管理工具

SQL Server 2014 提供了很多工具来帮助用户管理和使用数据库,这些工具大大方便了用户的工作。

1. SQL Server Management Studio

SQL Server Management Studio 是自 SQL Server 2005 开始新增加的工具，是对 SQL Server 2000 查询分析器、企业管理器、分析管理器等工具的集成和扩充，是对 SQL Server 的所有组件的集成环境。该工具拥有图形工具和 SQL 代码编辑器，用户可以利用该工具访问、配置、管理 SQL Server，也可以结合其他组件做开发操作。

2. SQL Server 配置管理器

SQL Server 配置管理器主要用于为 SQL Server 服务、服务器协议、客户端协议等提供基本配置管理。

3. SQL Server Profiler

SQL Server Profiler 提供了一种图形用户界面，用于监视数据库引擎实例和分析服务实例。

4. 数据库引擎优化顾问

数据库引擎优化顾问是分析数据库工作负荷性能效果的工具，可以优化数据库，提高查询处理性能。

5. 数据质量客户端

数据质量客户端提供了一个非常简单和直观的图形用户界面，用于连接到数据质量服务(Data Quality Services，DQS)数据库并执行数据清洗操作。在数据清洗操作过程中，通过此客户端用户可以监视执行的各项活动。

6. SQL Server Data Tools

SQL Server Data Tools 在之前的版本中被称为 Business Intelligence Development Studio，它是分析服务、报表服务和集成服务解决方案的集成开发环境。

7. 连接组件

连接组件属于客户端工具，主要用于实现客户端和服务器之间的通信。此外，连接组件还用于 DB-Library、ODBC 和 OLE DB 的网络库。

4.1.5 SQL Server 2014 的服务管理

SQL Server 2014 安装完成后，会在 Windows 的服务列表中增加相应的 SQL Server 服务。当服务显示为启动时，表示对应的 SQL Server 实例是可用的，否则为不可用的。

在默认情况下，数据库服务是启动的。因此，即使不使用该软件，它也会占用系统资源。为了避免这种情况，最好的办法是在不使用数据库时，把相应的服务停用，等需要使用时，再启用相应的服务。

管理 SQL Server 服务有两种方式：一种是直接在 Windows 服务列表中操作 SQL Server 对应的服务，另一种是利用 SQL Server 自带的配置管理器来操作。

1. 利用 Windows 设置 SQL Server 服务的启动

不同版本操作系统的操作流程有所不同，Windows 10 操作系统设置 SQL Server 服务启动的操作流程为：依次单击“开始”图标→“Windows 管理工具”→“组件服务”，打开“组件服务”界面，如图 4.1 所示。

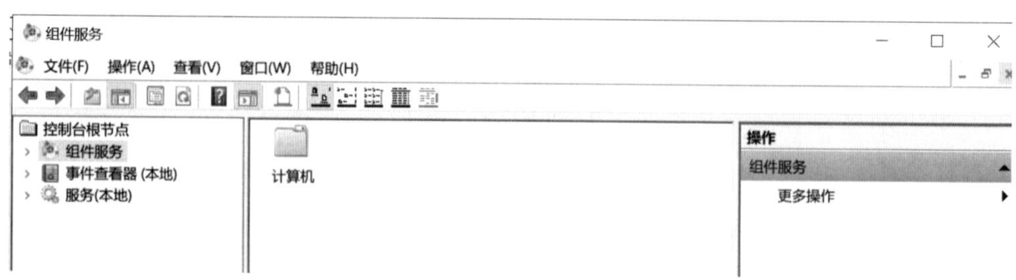

图 4.1 “组件服务”界面

单击界面左侧的“服务(本地)”，界面右侧出现本机系统上所提供的各种服务，找到以“SQL”开头的服务，然后找到 SQL Server(MSSQLSERVER)，如图 4.2 所示。

组件服务
文件(F) 操作(A) 查看(V) 窗口(W) 帮助(H)
控制台根节点
组件服务
事件查看器 (本地)
服务(本地)

服务(本地)

SQL Server (MSSQLSERVER)

停止此服务
暂停此服务
重启动此服务

描述:
提供数据的存储、处理和受控访问，并提供快速的事务处理。

名称	描述	状态	启动类型	登录为
Smart Card Device Enumer...	为给...		手动(触发...	本地系统
Smart Card Removal Policy	允许...		手动	本地系统
SNMP 陷阱	接收...		手动	本地服务
Software Protection	启用 ...		自动(延迟...	网络服务
Spot Verifier	验证...		手动(触发...	本地系统
SQL Full-text Filter Daemo...	用于...	正在运行	手动	NT Servic...
SQL Server (MSSQLSERVER)	提供...	正在运行	自动	NT Servic...
SQL Server Analysis Servic...	为商...	正在运行	自动	NT Servic...
SQL Server Browser	将 S...		禁用	本地服务
SQL Server Distributed Re...	与 Di...		手动	NT Servic...
SQL Server Distributed Re...	提供...		手动	NT Servic...
SQL Server Integration Ser...	为 S...	正在运行	自动	NT Servic...
SQL Server Reporting Serv...	管理...	正在运行	自动	NT Servic...
SQL Server VSS Writer	提供...	正在运行	自动	本地系统
SQL Server 代理 (MSSQLS...	执行...		手动	NT Servic...

图 4.2 在“服务(本地)”中选择 SQL Server 服务

右击 SQL Server(MSSQLSERVER)，在弹出的快捷菜单中选择“属性”命令，就会打开 SQL Server 的属性窗口，选择“常规”选项卡，如图 4.3 所示。

从图 4.3 中可以看出，该服务的名称为“MSSQLSEREVER”，这是安装的 SQL Server 实例名称。在该窗口可设置 SQL Server 服务的启动类型。用户如果暂时不使用 SQL Server 服务，则可以在“启动类型”下拉列表中选择“手动”，然后单击“服务状态”中的“停止”按钮，之后，单击“确定”按钮即可完成设置。

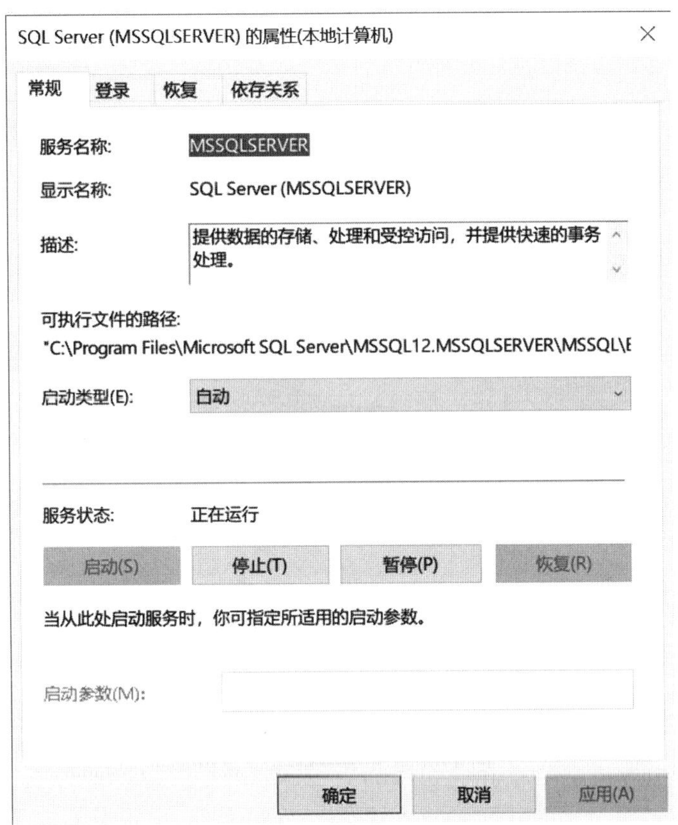

图 4.3 SQL Server 的属性窗口

2. 利用 SQL Server 配置管理器设置 SQL Server 服务的启动

SQL Server 配置管理器是一个用于管理 SQL Server 服务、配置基本服务以及网络协议选项的工具，最初在 SQL Server 2005 中被引入。用户可以利用它设置 SQL Server 服务的启动/停止状态，以达到节省系统资源的目的，具体操作步骤如下。

(1) 进入 SQL Server 配置管理器。用户可依次单击"开始"图标→"SQL Server 2014"→"SQL Server 2014 配置管理器"，进入 SQL Server 配置管理器界面，如图 4.4 所示。

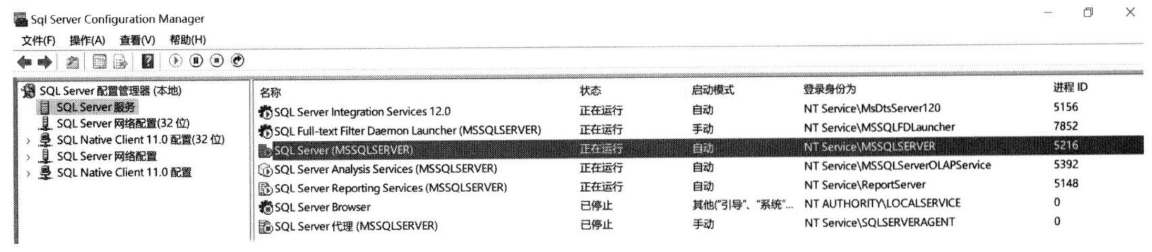

图 4.4 SQL Server 配置管理器界面

(2) 设置服务状态。在图 4.4 中找到要找的 SQL Server 服务，然后右击，在弹出的快捷菜单中选择"属性"命令，就会打开图 4.5 所示的窗口。在该窗口中单击"停止"按钮，可以停止该 SQL Server 服务；单击"重新启动"按钮，可以重新启动该 SQL Server 服务。

在 SQL Server 配置管理器界面右击要找的 SQL Server 服务，然后在弹出的快捷菜单中直接选择“停止”命令，也可以达到停止使用相应 SQL Server 服务的目的。

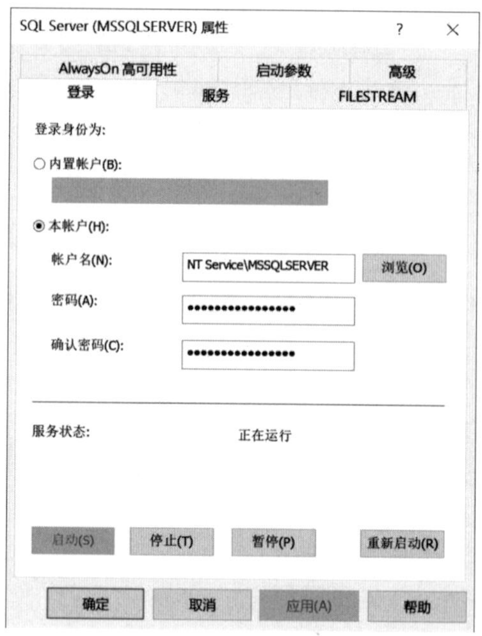

图 4.5　SQL Server 属性窗口

4.1.6　SQL Server 2014 的使用

成功安装 SQL Server 2014 后，打开 Windows 操作系统的菜单：依次选择“SQL Server 2014”→“SQL Server 2014 Management Studio”，即可打开如图 4.6 所示的“连接到服务器”对话框。下面分别介绍要想使用 SQL Server 2014，各选项应选的内容。

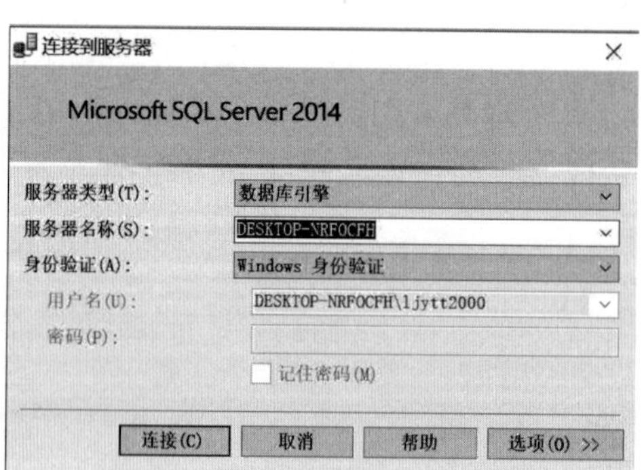

图 4.6　“连接到服务器”对话框

(1) 服务器类型：选择“数据库引擎”。

(2) 服务器名称：输入 SQL Server 2014 所在的计算机的名称，此处为 DESKTOP-NR-FOCFH。根据需要，也可选择其他服务器，方法为单击该下拉列表框右侧的下拉按钮，单击“<浏览更多...>”，就会出现如图 4.7 所示的“查找服务器”窗口。在该窗口单击相应服务器左边的加号，然后单击窗口下方的“确定”按钮，即可完成选择相应服务器名称的操作。

(3) 身份验证：选择“Windows 身份验证”。

图 4.7 “查找服务器”窗口

各项设置完毕后，单击“连接”按钮，即可登录 SQL Server 2014，如图 4.8 所示。这就是 SQL Server 2014 功能强大的管理工具——SQL Server Management Studio。

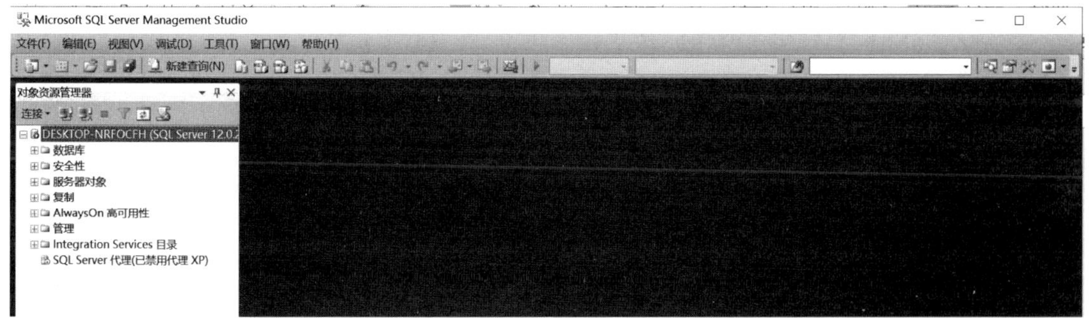

图 4.8 Microsoft SQL Server Management Studio 界面

在 SQL Server Management Studio 中，可以用两种方式操作 SQL Server 2014：一种是基于鼠标的可视化操作，另一种是基于代码的操作。在可视化操作中，用户可以通过右击“对象资源管理器”中的对象，实现对该对象的可视化操作，包括创建数据库、创建数据表等。这种方式对入门者来说比较直观，容易上手，但这种方式过程烦琐，不利于大规模开发。

基于代码的操作则是通过编写 SQL 代码来完成相关操作。SQL 代码(语句)可以说是关系数据库的“灵魂”。这是因为：第一，随着版本的升级，SQL Server 管理界面会不断发生变化，而 SQL 代码变化则很少，甚至不变，因此可以“以不变应万变”；第二，由于 SQL 代码易于保存，如果用 SQL 代码操作数据库对象(包括创建、查看、修改、删除等操作)，下次工作可以较为容易地在这次工作的基础上继续深入，方便修改和完善；第三，SQL 代码容易移植到别的机器上，使用户操作起来更方便。

为了编写和执行 SQL 代码，在图 4.8 所示界面的工具栏中单击“新建查询”按钮，即可打开一个 SQL 代码编辑器窗口，如图 4.9 所示。用户在此窗口输入和编辑 SQL 代码，然后单击工具栏中的“执行”按钮即可执行代码编辑器中的 SQL 代码。如果先选中某些 SQL 代码，然后单击“执行”按钮，则会执行被选中的代码。

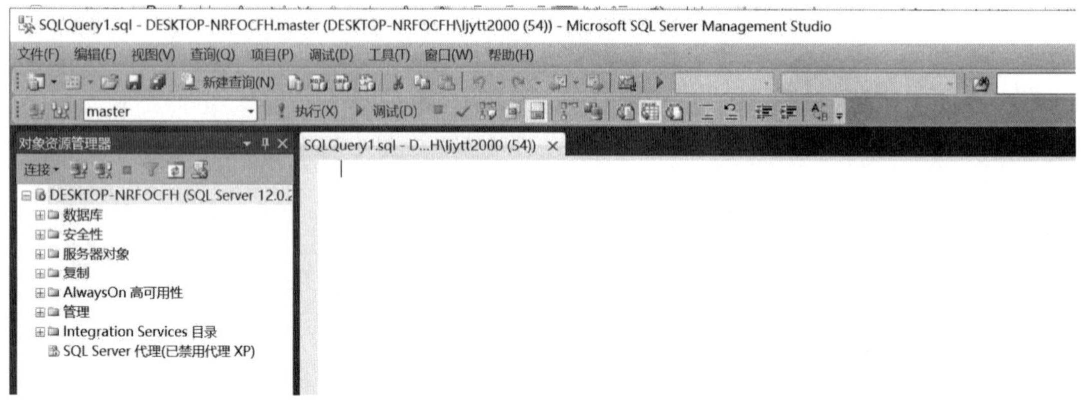

图 4.9　SQL 代码编辑器窗口

用户可以通过多次单击“新建查询”按钮来打开多个 SQL 代码编辑器窗口，从而建立多个会话。

4.1.7　SQL Server 数据库的组成

数据库是 SQL Server 服务器管理的基本单位。数据库的存储结构分为逻辑存储结构和物理存储结构两种。数据库的逻辑存储结构说明数据库是由哪些性质的信息所组成的，即组成数据库的所有逻辑对象。SQL Server 数据库不仅包含存储的数据，还包含所有与数据处理相关的信息。数据库的物理存储结构讨论的是数据库在磁盘上是如何存储的，数据库在磁盘上是以文件为单位存储的。

1. 数据文件和日志文件

从操作系统的角度来看，作为存储数据的逻辑对象，数据库最终以文件的形式保存在磁盘上，这些文件就是所谓的数据库文件。

数据库文件又分为数据文件和日志文件。在 SQL Server 2014 中，数据文件和日志文件的体系结构和之前的版本相比没有什么改变。数据文件和日志文件可以保存在 FAT 或 NTFS 文件系统中。但从安全角度考虑，人们一般使用 NTFS 文件系统保存这些文件。数据文件名和日志文件名是面向操作系统的，即操作系统是通过这些名称来访问数据文件和日志文件的。

(1) 数据文件。

数据文件是数据库用于存储数据的操作系统文件，保存了数据库中的全部数据。数据文件又分为主数据文件和辅数据文件。

① 主数据文件。

主数据文件包含数据库的启动信息，用来存储部分或全部数据。主数据文件是数据库的起点，指向数据库的其他文件。用户数据和对象可以存储在此文件中，也可以存储在辅数据文件中。每个数据库有且仅有一个主数据文件。主数据文件的默认扩展名为.mdf。

② 辅数据文件。

辅数据文件又称次要数据文件，一个数据库可以没有辅数据文件，也可以有多个辅数据文件。辅数据文件是可选的，由用户定义并存储未保存在主数据文件内的用户数据。一般情况下，当数据库超过单个 windows 文件大小的上限时，可以使用辅数据库文件，从而允许数据库继续增长；而当数据库较小时，一般不需要创建辅数据文件，只创建主数据文件就可以。辅数据文件的默认扩展名为.ndf。

(2) 日志文件。

日志文件由一系列日志组成，记录了针对数据库的所有操作，其中每条日志记录了所执行的逻辑操作，也可能记录了已修改数据的前像和后像。前像是操作执行前的数据复本；后像是操作执行后的数据复本。日志文件包含了用于恢复数据库的所有日志信息。利用日志文件，用户可以在数据库出现故障或崩溃时把它恢复到最近的状态，从而最大限度地减少损失。用户在创建数据库的时候，系统会默认创建一个日志文件，日志文件的默认扩展名为.ldf。每个数据库至少有一个日志文件，需要时可以有多个。

SQL Server 2014 不强制使用.mdf、.ndf 和.ldf 来作为文件的扩展名，但是建议使用这些扩展名来帮助标识文件的类型。

(3) 文件组。

将多个文件归纳为一组就是文件组。文件组包括主文件组和用户定义文件组两类。

① 主文件组。

每个数据库都有一个主文件组，主文件组包含主数据文件和任何没有明确指派给其他文件组的其他文件。

② 用户定义文件组。

T-SQL 语句中用于创建和修改数据库的语句分别是 create database 和 alter database，这两个语句都可以用 filegroup 关键字来指定文件组。用户定义文件组就是使用这两个语句创建或修改数据库时指定的文件组。

说明：

① 一个文件或一个文件组只能被一个数据库使用。

② 一个文件只能隶属于一个文件组。

③ 数据库的数据信息和日志信息不能放在同一个文件或文件组中。

④ 日志文件不能隶属于任何一个文件组。

每个数据库都有一个默认文件组。如果创建表或索引时没有为其指定文件组，则将在默认文件组中进行存储页分配、查询等操作。如果没有指定默认文件组，则主文件组是默认文件组。

2. SQL Server 2014 常用的数据库对象

SQL Server 2014 常用的数据库对象有表、数据类型、视图、索引、约束、存储过程、触发器等(如表 4.1 所示)。

表 4.1　SQL Server 2014 常用的数据库对象

数据库对象	说　　明
表	由行和列构成的集合,用于存储数据
数据类型	定义列或变量的数据类型,SQL Server 2014 提供了系统数据类型,同时允许用户自定义数据类型
视图	由表或其他视图导出的虚表,不实际存储数据
索引	辅助数据结构,为快速检索数据提供支持,并保证数据的唯一性
约束	为表中的列定义完整性规则
存储过程	存放于服务器的预先编译好的一组 T-SQL 语句
触发器	特殊的存储过程,对表执行插入、删除和修改等操作时,触发器被激活

4.1.8　SQL Server 2014 的系统数据库

SQL Server 2014 包含两种类型的数据库:系统数据库和用户数据库。

系统数据库包括 master、model、msdb、tempdb 和 resource,如图 4.10 所示。系统数据库存储了有关系统的信息,如系统配置、数据库属性、登录账号、数据库文件、数据库备份、警报和作业等信息。系统信息用来管理和控制整个数据库服务器系统。

图 4.10　SQL Server 系统数据库

用户数据库是由用户建立的,用来存放用户数据和对象的数据库。

1. master 数据库

master 数据库是 SQL Server 2014 最重要的数据库,是整个数据库的核心,用于管理其他数据库和保存 SQL Server 的所有系统级信息,包括登录账号、连接服务器和系统配置信息等。在 SQL Server 2014 中,系统对象不再存储在 master 数据库中,而是存储在 Resource 数据库中。不过在 master 数据库中,系统信息架构呈现为 sys 架构。此外,master 数据库还记录了所有其他数据库的存在、数据库文件的位置以及 SQL Server 的初始化信息。用户不能直接修改 master 数据库,如果 master 数据库损坏,则整个 SQL Server 系统将无法启动。Resource 数据库的位置取决于 master 数据库,如果移动了 master 数据库,那么必须将 Resource 数据库也移动到同一个位置。

2. model 数据库

model 数据库是 SQL Server 2014 的模板数据库,其中包含的系统表为多个用户数据库共享。当用户创建数据库时,model 数据库的全部内容(包括数据库选项)都会被复制到新建数据库中,这使得新建数据库在初始状态下就具有了与 model 数据库一致的对象和相关数据,从而简化了数据库的初建和管理工作。如果修改了 model 数据库,之后所创建的所有数据库都将继承这些修改,因此在修改 model 数据库之前要考虑仔细。

3. msdb 数据库

SQL Server 2014 Agent 使用 msdb 数据库来计划警报(scheduling alert)和作业(job)。SQL Server Management Studio、Service Broker 和数据库邮件等其他功能也使用该数据库。

SQL Server 2014 Agent 是 SQL Server 中的一个 Windows 服务,这个服务用来运行制订的计划任务。这里的计划任务是指在 SQL Server 中定义的一个程序,这个程序可以在 SQL Server 2014 Agent 的帮助下自动执行。msdb 数据库与 tempdb 数据库和 model 数据库一样,用户在使用 SQL Server 时不能直接修改 msdb 数据库,SQL Server 中的一些程序会自动使用 msdb 数据库。

4. tempdb 数据库

tempdb 数据库是一个临时数据库,为所有的临时表、临时存储过程及其他的临时操作提供存储空间。tempdb 数据库供整个系统的所有数据库使用,不管用户使用哪个数据库,建立的所有临时表和临时存储过程都存储在 tempdb 数据库中。SQL Server 每次启动时,tempdb 数据库被重新建立,当用户与 SQL Server 断开连接时,临时表和存储过程被自动删除。

5. resource 数据库

resource 数据库是一个被隐藏的、只读的、物理的系统数据库,resource 数据库包含了 SQL Server 2014 实例所使用的所有系统对象。该数据库在 SQL Server Management Studio 界面中是不可见的,而且该系统数据库不能存储用户对象和数据。

该系统数据库是一个真正的数据库,不是逻辑的数据库。实际上,SQL Server 系统对象(sys. objects)在物理上都存储在 resource 数据库中,但在逻辑上显示在每个数据库的 sys 架构中。resource 数据库不包含用户数据或用户元数据,使用 resource 数据库的优点之一是:当需要对系统进行升级时,不需要删除和创建系统对象,只需将单个 resource 数据库文件复制到本地服务器即可。

4.2 T-SQL

4.2.1 T-SQL 概述

1. SQL

SQL 是一种结构化查询语言,它强调的是语言的结构化和对以二维表为基础的关系数据库的操作能力。SQL 的前身是 1974 年由 Chamberlin 和 Boyce 提出的 SEQUEL 语言。1976 年,IBM 公司的 San Jose 研究所在研制关系数据库系统 System R 时将其修改为功能极强的关系数据库标准语言,称为 SEQUEL2,也就是现在的 SQL。1986 年 10 月,美国国家标准学会(ANSI)的数据库委员会规定将 SQL 作为关系数据库语言的美国标准。1987 年 6 月,国际标准化组织(ISO)将 SQL 采纳为国际标准。这个标准又称"SQL86"。随着 SQL 标准化工作的不断修订完善,之后相继出现了"SQL89""SQL92"(又称"SQL2")。后来,人们在 SQL2 的基础上增加了面向对象的内容,形成新标准 SQL3(又称"SQL99")。其实,各种版本的 SQL 几乎是相同的,只是在个别语法上、在对标准 SQL 的扩充上略有不同。

SQL 主要有如下特点。

(1) SQL 是非过程化语言。

SQL 是一种高度非过程化的语言,用户只要提出做什么,而不必指出怎么做,SQL 就可以将要求交给系统,由系统自动完成相应操作。

SQL 允许用户在高层的数据结构上工作,而不对单个记录进行操作,即用户可操作记录集。所有 SQL 语句都接受集合作为输入和集合作为输出。SQL 的集合特性允许一条 SQL 语句的结果作为另一条 SQL 语句的输入。SQL 不要求用户指定对数据的存放方法。这种特性使用户更易集中精力于要得到的结果。所有 SQL 语句均使用查询优化器,查询优化器是关系数据库管理系统的一部分,由它决定如何以最快的速度对指定数据进行存取。查询优化器知道有哪些索引,在哪里使用合适,而用户无须知道表是否有索引,以及有什么类型的索引等。

(2) SQL 是所有用户统一的语言。

SQL 可用于所有用户的数据库模型,包括系统管理员、数据库管理员、应用程序员、决策支持系统人员及许多其他类型的终端用户。SQL 为许多任务提供了命令,包括:

① 查询数据;

② 在表中插入、修改和删除记录;

③ 建立、修改和删除数据对象;

④ 控制对数据和数据对象的存取;

⑤ 保证数据库中数据的一致性和完整性;

(3) SQL 是关系数据库的公共语言。

由于所有主要的关系数据库管理系统都支持 SQL,因此,用户可将使用 SQL 编写的程序从一个关系数据库管理系统转到另一个关系数据库管理系统,即用 SQL 编写的程序是可以移植的。

(4) SQL 命令简洁,易学易用。

SQL 不但功能极强,而且设计巧妙,使用时,用户只需用少数的几条命令就可完成所有的核心操作。另外,SQL 的语法也很简单,接近自然语言(英语),因此易于学习和掌握。

(5) SQL 支持数据库的三级模式结构。

与概念模式对应的是基本表,与内模式对应的是存储文件,与外模式对应的是视图和部分基本表。用户看到的是视图或基本表,视图和基本表都是关系,用户可以在其上进行查询操作,而存储文件对用户来说是透明的。

SQL 由于具有功能丰富、使用方式灵活、语言简洁易学等突出优点，因此在计算机工业界和计算机用户中备受欢迎。从 20 世纪 70 年代起，国际上很多计算机公司在其开发和经销的数据库管理系统产品中纷纷支持 SQL 的各种版本。当前流行的关系数据库管理系统都支持 SQL。SQL 成为国际标准后，对数据库以外的领域也产生了很大影响，不少软件产品将 SQL 的数据查询功能与图形功能、软件工程工具、软件开发工具、人工智能程序等结合起来。

2. T-SQL

T-SQL 是微软公司在 SQL Server 数据库管理系统中 SQL3 的实现，是微软对 SQL 的扩展。T-SQL 具有 SQL 的主要特点，同时增加了变量、运算符、函数、流程控制和注释等语言元素，功能更加强大。T-SQL 对于 SQL Server 2014 非常重要，SQL Server 2014 中使用图形界面能够完成的所有操作，都可以利用 T-SQL 来完成。在使用 T-SQL 进行数据库相关操作时，与 SQL Server 通信的所有应用程序都通过向服务器发送 T-SQL 语句来实现，与应用程序的界面无关。

3. T-SQL 的分类

根据 T-SQL 语句的具体功能，可以将 T-SQL 分为四种类型：数据定义语言、数据操作语言、数据控制语言和增加的语言元素。

（1）数据定义语言。

数据定义语言主要用于执行数据库的任务，对数据库以及数据库中的各种对象进行创建、修改、删除等操作。数据定义语言的主要语句及其功能如表 4.2 所示。

表 4.2　数据定义语言的主要语句及其功能

语　句	功　能	说　明
CREATE	创建数据库或数据库对象	不同数据库对象的 CREATE 语法格式不同
ALTER	修改数据库或数据库对象	不同数据库对象的 ALTER 语法格式不同
DROP	删除数据库或数据库对象	不同数据库对象的 DROP 语法格式不同

（2）数据操作语言。

数据操作语言主要用于操作数据库中的各种对象，以及检索和修改数据。数据操作语言的主要语句及其功能如表 4.3 所示。

表 4.3　数据操作语言的主要语句及其功能

语　句	功　能	说　明
INSERT	插入数据到表或视图中	无
UPDATE	修改表或视图中的数据	可修改表或视图中的一行数据，也可修改一组或全部数据
DELETE	删除表或视图中的数据	根据条件删除指定的数据
SELECT	从表或视图中查找数据	使用最频繁的 SQL 语句之一

（3）数据控制语言。

数据控制语言主要用于安全管理，确定哪些用户可以查看或修改数据库中的数据。数据控制语言的主要语句及其功能如表 4.4 所示。

表 4.4　数据控制语言的主要语句及其功能

语　句	功　能	说　明
GRANT	授予权限	把语句许可或对象许可的权限授予其他用户和角色
REVOKE	收回权限	与 GRANT 功能相反，但不影响该用户或角色从其他角色中继承许可权限
DENY	拒绝权限，并禁止用户从其他角色继承许可权限	功能与 REVOKR 相似，但除收回权限外，还禁止用户从其他角色中继承许可权限

（4）增加的语言元素。

增加的语言元素不是 SQL3 的标准内容，而是 T-SQL 为了编写脚本而增加的语言元素，包括变量、运算符、函数、注释语句、流程控制语句、事务控制语句等。这些 T-SQL 语句都可以在 SQL Server 2014 的查询分析器中交互执行。

3. T-SQL 的语法约定

T-SQL 的语法约定如表 4.5 所示。

表 4.5　T-SQL 的语法约定

约　定	用法说明
|（竖线）	分隔括号或大括号中的语法项，只能使用其中一项
[ ]（方括号）	可选语法项，不要输入方括号
{}（大括号）	必选语法项，不要输入大括号
[,...n]	指示前面的项可以重复 n 次。各项之间以逗号隔开
[...n]	指示前面的项可以重复 n 次。各项之间以空格隔开

如何编写 SQL 语句在 SQL Server 中没有固定的要求。在 SQL Server 中，SQL 是不区分大小写的。如 INSERT、insert、Insert 都会被认为是同一个关键字。另外，在编写 SQL 语句时，也可以换行书写。但是，在实际的项目开发过程中，编写 SQL 语句要遵循统一的规则，这样才能保证代码的一致性和可读性。一般来说，编写 SQL 语句主要应遵循以下几个规则。

（1）关键字大写。

编写 SQL 语句时，一般应遵循关键字大写、其他元素小写的规则。关键字是指 SQL 语句中的关键字，如 CREATE、SELECT、UPDATE 等。例如：

```
SELECT id,name FROM ygxx
```

其中，SELECT 和 FROM 是关键字，id 和 name 是列名，ygxx 是表名。

（2）以子句为单位分行书写。

SQL 语句既可以用单行的方式书写，也可以用多行的方式书写。人们为了增强代码的可读性，通常以子句为单位分行书写。每个子句以关键字开头，如 SELECT 子句、FROM 子句等。例如：

```
SELECT id,name
FROM ygxx
```

需要注意的是，关键字不可以被分开或跨行书写。

(3) 注释的使用。

SQL Server 主要支持两种注释：一种是当行注释，以“--”开头；另一种是多行注释，用“/ * ”开头，用“ * /”结束。注释行不参与 SQL 语句的执行，只对 SQL 语句进行解释说明，以增强 SQL 语句的可读性。

(4) 标识符的命名规则。

在 SQL Server 数据库中命名数据库对象时要遵循以下标识符命名规则：

① 标识符的第一个字符必须是字母、“_”“@”或“#”；

② 后续字符可以是数字、字母或“$”“_”“@”或“#”；

③ 标识符不能使用关键字或其他特殊字符；

④ 标识符中不能含有空格。

(5) 数据库对象的引用规则。

完整的数据库对象由服务器名称、数据库名称、包含指定对象的架构名称、对象名称四部分组成，格式如下：

[server_name]. [database_name]. [schema_name]. object_name

① 服务器名称(server_name)。

服务器名称用来指定链接的服务器名称或远程服务器名称。

② 数据库名称(database_name)。

如果对象驻留在 SQL Server 的本地实例中，则 database_name 用于指定 SQL Server 数据库的名称，如果对象在链接数据库中，则 database_name 用于指定 OLE DB 的名称。

③ 包含指定对象的架构名称(schema_name)。

若数据对象在 SQL Server 数据库中，则 schema_name 是包含指定对象的架构名称，如果对象在链接服务器中，则 schema_name 指 OLE DB 架构名称。

④ 对象名称(object_name)。

对象名称即数据对象的名称，如表名称、视图名称等。

引用某特定对象时，不必总是指定服务器名称、数据库名称和包含指定对象的架构名称。但是，如果找不到该对象，则系统会返回错误。

为了避免名称解析错误，建议只要指定了架构范围内的对象就指定包含指定对象的架构名称。如果要省略中间节点名称，可以使用点运算符来指示这些位置。例如：

省略服务器名：database_name. schema_name. object_name；

省略数据库名：server_name. . schema_name. object_name；

省略服务器名和架构名：database_name. . object_name。

4.2.2 数据类型

数据类型是指数据所代表信息的类型，如数值型、字符型、日期型、货币型、j 型等。使用的数据类型与 SQL Server 2014 系统在内存或磁盘上开辟的存储空间大小密切相关。因此，在使用数据之前，先要定义数据的类型。SQL Server 2014 支持系统数据类型和用户自定义数据类型。

1. 系统数据类型

SQL Server 2014 支持的系统数据类型如表 4.6 所示。

表 4.6 SQL Server 2014 支持的系统数据类型

数据类型	SQL Server 标识	说明	长度/字节
字符型	char[(*n*)]	固定长度的非 Unicode 字符数据	0～8000
	varchar[(*n*)]	可变长度的非 Unicode 字符数据	0～8000
	text	可变长度的非 Unicode 字符数据	$0 \sim 2^{31}-1$
Unicode 字符型	nchar[(*n*)]	固定长度的 Unicode 字符数据	0～8000
	nvarchar[(*n*)]	可变长度的 Unicode 字符数据	0～8000
	ntext	可变长度的 Unicode 字符数据	$0 \sim 2^{31}-1$
二进制字符型	binary[(*n*)]	固定长度的二进制数据	1～8000
	varbinary[(*n*)]	可变长度的二进制数据	1～8000
	image	可变长度的二进制图形数据	$0 \sim 2^{31}-1$
整型	bigint	数的范围为 $-2^{63} \sim 2^{63}-1$	8
	int	数的范围为 $-2^{31} \sim 2^{31}-1$	4
	smallint	数的范围为 $-2^{15} \sim 2^{15}-1$	2
	tinyint	0～255	1
精确数值型	decimal[*p*(,*s*)]	$-10^{38}+1 \sim 10^{38}-1$ 之间具有固定精度的数据	2～17
	numeric[*p*(,*s*)]	功能上等同于 decimal	
近似数值型	real	－3.40E＋38～3.40E＋38 的浮点精度数字	8
	float[(*n*)]	－1.79E＋308～1.79E＋308 的浮点精度数字	4
日期和时间型	datetime	1753 年 1 月 1 日～9999 年 12 月 31 日的日期和时间数据，精确到 3%秒	8
	datetime2	日期范围：0001 年 1 月 1 日～9999 年 12 月 31 日 时间范围：00：00：00～23：59：59	4
	smalldatetime	1900 年 1 月 1 日～2079 年 6 月 6 日的日期和时间数据，精确到分钟	4
	date	0001 年 1 月 1 日～9999 年 12 月 31 日，格式为 YYYY-MM-DD	3，精确到天。
	time	00：00：00.0000000～23：59：59.9999999	5
货币型	money	货币数值介于 $-2^{63} \sim 2^{63}-1$ 之间，精确到货币单位的 1%	
	smallmoney	货币数值介于 $-2^{31} \sim 2^{31}-1$ 之间，精确到货币单位的 1%	
其他数据类型	bit	1 和 0 的整数数据	1
	cursor	游标的引用，定义游标变量或定义存储过程的输出参数	8
	timestamp	时间戳，是一个特殊的用于表示先后顺序的时间戳数据类型	8
	XML	存储可扩展标记文本数据	
	table	存储对表或视图处理后的结果集	
	sql_variant	一种存储 SQL Server 支持的各种数据类型(除 text、ntext、timestamp)值的数据类型	0～8000
	uniqueidentifier	全局唯一标识符	16

(1) 字符型。

字符型用于存储由字母、数字和符号组成的字符串。SQL Server 2014 提供了三种字符型数据类型：char、varchar 和 text。

其中，char 用于存储长度固定的字符串，varchar 用于存储长度可变的字符串，text 用于存储无限长的字符串(每行可达 2 GB)。

定长字符数据类型用 char(n)来表示，n 表示定长字符串的长度。当实际存储的字符串长度不足 n 时，则字符串的尾部用空格填充；当实际输入的字符串的长度大于 n 时，则超出的部分被截去。

变长字符数据类型用 varcher(n)来表示，n 表示字符串可达到的最大长度。存储大小是输入数据的实际长度。

在实际使用中，当实际的字符数据长度接近一致时，可以使用 char；而当字符数据的长度显著不同时，使用 varchar 更合适，这样能节省存储空间。

(2) Unicode 字符型。

Unicode 是“统一字符编码标准”，用于支持国际上非英语语种的字符数据的存储和处理。SQL Server 2014 的 Unicode 字符型可以存储 Unicode 标准字符集定义的各种字符。

Unicode 字符有 nchar[(n)]、nvarchar[(n)]和 ntext 三类。nchar[(n)]是包含 n 个字符的固定长度 Unicode 字符型数据。如输入字符串长度不足 n，将在字符串末尾以空白字符补足；nvarchar[(n)]为最多包含 n 个字符的可变长度 Unicode 字符型数据。ntext 类型可以存储的数据范围是 $0 \sim 2^{31}-1$ 字节的数据。

实际上，nchar、nvarchar、ntext 与 char、varchar、text 的使用非常相似，只是字符集不同。前者使用 Unicode 字符集，后者使用 ASCII 字符集。

(3) 二进制字符型。

二进制字符型一般用于存储二进制数据。SQL Server 提供了三种二进制数据类型：binary、varbinary 和 image。其中，binary 用于存储固定长度的二进制数据；varbinary 用于存储长度可变的二进制数据；image 用于存储大的二进制数据，如照片等。

输入二进制数据时，用引号标识，或用 0x 开头的两个十六进制数构成一个字节，可用的符号有数字 0～9 和字母 A～F(不区分大小写)。

(4) 整型。

整型具体又包括 bigint、int、smallint、tinyint 四种类型。从标识符的含义可以看出，它们的数值范围逐渐缩小，最常用的是 int。

(5) 精确数值型。

精确数值型数据由整数部分和小数部分构成，其所有的数字都是有效位，能够以完整的精度存储十进制数。精确数值型包括 decimal 和 numeric 两类，从功能上说，两者完全等价，最常用的是 numeric 类型。

(6) 近似数值型。

近似数值型包括实型(real)和浮点型(float)两类。real 类型的存储长度为 4 个字节，可以用于存储正的或负的十进制数值。float 如果不指定其长度，它会占用 8 个字节的存储空间。实际使用时,用户可以指定 float 型的数值长度,当指定长度为 1～7 之间的数值时,则定义了一个 real 数据类型。

(7) 日期和时间型。

日期和时间型主要用来存储日期和时间型数据。datetime 比较常用,使用时,用户在获取日期时间类型的值后,还可以使用系统提供的一些函数获取相应部分的值,如仅获取日期数据的年、月或日等。datetime2 是 datetime 类型的扩展,其数据范围更大,默认的小数精度更高,并具有可选的用户定义的精度,多在科学计算时用于存放时间。smalldatetime 只需要 4 个字节的存储空间,时间值按小时和分钟来存储。插入数据时,日期时间值以字符串形式传给服务器。date 只存储日期,time 只存储时间。此外,time 也支持 time(n)声明,因此可以控制小数秒的粒度,n 可从 0～7 中取值。

(8) 货币型。

货币型包括 money 和 smallmoney 两类,它们用十进制数表示货币。用户在输入货币型数据时,必须在数据前面加上符号“$”,且数据中间不能有逗号“,”;若货币为负数,则需要在符号前加上负号“－”。

(9) 其他数据类型。

① bit(位)数据类型有 0 和 1 两种取值,长度为 1 字节。输入 0 以外的其他值时,系统都把它们当作 1 对待。这种数据类型常被作为逻辑变量使用,用来表示真、假或是、否等。

② cursor 是变量或存储过程 output 参数的一种数据类型,这些参数包含对游标的引用。使用 cursor 数据类型创建的变量可以为空。

③ timestamp 提供数据库范围内的唯一值,反映数据库中数据修改的相对顺序,相当于一个自动增加的计数器。当它所定义的列在修改或插入数据行时,该列的值自动增加。

④ XML 主要被用于将 XML 实例存储在表列中或者 XML 类型的变量中。

⑤ table 用于存储对表或视图处理后的结果集。这种数据类型使得变量可以存储一个表,从而使函数或过程返回查询结果更加方便、快捷。

⑥ sql_variant 用于存储除文本、图形和 timestamp 类型数据外的任何合法的 SQL Server 数据,方便了 SQL Server 的开发工作。

⑦ uniqueidentifier 用于存储一个 16 字节长的二进制数据,它是 SQL Server 根据计算机网卡地址和 CPU 时钟产生的全局唯一标识符,该数字由 SQL Server 的 newid( )函数获得。全球各地的计算机经由此函数产生的数字都不会相同。

2. 用户自定义数据类型

用户自定义数据类型是建立在 SQL Server 系统数据类型的基础上的,可以被看作系统数据类型的别名。当用户自定义一种数据类型时,需要指定该数据类型的名称、建立在其上的系统数据模型,以及是否允许为空值等。有两种方法可建立用户自定义数据类型。一种是通过对象资源管理器建立,另外一种是利用系统存储过程建立。下面以一个名为 zgh,基于 char,不允许为空值的用户自定义数据类型为例,介绍通过对象资源管理器建立用户自定义数据类型的过程。

在对象资源管理器中展开要建立用户自定义数据类型的数据库,展开“可编程性”,接着展开“类型”,右击“用户定义数据类型”,弹出快捷菜单,如图 4.11 所示。

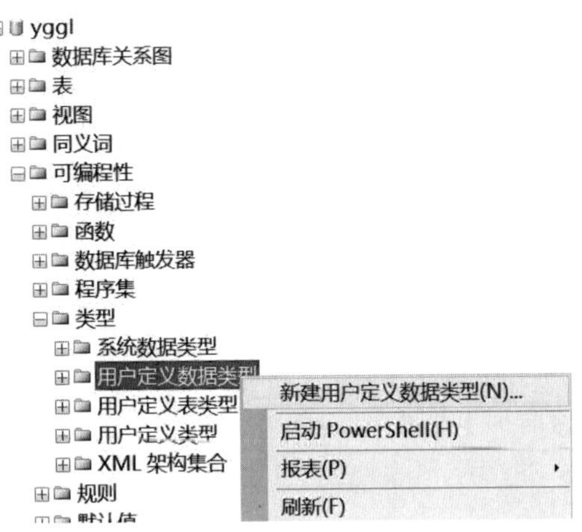

图 4.11　通过对象资源管理器建立用户自定义数据类型

在弹出的快捷菜单中单击“新建用户定义数据类型”，会弹出“新建用户数据类型”对话框。在“名称”框中输入新建数据类型的名称“zgh”，并在“数据类型”下拉列表框中选择所基于的系统数据类型“char”，在“长度”框中设置该数据类型可存储的最大数据长度，其他可根据需要一一进行设置，如图 4.12 所示。

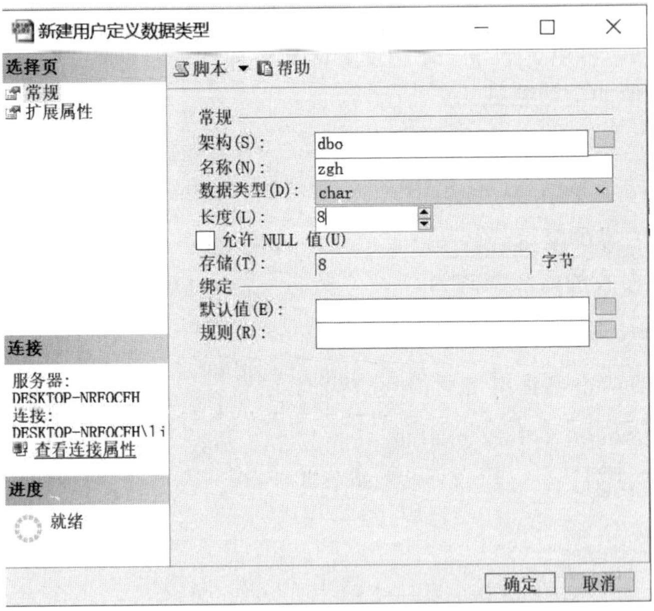

图 4.12　在“新建用户定义数据类型”对话框中进行相关设置

用户自定义数据类型建立好之后可以像系统数据类型一样使用。

若要删除用户自定义数据类型，可右击该数据类型，在弹出的快捷菜单中单击“删除”，在“删除对象”对话框内，选中对象名称，最后单击“确定”按钮完成操作。

4.2.3 变量

变量是指在程序运行过程中随着程序的变化而变化的量。变量可以保存查询结果和存储过程返回值,也可以在查询中使用。根据变量的作用和使用范围,我们可将其分为两种类型:一种是用户自定义的局部变量,另一种是系统提供的全局变量。

1. 局部变量

(1) 局部变量的声明。

用 DECLARE 语句声明局部变量,所有局部变量在声明后均初始化为 NULL。局部变量在被引用时要在其名称前加上标志符“@”。

定义局部变量的语法格式为:

```
DECLARE @variable_name  data_type [,...n]
```

[参数说明]

● variable_name 是局部变量名,“@”表示其后面的变量是局部变量。

● data_type 是数据类型,用于定义局部变量的类型,局部变量可为系统类型或自定义类型。

● *n* 表示可定义多个局部变量,各变量间用“,”隔开。

(2) 局部变量的赋值。

声明局部变量后,可用 SET 或 SELECT 语句为局部变量赋值。

为局部变量赋值的语法格式为:

```
SET @variable_name = value                    //一次只能给一个变量赋值
SELECT @variable_name = value [,...n]         //一次能给多个变量赋值
```

(3) 局部变量内容的显示。

显示局部变量内容的语法格式为:

```
SELECT @variable_name
```

【例 4.1】 声明两个字符型变量,并分别为其赋值。

```
DECLARE @var1 char(5),@var2 char(20)
SELECT @var1 = '上海',@var2 = @var1 + '欢迎您'
SELECT @var2
GO
```

2. 全局变量

全局变量是 SQL Server 系统内部使用的变量,不必进行声明,其作用范围并不局限于某个程序,而是任何程序都可以调用。为了与局部变量进行区分,使用全局变量时需要在名称前加两个“@”。全局变量通常用来存储一些 SQL Server 的配置设定值和统计数据。SQL Server 中常用的全局变量主要有以下几个。

(1) @@error:最后一个 T-SQL 语句的错误号。

(2) @@identity:最后一个插入的 IDENTITY 的值。

(3) @@rowcount：受上一条 SQL 语句影响的数据行的行数。

(4) @@servername：SQL Server 本地服务器的名称。

【例 4.2】 查看 SQL Server 服务器的名称。

```
SELECT '服务器名称' = @@servername
```

例 4.2 的运行结果如图 4.13 所示。

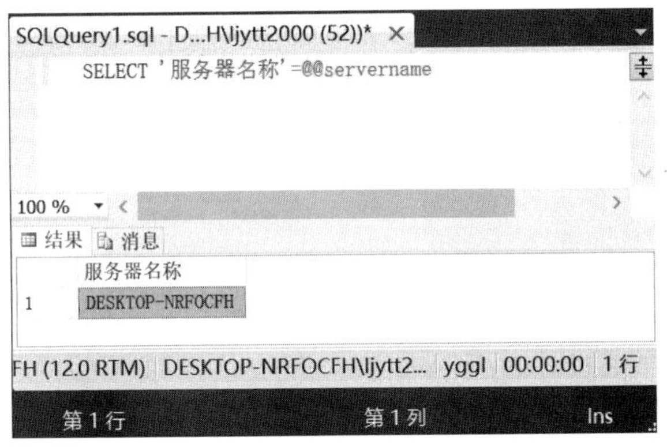

图 4.13 例 4.2 的运行结果

实际操作中，应注意局部变量的名称不能与全局变量的名称相同，否则在应用程序中会出现不可预测的错误。

4.2.4 运算符

1. 运算符的类型

在 SQL Server 2014 中，运算符主要有以下六种：算术运算符、赋值运算符、位运算符、比较运算符、逻辑运算符和字符串连接运算符。运算符连接运算量构成表达式。

(1) 算术运算符。

算术运算符包括+(加)、-(减)、*(乘)、/(除)、%(取模)。

(2) 赋值运算符。

赋值运算符包括=(赋值给)。

(3) 位运算符。

位运算符包括 &(按位与)、|(按位或)、~(按位非)、^(按位异或)。

(4) 比较运算符。

比较运算符用于比较表达式的大小，或比较是否相同，比较运算的结果为布尔值，即 TRUE、FALSE 或 UNKNOWN。比较运算符可用于除 text、ntext 或 image 数据类型外的其他所有类型数据的比较。

比较运算符包括>(大于)、<(小于)、=(等于)、>=(大于等于)、<=(小于等于)、<>(不等于)、!=(不等于)、BETWEEN... AND(检索两值之间的内容)、IN(检索匹配列表中的值)、LIKE(检索匹配字符字样的数据)、IS NULL(检索空数据)。

(5) 逻辑运算符。

逻辑运算符包括 AND、OR 和 NOT。逻辑运算的结果也是布尔值。

(6) 字符串连接运算符。

字符串连接运算符"+"用于连接两个或两个以上的字符或二进制串、列名或串和列的混合体,字符串连接运算的结果是将一个串加到另一个串的末尾。字符串连接运算的语法格式为:

```
<expression> + <expression>
```

2. 运算符的优先级

在一个表达式中,同一级别的运算按从左到右的顺序执行,不同级别的运算执行顺序如下:

① 括号 ();

② 位运算符 ~;

③ 算术运算符 * 、/、%;

④ 算术运算符+、-;

⑤ 位运算符^、&、|;

⑥ 逻辑运算符 NOT、AND、OR。

4.2.5 函数

T-SQL 函数分为两类:一类是系统函数,另一类是用户定义的函数。这两类函数都可以在程序中像一个数值表达式一样被引用。此处仅讨论系统函数。

系统函数用于获取有关计算机系统、用户、数据库和数据库对象的信息。系统函数可以让用户在得到信息后,使用条件语句,根据返回的信息进行不同的操作。T-SQL 共提供了 12 种系统函数。这里仅介绍以下几种常用的系统函数。

1. 数学函数

T-SQL 的数学函数可对 SQL Server 提供的数字数据(decimal、integer、float、real、money、smallmoney、int、smallint、tinyint)进行数学运算并返回运算结果。用户可通过对象资源管理器查看各个数学函数的名称及其具体含义。

【例 4.3】 求某个值的平方。

```
DECLARE @var1 numeric(2,0)
SET @var1 = 12
SELECT SQUARE(@var1)
GO
```

【例 4.4】 求角度的余弦值。

```
DECLARE @angle real
SET  @angle = 60
SELECT  COS(RADIANS(@angle))
GO
```

2. 字符串函数

字符串函数可以对二进制数据、字符串和表达式执行不同的运算。用户可通过对象资源管理器查看各个字符串函数的名称及其具体含义。

【例 4.5】 使用 LTRIM 函数删除字符变量中的起始空格。

```
DECLARE @string varchar(30)
SET @string =′ 上海,东方时尚之都′
SELECT LTRIM(@string)
GO
```

3. 日期和时间函数

日期和时间函数用于对日期和时间进行各种不同的处理和运算,并返回一个字符串、数字值、日期值或时间值。用户同样可通过对象资源管理器查看各个日期和时间函数的名称及其具体含义。

例如,返回系统当前的日期和时间的函数为:

```
SELECT GETDATE()
```

4. 转换函数

转换函数允许用户把某些数据类型的表达式转换为另一种数据类型。常用的数据类型转换有:日期型→字符型、字符型→日期型、数值型→字符型。T-SQL 一共有两个转换函数:CAST 和 CONVERT。

CAST 函数的语法格式为:

```
CAST(expression AS data_type)
```

CONVERT 函数的语法格式为:

```
CONVERT(data_type[(length),expression[,style])
```

5. 元数据函数

元数据函数用于获取数据库和数据库对象的信息。用户可通过对象资源管理器查看各个元数据函数的名称及其具体含义。

6. 聚合函数

聚合函数用于对一组值进行操作,返回单一的汇总值。T-SQL 提供的常用聚合函数介绍见本书 4.5。

4.2.6 批处理和流程控制语句

服务器端的程序使用 T-SQL 语句来编写。一般而言,一个服务器端的程序由批、注释、程序使用的变量、程序流程控制语句、错误和消息的处理等组成。此处仅介绍程序中的部分成分。

1. 批处理

在 T-SQL 语句中,两个 GO 之间的语句或语句组被称为一个批处理。这样的语句或语句组会被应用程序一次性发送到 SQL Server 服务器进行执行。SQL Server 服务器将批处理编译成一个可执行单元,即执行计划。如此处理可以节省系统开销。GO 是批处理的标志。

使用批处理时要注意以下几点:

(1) CREATE PROCEDURE、CREATE RULE、CREATE DEFAULT、CREATE TRIGGER、CREATE VIEW 语句不能组合在同一个批处理中。

(2) 规则和默认值对象的绑定和使用语句不能放在同一个批处理中。

(3) CHECK 约束不能在同一个批处理中既定义又使用。

(4) 在同一个批处理中,不能删除一个对象后又重新创建它。

(5) 使用 SET 语句改变的选项在批处理结束时生效。

(6) 在同一个批处理中,不能在修改一个表的结构后立即引用其新列。

一系列按顺序提交的批处理被称为脚本。

2. 流程控制语句

流程控制语句是指通过判断指定的某些值来控制程序的运行方向的语句,它在存储过程、触发器和批处理中很有用。这里简单介绍常用的几个流程控制语句。

(1) BEGIN...END。

BEGIN...END 用来设定一个程序块(两个或多个语句),系统将 BEGIN...END 内的所有程序视为一个单元执行。BEGIN...END 经常在条件语句中使用。BEGIN...END 可以嵌套使用。BEGIN...END 语句的语法格式为:

```
BEGIN
  {sql_statement | statement_block}
END
```

[参数说明]

● sql_statement | statement_block:用 T-SQL 语句或 BEGIN...END 定义的语句块。

(2) IF...ELSE。

IF...ELSE 语句的语法格式为:

```
IF Boolean_expression
   {sql_statement | statement_block}
[ELSE
   {sql_statement | statement_block}]
```

[参数说明]

● Boolean_expression:条件表达式,若条件表达式中含有 SELECT 语句,则必须将其用圆括号括起来,运算结果为 TRUE(真)或 FALSE(假)。

● sql_statement | statement_block:T-SQL 语句或语句块。若执行多条 T-SQL 语句,要将这些语句放在 BEGIN...END 之间,构成语句块;若执行的只有一条语句,则可以省略 BEGIN...END。

● IF...ELSE:可以嵌套使用。

(3) CASE。

CASE 语句的语法格式为：

```
CASE expression
  WHEN expression_11 THEN expression_12
...
  WHEN  expression_n1 THEN expression_n2
  [ELSE  expression_m]
END
```

该语句的执行过程为：将 CASE 后面表达式的值与各个 WHEN 子句中表达式的值进行比较，如果两者相等，则返回 THEN 后面的表达式的值，然后跳出 CASE 语句；否则返回 ELSE 子句的表达式的值。ELSE 子句为可选项，当没有 ELSE 子句时，若所有的 WHEN 子句都不成立，则返回 NULL。

(4) WHILE...CONTINUE...BREAK。

WHILE 语句在指定的条件成立时会重复执行相应的语句行或程序块。CONTINUE 语句可以使程序跳过 CONTINUE 后面的语句，回到循环的第一行，继续开始下一次循环。BREAK 语句则让程序跳出循环，结束循环语句的执行。WHILE 语句可以嵌套使用。WHILE...CONTINUE...BREAK 语句的语法格式为：

```
WHILE Boolean_expression
{sql_statement|statement_block}
[BREAK]
{sql_statement|statement_block}
[CONTINUE]
```

(5) WAITFOR。

WAITFOR 语句用来暂停程序执行，直到所设定的等待时间已过或所设定的时间已到，才能继续往下执行。WAITFOR 语句的语法格式为：

```
WAITFOR {DELAY 'time' | TIME 'time'}
```

[参数说明]

- DELAY：用来设定等待的时间，最多为 24 小时。
- TIME：用来设定等待结束的时间点。
- time：必须为 datetime 类型的数据，格式为“hh：mm：ss”。

【例 4.6】 WAITFOR 语句示例。

```
WAITFOR TIME '17：00'
PRINT'下午五点整'            --PRIINT 操作于 17：00 执行
```

(6) RETURN。

RETURN 用于从过程、批处理或语句块中无条件退出，使系统不再执行 RETURN 之后的语句。RETURN 语句不能返回 NULL 值。

RETURN 语句的语法格式为：

```
RETURN [integer_expression]
```

[参数说明]

- integer_expression：返回的整型表达式值，若没有指定，则 SQL Server 2014 系统将会根据程序执行的情况返回一个内定值。

4.3 用户数据库的创建和管理

4.3.1 用户数据库的创建

有两种方法可以创建用户数据库。一种方法是使用 SQL Server Management Studio 中的对象资源管理器。这种方法简单直观，以图形化的方式实现数据库的创建和数据库属性的设置。另一种方法是使用 T-SQL 语句。使用该方法时，用户可以将创建数据库的代码(脚本)保存下来，需要时可重复使用。

1. 使用对象资源管理器创建用户数据库

用户在创建数据库之前，应先确定数据库的名称、所有者、初始大小、数据库文件增长方式、数据库文件增长的上限，以及存储数据库的文件路径等。

【例 4.7】 使用对象资源管理器创建员工管理数据库 yggl。

员工管理数据库(yggl)的选项参数如表 4.7 所示。

由于数据库必须包含一个或多个数据文件和一个日志文件，并且每个文件只能由一个数据库使用，因此，“yggl_data. mdf”和“yggl_log. ldf”这两个文件只能由 yggl 数据库使用。

表 4.7 员工管理数据库(yggl)的选项参数

参　数	参数值
数据库名称	yggl
数据库逻辑文件名称	yggl_data
操作系统数据文件名	C:\Program Files\Microsoft SQL Server\MSSQL12. MSSQLSERVER\MSSQL\DATA\yggl_data. mdf
数据文件的初始大小	5 MB
数据文件大小的上限	50 MB
数据文件的增长量	1 MB
事务日志文件逻辑文件名	yggl_log
操作系统事务日志文件名	C:\Program Files\Microsoft SQL Server\MSSQL12. MSSQLSERVER\MSSQL\DATA\yggl_log. ldf
事务日志文件的初始大小	1 MB
事务日志文件大小的上限	10 MB
事务日志文件的增长量	10%

使用对象资源管理器创建 yggl 数据库的过程如下。

(1) 打开 SQL Server 2014 的 SQL Server Management Studio，进入对象资源管理器，展开指定的服务器，右击“数据库”，在弹出的快捷菜单中选择“创建数据库”。

(2) 在弹出的“新建数据库”对话框的“常规”标签页(如图 4.14 所示)内，可以定义数据库的名称、所有者、是否使用全文索引、数据文件和日志文件的逻辑名称、文件类型、文件组、初始大小、增长方式和路径(物理名称)等。

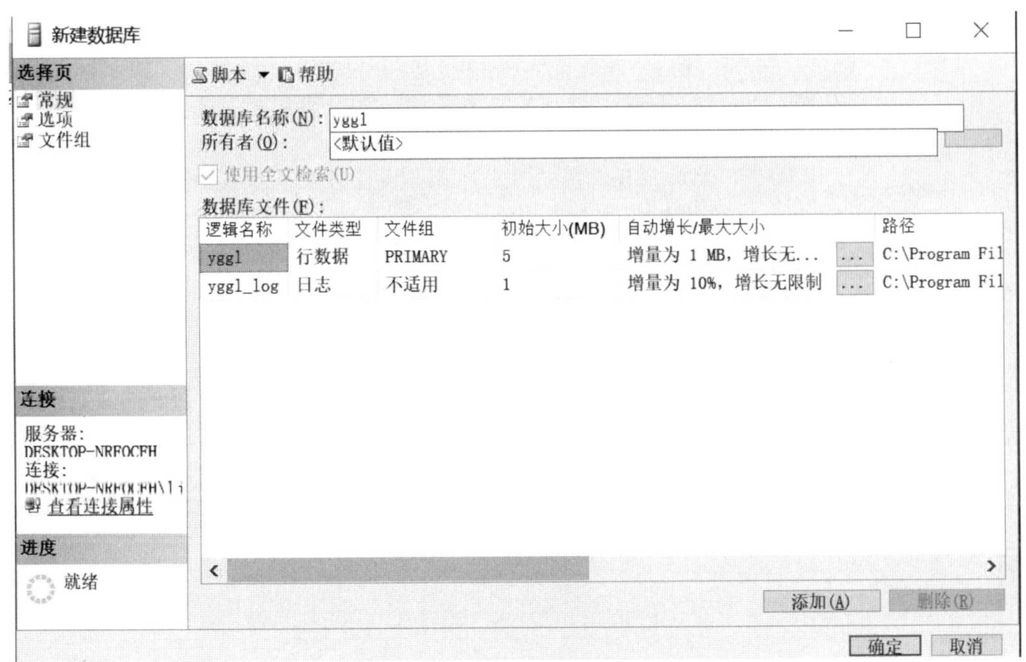

图 4.14　“新建数据库”的“常规”标签页

在“数据库名称”文本框中输入要创建的数据库名称(yggl)。“所有者”文本框是用来选择数据库操作用户的，可以选择“默认值”，表示数据库所有者为登录 Windows 的管理员账户，也可以选择“其他”。“逻辑名称”文本框用于设置数据文件和日志文件的逻辑名称，用户也可以在其他位置设置数据库其他选项参数，如增长方式和路径等。

(3) 单击“常规”标签页下方的“添加”按钮，可以为数据库添加新的数据文件，如辅数据文件。

(4) 切换到“新建数据库”的“选项”标签页(如图 4.15 所示)，在此可以定义包括排序规则、恢复模式、兼容性级别、恢复、游标等数据库选项。实际操作中，通常选择默认设置。

(5) 切换到“新建数据库”的“文件组”标签页(如图 4.16 所示)，在此可以设置用户数据库的文件组。单击“添加文件组”按钮，可以添加其他文件组。

(6) 当完成新建数据库的各个选项后，单击“确定”按钮，SQL Server 2014 数据库引擎会根据用户的设置完成数据库的创建工作。

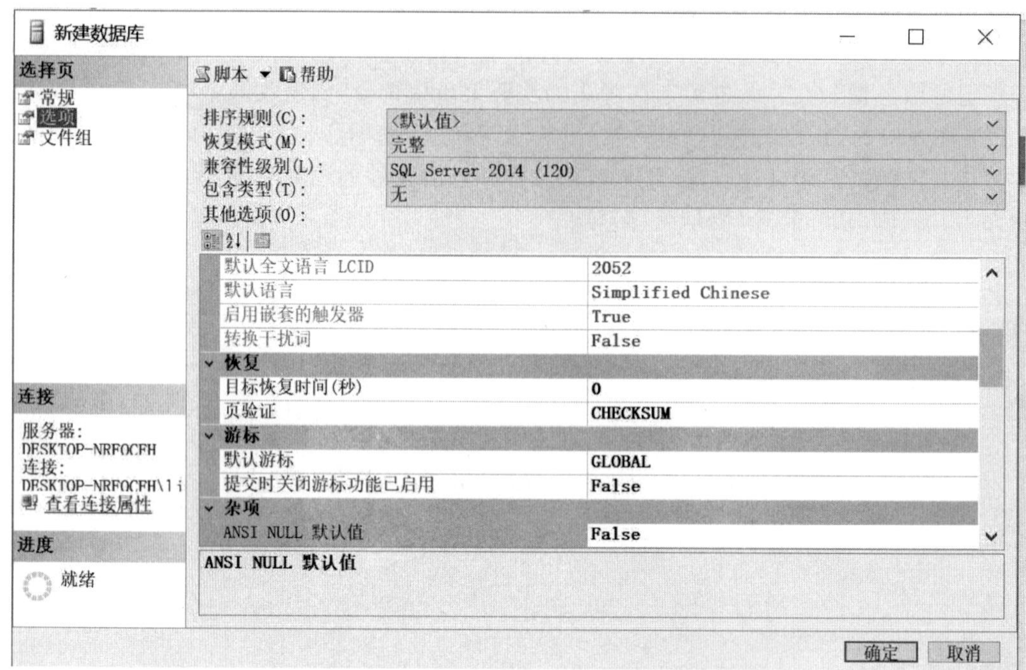

图 4.15 “新建数据库”的“选项”标签页

新建数据库

选择页：常规　选项　文件组

脚本　帮助

行(O)

名称	文件	只读	默认值
PRIMARY	1		☑
	0	☐	☐

添加文件组(A)　删除(R)

FILESTREAM(F)

名称	FILESTREAM 文件	只读	默认值

添加文件组(D)　删除(M)

内存优化数据(Y)

名称	FILESTREAM 文件

添加文件组(T)　删除(V)

连接　服务器: DESKTOP-NRFOCFH　连接: DESKTOP-NRFOCFH\li　查看连接属性

进度　就绪

确定　取消

图 4.16 “新建数据库”的“文件组”标签页

2. 使用 T-SQL 语句创建用户数据库

使用 T-SQL 语句创建用户数据库时，创建过程和参数设定都使用 T-SQL 语句来完成。在 SQL Server Management Studio 窗口内，单击工具栏上的“新建查询”按钮，系统会弹出 SQL 代码编辑器窗口，在光标处开始输入相应的 T-SQL 语句即可，如图 4.17 所示。作为一个图形界面的工具，SQL 代码编辑器窗口可以将用户输入的 T-SQL 语句发送到服务器，并返回执行结果，该工具支持与服务器数据库引擎的连接。

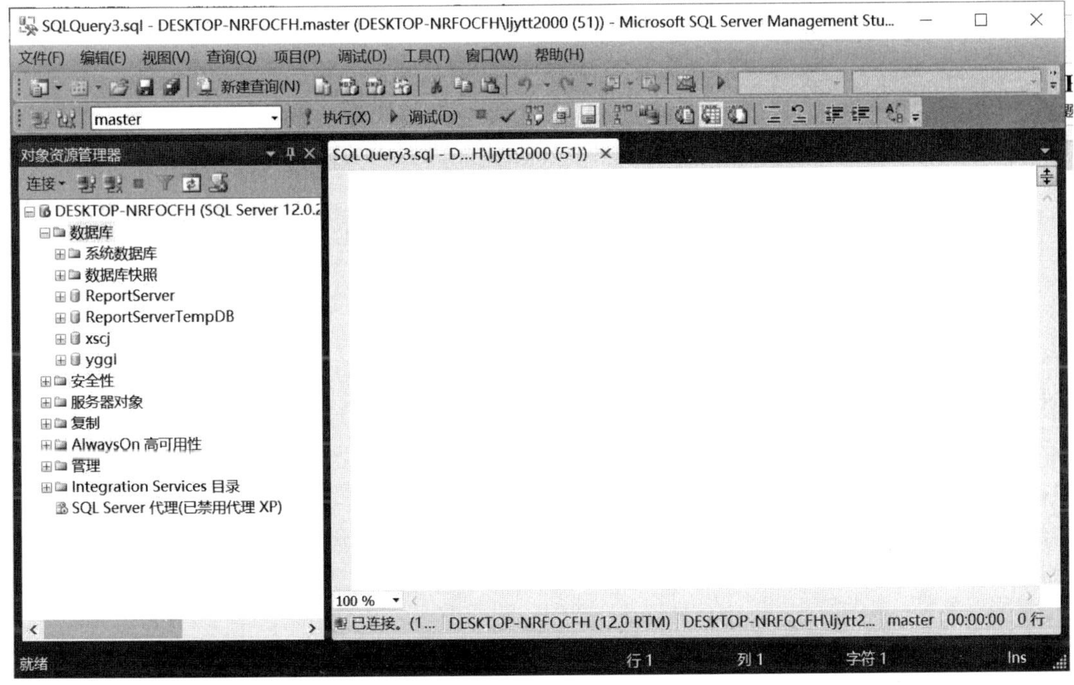

图 4.17 SQL 代码编辑器窗口

使用 T-SQL 语句创建用户数据库的语法格式为：

```
CREATE  DATABASE database_name
ON
{[PRIMARY] (NAME = logical_file_name,
FILENAME = 'os_file_name'
[,SIZE = size]
[,MAXSIZE = {maxsize|UNLIMITED}]
[,FILECROWTH = grow_increment])
}[,...n]
LOG ON
{(NAME = logical_file_name,
FILENAME = 'os_file_name'
[,SIZE = size]
```

```
[,MAXSIZE = {maxsize|UNLIMITED}]
[,FILEGROWTH = grow_increment])
}[,...n]
```

[参数说明]

- database_name：要建立的数据库名称。
- ON：指定存储数据库数据的磁盘文件(数据文件)。
- PRIMARY：在主文件组中指定文件。
- NAME：指定数据文件或日志文件的名称。
- FILENAME：指定文件的操作系统文件名和路径。
- SIZE：指定数据文件或日志文件的大小。用户可以以 MB 或 KB 为单位指定相应文件的大小，默认单位为 MB。当添加数据文件或日志文件时，默认大小为 1MB。
- MAXSIZE：指定文件能够增长到的最大长度，默认单位为 MB。
- FILEGROWTH：指定文件的增长增量，默认单位为 MB，也可采用百分比(%)来表示，该参数值不能超过 MAXSIZE 参数。
- LOG ON：指定建立数据库的日志文件。

前面介绍过，为了便于分配和管理，SQL Server 2014 允许将多个文件归为一组，并赋予此组一个名称，即文件组。文件组分为主文件组和用户定义文件组。其中，主文件组包含所有的数据库系统表，还包含所有未指定给用户文件组的对象。主文件组的第一个逻辑文件 logical_file_name 为主文件，该文件包含数据库的逻辑起点及其系统表。一个数据库只能有一个主文件。如没有指定主文件，CREATE DATABASE 语句中出现的第一个文件就成为主文件。

【例 4.8】 创建一个名为 yggl 的数据库，其数据文件初始大小为 5 MB，最大为 50 MB，文件增长量为 1 MB；日志文件初始大小为 1 MB，最大为 10 MB，文件增长量为 10%。

相应的 T-SQL 语句如下：

```
CREATE  DATABASE yggl
ON PRIMARY
(NAME = yggl_data,
FILENAME = 'C:\Program Files\Microsoft SQL Server\MSSQL12.MSSQLSERVER\MSSQL\DATA\yggl_
data.mdf',
SIZE = 5,
MAXSIZE = 50,
FILEGROWTH = 1)
LOG ON
(NAME = yggl_log,
FILENAME = 'C:\Program Files\Microsoft SQL Server\MSSQL12.MSSQLSERVER\MSSQL\DATA\yggl_
log.ldf',
```

```
SIZE = 1,
MAXSIZE = 10,
FILEGROWTH = 10 % )
```

在 SQL 代码编辑器中输入上述 T-SQL 语句，并单击工具栏上的“执行”按钮，即可完成创建指定数据库的操作。

4.3.2 查看和修改数据库属性

用户可以利用对象资源管理器或 T-SQL 语句来查看和修改数据库的属性，如数据库的常规信息、文件组或文件信息、选项信息和权限信息等。

利用对象资源管理器查看和修改数据库属性很简单：打开对象资源管理器窗口，展开“数据库”，右击需要进行修改的用户数据库名称，从弹出的快捷菜单中选择“属性”，系统弹出的“数据库属性”对话框，用户可根据需要在此对话框内进行相应的修改。

使用 T-SQL 语句查看和修改数据库属性的过程如下。

1. 打开数据库

用户登录 SQL Server 服务器，连接上 SQL Server 后，需要先连接 SQL Server 服务器上的一个数据库，才能使用该数据库中的数据。如果用户没有特别指定连接哪个数据库，SQL Server 会自动连接 master 系统数据库。用户可以指定连接到 SQL Server 服务器上的某个数据库，或者从一个数据库切换到另一个数据库，此操作可以在 SQL 代码编辑器中利用 USE 命令来完成。

打开或切换数据库的命令如下：

```
USE database_name
```

[参数说明]

- database_name：想要打开或切换的数据库名称。

2. 查看数据库属性

通过 T-SQL 语句用户可以查看数据库信息。有关数据库的基本信息可使用 sys. databases 来查看，有关数据库文件的信息可以通过 sys. database_files 来查看。此外，用 filegroups 可以查看有关数据库文件组的信息，用 sys. master_files 可以查看数据库文件的基本信息和状态信息。

【例 4.9】 通过系统表 sys. databases 查看 yggl 数据库的状态信息。

```
USE yggl
GO
SELECT name,state,state_desc FROM sys.database_files
```

具体输入和执行结果如图 4.18 所示。

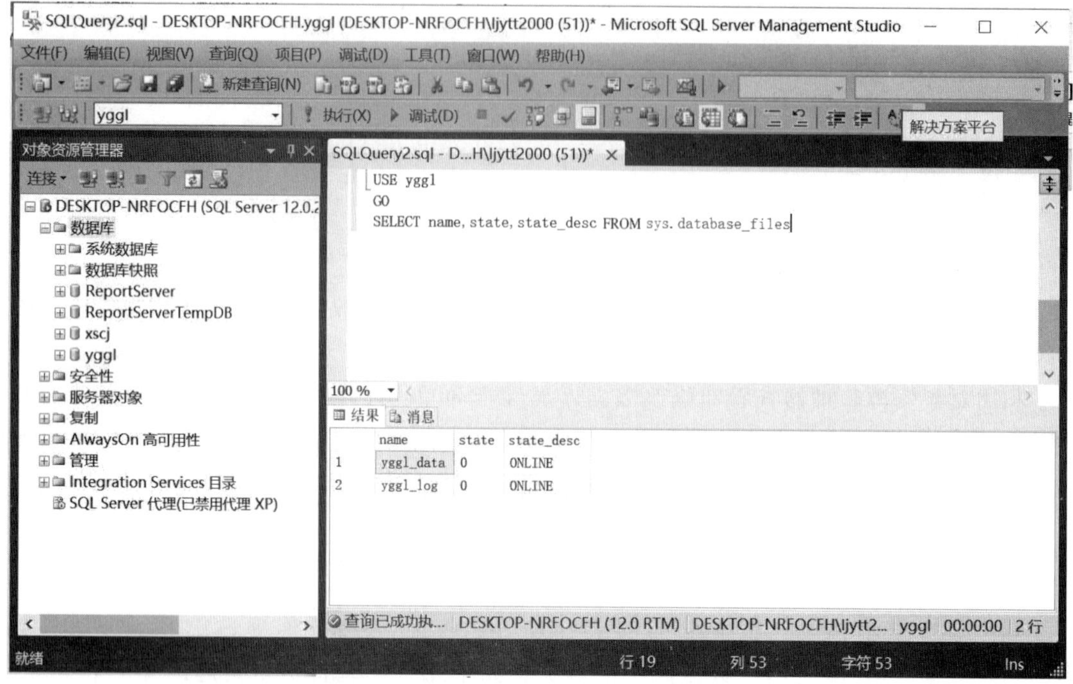

图 4.18　例 4.9 的输入和执行结果

【例 4.10】　查看 yggl 数据库的数据文件和日志文件信息。

```
USE yggl
GO
SELECT * FROM sys.master_files
```

具体输入和执行结果如图 4.19 所示。

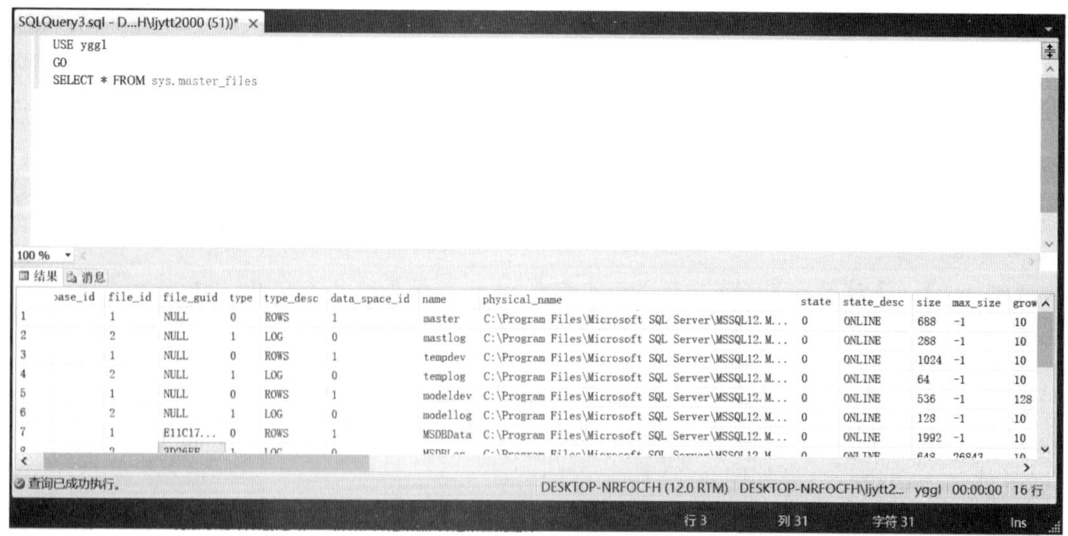

图 4.19　例 4.10 的输入和执行结果

3. 修改数据库

用户可以使用 ALTER DATABASE 语句来修改数据库,具体可进行以下操作:

(1) 增加或删除数据文件;

(2) 改变数据文件的大小和增长方式;

(3) 改变日志文件的大小和增长方式;

(4) 增加或删除日志文件;

(5) 增加或删除文件组。

ALTER DATABASE 的具体语法格式如下:

```
ALTER  DATABASE database_name
{ADD FILE <filespec>[,...n][To filegroup filegroupname]}
                                          /*在文件组中增加数据文件*/
|ADD LOG FILE <filespec>[,...n]           /*增加日志文件*/
|REMOVE FILE logical_file_name            /*删除数据文件*/
|MODIFY FILE <filespec>                   /*修改文件属性*/
|ADD FILEGROUP filegroup_name             /*增加文件组*/
|REMOVE FILEGROUP filegroup_name          /*删除文件组*/
|MODIFY NAME = new_databasename           /*修改数据库名称*/
```

【例 4.11】 在 yggl 数据库中添加两个数据文件和一个日志文件。

```
ALTER  DATABASE yggl
ADD FILE
(NAME = yggl_data1,
FILENAME = 'C:\Program Files\Microsoft SQL Server\MSSQL12.MSSQLSERVER\MSSQL\DATA\yggl_data1.mdf',
SIZE = 3,
MAXSIZE = 100,
FILEGROWTH = 3),
(NAME = yggl_data2,
FILENAME = 'C:\Program Files\Microsoft SQL Server\MSSQL12.MSSQLSERVER\MSSQL\DATA\yggl_data2.mdf',
SIZE = 3,
MAXSIZE = 20,
FILEGROWTH = 1)
GO
ALTER DATABASE yggl
ADD LOG FILE
(NAME = yggl_log1,
FILENAME = 'C:\Program Files\Microsoft SQL Server\MSSQL12.MSSQLSERVER\MSSQL\DATA\yggl_
log1.ldf',
SIZE = 2,
MAXSIZE = 20,
FILEGROWTH = 2)
GO
```

4.3.3 管理用户数据库

1. 用户数据库的收缩

当用户数据库增长到要超过其使用空间时，就必须为其增加容量了，即给它提供额外的存储空间。如果一开始为用户数据库分配了过多的存储空间，后期也可以缩减，以减少存储空间的浪费。用户可以用对象资源管理器和 T-SQL 语句两种方式来增缩用户数据库容量。这里仅介绍利用对象资源管理器自动或手动收缩用户数据库的方法。

(1) 自动收缩用户数据库。

打开如图 4.20 所示的“数据库属性”对话框，单击“自动收缩”右侧的下拉按钮，在下拉列表框中选择“True”，即可设定数据库为自动收缩。设置好后，数据库引擎会定期检查每个数据库的空间使用情况，并自动收缩数据库。

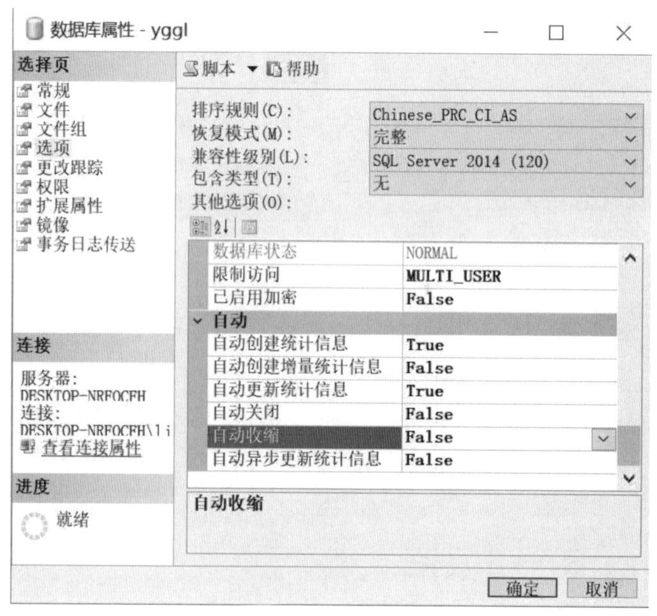

图 4.20 设置自动收缩用户数据库

(2) 手动收缩用户数据库。

打开对象资源管理器，右击需要收缩的用户数据库，在弹出的快捷菜单中依次选择“任务”→“收缩”→“数据库”(如图 4.21 所示)，即可将数据库设置为手动收缩。

2. 数据文件的收缩

SQL Server 2014 的数据文件和日志文件都可以收缩，可以设置为自动收缩或手动收缩，也可以设置收缩后的空间大小。收缩操作从文件的末尾开始，若设定的收缩空间小于文件的实际大小，将收缩到实际大小。

手动收缩的具体操作方法：在对象资源管理器中右击相应的用户数据库，在弹出的快捷菜单中依次选择“任务”→“收缩”→“文件”命令，然后进行相关设置即可。

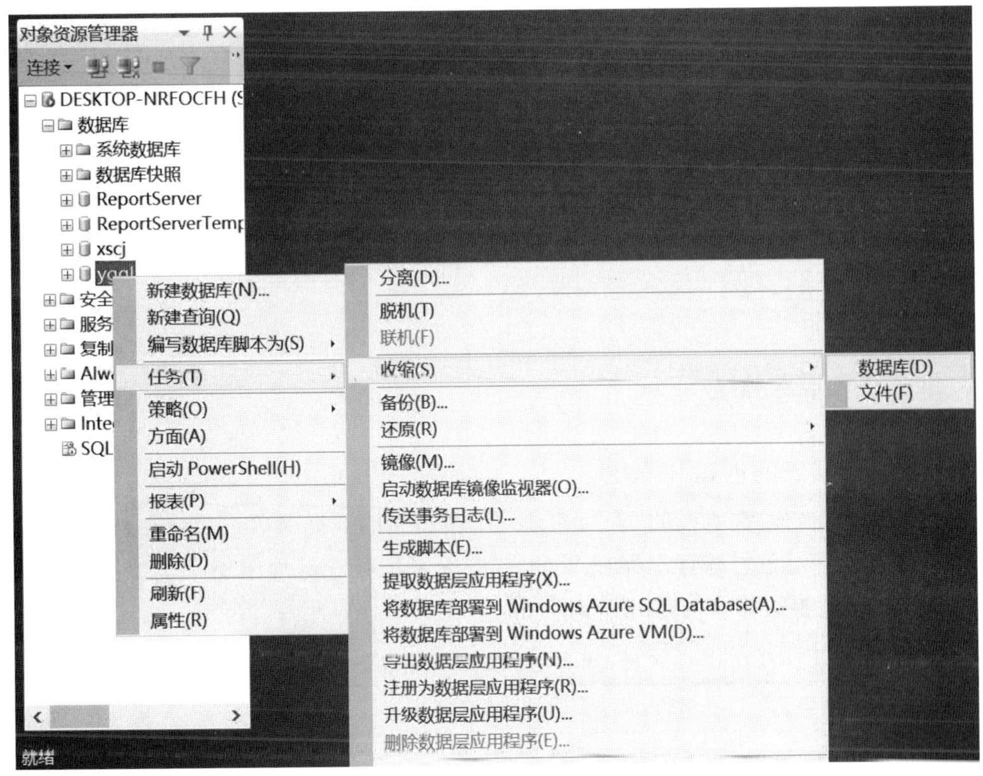

图 4.21　手动收缩数据库的操作过程

3. 用户数据库的分离和附加

当需要移动用户数据库时，将数据库从当前实例中分离出来再附加到其他位置是很有必要的。SQL Server 2014 提供了这项功能，使管理员可以很方便地将用户数据库在相同或不同计算机的 SQL Server 2014 实例中移动，而且还可以在服务器运行时分离和附加数据库，并选择是否更新统计信息、是否断开与指定数据库服务器的连接等。

(1) 分离数据库。

分离数据库是将数据库从 SQL Server 2014 服务器实例中删除，但该数据库的数据文件和日志文件保持不变，所以之后还可以将该数据库附加到任何其他 SQL Server 2014 数据库实例中去。

具体操作方法：在对象资源管理器中右击相应的用户数据库，然后在弹出的快捷菜单中依次选择“任务”→“分离”，弹出“要分离的数据库”对话框，在该对话框中选择要分离的数据库即可完成相应操作。

(2) 附加数据库。

用户可将被分离的数据库的数据文件和日志文件附加到同一个或其他 SQL Server 2014 实例上。

具体操作方法：在对象资源管理器中右击“数据库”选项，在弹出的快捷菜单中单击“附加”，弹出“附加数据库”对话框，在该对话框中单击“添加”按钮，弹出“定位数据库文件”对话框,在该对话框中选择要附加的数据文件,单击“确定”按钮,即可将相应文件添加过来。

4. 用户数据库的删除

删除用户数据库的具体方法:在对象资源管理器中右击要删除的数据库,接着在弹出的快捷菜单中选择“删除”,在弹出的对话框中单击“确认”按钮,即可删除相应数据库。除此方法之外,用户也可以使用 DROP DATABASE 语句来删除数据库。例如,要删除 yggl 数据库,在 SQL 代码编辑器中输入下列语句并执行它,即可完成相应操作。

```
DROP DATABASE yggl
```

4.4 数据表和表数据

4.4.1 数据表的创建和删除

数据表就是我们通常所说的“表”,它是一个很重要的数据对象,是组成数据库的基本元素。用户可以通过对象资源管理器或 T-SQL 语句来创建表。现给出某单位员工管理数据库(yggl)的几个基本表的结构,如表 4.8~表 4.11 所示。

表 4.8 ygxx 表(员工信息表)

列名	数据类型	长度	是否允许为空值	默认值	说明
bh	char	5	否	无	员工编号,主键
xm	char	20	否	无	姓名
xb	char	2	是	男	性别
bmbh	char	2	否	无	部门编号
jzdh	char	4	是	无	职务级别代号
xl	char	10	是	无	学历
csrq	datetime	系统默认	是	无	出生日期
zhzh	varchar	40	是	无	家庭住址
lxdh	char	12	是	无	联系电话
yzhbm	char	6	是	无	邮政编码

表 4.9 gzxx 表(工资信息表)

列名	数据类型	长度	是否允许为空值	默认值	说明
bh	char	5	否	无	员工编号,主键
xm	char	20	否	无	姓名
jbgz	numeric	(7,2)	否	无	基本工资
gwjt	numeric	(7,2)	是	无	岗位津贴
zwjt	numeric	(7,2)	是	无	职务津贴
zfbt	numeric	(7,2)	是	无	住房补贴
zfgjj	numeric	(7,2)	是	无	住房公积金
grsds	numeric	(7,2)	是	无	个人所得税

表 4.10 zhw 表(职务表)

列 名	数据类型	长 度	是否允许为空值	默认值	说 明
jzdh	char	6	否	无	职务级别代号,主键
jz	char	6	否	无	职务级别

表 4.11 bm 表(部门表)

列 名	数据类型	长 度	是否允许为空值	默认值	说 明
bmbh	char	4	否	无	部门编号,主键
bmmc	char	20	否	无	部门名称

1. 使用对象资源管理器创建表

下面以建立 yggl 数据库中的 gzxx 表为例介绍使用对象资源管理器创建表的过程。

首先,在对象资源管理器中展开已经创建的 yggl 数据库,接着右击“表”,然后在弹出的快捷菜单中依次单击“新建”→“表”,如图 4.22 所示。

图 4.22 使用对象资源管理器创建表

在弹出的表设计器中分别设置 gzxx 表各列的名称、数据类型、长度、是否允许为空值等,如图 4.23 所示。设置好各列的上述属性之后,单击 SQL Server Management Studio 工具栏上的“保存”按钮,弹出“选择名称”对话框,在此对话框中输入表名“gzxx”,然后单击“确定”按钮,数据表创建完成。

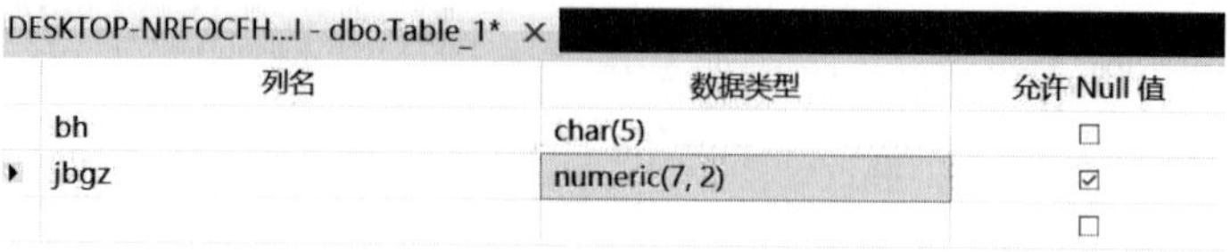

DESKTOP-NRFOCFH...l - dbo.Table_1* ×

列名	数据类型	允许 Null 值
bh	char(5)	☐
jbgz	numeric(7, 2)	☑
		☐

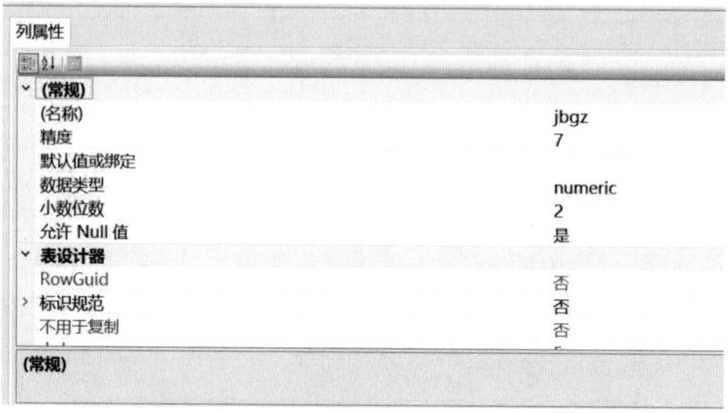

列属性

(常规)	
(名称)	jbgz
精度	7
默认值或绑定	
数据类型	numeric
小数位数	2
允许 Null 值	是
表设计器	
RowGuid	否
标识规范	否
不用于复制	否

(常规)

图 4.23　表设计器界面

2. 使用 T-SQL 语句创建表

通过 CREATE TABLE 语句可创建表,其语法格式为:

```
CREATE TABLE [database_name.[owner.]|[ owner].|owner.]table_name
({<column_definition>
|column_name as computed_column_expression
|<table_constraint>):: = CONSTRAINT constraint_name]}
|[{PRIMARY KEY |UQ computed_column_expression IQUE}[,...n]]
[ON {filegroup |DEFAULT}}
[TEXTIMAGE_ON {filegroup |DEFAULT}]
```

[参数说明]

● column_name:表中的列名,列名必须符合标识符规则,并且在表内唯一。

● computed_column_expression:定义计算列值的表达式(表中的某些列的值可由同表中的其他列通过定义的公式计算得到)。

● ON {filegroup|DEFAULT}:指定存储表的文件组。若使用 filegroup,则表存储在指定的文件组中;若使用 DEFAULT 或未指定 ON 参数,则表存储在默认文件组中。

● TEXTIMAGE_ON:表示 text、ntext 和 image 列存储在指定文件组中,若表中没有 text、ntext 和 image 列,不能使用 TEXTIMAGE_ON。若表中有 text、ntext 和 image 列,未指定 TEXTIMAGE_ON,则 text、ntext 和 image 列与表存储在同一文件组内。

【例 4.12】 建立如表 4.9 所示的表 gzxx。

相应 T-SQL 语句如下:

```
USE yggl
```

```
CREATE TABLE gzxx (bh CHAR(5)  not null,
xm CHAR(20) not null,
jbgz NUMERIC(7,2) not null,
gwjt NUMERIC(7,2),
zwjt NUMERIC(7,2),
zfbt NUMERIC(7,2),
zfgjj NUMERIC(7,2),
grsds NUMERIC(7,2)
)
```

因为没有指定 gzxx 表所在的文件组，所以该表将被放置在默认文件组中。当然，也可以为该表指定文件组。

【例 4.13】 创建表时指定文件组。

相应 T-SQL 语句如下：

```
CREATE TABLE yggl.dbo.zhw
(jzdh char(6) not null,
jz char(6) not null)
on [PRIMARY]
```

本例在数据库 yggl 中创建了表 zhw，所有者为 dbo。该表被指定放置在 PRIMARY 文件组中。

【例 4.14】 创建表时对计算列使用表达式。

相应 T-SQL 语句如下：

```
USE yggl
CREATE TABLE salary
(姓名 varchar(10),基本工资 money,奖金 money,总计 as 基本工资 + 奖金)
```

【例 4.15】 定义表 user，自动获取用户名称。

相应 T-SQL 语句如下：

```
CREATE TABLE user_info
(编号 int identity(1,1) not null,
用户代码 varchar(18),
登录时间 as Getdate(),
用户名称 as user_name()
)
```

3. 数据表的删除

通过对象资源管理器或使用 DROP 语句均可从数据库中删除数据表。

(1) 通过对象资源管理器删除数据表。

在对象资源管理器中右击要删除的表，在弹出的快捷菜单中选择“删除”，打开“删除对象”对话框，在此对话框中单击“确定”按钮，即可完成删除相应数据表的操作。

(2) 使用 DROP 语句删除数据表。

使用 DROP 语句删除数据表的语法格式为：

```
DROP TABLE  table_name
```

注：DROP TABLE 语句不能删除系统表。

【例 4.16】 删除数据库 yggl 中的 gzxx 表。

相应 T-SQL 语句如下：

```
USE yggl
GO
DROP TABLE gzxx
GO
```

【例 4.17】 删除另外一个数据库内的表。

相应 T-SQL 语句如下：

```
DROP yggl.dbo.gzxx
```

本例在未打开 yggl 数据库状态下删除了 yggl 数据库内的 gzxx 表，用户可以在任何一个数据库内执行此操作。

4.4.2 修改表结构

创建数据表后，在使用过程中有可能需要对原来定义好的表结构进行修改，如增加新列、删除列、修改已有列的属性、修改表名等。用户可以通过对象资源管理器或 T-SQL 语句来修改表结构。

1. 通过对象资源管理器修改表结构

(1) 增加新列。

当需要向表中增加新项目时，就要在表中增加新列。例如，在 yggl 数据库中的 ygxx 表中增加一列“shfzh”(身份证号码)的操作过程如下。

在对象资源管理器中右击 ygxx 表，在弹出的快捷菜单中选择“设计”，在打开的“表-dbo. ygxx”窗口最后一行的下一行单击，输入列名“shfzh”，数据类型选择 char，长度为 18，并允许为空值(如图 4.24 所示)，最后单击工具栏的“保存”按钮，即可完成添加新列的操作。通过这样的操作可对表增加多列。

(2) 删除列。

在 ygxx 表中删除“shfzh”列的方法为：在对象资源管理器中打开 ygxx 表，右击“shfzh”列，在弹出的快捷菜单中选择“删除列”，该列即被删除，然后单击工具栏的“保存”按钮，保存操作结果。由于表中的列被删除后不能恢复，所以删除列时要慎重。

(3) 修改已有列的属性。

在对象资源管理器右击相应表，打开表窗口，单击某一列的某个属性，此时可直接进行修改，修改完毕后，单击工具栏的“保存”按钮，保存修改结果。

(4) 修改表名。

在对象资源管理器中展开 yggl 数据库，右击需要修改名称的表，如 gzxx，在弹出的快捷菜单中选择“重命名”命令，然后在打开的对话框的表名的位置输入新的表名后回车，即可完成修改表名的操作。

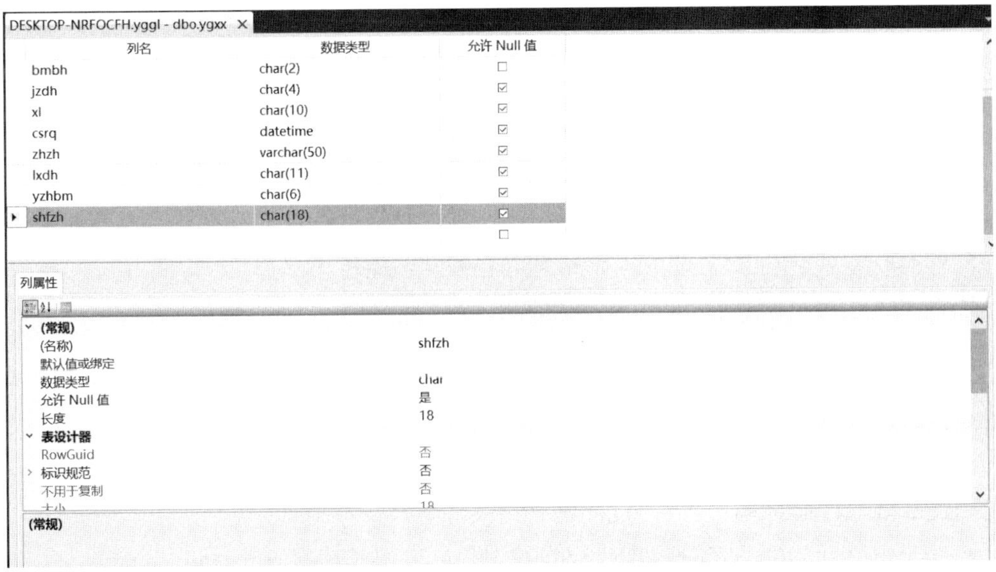

图 4.24 通过对象资源管理器增加新列

SQL Server 2014 允许用户修改表名，但一般不建议随便修改已经定义好的表名，尤其是那些已在其上定义了视图等数据库对象的表。因为当表名改变后，与其相关的对象(如存储过程、视图等)将失效。

2. 使用 T-SQL 语句修改表结构

使用 T-SQL 语句修改表结构的语法格式为：

```
ALTER TABLE [ database_name . [ schema_name ] . | schema_name . ] table_name
{ ALTER COLUMN column_name
{ [ type_schema_name. ]type_name[ ({precision [,scale]|max| xml_schema_collection } ) ]
[ COLLATE collation_name ] [ NULL | NOT NULL ]
| {ADD | DROP }{ ROWGUIDCOL | PERSISTED | NOT FOR REPLICATION }
} | [ WITH { CHECK | NOCHECK } ] | ADD
{  <column_definition> | <computed_column_definition>
| <table_constraint> | <column_set_definition>
} [ ,...n ] | DROP
{ [ CONSTRAINT ] constraint_name
[ WITH ( <drop_clustered_constraint_option> [ ,...n ] ) ] | COLUMN column_name
} [ ,...n ]
    | [ WITH { CHECK | NOCHECK } ] { CHECK | NOCHECK }
    CONSTRAINT { ALL | constraint_name [ ,...n ] }
| { ENABLE | DISABLE } TRIGGER { ALL | trigger_name [ ,...n ] } }
```

[参数说明]

- schema_name：更改表所属架构的名称。
- table_name：指定要修改的表名。

- ALTER COLUMN column_name：指定表中要更改的列名为 column_name。
- [type_schema_name.] type_name：更改后的列的新数据类型或添加的列的数据类型。
- precision：指定的数据类型的精度。
- scale：指定的数据类型的小数位数。
- xml_schema_collection：仅应用于 xml 数据类型，以便将 xml 架构与类型相关联。
- COLLATE collation_name：指定更改后的列的新排序规则。
- NULL|NOT NULL：指定该列是否可为空值。
- ADD：添加一个或多个列定义、计算列定义或者表约束。
- DROP { [CONSTRAINT] constraint_name|COLUMN column_name }：从表中删除名为 constraint_name 的约束或者名为 column_name 的列。
- WITH {CHECK | NOCHECK}：指定表中的数据是否用新添加的或重新启用的 FOREIGN KEY 或 CHECK 约束进行验证。
- {CHECK | NOCHECK } CONSTRAINT：启用或禁用 constraint_name。
- ALL：指定使用 NOCHECK 选项禁用所有约束，或者使用 CHECK 选项启用所有约束。
- { ENABLE | DISABLE } TRIGGER：指定启用或禁用 trigger_name。
- trigger_name：指定要启用或禁用的触发器的名称。

【例 4.18】 修改表，添加新列，然后删除新列。

相应 T-SQL 语句如下：

```
USE yggl
ALTER TABLE ygxx ADD email varchar(20)  NULL
GO
sp_help ygxx
ALTER TABLE ygxx DROP COLUMN email
GO
sp_help ygxx
```

该例先为 ygxx 表添加了 email 列，接着通过系统存储过程 sp_help 查看修改后 ygxx 表的各列，然后又使用 DROP 语句删除了 email 列。

【例 4.19】 将 ygxx 表的 zhzh 列的数据类型改为 varchar(50)，且不允许为空。

相应 T-SQL 语句如下：

```
ALTER TABLE ygxx ALTER COLUMN zhzh varchar(50) not null
GO
```

注：在确认已有的数据中 zhzh 列均不为空后，才能进行此操作。

4.4.3 表数据操作

表数据操作主要包括插入、删除和修改表数据。表数据操作也可通过对象资源管理器和 T-SQL 语句两种方式来完成。

1. 利用对象资源管理器进行表数据操作

下面以对 yggl 数据库中的 ygxx 表进行插入、删除、修改为例，介绍利用对象资源管理器进行表数据操作的过程和方法。在对象资源管理器中展开 yggl，右击“dbo. ygxx”，在弹出的快捷菜单中选择“编辑前 200 行”，如图 4.25 所示。之后进入表数据操作窗口，如图 4.26 所示。在该窗口内，表中的记录按行显示，每个记录占一行，用户可在此进行插入、删除、修改记录等操作。

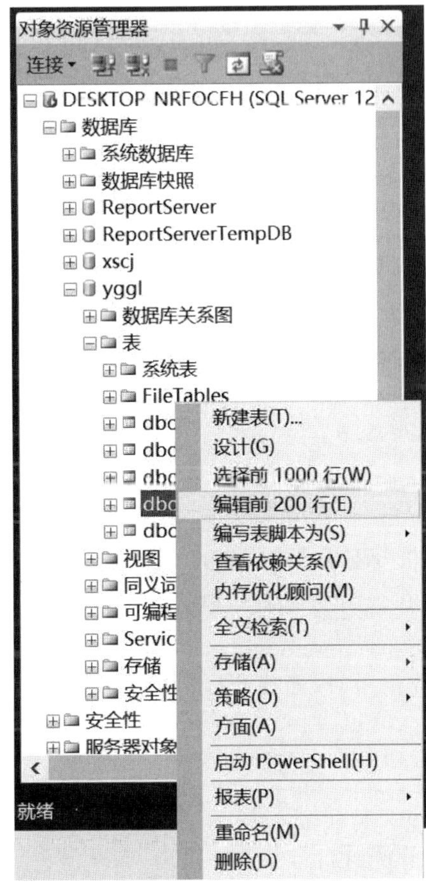

图 4.25 在对象资源管理器中打开表

DESKTOP-NRFOCFH.yggl - dbo.ygxx

bh	xm	xb	bmbh	jzdh	xl	csrq	zhzh	lxdh	yzhbm
20101	王伟	男	01	002	本科	1978-10...	南京市鼓...	0258631...	210000
20102	张华	NULL	NULL	NULL	NULL	NULL	NULL	NULL	NULL
NULL	NULL	NULL	NULL	NULL	NULL	NULL	NULL	NULL	NULL

图 4.26 表数据操作窗口

(1) 插入记录。

插入记录是指将新记录添加在表尾,用户可向表中插入多条记录。具体操作方法是:将光标定位到当前数据表表尾的下一行,逐列输入列的值,每输完一列的值,按回车键,光标自动跳到下一列。若当前列是表的最后一列,则编辑完该列之后按回车键,光标自动跳到下一行的第一列,此时可插入第二条记录。例如,向 ygxx 表中插入若干条记录,如图 4.27 所示。

DESKTOP-NRFOCFH.yggl - dbo.ygxx

	bh	xm	xb	bmbh	jzdh	xl	csrq	zhzh	lxdh	yzhbm
	20101	王伟 ...	男	01	002	本科	1978-10...	南京市鼓...	0258631...	210000
	20102	张华 ...	男	01	001	研究生	1976-09...	南京市玄...	1385172...	210000
	20101	高光 ...	男	02	003	本科	1974-05...	南京市秦...	NULL	210000
	20204	朱珠 ...	女	01	003	本科	1983-04...	南京市秦...	NULL	210000
	20205	姚瑶 ...	女	01	001	研究生	1990-11...	南京市江...	NULL	210000
	20206	秦烨	女	02	001	研究生	NULL	NULL	NULL	NULL
*	NULL	NULL	NULL	NULL	NULL	NULL	NULL	NULL	NULL	NULL

图 4.27 向 ygxx 表中插入记录

在插入记录的过程中,当某列不允许为空值时,就必须为该列输入值;当某列允许为空值时,若不输入值,则这条记录的该列将显示"NULL"字样。

(2) 删除记录。

当不再需要表中某些数据行时,可将其删除。具体操作方法是:在表数据操作窗口定位需要被删除的记录行,即将光标移到要被删除的行,此时该行反相显示。右击后在弹出的快捷菜单中选择"删除"命令,在弹出的对话框中单击"是"按钮,即可删除该行。

(3) 修改记录。

在对象资源管理器中修改记录时,先将光标定位到要修改的记录行,然后对该行的相应列中的数据进行修改即可。

2. 使用 T-SQL 语句进行表数据操作

(1) 使用 INSERT 语句插入表数据。

使用 INSERT 语句插入表数据的语法格式为:

```
INSERT INTO table_name [(column1,column2,...)]
VALUES (value1,value2,...])
```

[参数说明]

- table_name:要插入数据的表名。
- column1,column2,...:要插入数据的列名。
- value1,value2,...:插入的列值。

VALUES 子句中列值必须和列名表中的列名排列顺序一致、个数相等、数据类型相对应。若 table_name 后不跟列名表,表示在 VALUES 后的列值中提供插入记录的每个分量的值,分量的顺序和关系模式中列名的顺序一致。若 table_name 后有列名表,则表示在 VALUES 后的记录值中只提供插入记录对应于列名表中的分量的值。

【例 4.20】 在 ygxx 表中插入一条新记录。

相应 T-SQL 语句如下：

```
USE yggl
INSERT INTO ygxx
VALUES('20501','王丹','女','06','003','专科','1976-01-01','南京市雨花区',null,null)
GO
```

执行例 4.20 中的语句后，打开表 ygxx，可以看到表尾已经添加了一行新记录。

【例 4.21】 在 ygxx 表的指定列插入数据。

相应 T-SQL 语句如下：

```
INSERT INTO yggl.dbo.ygxx(bh,xm,xb,bmbh,xl)
VALUES('20109','王丽青','女','03','本科')
```

注：没有插入数据的列应允许为 NULL，否则无法完成此插入操作。

【例 4.22】 在 bm 表中一次插入多行数据。

相应 T-SQL 语句如下：

```
INSERT INTO yggl.dbo.bm
VALUES('01','总裁办'),('02','财务处'),('03','人事处')
```

(2) 使用 DELETE 语句删除数据。

使用 DELETE 语句删除数据的语法格式为：

```
DELETE FROM table_name
[WHERE column1 = value1][,AND][,column2 = value2]
```

[参数说明]

- WHERE 子句：用来指定删除条件。

【例 4.23】 删除 ygxx 表中员工编号为“20031”的员工记录。

相应 T-SQL 语句如下：

```
DELETE FROM ygxx
WHERE bh = '20031'
```

【例 4.24】 删除 ygxx 表中的所有员工记录。

相应 T-SQL 语句如下：

```
DELETE FROM ygxx
```

【例 4.25】 删除 ygxx 表中学历为 NULL 的记录。

相应 T-SQL 语句如下：

```
DELETE FROM ygxx
WHERE xl is NULL
```

【例 4.26】 在 gzxx 表中删除赵敏的工资记录。

```
DELETE FROM gzxx
```

```
WHERE bh IN
(SELECT bh FROM ygxx
WHERE xm = '赵敏')
```

（3）使用 UPDATE 语句修改数据。

使用 UPDATE 语句修改数据的语法格式为：

```
UPDATE table_name
SET column1 = new_value1[,column2 = new_value2][,...n]
[WHERE column1 = value1][,AND][,column2 = value2]
```

该语句的功能是：修改指定表中满足条件表达式的记录中的指定属性值。其中，SET 子句用于指定修改方法，即用新值取代相应的属性列值。WHERE 子句给出了条件表达式，即对哪些记录进行修改，如果省略 WHERE 子句，表示要修改表中的所有记录。

【例 4.27】 在 ygxx 表中将员工编号为“20501”的员工的学历改为“研究生”。

相应 T-SQL 语句如下：

```
UPDATE ygxx
SET xl = '研究生'
WHERE bh = '20501'
```

【例 4.28】 在 gzxx 表中将所有人的基本工资都提高 6%。

相应 T-SQL 语句如下：

```
UPDATE gzxx
SET jbgz = jbgz * 1.06
```

4.4.4 创建、删除和修改约束

1. 数据完整性

数据完整性是指存储在数据库中的数据的一致性和正确性。为保证数据完整性，SQL Server 2014 提供了定义、检查和控制数据完整性的机制。按照数据完整性作用对象的不同，数据完整性分为以下三种。

（1）域完整性。

域完整性又称列完整性，用以指定列数据具有正确的数据类型、格式和有效的取值范围，保证数据的有效性。

（2）实体完整性。

实体完整性又称行完整性，用以保证数据表中的所有行都是唯一的、确定的，所有记录都是可区分的。实体完整性要求表中有一个主键，主键值是唯一的且不能为空。

（3）参照完整性。

参照完整性又称引用完整性，用以保证参照表（从表）中的数据与被参照表（主表）中的数据的一致性。

如果定义了两个表（主表和从表）之间的参照完整性，则要求：

① 从表不能引用不存在的键值。

② 如果主表中的键值更改了，那么在整个数据库中，从表中对该键值的引用要进行一致的更改。

③ 如果主表中没有关联的纪录，则不能将记录添加到从表中。

④ 如果要删除主表中的某一记录，应先删除从表中与该记录匹配的相关记录。

2. 约束的类型

SQL Server 2014 中有五种类型的约束，分别是 CHECK 约束、DEFAULT 约束、PRIMARY KEY 约束、FOREIGN KEY 约束和 UNIQUE 约束。

(1) CHECK 约束。

CHECK 约束用于限制输入到一列或多列的值的范围，从逻辑表达式判断数据的有效性，也就是说，列的输入内容必须满足 CHECK 约束的条件，否则，数据无法正常输入。CHECK 约束可以确保表数据实现域完整性。

(2) DEFAULT 约束。

为某列定义了 DEFAULT 约束后，用户在插入新的数据行时，如果没有为该列指定数据，则系统自动将默认值赋给该列。

(3) PRIMARY KEY 约束。

能够唯一标识表中的每一行数据的一列或多列称为表的主键(PRIMARY KEY)，它可以确保表数据实现实体完整性。一个表只能有一个主键，而且主键约束中的列不能为空值。如果主键是多列的组合，则其中某一列中的值可以重复，但主键约束定义中的所有列的组合值必须唯一。

(4) FOREIGN KEY 约束。

外键(FOREIGN KEY)用于建立和加强两个表(主表和从表)的一列或多列数据之间的连接。在表中添加、删除和修改数据时，通过外键约束可以保证两个表数据的一致性。

(5) UNIQUE 约束。

UNIQUE 约束用于保证表中的某一列或某些列(非主键列)没有相同的列值。一个表只能有一个 PRIMARY KEY 约束，但一个表可根据需要对不同的列创建若干个 UNIQUE 约束；PRIMARY KEY 字段的值不允许为空，而 UNIQUE 字段的值可以为空。

3. 约束的创建和删除

(1) CHECK 约束的创建和删除。

CHECK 约束实际上是字段输入内容的验证规则。它要求一个字段的输入内容必须满足 CHECK 约束的条件，若不满足，则数据无法正常输入。对 TimeStamp 和 Identity 两种类型字段不能定义 CHECK 约束。

① 通过对象资源管理器创建和删除 CHECK 约束。

对于 yggl 数据库中的 ygxx 表，若要求每个员工的学历必须是大专及以上，即 xl 字段可以取的值为“大专”“本科”或“研究生”。通过对象资源管理器为 ygxx 表创建 CHECK 约束的过程如下。

首先，在 ygxx 表的表设计器中右击“xl”列，弹出快捷菜单，如图 4.28 所示。

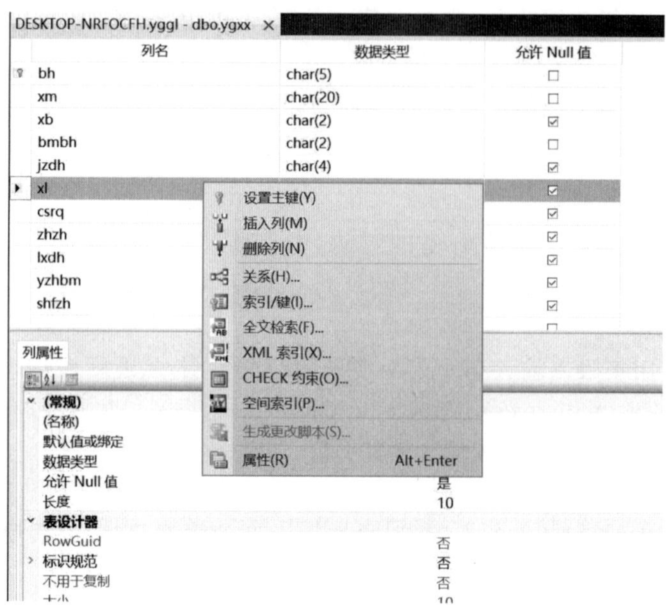

图 4.28　在表设计器中右击某列弹出的快捷菜单

接着，选择快捷菜单中的"CHECK 约束"，进入如图 4.29 所示的"CHECK 约束"对话框。

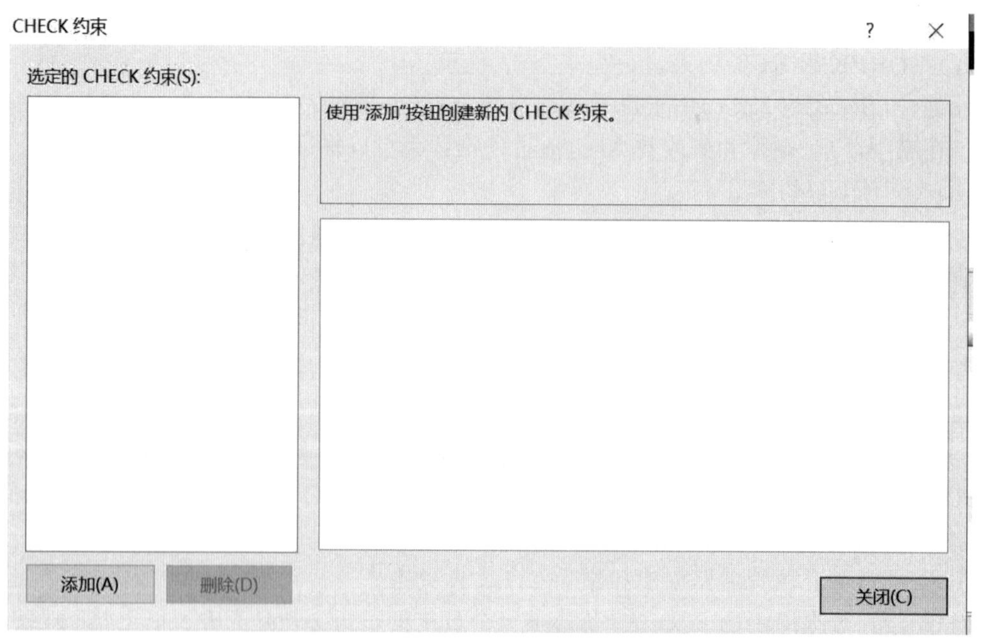

图 4.29　"CHECK 约束"对话框

然后，在"CHECK 约束"对话框中单击"添加"按钮，进入 CHECK 约束属性设置界面，在此输入 CHECK 约束表达式"xl='大专' or xl='本科' or xl='研究生'"，如图 4.30 所示，最后单击"关闭"按钮完成操作。

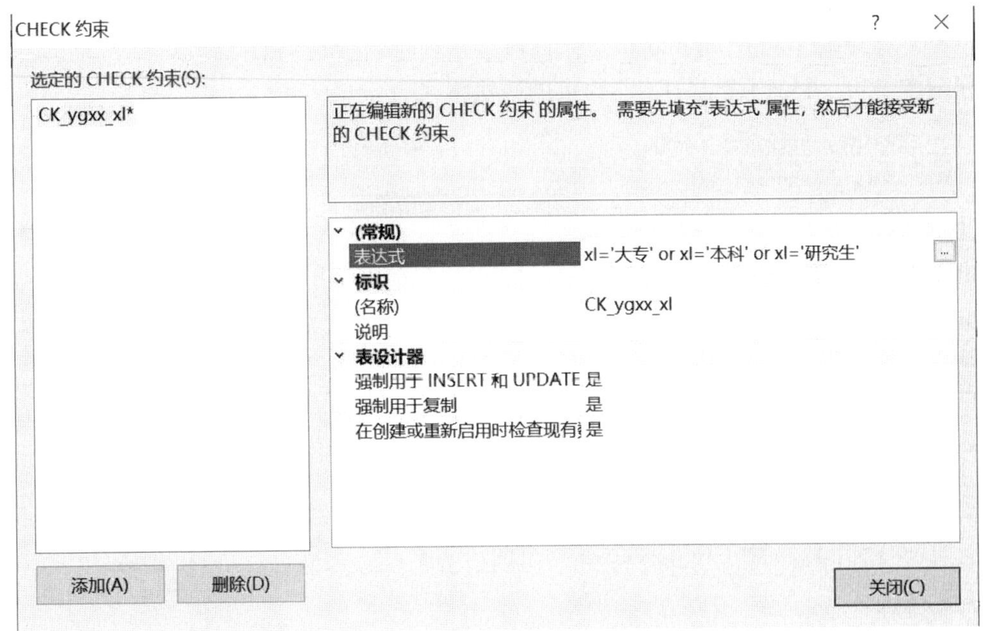

图 4.30 在 CHECK 约束属性界面输入约束条件

按照上述步骤为 ygxx 表创建 CHECK 约束后，向表中输入数据时，如果学历不满足要求，系统将报告错误。

如果要删除上述 CHECK 约束，先打开如图 4.31 所示的 CHECK 约束属性设置界面，选择要删除的约束名，然后单击"删除"按钮，最后单击"关闭"按钮即可。

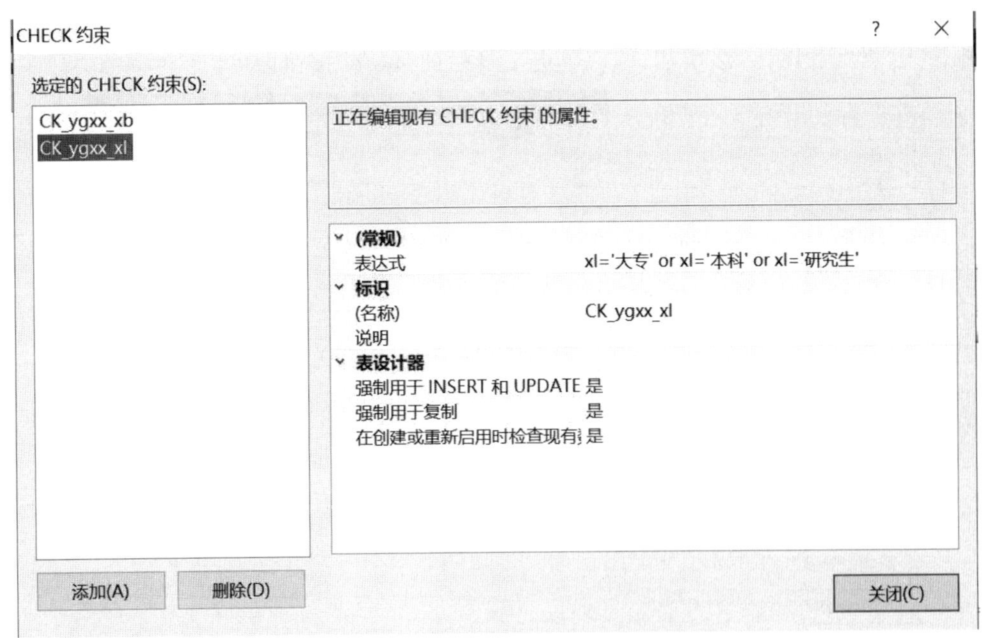

图 4.31 CHECK 约束属性设置界面

② 利用 T-SQL 语句创建和删除 CHECK 约束。

用户可以利用 T-SQL 语句在定义或修改表结构时创建 CHECK 约束。

利用 T-SQL 语句创建 CHECK 约束的语法格式为：

```
[CONGSTRAINT constraint_name]
CHECK (logical_expression)
```

【例 4.29】 使用 T-SQL 语句为 ygxx 表创建一个名为“CK_ygxx_xb”的 CHECK 约束。

相应 T-SQL 语句如下：

```
ALTER TABLE ygxx
ADD CONSTRAINT CK_ygxx_xb
CHECK(xb = ′男′ or xb = ′女′)
```

利用 T-SQL 语句删除 CHECK 约束的语法格式如下：

```
DROP   CONSTRAINT constraint_name
```

例如，删除例 4.29 中 CK_ygxx_xb 约束的语句是：

```
ALTER TABLE ygxx
DROP CONSTRAINT   CK_ygxx_xb
```

(2) DEFAULT 约束的创建和删除。

① 通过对象资源管理器创建和删除 DEFAULT 约束。

通过对象资源管理器为 yggl 数据库中的 ygxx 表创建 DEFAULT 约束，要求员工性别的默认值为“男”，具体操作步骤如下。

在对象资源管理器中右击 ygxx 表，在弹出的快捷菜单中选择“修改”命令，打开 ygxx 表的表设计器。在表设计器的上方选择“xb”列，在表设计器下方“列属性”的“默认值或绑定”栏右侧输入“男”，如图 4.32 所示，然后单击工具栏的“保存”按钮即可。

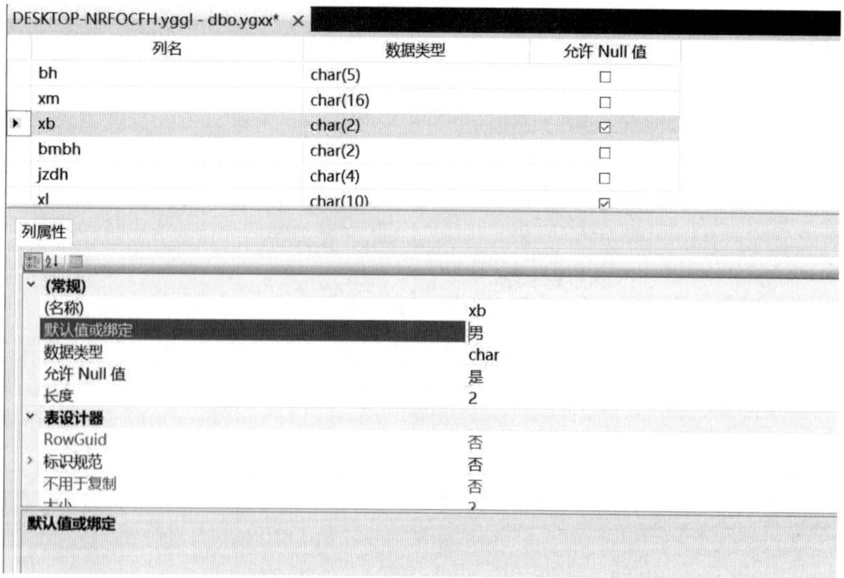

DESKTOP-NRFOCFH.yggl - dbo.ygxx*

列名	数据类型	允许 Null 值
bh	char(5)	☐
xm	char(16)	☐
xb	char(2)	☑
bmbh	char(2)	☐
jzdh	char(4)	☐
xl	char(10)	☑

列属性

(常规)	
(名称)	xb
默认值或绑定	男
数据类型	char
允许 Null 值	是
长度	2
表设计器	
RowGuid	否
标识规范	否
不用于复制	否

默认值或绑定

图 4.32　在表设计器中设置 DEFAULT 约束

若要删除已建立的 DEFAULT 约束，只需在表设计器中删除该列的默认值，并保存结果即可。

② 利用 T-SQL 语句创建和删除 DEFAULT 约束。

利用 T-SQL 语句创建 DEFAULT 约束的语法格式为：

```
[CONSTRAINT constraint_name]
DEFAULT constraint_expression [FOR column_name]
```

【例 4.30】 为 ygxx 表创建一个名为“DE_ygxx_xb”的 DEFAULT 约束，要求性别的默认值为“男”。

相应 T-SQL 语句如下：

```
ALTER TABLE ygxx
ADD CONSTRAINT DE_ygxx_xb DEFAULT '男' for xb
```

利用 T-SQL 语句删除已创建的 DEFAULT 约束的语法格式为：

```
DROP CONSTRAINT constraint_name
```

例如，删除例 4.30 中创建的 DEFAULT 约束的语句是：

```
ALTER TABLE ygxx
DROP CONSTRAINT DE_ygxx_xb
```

(3) PRIMARY KEY 约束的创建和删除。

① 通过对象资源管理器创建和删除 PRIMARY KEY 约束。

创建和删除 PRIMARY KEY 约束的过程就是为表设置主键和删除主键的过程。在对象资源管理器中将 ygxx 表的员工编号设置为主键的过程如下。

在对象资源管理器中右击 ygxx 表，在弹出的快捷菜单中选择“修改”命令，会打开表设计器。右击“bh”列，然后在弹出的快捷菜单中选择“设置主键”命令，如图 4.33 所示，即可将“bh”列设置为主键。用户也可以通过单击工具栏的“设置主键”按钮将指定列设置为主键。当将某列设置为主键后，选中该列，再次单击“设置主键”按钮，可删除该主键。

若主键由多列组成，则要先选中其中的一列，接着按住“Ctrl”键不放，用鼠标单击其他列，将主键列都选中后，单击工具栏的“设置主键”按钮，即可将多列组合设置为主键。

在对象资源管理器中删除主键的步骤为：打开要删除主键的表的表设计器，在主键所在属性名上右击，在弹出的快捷菜单中单击“删除主键”即可。

② 利用 T-SQL 语句创建和删除 PRIMARY KEY 约束。

利用 T-SQL 语句创建 PRIMARY KEY 约束的语法格式为：

```
[CONSTRAINT constraint_name]
PRIMARY KEY constraint_expression
[CLUSTERED|NONCLUSTERED]
```

[参数说明]

- [CLUSTERED|NONCLUSTERED]：用来说明 PRIMARY KEY 约束创建的是聚集索引还是非聚集索引。PRIMARY KEY 约束默认为 CLUSTERED。

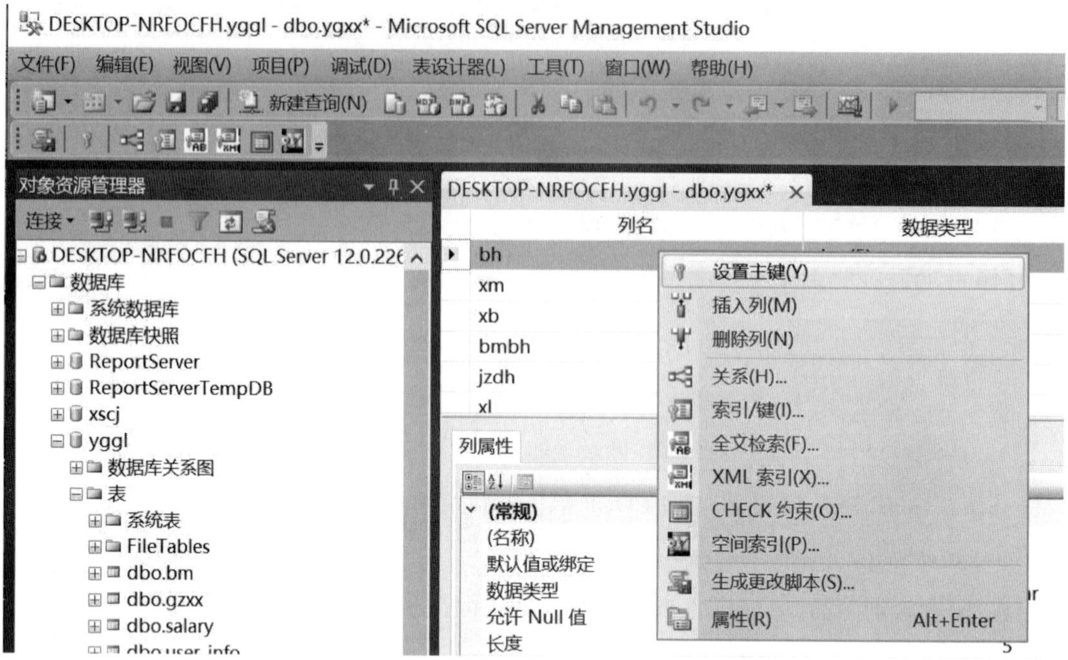

图 4.33 通过对象资源管理器为表设置主键

用户可以利用 T-SQL 语句在创建表或修改表时创建 PRIMARY KEY 约束。

【例 4.31】 创建 bm 表，并为该表创建 PRIMARY KEY 约束 bmbh。

相应 T-SQL 语句如下：

```
CREATE  TABLE bm(bmbh char(2) PRIMARY KEY clustered,
bmmc char(20))
```

【例 4.32】 为 ygxx 表的员工编号列创建名为“PK_ygxx_bh”的 PRIMARY KEY 约束。

相应 T-SQL 语句如下：

```
ALTER TABLE ygxx
ADD CONSTRAINT PK_ygxx_bh PRIMARY KEY CLUSTERED(bh)
```

利用 T-SQL 语句删除 PRIMARY KEY 约束的语法格式为：

```
DROP CONSTRAINT constraint_name
```

例如，删除例 4.32 中创建的 PRIMARY KEY 约束的 T-SQL 语句为：

```
ALTER TABLE ygxx
DROP CONSTRAINT PK_ygxx_bh
```

(4) FOREIGN KEY 约束的创建和删除。

在 yggl 数据库的 ygxx 表中记录了每个员工的基本信息，bm 表中记录了部门编号和部门名称信息。若对 bm 表设置 bmbh 列为主键，则对 ygxx 表而言，bmbh 列为外键，通过 bmbh 列可建立起两个表之间的 FOREIGN KEY 约束关系。

① 通过对象资源管理器创建和删除 FOREIGN KEY 约束。

先将 bm 表中的“bmbh”设置为主键。然后在对象资源管理器中选择数据库 yggl，右击“数据库关系图”，在弹出的快捷菜单中选择“新建数据库关系图”命令，接着向数据库关系图中添加 bm 表和 ygxx 表，将 bm 表的“bmbh”列拖动至 ygxx 表，出现如图 4.34 所示的“表和列”对话框。

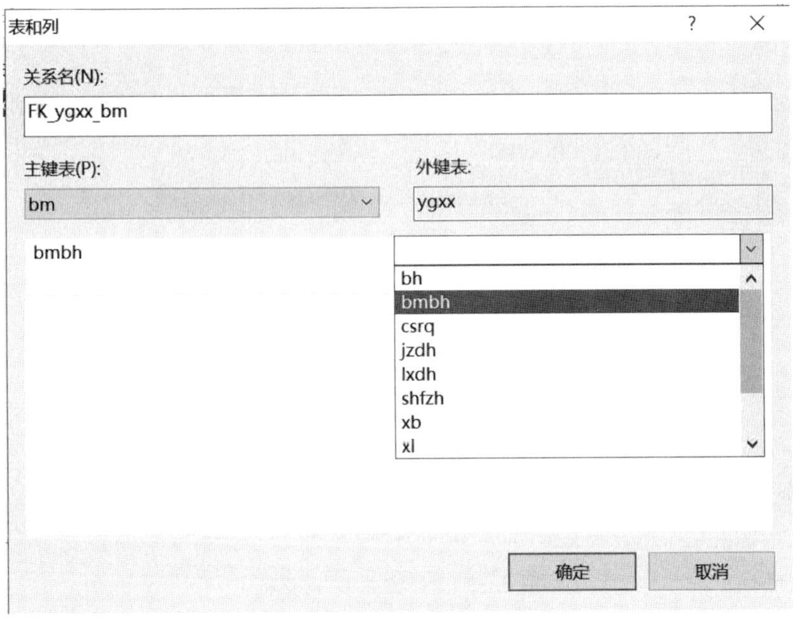

图 4.34　“表和列”对话框

在“表和列”对话框中，从“主键表”下拉列表框中选定“bm”，并在“主键表”下面的下拉列表框中选择“bmbh”，在“外键表”下拉选择框中选择“ygxx”，并在“外键表”下面的下拉列表框中选择“bmbh”，然后单击“确定”按钮，出现如图 4.35 所示的“外键关系”对话框。在此对话框中检查表和列规范、关系名，确认无误后单击“确定”按钮。

回到数据关系图界面，在关系图名称上右击，在弹出的“选择名称”对话框中输入关系图名称，最后单击“确定”按钮，完成外键约束的创建。

在对象资源管理器中删除 FOREIGN KEY 约束的步骤为：先找到要删除外键所在的表，单击“键”左侧的加号，可以看到该表中所有已经建立的键，右击要删除的外键，在弹出的快捷菜单中选择“删除”命令，即可删除该外键。

② 利用 T-SQL 语句创建 FOREIGN KEY 约束。

利用 T-SQL 语句创建 FOREIGN KEY 约束的语法格式为：

```
[CONSTRAINT constraint_name] [FOREIGN KEY]
REFERENCES referenced_table_name [(ref_column)]
```

[参数说明]

● FOREIGN KEY REFERENCES：为列中的数据提供引用完整性的约束。FOREIGN KEY 约束只能引用在所引用的表中是 PRIMARY KEY 或 UNIQUE 约束的列，或所引用的表中在 UNIQUE INDEX 内的被引用列。

- referenced_table_name：FOREIGN KEY 约束引用的表的名称。
- ref_column：外键约束所引用的表中的某列。

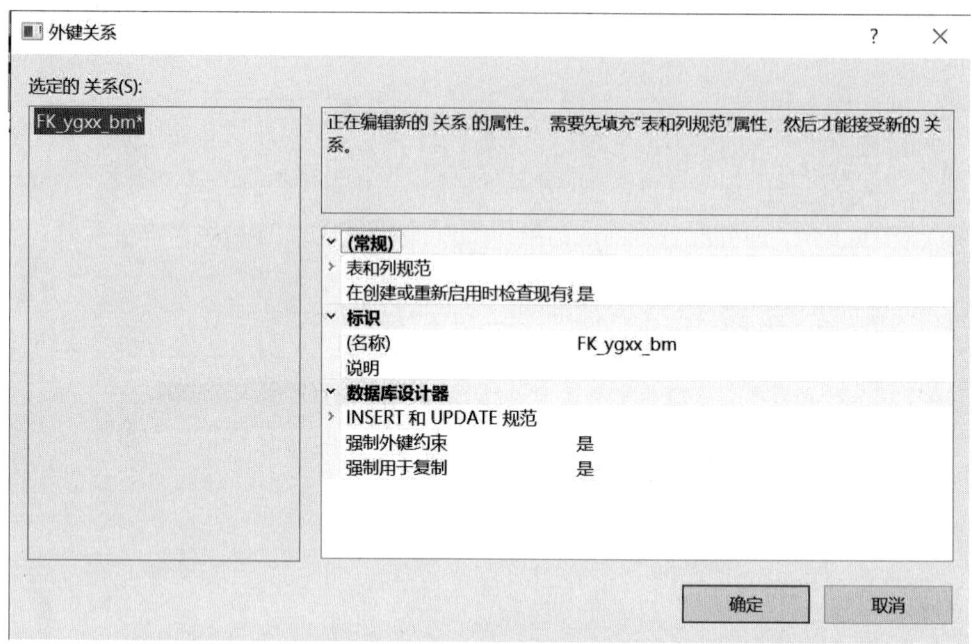

图 4.35 "外键关系"对话框

【例 4.33】 为 ygxx 表和 bm 表创建 FOREIGN KEY 约束。

先为 bm 表的 bmbh 列创建名为"PK_bmbh"的 PRIMARY KEY 约束，再为 ygxx 表和 bm 表创建 FOREIGN KEY 约束。

相应 T-SQL 语句如下：

```
ALTER TABLE bm
ADD CONSTRAINT  PK_bmbh PRIMARY KEY CLUSTERED(bmbh)
ALTER TABLE ygxx
ADD CONSTRAINT FK_bmbh FOREIGN KEY (bmbh)
REFERENCES bm(bmbh)
```

删除 FOREIGN KEY 约束的 T-SQL 语句与删除其他约束的语句类似，此处不再举例。

(5) UNIQUE 约束的创建和删除。

① 通过对象资源管理器创建和删除 UNIQUE 约束。

在对象资源管理器中为 ygxx 表增加一个新列 shfzh char(18)(身份证号)。设置 ygxx 表的 shfzh 列为 UNIQUE 约束的过程如下。

在对象资源管理器中右击 ygxx 表，在弹出的快捷菜单中选择"设计"命令，进入 ygxx 表的表设计器窗口。在表设计器中右击"shfzh"，在弹出的快捷菜单中选择"索引/键"命令(或单击"shfzh"，接着单击工具栏上的"索引/键"按钮)，打开如图 4.36 所示的"索引/键"对话框，在此对话框的"名称"文本框中输入 UNIQUE 约束的名称"IX_ygxx_shfzh"，将"是唯一的"项设置为"是"。单击"添加"按钮重复上述步骤,可以为表创建多个 UNIQUE 约束。设置完毕后单击"关闭"按钮,返回表设计器。最后单击工具栏的"保存"按钮,即可完成在 shfzh 列上创建 UNIQUE 约束的操作。

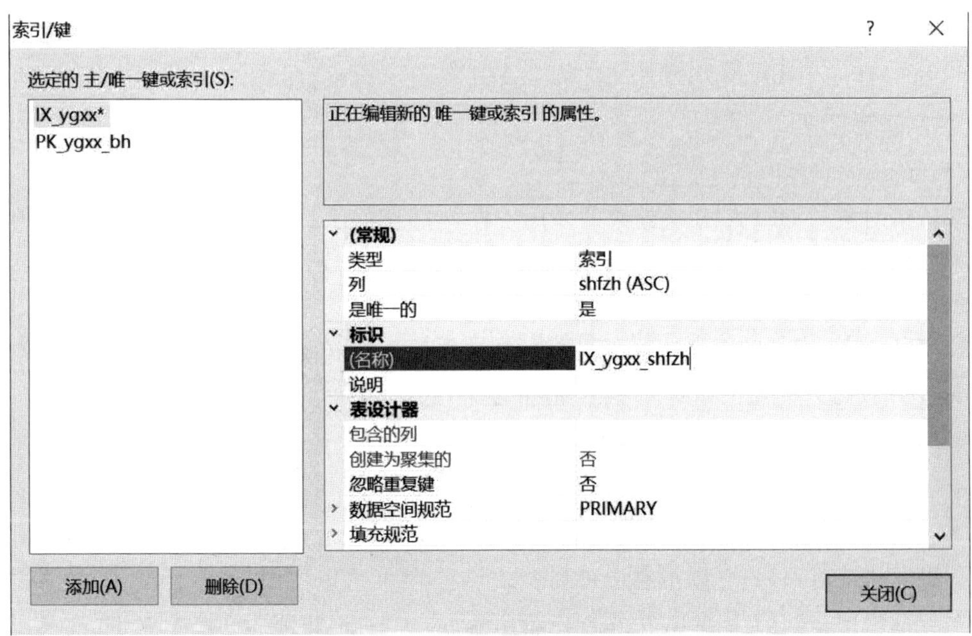

图 4.36 "索引/键"对话框

在对象资源管理器删除 UNIQUE 约束的步骤为:进入要删除 UNIQUE 约束的表设计器,在表设计器的上半部分窗口右击,在弹出的快捷菜单中选择"索引/键"命令,打开"索引/键"对话框。在该对话框的左侧可以看到当前已建好的主键/唯一键或索引,选择要删除的 UNIQUE 约束,然后单击下面的"删除"按钮,最后关闭表设计器即可。

② 利用 T-SQL 语句创建和删除 UNIQUE 约束。

利用 T-SQL 语句创建 UNIQUE 约束的语法格式为:

```
[CONSTRAINT constraint_name]
UNIQUE constraint_expression
[CLUSTERED|NONCLUSTERED]
```

[参数说明]

- [CLUSTERED|NONCLUSTERED]:用来说明 UNIQUE 约束创建的是聚集索引还是非聚集索引。UNIQUE 约束默认为 NONCLUSTERED。

用户可以在创建表或修改表时创建 UNIQUE 约束。

【例 4.34】 对 ygxx 表的 shfzh 列创建 UNIQUE 约束。

相应 T-SQL 语句如下:

```
ALTER TABLE ygxx
ADD CONSTRAINT UN_ygxx_shfzh UNIQUE(shfzh)
```

删除例 4.34 中创建的 UNIQUE 约束的 T-SQL 语句如下：

```
ALTER TABLE ygxx
DROP CONSTRAINT UN_ygxx_shfzh
```

4.4.5 默认值对象和规则

1. 默认值对象

(1) 默认值对象的创建。

默认值对象与 DEFAULT 约束的作用一样，与 DEFAULT 约束不同的是，默认值对象是一种数据库对象，在数据库中只需要定义一次，就可以被多次应用于任意表中的一列或多列，也可以用于用户定义的数据类型。

使用 T-SQL 语句创建默认值对象的语法格式为：

```
CREATE DEFAULT default_name AS constraint_name
```

[参数说明]

- default_name：新建立的默认值对象名称。
- constraint_name：指定的默认值。

创建默认值对象后，可以把它绑定到表的某列，从而可以使用该默认值。将默认值对象绑定到数据表中某列的 T-SQL 语句的语法格式为：

```
EXEC sp_bindefault default_name,
'table_name.[column_name[,...]]|user_datatype]'
```

[参数说明]

- default_name：由 CREATE DEFAULT 创建的默认值对象的名称。
- table_name.[column_name[,...]]|user_datatype]：表名或绑定默认值的用户数据类型。

【例 4.35】 在数据库 yggl 中创建默认值对象 xl_default，并将其绑定到 ygxx 表中的"xl"列上，使 ygxx 表中每个员工的学历都默认为"本科"。

相应 T-SQL 语句如下：

```
USE yggl
GO
CREATE DEFAULT xl_default AS '本科'
GO
EXEC sp_bindefault xl_default ,'ygxx.xl'
GO
```

(2) 默认值对象的删除。

如果要删除默认值对象，应先解除默认值对象与用户自定义数据类型或表字段的绑定关系，然后才能删除默认值对象。

① 利用 sp_unbinddefault 语句解除默认值对象的绑定关系。

利用 sp_unbinddefault 语句解除默认值对象的绑定关系的语法格式为：

```
[EXEC]sp_unbindefault object_name
```

[参数说明]

- object_name：要解除默认值对象绑定关系的字段名或用户自定义类型名，格式为：表名.字段名。

② 利用 DROP 语句删除默认值对象。

解除默认值对象的绑定关系后，可以用 DROP 语句删除默认值对象。

利用 DROP 语句删除默认值对象的语法格式为：

```
DROP DEFAULT{default_name}[,...n]
```

[参数说明]

- default_name：要删除的默认值对象。
- [,...n]：表示可指定多个默认值对象同时被删除。

【例 4.36】 解除默认值对象 xl_default 和 ygxx 表中的“xl”列的绑定关系，然后删除默认值对象 xl_default。

相应 T-SQL 语句如下：

```
USE yggl
GO
EXEC  sp_unbindefault 'ygxx.xl'
DROP DEFAULT xl_default
```

2. 规则

(1) 规则的创建。

规则也是一种数据库对象，其作用是当向数据表中插入数据时，规定相应列数据值的范围。规则与默认值对象一样，在数据库中只需定义一次，就可以被多次应用于任意表中的一列或多列，也可以用于用户自定义数据类型。

规则与 CHECK 约束的作用一样。规则与 CHECK 约束的关系同默认值对象与 DEFAULT 约束的关系类似。

使用 T-SQL 语句创建规则的语法格式为：

```
CREATE RULE rule_name  AS condition_expression
```

[参数说明]

- rule_name：新建的规则名。
- condition_expression：定义的规则内容。

使用 T-SQL 语句为某列绑定规则的语法格式为：

```
EXEC sp_bindrule rule_name,
'table_name.[column_name[,...]|user_datatype]'
```

【例 4.37】 在数据库 yggl 中创建一个规则，并将其绑定到 ygxx 表的“bh”列，用于限制员工编号的输入范围。

相应 T-SQL 语句如下：

```
USE yggl
GO
CREATE RULE bh_rule AS @range LIKE '[1-6][0-9][0-9][0-9][0-9]'
GO
EXEC sp_bindrule 'bh_rule','ygxx.bh'
GO
```

(2) 规则的删除。

如果要删除规则,应先解除规则与表字段或用户自定义数据类型的绑定关系,然后才能删除规则。

① 利用 sp_unbindrule 语句解除规则的绑定关系。

利用 sp_unbindrule 语句解除规则的绑定关系的语法格式为：

```
[EXEC]sp_unbindrule object_name
```

[参数说明]

● object_name：要解除规则绑定关系的字段名或用户自定义类型名,格式为：表名.字段名。

② 利用 DROP 语句删除规则。

解除规则的绑定关系后,可以用 DROP 语句删除规则。

利用 DROP 语句删除规则的语法格式为：

```
DROP RULE{rule_name}[,...n]
```

[参数说明]

● rule_name：要删除的规则。

● [,...n]：表示可指定多个规则同时被删除。

【例 4.38】 解除规则 bh_rule 和表 ygxx 中的 bh 列的绑定关系,然后删除规则 bh_rule。

相应 T-SQL 语句如下：

```
USE yggl
GO
EXEC   sp_unbindrule 'ygxx.bh'
DROP RULE bh_rule
```

4.5 数据库的查询

数据库和表是用来存储数据的,以便在需要时进行检索、统计或组织输出。所以,在数据库应用中,最常用的操作是查询,它是数据库的其他操作(如插入、删除及修改)的基础。SQL Server 2014 提供了数据查询语言 SELECT 较完整的语句格式。SELECT 语句的功能非常强大，且使用灵活，下面将介绍利用 SELECT 语句对数据进行各种查询的方法。

4.5.1 查询语句 SELECT

查询的基本结构是由 SELECT... FROM... WHERE... 组成的查询块，其一般格式为：

```
SELECT[ALL|DISTINCT] * |{table_name|view_name}. * |column_name1[AS] column_title1[,column_name2[AS] column_title2][,...n]
[INTO new_table]
FROM table_name|view_name
[WHERE search_condition]
[GROUP BY group_by_expression]
[HAVING search_condition]
[ORDER BY order_expression[ASC|DESC]]
```

[参数说明]

- [ALL|DISTINCT]：SELECT 语句的可选项，ALL 用于保留结果集中的所有行，DISTINCT 用于消除查询结果中的重复行。
- *：表示当前表或视图的所有列。
- {table_name|view_name}. *：表示指定表或视图的所有列。如果所选定的列要更改显示的列标题，则需在该列名后用 AS column_title 实现，也可用 column_title=column_name 来实现。
- INTO：用于将查询结果存入一个新表中。INTO 语句会在 SELECT 语句的执行过程中创建一个表，所创建的表的内容就是 SELECT 语句查询的结果。
- FROM：用于指定一个或多个表(或视图)，如果所选的列名来自不同的表或视图，则列名前应加表名或视图名。
- WHERE：用于限制记录的选择，可使用 SQL 特有的运算符构成表达式来构造查询条件。
- GROUP BY 和 HAVING：用于分组和分组过滤处理，能将指定列名中有相同值的记录合并成一条记录。若选择 GROUP BY 进行记录分组，则可选择 HAVING 来显示由 GROUP BY 子句分组的且满足 HAVING 子句条件的所有记录，HAVING 子句的格式类似于 WHERE 子句。
- ORDER BY：用于决定查找出来的记录的排列顺序，在 ORDER BY 子句中，可以指定一个或多个字段作为排序键，“ASC”代表升序，“DESC”代表降序，默认为升序。

在 SELECT 语句中，SELECT 和 FROM 子句是必须有的。用户可在 SELECT 子句内使用聚合函数对记录进行操作，最终会返回一组记录的单一值。例如，AVG 函数可以返回记录集的特定列中所有值的平均数。

在 WHERE 子句的条件表达式中可以出现下列操作符和运算函数：

① 比较运算符：<,<=,>,>=,<>,=。

② 逻辑运算符：AND,OR,NOT。

③ 集合运算符：UNION(交),INTERSECT(并),EXCEPT(差)。

④ 集合成员资格运算符：IN,NOT IN。

⑤ 谓词：EXISTS,LIKE,ALL,SOME,

⑥ 聚合函数：AVG(),MIN(),MAX(),SUM(),COUNT()。

1. 选择列

(1) 从表中选择指定的列。

【例 4.39】 在 ygxx 表中查询全体员工的编号和姓名。

相应 T-SQL 语句如下：

```
SELECT bh,xm
FROM   ygxx
```

在 SQL 代码编辑器中输入上述语句,选定这段语句并单击工具栏的“执行”按钮,其执行结果如图 4.37 所示。

	bh	xm
1	20101	王伟
2	20102	张华
3	20103	高光
4	20109	王丽青
5	20204	朱珠
6	20205	姚瑶
7	20206	秦烨
8	20501	王丹

图 4.37　例 4.39 的执行结果

【例 4.40】 在 ygxx 表中查询全体员工的详细情况。

相应 T-SQL 语句如下：

```
SELECT *
FROM ygxx
```

其中的“*”表示要选出相应表中的所有列。本句的意思是选出 ygxx 表的全部列。

SQL 对查询结果不会自动去除重复行,如果要删除重复行,可以使用限定词 DISTINCT。

(2) 修改查询结果中的列标题。

【例 4.41】 在 ygxx 表中查询员工的 bmbh,并将列标题显示为“部门编号”。

相应 T-SQL 语句如下：

```
SELECT DISTINCT bmbh AS 部门编号
FROM ygxx
```

SELECT 子句后面的 DISTINCT 的作用是对结果集中重复的行只选择一个,保证行的唯一性。

本例表示要在查询结果中去掉重复的部门编号,执行结果如图 4.38 所示。

	部门编号
1	01
2	02
3	03
4	06

图 4.38 例 4.41 的执行结果

(3) 计算列值。

使用 SELECT 语句对列进行查询时,在结果集中可以输出对列计算后的值。

【例 4.42】 在 gzxx 表中计算员工的应发工资总额。

相应 T-SQL 语句如下:

```
SELECT xm AS 姓名,
应发工资 = jbgz + gwjt + zwjt + zfbt + zfgjj
FROM gzxx
```

执行结果如图 4.39 所示。

	姓名	应发工资
1	张晓妹	13655.00
2	王伟	13355.00
3	张华	11940.00
4	高光	12110.00
5	王丽青	11890.00
6	朱珠	16000.00
7	姚瑶	9635.00
8	秦烨	9395.00
9	王丹	9090.00

图 4.39 例 4.42 的执行结果

2. 选择行

使用 SELECT 语句中的 WHERE 子句可以找出所有满足要求的记录(行)。带有 WHERE 子句的 SELECT 语句,执行结果只给出满足条件的记录(行)。WHERE 之后的查询条件就是谓词。在 SQL 语句中,返回逻辑值(TRUE 或 FALSE)的运算符或关键字都可称为谓词。

(1) 表达式比较。

【例 4.43】 在 ygxx 表中查询女员工的信息。

相应 T-SQL 语句如下:

```
SELECT *
FROM ygxx
WHERE xb = '女'
```

执行结果如图 4.40 所示。

	bh	xm	xb	bmbh	jzdh	xl	csrq	zhzh	lxdh	yzhbm	shfzh
1	20109	王丽青	女	03	NULL	本科	NULL	NULL	NULL	NULL	NULL
2	20204	朱珠	女	01	003	本科	1983-04-22 00:00:00.000	南京市秦淮区	NULL	210000	NULL
3	20205	姚瑶	女	01	001	研究生	1990-11-21 00:00:00.000	南京市江宁区	NULL	210000	NULL
4	20206	秦烨	女	02	001	研究生	1992-06-24 00:00:00.000	南京市鼓楼区	NULL	NULL	NULL
5	20501	王丹	女	06	003	大专	1956-01-01 00:00:00.000	南京市雨花区	NULL	NULL	NULL

图 4.40　例 4.43 的执行结果

【例 4.44】　在 gzxx 表中查询基本工资小于 3500 元的员工信息。

相应 T-SQL 语句如下：

```
SELECT *
FROM gzxx
WHERE jbgz<3500
```

执行结果图略。

(2) 范围比较。

WHERE 子句中的 search_condition 也可以用 BETWEEN... AND 和 IN 进行范围比较。

① 当要查询的条件是某个值的范围时，可以使用谓词 BETWEEN。

BETWEEN... AND 运算符的语法格式为：

```
{column_name|expression}BETWEEN value1 AND value2
{column_name|expression}[NOT] BETWEEN value1 AND value2
```

[参数说明]

- value1：范围的下限。
- value2：范围的上限。

【例 4.45】　在 gzxx 表中查询基本工资为 3000～4500 元的员工编号和姓名。

相应 T-SQL 语句如下：

```
SELECT bh,xm
FROM gzxx
WHERE jbgz BETWEEN 3000 AND 4500
```

执行结果图略。

② 使用谓词 IN 可以指定一个值表，值表中列出所有可能的值，当表达式与值表中的任意一个值匹配时，即返回 TRUE，否则返回 FALSE。

【例 4.46】　在 ygxx 表中查询 bmbh 为 01,02,03 的员工信息。

相应 T-SQL 语句如下：

```
SELECT *
FROM ygxx
WHERE bmbh IN ('01','02','03')
```

执行结果如图 4.41 所示。

	bh	xm	xb	bmbh	jzdh	xl	csrq
1	20101	王伟	男	01	002	本科	1978-10-09 00:00:00.000
2	20102	张华	男	01	001	研究生	1976-09-12 00:00:00.000
3	20103	高光	男	02	003	本科	1974-05-12 00:00:00.000
4	20109	王丽青	女	03	NULL	本科	NULL
5	20204	朱珠	女	01	003	本科	1983-04-22 00:00:00.000
6	20205	姚瑶	女	01	001	研究生	1990-11-21 00:00:00.000
7	20206	秦烨	女	02	001	研究生	1992-06-24 00:00:00.000

图 4.41 例 4.46 的执行结果

IN 与用 OR 连接的多个条件查询具有相同的效果，或可认为 IN 条件运算符是多个 OR 连接的多个条件查询的缩写。例 4.46 也可用下面的 OR 运算符来实现。

```
SELECT *
FROM ygxx
WHERE bmbh = '01'OR bmbh = '02'OR bmbh = '03'
```

（3）模式比较。

谓词 LIKE 用于指出一个字符串是否与指定的字符串相匹配，其运算对象可以是 char、varchar、text、ntext、datetime 和 smalldatetime 类型的数据，运算后将返回逻辑值 TRUE 或 FALSE。

谓词 LIKE 的语法格式为：

```
String_expression [NOT]LIKE String_expression[escape 'escape_character']
```

使用 LIKE 进行模式匹配时，常使用通配符。通配符及其说明和示例如表 4.12 所示。

表 4.12 通配符及其说明和示例

通配符	说　明	示　例
%	代表 0 个或多个字符	SELECT * FROM ygxx WHERE xm LIKE'刘%' 查询姓刘的员工
_(下划线)	代表单个字符	SELECT * FROM ygxx WHERE xm LIKE'李_' 查询姓李的名为一个汉字的员工
[]	指定范围(如 [a-f]、[0-9]或集合)内的任何字符	SELECT * FROM ygxx WHERE SUBSTRING(bh,1,1) LIKE '[1-2]' 查询部门编号首字符为 1 或 2 的员工
[^]	指定不属于范围(如[a-f]、[0-9]或集合)内的任何字符	SELECT * FROM ygxx WHERE SUBSTRING(bh,1,1) LIKE '[^1-2]' 查询编号首字符不是 1 和 2 的员工

【例 4.47】 在 ygxx 表中查询姓李的员工信息。

相应 T-SQL 语句如下：

```
SELECT *
FROM ygxx
WHERE xm LIKE '李%'
```

执行结果图略。

（4）空值比较。

当需要判定一个表达式的值是否为空值时，可使用关键字 IS NULL，语法格式为：

```
expression is [NOT] NULL
```

【例 4.48】 在 ygxx 表中查询学历为空的员工编号及姓名。

相应 T-SQL 语句如下：

```
SELECT bh,xm
FROM ygxx
WHERE xl is NULL
```

执行结果图略。

（5）子查询。

子查询是指将一个查询块嵌套在另一个查询块的 WHERE 子句或 HAVING 短语条件中的查询，查询允许多层嵌套。

① 带有谓词 IN 的子查询。

【例 4.49】 在 ygxx 表中查询与“朱珠”在同一个部门的员工编号、姓名和部门编号。

相应 T-SQL 语句如下：

```
SELECT bh,xm,bmbh
FROM ygxx
WHERE bmbh IN
(SELECT bmbh
FROM ygxx
WHERE xm = '朱珠')
```

与 IN 相似，用户可以定义 NOT IN 操作。举例略。

② 带有比较运算符的子查询。

【例 4.50】 在 ygxx 表中查询与“01”部门的员工“朱珠”职务级别一样的员工姓名和学历。

相应 T-SQL 语句如下：

```
SELECT xm,xl
FROM ygxx
WHERE jzdh = (SELECT jzdh
FROM ygxx
WHERE bmbh = '01'and xm = '朱珠')
```

例 4.50 的内部子查询是一个普通的子查询，它只执行一次，以获取“01”部门“朱珠”的职务级别。外部查询和子查询是对同一个表的查询，且查询结果仅返回一个值。若子查询返回一组值，则必须在比较运算符和子查询间插入 ANY 或 ALL 等操作符。

③ 带有谓词 ANY 或 ALL 的子查询。

【例 4.51】 在 ygxx 表中查询其他部门中比“01”部门某一员工年龄小的员工信息。

相应 T-SQL 语句如下：

```
SELECT *
FROM ygxx
WHERE csrq>ANY(SELECT csrq
FROM ygxx
WHERE bmbh = '01')
```

类似地，在子查询中，用户也可定义<>ANY，>=ANY，<ANY，<=ANY 等操作符，例 4.49 也可用连接操作运算方法达到相同的目的。

"=ANY"与"IN"作用相同，例 4.47 也可用如下语句实现：

```
SELECT bh,xm,bmbh
FROM ygxx
WHERE bmbh = ANY (SELECT bmbh
FROM ygxx
WHERE xm = '朱珠')
```

"IN"和"=ANY"完全可以互换，它们都可以看作集合中的"属于"运算，在实际操作中，一般多采用 IN 运算。同样，"!=ALL"和"NOT IN"也可互换。

④ 带有谓词 EXISTS 的子查询。

带有谓词 EXISTS 的子查询不返回任何数据，只产生逻辑真值 TRUE 或逻辑假值 FALSE。

【例 4.52】 查询所有基本工资低于 3500 元的员工姓名。

相应 T-SQL 语句如下：

```
SELECT xm
FROM gzxx
WHERE EXISTS
(SELECT *
FROM gzxx
WHERE jbgz<3500)
```

类似地，根据需要用户可以定义 NOT EXISTS 的操作。

需要注意的是，任何含有 IN 的查询通常可用 EXISTS 表达，但反过来不一定。

3. 聚合函数查询

SQL 提供的聚合函数主要有以下几种。

① COUNT([DISTINCT|ALL] *)：统计元组个数。

② COUNT([DISTINCT|ALL]<列名>)：统计一列中值的个数(空值不计)。

③ SUM ([DISTINCT|ALL]<列名>)：计算一列值的总和(此列必须是数值型)。

④ AVG([DISTINCT|ALL]<列名>)：计算一列值的平均值(此列必须是数值型)。

⑤ MAX([DISTINCT|ALL]<列名>)：求一列值中的最大值。

⑥ MIN([DISTINCT|ALL]<列名>)：求一列值中的最小值。

【例 4.53】 查询 ygxx 表的总人数。

相应 T-SQL 语句如下：

```
SELECT COUNT( * )
FROM ygxx
```

【例 4.54】 计算部门名称为“审计”的员工的平均年龄、最大年龄和最小年龄。

相应 T-SQL 语句如下：

```
USE yggl
SELECT avg(year(getdate()) - year(csrq)) as 平均年龄,max(year(getdate()) - year(csrq))as 最大年龄,min(year(getdate()) - year(csrq))as 最小年龄
FROM ygxx
WHERE bmbh = ( SELECT bmbh FROM bm WHERE bmmc = '审计')
```

【例 4.55】 查询“统计”部门最高基本工资、最低基本工资，以及最高基本工资与最低基本工资的差值。

相应 T-SQL 语句如下：

```
USE yggl
SELECT max(jbgz) as 最高基本工资,min(jbgz) as 最低基本工资,max(jbgz) - min(jbgz) as 差值
FROM gzxx
WHERE bh in
(SELECT bh FROM ygxx
WHERE bmbh = ( SELECT bmbh FROM bm WHERE bmmc = '统计'))
```

4. 分组查询

SQL 允许对关系表按属性列或属性列组合在行的方向上进行分组，然后再对每个分组执行 SELECT 操作。T-SQL 提供了 GROUP BY 子句和 HAVING 子句来实现分组查询。GROUP BY 子句将查询结果表按某一列或多列值分组，值相等的为一组。如果分组后还要求按一定的条件对这些组进行筛选，最终只输出满足指定条件的组，则可以使用 HAVING 短语指定筛选条件。

(1) GROUP BY 子句和 HAVING 子句的语法格式。

GROUP BY 子句与 HAVING 子句的语法格式如下：

```
SELECT column_list
FROM table_name
WHERE search_condition
GROUP BY group_by_expression
HAVING search_condition
```

注意，HAVING 子句应位于 GROUP BY 子句之后，并且在 HAVING 子句中不能使用 text、image 和 ntext 数据类型。

(2) GROUP BY 子句和 HAVING 子句的使用举例。

【例 4.56】 查询各部门编号及相应部门的人数，且只输出超过 3 个人的部门编号和部

门人数。

相应 T-SQL 语句如下：

```
SELECT bmbh AS 部门编号,COUNT(bh) AS 部门人数
FROM ygxx
GROUP BY bmbh
HAVING COUNT(bh)＞3
```

执行结果如图 4.42 所示

	部门编号	部门人数
1	01	4

图 4.42　例 4.56 的执行结果

【例 4.57】 统计各部门的平均基本工资及基本工资总和，要求查询结果按基本工资总和升序排列。

相应 T-SQL 语句如下：

```
SELECT bmbh as 部门编号,AVG(jbgz) as 平均基本工资,SUM(jbgz) as 基本工资总和
FROM ygxx,gzxx
WHERE ygxx.bh = gzxx.bh
GROUP BY ygxx.bmbh
ORDER BY SUM(jbgz)
```

执行结果如图 4.43 所示。

	部门编号	平均基本工资	基本工资总和
1	06	4255.000000	4255.00
2	03	4980.000000	4980.00
3	02	4780.000000	9560.00
4	01	4845.000000	19380.00

图 4.43　例 4.57 的执行结果

(3) 分组查询的注意事项。

① GROUP BY 子句中不能使用聚合函数。

② 必须在 GROUP BY 子句中列出 SELECT 选择列的数据项，即使用 GROUP BY 子句后，SELECT 子句中的列只能是 GROUP BY 中指出的列或在聚合函数中指定的列。

4.5.2　多表查询(连接查询)

对多表数据的查询，是通过表与表之间满足一定条件的行连接来实现的，结果通常是由参加连接运算的两个表或多个表的指定列所组成的表。实现来自多个表的查询时，如果要引用不同表中的同名属性，须在属性名前加关系名，即用“表名.列名”的形式表示，以便区分。

连接查询有两种实现方式，一种是使用 SQL 标准连接谓词，另一种是使用关键字 JOIN。

1. 使用 SQL 标准连接谓词进行多表查询

用户可以在 SELECT 语句的 WHERE 子句中使用比较运算符，给出连接条件对表进行连接，其语法格式为：

```
SELECT table_name1.column_name,table_name2.column_name,...
FROM {table_name1,table_name2}
WHERE [table_name1.column_name joint operator table_name2.column_name]
```

[参数说明]

- joint operator：比较运算符，即=、>、<、>=、<=、<>。

【例 4.58】 查询每个员工的编号、姓名及基本工资。

相应 T-SQL 语句如下：

```
SELECT ygxx.bh,ygxx.xm,gzxx.jbgz
FROM ygxx,gzxx
WHERE ygxx.bh = gzxx.bh
```

该查询语句要对表 ygxx 和 gzxx 做连接操作。执行连接操作的语句是 FROM 子句中的"ygxx,gzxx"，以及 WHERE 子句中的连接条件"ygxx. bh=gzxx. bh"。

如果查询结果中的列名在各个表中是唯一的，即只有某个表中有，其他表中没有，也可以省略该列名前的表名。例如，例 4.58 也可写成：

```
SELECT ygxx.bh,ygxx.xm,jbgz
FROM ygxx,gzxx
WHERE ygxx.bh = gzxx.bh
```

【例 4.59】 查询基本工资为 2500 元及以上的所有员工的编号、姓名、基本工资和职务级别。

相应 T-SQL 语句如下：

```
SELECT ygxx.bh,ygxx.xm,jbgz,jz
FROM ygxx,gzxx,zhw
WHERE ygxx.bh = gzxx.bh AND ygxx.jzdh = zhw.jzdh AND jbgz> = 2500
```

【例 4.60】 查询所有比员工编号为 20203 的职工的基本工资高的员工编号和基本工资。

相应 T-SQL 语句如下：

```
SELECT x.bh,x.jbgz,y.jbgz
FROM gzxx x,gzxx y
WHERE x.jbgz>y.jbgz AND y.bh = '20203'
```

例 4.60 是一个表和它自身的大于连接。FROM 子句中定义了表 gzxx 的两个别名 x 和 y，将一个表的自身连接看成两个表的连接。当表名太长时，为简化输入，也常用表的别名。

2. 使用关键字 JOIN

用关键字 JOIN 进行多表查询的语法格式为：

```
SELECT table_name1.column_name,table_name2.column_name,...
FROM {[table_name1][join_type][table_name2] ON search_condition}
[WHERE search_condition]
```

[参数说明]

- ON：用于指定连接条件。
- join_type：join_type 的格式为：

```
[INNER | {LEFT |RIGHT|FULL}[OUTER|CROSS]] JOIN
```

其中，INNER JOIN 表示内连接，OUTER JOIN 表示外连接，CROSS JOIN 表示交叉连接。即以 JOIN 关键字建立的连接有三种类型。

(1) 内连接。

内连接按照 ON 所指定的连接条件合并两个表，返回满足条件的行。

【例 4.61】 查询 yggl 数据库中每个员工的基本信息及其工资信息。

相应 T-SQL 语句如下：

```
SELECT *
FROM ygxx INNER JOIN gzxx
ON ygxx.bh = gzxx.bh
```

执行结果截图如图 4.44 所示。

结果　消息

	bh	xm	xb	bmbh	jzdh	xl	csrq	zhzh	lxdh	yzbm	sfzh	bh	xm	jbgz	gwjt	zw,
1	20101	王伟	男	01	002	本科	1978-10-09 00:00:00.000	南京市鼓楼区凤凰街道	02586312356	210000	NULL	20101	王伟	5200.00	3505.00	15
2	20102	张华	男	01	001	研究生	1976-09-12 00:00:00.000	南京市玄武区珠江路	1385172118	210000	NULL	20102	张华	4980.00	2560.00	15
3	20103	高光	男	02	003	本科	1974-05-12 00:00:00.000	南京市秦淮区	NULL	210000	NULL	20103	高光	5200.00	2560.00	15
4	20109	王丽青	女	03	NULL	本科	NULL	NULL	NULL	NULL	NULL	20109	王丽青	4980.00	2560.00	15
5	20204	朱珠	女	01	003	本科	1983-04-22 00:00:00.000	南京市秦淮区	NULL	210000	NULL	20204	朱珠	6100.00	4200.00	18
6	20205	姚瑶	女	01	001	研究生	1990-11-21 00:00:00.000	南京市江宁区	NULL	210000	NULL	20205	姚瑶	3100.00	2120.00	12
7	20206	秦烨	女	02	001	研究生	1992-06-24 00:00:00.000	南京市鼓楼区	NULL	NULL	NULL	20206	秦烨	4360.00	2120.00	12
8	20501	王丹	女	06	003	大专	1956-01-01 00:00:00.000	南京市雨花区	NULL	NULL	NULL	20501	王丹	4255.00	2120.00	10

图 4.44　例 4.61 的执行结果截图

内连接是系统默认的，所以也可省略关键字 INNER。使用内连接后仍然可以使用 WHERE 子句指定条件。

内连接又可分为等值连接、不等值连接和自然连接三种类型。

① 等值连接是指在连接条件中使用等号、在 SELECT 子句中使用 * 且在结果集中显示冗余列数据的连接，如例 4.61。

② 不等值连接是指在连接条件中使用除等号以外的其他运算符来比较连接列的连接。

③ 自然连接是指对结果集的冗余列数据进行限制的连接。

【例 4.62】 查询 yggl 数据库中每个员工的基本信息及基本工资。

相应 T-SQL 语句如下：

```
SELECT ygxx.*,gzxx.jbgz
FROM ygxx INNER JOIN gzxx
ON ygxx.bh = gzxx.bh
```

例 4.62 中指定了需要返回的列，结果集中包含了 ygxx 表的所有列和 gzxx 表的 jbgz 列。执行结果如图 4.45 所示。

	bh	xm	xb	bmbh	jzdh	xl	csrq	zhzh	lxdh	yzhbm	shfzh	jbgz
1	20101	王伟	男	01	002	本科	1978-10-09 00:00:00.000	南京市鼓楼区凤凰街道	02586312356	210000	NULL	5200.00
2	20102	张华	男	01	001	研究生	1976-09-12 00:00:00.000	南京市玄武区珠江路	1385172118	210000	NULL	4980.00
3	20103	高光	男	02	003	本科	1974-05-12 00:00:00.000	南京市秦淮区	NULL	210000	NULL	5200.00
4	20109	王丽青	女	03	NULL	本科	NULL	NULL	NULL	NULL	NULL	4980.00
5	20204	朱珠	女	01	003	本科	1983-04-22 00:00:00.000	南京市秦淮区	NULL	210000	NULL	6100.00
6	20205	姚瑶	女	01	001	研究生	1990-11-21 00:00:00.000	南京市江宁区	NULL	210000	NULL	3100.00
7	20206	秦烨	女	02	001	研究生	1992-06-24 00:00:00.000	南京市鼓楼区	NULL	NULL	NULL	4360.00
8	20501	王丹	女	06	003	大专	1956-01-01 00:00:00.000	南京市雨花区	NULL	NULL	NULL	4255.00

图 4.45　例 4.62 的执行结果

(2) 外连接。

外连接的结果不仅包括满足连接条件的行，还包括相应表中的其他所有行。外连接又可分为左外连接、右外连接和全外连接三种。

① 左外连接(LEFT OUTER JOIN)：结果表中除了包含满足指定条件的行，还包括左表中其他所有行。

② 右外连接(RIGHT OUTER JOIN)：结果表中除了包含满足指定条件的行，还包括右表中其他所有行。

③ 全外连接(FULL OUTER JOIN)：结果表中除了包含满足指定条件的行，还包括两个表中其他所有行。

外连接中 OUTER 可以省略。外连接只能连接两个表。

【例 4.63】 查询 yggl 数据库中每个员工的基本信息及基本工资，ygxx 表左外连接 gzxx 表。

相应 T-SQL 语句如下：

```
SELECT ygxx. * ,gzxx. jbgz
FROM ygxx LEFT OUTER JOIN gzxx
ON ygxx. bh = gzxx. bh
```

例 4.63 中左外连接限制表 gzxx 表中的行，而不限制表 ygxx 中的行，即 ygxx 表中不满足条件的行也会被显示出来，只是其基本工资列显示为 NULL。

执行结果如图 4.46 所示。

	bh	xm	xb	bmbh	jzdh	xl	csrq	zhzh	lxdh	yzhbm	shfzh	jbgz
1	20101	王伟	男	01	002	本科	1978-10-09 00:00:00.000	南京市鼓楼区凤凰街道	02586312356	210000	NULL	5200.00
2	20102	张华	男	01	001	研究生	1976-09-12 00:00:00.000	南京市玄武区珠江路	1385172118	210000	NULL	4980.00
3	20103	高光	男	02	003	本科	1974-05-12 00:00:00.000	南京市秦淮区	NULL	210000	NULL	5200.00
4	20109	王丽青	女	03	NULL	本科	NULL	NULL	NULL	NULL	NULL	4980.00
5	20204	朱珠	女	01	003	本科	1983-04-22 00:00:00.000	南京市秦淮区	NULL	210000	NULL	6100.00
6	20205	姚瑶	女	01	001	研究生	1990-11-21 00:00:00.000	南京市江宁区	NULL	210000	NULL	3100.00
7	20206	秦烨	女	02	001	研究生	1992-06-24 00:00:00.000	南京市鼓楼区	NULL	NULL	NULL	4360.00
8	20501	王丹	女	06	003	大专	1956-01-01 00:00:00.000	南京市雨花区	NULL	NULL	NULL	4255.00
9	20508	胡萱萱	女	02	004	本科	1996-10-12 00:00:00.000	浦口区	NULL	NULL	NULL	NULL

图 4.46　例 4.63 的执行结果

【例 4.64】 查询 yggl 数据库中每个员工的基本信息及基本工资，ygxx 表右外连接 gzxx 表。

```
SELECT ygxx. * ,gzxx. jbgz
FROM ygxx RIGHT OUTER JOIN gzxx
ON ygxx. bh = gzxx. bh
```

例 4.64 中右外连接限制表 ygxx 表中的行，而不限制表 gzxx 中的行，即 gzxx 表中不满足条件的行也会被显示出来，只是除基本工资列外，其他基本信息都显示为 NULL。

执行结果如图 4.47 所示。

	bh	xm	xb	bmbh	jzdh	xl	csrq	zhzh	lxdh	yzhbm	shfzh	jbgz
1	NULL	NULL	NULL	NULL	NULL	NULL	NULL	NULL	NULL	NULL	NULL	5200.00
2	20101	王伟	男	01	002	本科	1978-10-09 00:00:00.000	南京市鼓楼区凤凰街道	02586312356	210000	NULL	5200.00
3	20102	张华	男	01	001	研究生	1976-09-12 00:00:00.000	南京市玄武区珠江路	1385172118	210000	NULL	4980.00
4	20103	高光	男	02	003	本科	1974-05-12 00:00:00.000	南京市秦淮区	NULL	210000	NULL	5200.00
5	20109	王丽青	女	03	NULL	本科	NULL	NULL	NULL	NULL	NULL	4980.00
6	20204	朱珠	女	01	003	本科	1983-04-22 00:00:00.000	南京市秦淮区	NULL	210000	NULL	6100.00
7	20205	姚瑶	女	01	001	研究生	1990-11-21 00:00:00.000	南京市江宁区	NULL	210000	NULL	3100.00
8	20206	秦烨	女	02	001	研究生	1992-06-24 00:00:00.000	南京市鼓楼区	NULL	NULL	NULL	4360.00
9	20501	王丹	女	06	003	大专	1956-01-01 00:00:00.000	南京市雨花区	NULL	NULL	NULL	4255.00
10	NULL	NULL	NULL	NULL	NULL	NULL	NULL	NULL	NULL	NULL	NULL	2600.00

图 4.47 例 4.64 的执行结果

【例 4.65】 查询 yggl 数据库中每个员工的基本信息及基本工资，ygxx 表全外连接 gzxx 表。

相应 T-SQL 语句如下：

```
SELECT ygxx. * ,gzxx. jbgz
FROM ygxx FULL OUTER JOIN gzxx
ON ygxx. bh = gzxx. bh
```

执行结果如图 4.48 所示。

	bh	xm	xb	bmbh	jzdh	xl	csrq	zhzh	lxdh	yzhbm	shfzh	jbgz
1	20101	王伟	男	01	002	本科	1978-10-09 00:00:00.000	南京市鼓楼区凤凰街道	02586312356	210000	NULL	5200.00
2	20102	张华	男	01	001	研究生	1976-09-12 00:00:00.000	南京市玄武区珠江路	1385172118	210000	NULL	4980.00
3	20103	高光	男	02	003	本科	1974-05-12 00:00:00.000	南京市秦淮区	NULL	210000	NULL	5200.00
4	20109	王丽青	女	03	NULL	本科	NULL	NULL	NULL	NULL	NULL	4980.00
5	20204	朱珠	女	01	003	本科	1983-04-22 00:00:00.000	南京市秦淮区	NULL	210000	NULL	6100.00
6	20205	姚瑶	女	01	001	研究生	1990-11-21 00:00:00.000	南京市江宁区	NULL	210000	NULL	3100.00
7	20206	秦烨	女	02	001	研究生	1992-06-24 00:00:00.000	南京市鼓楼区	NULL	NULL	NULL	4360.00
8	20501	王丹	女	06	003	大专	1956-01-01 00:00:00.000	南京市雨花区	NULL	NULL	NULL	4255.00
9	20508	胡萱萱	女	02	004	本科	1996-10-12 00:00:00.000	浦口区	NULL	NULL	NULL	NULL
10	NULL	NULL	NULL	NULL	NULL	NULL	NULL	NULL	NULL	NULL	NULL	5200.00
11	NULL	NULL	NULL	NULL	NULL	NULL	NULL	NULL	NULL	NULL	NULL	2600.00

图 4.48 例 4.65 的执行结果

(3) 交叉连接。

交叉连接的结果表是由第一个表的每行与第二个表的每行拼接后形成的。结果表中的行数是两个表行数的积。交叉连接不能有连接条件,且不能带 WHERE 子句。举例略。

4.5.3 联合查询

联合查询主要包括并(UNION)、交(INTERSECT)、差(MINUS)。这里只讨论 UNION 子句。UUION 子句用来合并两个或多个 SELECT 语句查询的结果集,其语法格式为:

```
SELECT column_list [INTO new_table_name]
[FROM clause] [WHERE clause]
[GROUP BY clause] [HAVING clause]
[UNION [ALL]
SELECT column_list [INTO new_table_name]
[FROM clause] [WHERE clause]
[GROUP BY clause] [HAVING clause]...]
```

使用 UNION 注意事项:

① 使用 UNION 进行联合查询的结果集必须具有相同的结构、相同的列数和兼容的数据类型。

② UNION 连接的各语句中对应结果集的列的顺序也必须一致。

③ 联合查询返回的列名是第一个查询语句中各列的列名,故必须在第一个查询语句中定义别名。

④ 对联合查询的结果集进行排序时也必须使用第一个查询语句中的列名。

【例 4.66】 设在 yggl 数据库中建两个表:计划处员工表和信息中心员工表,这两个表的表结构与 ygxx 表相同,现要求将两个表的内容合并到 ygxx 表中。

相应 T-SQL 语句如下:

```
SELECT * FROM ygxx
UNION ALL
SELECT * FROM 计划处员工
UNION ALL
SELECT * FROM 信息中心员工
```

使用 UNION 将多个查询结果合并起来形成一个结果集时,系统会自动去掉重复记录。UINON 操作主要用于归档数据,如归档月报表形成年报表,归档各部门数据等。

4.6 视图

4.6.1 视图概述

视图是一种数据库对象,为用户提供了一种检索数据表中数据的方式。用户可通过视图浏览数据表中自己感兴趣的部分数据或全部数据。视图被看成是虚拟表,视图所对应的数据不进行实际存储。数据库中只存储视图的定义,对视图的数据进行操作时,系统会根据视图的定义去操作与视图相关联的基本表。

1. 视图的功能

视图一经定义，就可以像表一样被查询、修改和删除。视图主要具有以下几个功能。

(1) 将用户限定在数据表的特定行上，例如，只允许用户看到工资信息表中本人的工资记录行。

(2) 将用户限定在特定列上。

(3) 将多个表中的列连接起来，使其看起来像一个表。

(4) 提供聚合信息而不是详细信息。

2. 视图的优点

从视图可以实现的功能来看，视图主要具有以下几个优点：

(1) 有利于数据保密：对不同的用户定义不同的视图，可使用户只能看到与自己有关的数据。

(2) 可简化查询操作：为复杂的查询建立一个视图，用户不必了解复杂的数据库中的表结构，不必键入复杂的查询语句，只需针对视图做简单的查询即可。

(3) 可保证数据的逻辑独立性：对视图的操作(如查询)只依赖于视图的定义。当视图基于的数据表要修改时，只需修改视图定义中的子查询部分，而基于视图的查询无须改变。

(4) 便于数据共享：若使用视图，各个用户就不必都定义和存储自己所需的数据，大家可共享数据库的数据，所以同样的数据只需存储一次。

3. 使用视图的注意事项

使用视图时，需要注意下列事项。

(1) 只有在当前数据库中才能创建视图。

(2) 视图的命名必须遵循标识符命名规则，视图不能与表同名，且视图名对每个用户必须是唯一的，即不同的用户，即使定义相同的视图，也必须使用不同的视图名。

(3) 规则、默认值或触发器不能与视图相关联。

(4) 不能在视图上建立任何索引。

4.6.2 创建视图

SQL Server 2014 提供了两种创建视图的方法：使用对象资源管理器创建视图和使用 T-SQL 语句创建视图。

1. 使用对象资源管理器创建视图

(1) 进入 SQL Server 2014 对象资源管理器。

(2) 单击“数据库”前面的加号展开数据库组，接着展开要在其中创建视图的数据库。

(3) 右击“视图”项，在弹出的快捷菜单中选择“新建视图”命令，如图 4.49 所示。

(4) 选择“新建视图”命令后，会打开“添加表”对话框，在该对话框的列表中选择要使用的表或视图，单击“添加”按钮(也可双击选中的表或视图)，接着单击“关闭”按钮，会打开如图 4.50 所示的视图设计器。

(5) 视图设计器共有四个区，从上往下依次为表区、列区、SQL Script 区和数据结果区。从最上面的表区的数据表框中选择相应的列(对每一个列进行选中或取消选中，可以控制该列是否要在视图中出现)。这时列区将显示所选中的列,相应的 SQL 语句显示 SQL Script 区。在列区选择或取消“输出”选项可以控制该列是否在视图中显示。如果需要对某一列进行分组,可在列区右击该列,从弹出的快捷菜单中选择“添加分组依据”命令,然后进行相应设置。

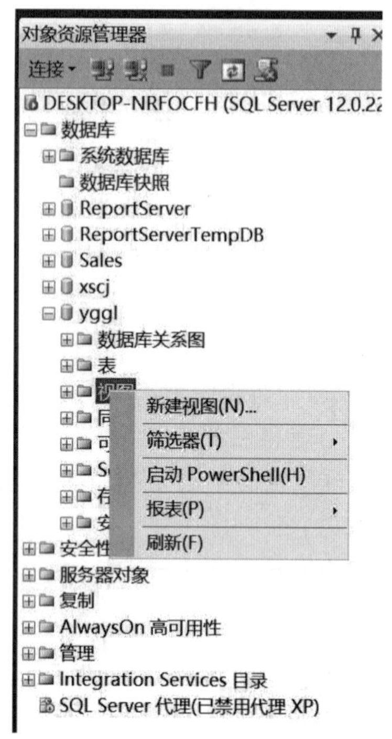

图 4.49　在对象资源管理器中新建视图

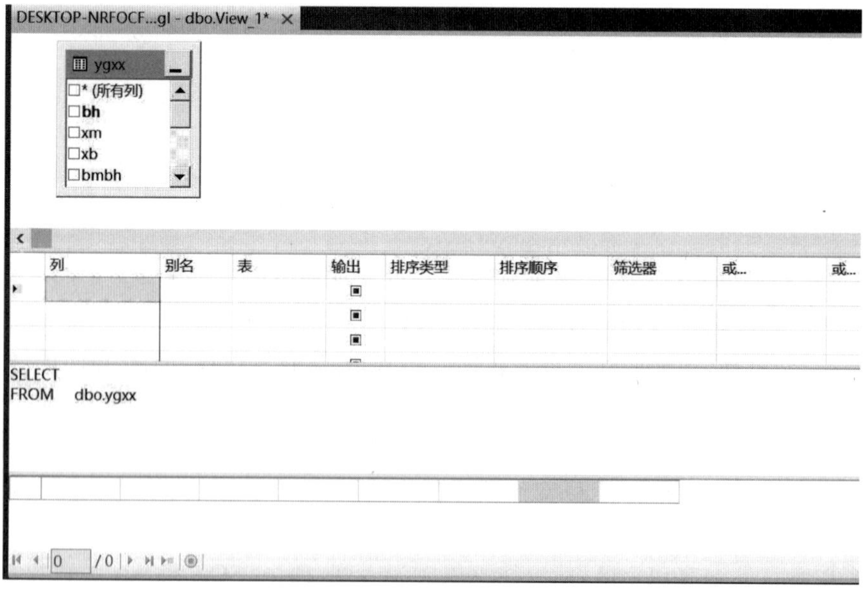

图 4.50　视图设计器

(6) 单击对象资源管理器工具栏的红色惊叹号按钮来预览效果(如图 4.51 所示),然后单击“保存”按钮并输入视图的名称,完成视图的创建操作。

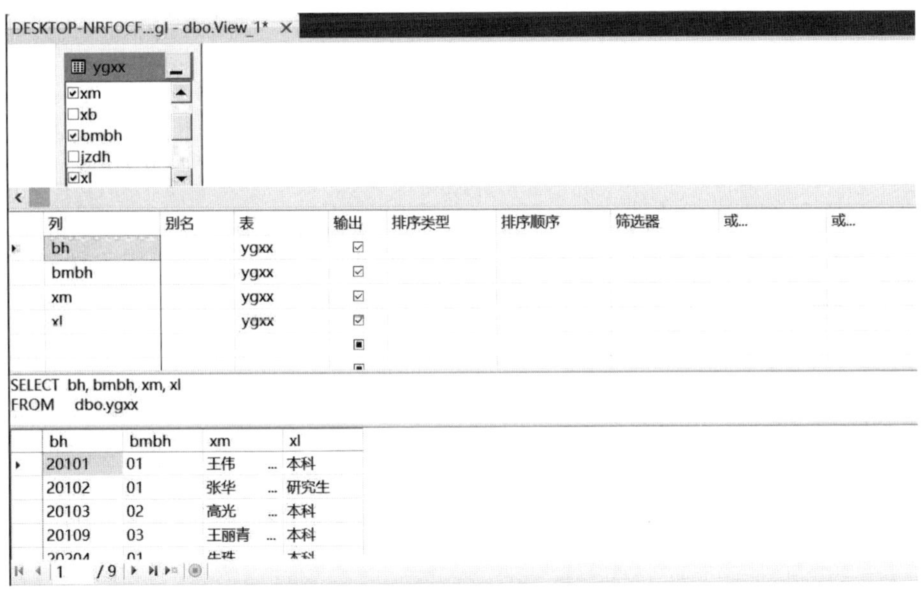

图 4.51 创建新视图的预览效果

2. 使用 T-SQL 语句创建视图

用户可以使用 CREATE VIEW 语句来创建视图。CREATE VIEW 语句的语法格式为:

```
CREATE VIEW view_name[(column_name[,...n])]
[WITH ENCRIPTION]
AS
Select_statement
[WITH CHECK OPTION]
```

[参数说明]

- WITH ENCRIPTION:加密选项。
- AS 之后的 SELECT 语句:视图要完成的操作。
- WITH CHECK OPTION:用来强制所有通过视图修改的数据满足代码中的 SELECT 语句中指定的条件,这样可以确保数据被修改后,用户仍然可以通过视图看到修改后的数据。

注意:在创建视图的 SELECT 语句中不允许使用 ORDER BY 和 DISTINCT 短语,如果需要排序,可以在视图被定义后,对视图查询时再进行排序。

【例 4.67】 针对 ygxx 表创建一个简单视图,内容包括编号、姓名、部门编号和学历。

相应 T-SQL 语句如下:

```
USE yggl
GO
CREATE VIEW ygxx_view1
AS
SELECT bh,xm,bmbh,xl
FROM ygxx
```

【例 4.68】 使用 WITH ENCRIPTION 加密选项为 ygxx 表创建视图,显示"03"部门的员工编号、姓名、住址和联系电话。

相应 T-SQL 语句如下:

```
USE yggl
GO
CREATE VIEW ygxx_view2
WITH ENCRIPTION
AS
SELECT bh as 编号,xm as 姓名,zhzh as 住址,lxdh as 联系电话
FROM ygxx
WHERE bmbh = '03'
```

【例 4.69】 使用聚合函数 AVG()创建视图,计算每个部门的平均基本工资。

相应 T-SQL 语句如下:

```
USE yggl
GO
CREATE VIEW bmgz_view(部门编号,平均基本工资)
AS
SELECT bmbh,avg(jbgz)
FROM ygxx,gzxx
WHERE ygxx.bh = gzxx.bh
GROUP BY bmbh
```

在 CREATE VIEW 语句中使用 AVG()、SUM()等聚合函数时,要注意以下两点:

① 必须提供要创建的视图中列的名称。

② 使用 AVG(),SUM()等聚合函数需要同时使用 GROUP BY 子句。

4.6.3 查询视图

定义好视图后,用户就可以像查询基本表那样查询视图了。

【例 4.70】 对视图 bmgz_view 进行查询。

```
SELECT * FROM bmgz_view
```

执行结果如图 4.52 所示。

	部门编号	平均基本工资
1	01	4845.000000
2	02	4780.000000
3	03	4980.000000
4	06	4255.000000

图 4.52 例 4.70 的执行结果

从例 4.70 可以看出，通过创建视图，可以向最终用户隐藏复杂的表连接，从而简化了用户的 SQL 程序设计，也使用户对数据的访问被限制在某些列或某些行上，达到了数据保密的目的。

用户在建立视图时，系统并不检索视图所参照的数据库对象是否存在。所以当用户通过视图检索数据时，SQL Server 将首先检查这些对象是否存在，

如果视图的某个基本表(或视图)不存在或被删除，将导致语句执行错误，系统会向用户返回一条错误消息。当相关的表被重新建好后，视图可以恢复使用。

4.6.4 更新视图

通过更新视图数据(包括插入、修改和删除)可以更新基本表数据，但并不是所有的视图都可以更新，只有满足以下三个条件的视图才能进行更新：① 创建视图的 SELECT 语句中没有聚合函数，且没有 TOP、GROUP BY、UNION 子句及 DISTINCT 关键字；② 创建视图的 SELECT 语句的 FROM 子句中至少包含一个基本表；③ 创建视图的 SELECT 语句中不包含从基本表列通过计算所得的列。

1. 通过视图插入数据

用户可以通过视图向基本表插入数据，其语法格式为：

```
INSERT INTO 视图名 VALUES(列值 1,列值 2,列值 3,...,列值 n)
```

通过视图向基本表插入数据时应注意以下几点。

(1) 插入数据的列值个数、数据类型应与定义视图时的列数、基本表对应的数据类型保持一致。

(2) 如果定义视图时只选择了基本表的部分列，基本表的其余列至少有一列不允许为空，且该列未设置默认值，此时，系统无法对视图中未出现的列插入值，通过视图向基本表插入数据时会插入失败。

(3) 如果定义视图时只选择了基本表的部分列，基本表的其余列都允许为空，或有的列不允许为空，但设置了默认值，此时，用户可以成功地通过视图向基本表插入数据。

(4) 如果在定义视图时使用了 WITH CHECK OPTION 子句，则在视图上执行的数据插入语句必须符合定义视图的 SELECT 语句所设定的条件。

【例 4.71】 向 ygxx_view1 视图中插入一条新记录('20207','秦奋','02','研究生')。

相应 T-SQL 语句如下：

```
INSERT  INTO ygxx_view1 VALUES('20207','秦奋','02','研究生')
```

执行例 4.71 中的语句后,用户可使用以下 SELECT 语句查询 ygxx_view1 依据的基本表 ygxx:

```
SELECT * FROM ygxx
```

可以看到该表已添加了相应的行,执行结果图略。

2. 通过视图修改数据

用户可以通过视图用 UPDATE 语句修改基本表的一个或多个列(或行)的数据,其语法格式为:

```
UPDATE 视图名
SET 列 1 = 列值 1
    列 2 = 列值 2
    ...
    列 n = 列值 n
WHERE 条件表达式
```

【例 4.72】 将视图 ygxx_view1 中王伟的学历改为"研究生"。

相应 T-SQL 语句如下:

```
UPDATE ygxx_view1
SET xl = '研究生'
WHERE xm = '王伟'
```

执行例 4.72 中的语句后,用户可使用下列语句查询 ygxx_view1 依据的基本表:

```
SELECT * FROM ygxx
```

可以看到,王伟的学历已经改为"研究生",执行结果图略。

通过视图修改基本表的数据时应注意以下几点。

(1) 若视图涉及多个基本表,且要修改的列属于同一个基本表,则可以通过视图修改对应的基本表的列数据。

(2) 若视图涉及多个基本表,且要修改的列分别属于不同的基本表,则不能通过视图修改对应基本表的列数据。

(3) 若视图涉及多个基本表,且要修改的列为多个基础表的公共列,则不能通过视图修改对应基本表的列数据。

(4) 如果在定义视图时使用了 WITH CHECK OPTION 子句,则通过视图修改基本表的数据时,必须保证修改后的数据符合定义视图的 SELECT 语句所设定的条件。

3. 通过视图删除数据

尽管视图不一定包含基本表的所有列,但用户可以通过视图删除基本表的数据行。通过视图删除基本表的数据行的语法格式为:

```
DELETE FROM 视图名 WHERE 条件表达式
```

通过视图删除基本表的数据行时要注意以下两点。

(1) 若通过视图删除的数据行未被包含在视图的定义中，无论视图定义中是否设置了 WITH CHECK OPTION 选项，该数据行都不能被成功删除。

(2) 若删除语句的条件中指定的列是视图未包含的列，则无法通过视图删除基本表数据行。

【例 4.73】 删除 ygxx_view1 中姓名为“秦奋”的记录。

相应 T-SQL 语句如下：

```
DELETE FROM ygxx_view1 WHERE xm = '秦奋'
```

执行例 4.73 中的语句后，用户可对表 ygxx 进行查询，可以发现姓名为“秦奋”的记录已经被删除，执行结果图略。

4.6.5 管理和维护视图

1. 查看和修改视图定义

(1) 使用对象资源管理器查看和修改视图定义。

使用对象资源管理器查看和修改视图定义的具体方法为：进入对象资源管理器，单击“服务器”前的加号展开“服务器”，单击“数据库”前的加号展开“数据库”，接着展开用户数据库（如 yggl），展开“视图”，然后右击要修改定义的视图名，在弹出的快捷菜单中选择“修改”命令，打开视图设计器，这时就可以查看视图定义的各项内容，或者按照创建视图的方法对原有的视图进行相应修改。

(2) 使用 T-SQL 语句修改视图定义。

用户可以使用 ALTER VIEW 语句修改视图定义。ALTER VIEW 语句的语法格式如下：

```
ALTER VIEE view_name[(column_name[,...n])]
[WITH ENCRIPTION]
AS
select_statement
[WITH CHECK OPTION]
```

【例 4.74】 将视图 ygxx_view1 修改为只包含“02”部门员工的编号、姓名和学历。

相应 T-SQL 语句如下：

```
USE yggl
GO
ALTER  VIEW ygxx_view1
AS
SELECT bh,xm,xl
FROM ygxx
WHERE bmbh = '02'
```

2. 删除视图

(1) 使用对象资源管理器删除视图。

使用对象资源管理器删除视图的具体方法为：进入对象资源管理器，单击“服务器”前的加号展开"服务器",单击"数据库"前的加号展开"数据库",接着展开用户数据库(如yggl),展开"视图",然后右击要删除的视图,在弹出的快捷菜单中选择"删除"命令,打开"删除对象"对话框,在此对话框中单击"确定"按钮即可完成删除视图的操作。

(2) 使用 T-SQL 语句删除视图。

用户可以使用 DROP VIEW 语句删除视图,DROP VIEW 语句的语法格式为:

```
DROP VIEW view_name
```

使用 DROP VIEW 语句一次可以删除多个视图,举例略。

4.7 索引

4.7.1 索引概述

用户对数据库最基本、最频繁的操作是数据查询。在数据库中,查询数据就是对数据表进行扫描。通常,查询数据时需要浏览整个表来搜索数据,当表中的数据很多时,搜索数据就需要很长时间。为了从大量的数据中迅速找到需要的内容,减少服务器的响应时间,数据库系统引入了索引机制,使得查询数据时不必扫描整个数据库就能查到所需要的内容。索引与书的目录具有相同的功能。

索引是一种数据库对象,它保存着表中排序的索引列,并且记录了索引列在数据表中的物理存储位置,实现了表中数据的逻辑排序。索引由一行行的记录组成,每一行记录都包含数据表中一列(或若干列值的组合)和相应指向表中数据页的逻辑指针,所以,索引能大大加快查询速度。另外,索引还可以提高表与表之间的连接速度,特别是在实现数据的参照完整性时,用户可以将表的外键制作成索引,从而加速表与表之间的连接。

索引的存在也会让系统付出一定的代价,因为创建索引和维护索引都会耗费时间。当对表中的数据进行增加、删除和修改时,就要对索引进行维护,否则索引的作用就会下降。同时,每个索引都会占用一定的物理空间,如果索引占用的物理空间过多,就会影响整个系统的性能。

索引的创建是由用户完成的,而索引的使用则是由 SQL Server 的查询优化器来自动实现的。需要注意的是,并不是所有已创建的索引都会在查询操作中自动被使用。一个索引是否被使用由 SQL Server 的查询优化器来决定。

虽然索引能够提高查询速度,但是它需要消耗一定的系统性能,因此,建立索引时也需要遵循一定的原则。

(1) 可以在被定义为主键的列上建立索引,主键可以唯一标识一条记录,索引通过主键可以快速定位到数据表的某一行。

(2) 可以在被定义为外键的列上建立索引,被定义为外键的列表示数据表和数据表之间的连接,在其上建立索引可以加快数据表间的连接。

(3) 优先在经常查询的列上建立索引。

(4) 不要在那些查询中很少涉及、重复值比较多的列上建立索引。

(5) 不要在被定义为 text、ntext、image 和 bit 数据类型的列上建立索引。因为被定义为这些数据类型的列上的数据量要么很大，要么很小，不利于使用索引。

如果一个表没有创建索引，则数据行不按任何特定的顺序存储，这种结构称为堆集。

4.7.2 索引的分类

根据不同的标准，我们可以将索引分为不同的类型。

1. 根据存储结构进行分类

根据存储结构不同，我们可以将索引分为聚集索引和非聚集索引。

(1) 聚集索引。

聚集索引中索引存储的值的顺序和表中的数据记录的物理存储顺序完全一致。当对数据表中的某些列建立聚集索引时，系统将对表中的数据按列进行排序，表中数据记录的物理位置发生变化，然后再重新存储到磁盘上。所以，索引顺序与数据记录的物理存储顺序完全相同。一个数据表中只能建立一个聚集索引，且应在其他非聚集索引建立之前建立聚集索引。

(2) 非聚集索引。

非聚集索引不改变表中数据记录的物理存储顺序，数据记录与索引是分开存储的。所以非聚集索引中的数据排列顺序与数据表中记录的排列顺序是不一致的。

非聚集索引中仅仅包含索引值和指向数据存储位置的指针（行定位器）。用非聚集索引查询数据时，系统会先找到数据在表中的存储位置，然后根据得到的数据位置信息，到磁盘上的该位置读取数据。

聚集索引和非聚集索引各有特点，到底使用哪种索引可以根据表4.13进行适当选择。

表4.13 使用聚集索引和非聚集索引的情况汇总

数据查询特点	使用聚集索引	使用非聚集索引
列经常被分组排序	√	√
返回某范围内的数据	√	
一个或极少不同值	√	
小数目的不同值	√	
大数目的不同值		√
频繁更新的列		√
外键列	√	√
主键列	√	√
频繁修改索引列		√

2. 根据功能进行分类

根据功能不同，我们可以将索引分为以下几种类型。

(1) 唯一索引。

唯一索引不允许数据表中具有两行相同的索引值，故其索引值是唯一的。在数据表中创建 PRIMARY KEY 约束或 UNIQUE 约束时，SQL Server 2014 系统默认会建立一个唯一索引。

聚集索引和非聚集索引是从索引数据存储结构角度来区分的；而唯一索引和非唯一索引是从索引值是否唯一来区分的。唯一索引和非唯一索引可以是聚集索引，也可以是非聚集索引。

(2) 全文索引。

创建全文索引是为了支持 SQL Server 中的全文搜索功能。全文搜索支持用户和应用程序在 SQL Server 表中查询基于字符的数据。必须先在表上创建全文索引,然后才能在全文搜索中使用它(全文索引)。可以为数据类型为 char、varchar、nchar、nvarchar、text、ntext、image、xml 或 varbinary(max)的列和 FILESTREAM 建立索引来进行全文搜索。全文搜索支持对存储在这些列中的单词和短语执行语言搜索。

(3) XML 索引。

XML 索引是一类特殊的索引,用于检索存储在 XML 列中的值。XML 索引会拆分 XML 列并存储详细信息,供在 SQL 查询中快速检索。XML 列可能很大,在运行时将 XML 数据拆分成可读的数据元素会降低大型 XML 查询的速度,所以这种拆分是提前完成的。

XML 索引有两种类型:主索引和辅助索引。主索引必须是在 XML 列上创建的第一个索引。主索引对 XML 列中的所有标记、值和路径进行索引。对于每个 XML 对象,XML 索引会为每个拆分的元素创建一个数据行,创建的行数大致与 XML 对象中的节点数相同,创建的每行都会存储标记名、节点值、节点类型、文档顺序信息、路径和基本表的主键。

在 XML 列上可以创建辅助索引。辅助索引为主索引中的路径、值和 PROPERTY 值提供额外的索引。

(4) 空间索引。

空间索引是对空间数据列进行的索引。空间数据列包含 GEOMETRY 或 GEOGRAPHY 类型的值。空间索引支持处理空间数据的操作,如内置的地理方法[STContains( )、STDistance( )、STEquals( )、STIntersects( )等]。为了让查询优化器选择查询,必须在查询的 JOIN 或 WHERE 子句中使用这些方法。

(5) 哈希索引。

所有的内存优化表都必须有一个索引,哈希索引是内存优化表中可能存在的索引类型之一,哈希索引只能存在于内存优化表中,而不能存在于基于磁盘的表中。借助于哈希索引,用户可通过内存中的哈希表来访问数据。

(6) 内存优化非聚集索引。

SQL Server 2014 创建了新的索引来支持内存优化表——内存优化非聚集索引,它对从内存优化表中访问的数据进行排序。这种索引只能使用 CREATE TABLE 和 CREATE INDEX 语句创建,并且是为范围排序扫描(按照一定顺序读取大量数据)创建的。当内存表加载到内存时会创建这种索引,它们不会持久化到物理表。

(7) 列存储索引。

列存储索引是一种使用列式数据格式(称为"列存储")存储、检索和管理数据的索引。列存储索引在 SQL Server 2012 中被首次引入。列存储索引会为每个列创建行值的一个索引,然后将所有的索引连接起来。

列存储索引主要用于数据仓库应用程序,而不用于 OLTP 应用程序。一些查询在使用列存储索引时性能可能很差。解决该问题的办法是:在最近更新的分区上重新创建列存储索引,而无须在整个表上重新创建。

4.7.3 创建索引

SQL Server 提供了两种创建索引的方法：使用对象资源管理器创建索引和使用 T-SQL 语句创建索引。

1. 使用对象资源管理器创建索引

(1) 进入对象资源管理器，展开指定的服务器和数据库，展开要创建索引的表，展开“索引”，下方列出了表中已经建立的索引，包括索引名、索引类型等。右击“索引”，从弹出的快捷菜单中选择“新建索引”命令，接着在下一级快捷菜单中可选择要创建的索引类型，如图 4.53 所示。

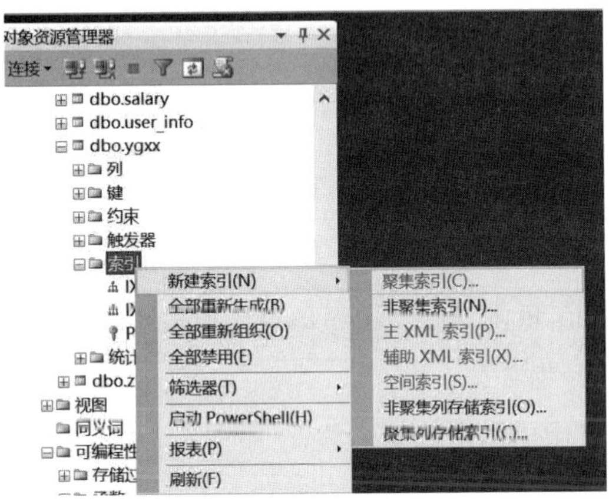

图 4.53 选择要创建的索引类型

(2) 选择要创建的索引类型(由于 ygxx 表中已经建立了主键，默认为聚集索引，所以图 4.53 中的“聚集索引”不可选)后，打开如图 4.54 所示的“新建索引”对话框。在此对话框的“索引名称”文本框中输入要创建的索引名称，在“索引类型”下拉列表框中选择“聚集”或“非聚集”。是否勾选“唯一”复选框决定是否设置唯一索引。

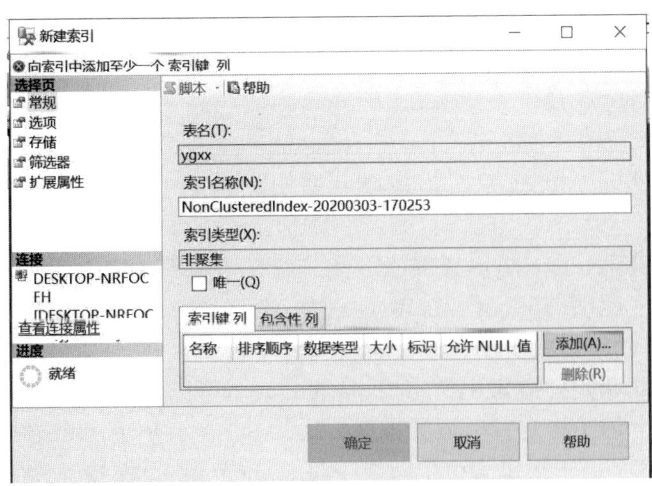

图 4.54 “新建索引”对话框

(3) 单击"添加"按钮,再单击"确定"按钮,所选择的列出现在"索引键 列"的列表框中。

(4) 打开"新建索引"对话框的"选项"标签页,在此可设定索引的属性,如图 4.55 所示。

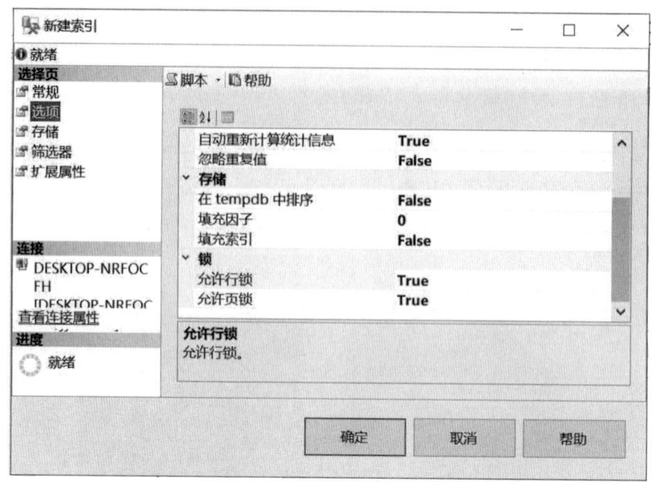

图 4.55 "新建索引"对话框的"选项"标签页

(5) 完成所有的设置后,单击"确定"按钮即可完成索引的创建工作。

2. 使用 T-SQL 语句创建索引

使用 T-SQL 语句创建索引的语法格式为:

```
CREATE [UNIQUE][CLUSTERED | NONCLUSTERED]INDEX index_name
ON {table | view }(column[ ASC | DESC][,...n])
[WITH [PAD_INDEX]
[[,]FILLFACTOR = fillfactor]
[[,]IGNORE_DUP_KEY]
[[,]DROP_EXISTING]
[[,]STATISTICS_NORECOMPUTE]
[[,]SORT_IN_TEMPDB]
]
[ON filegroup]
```

[参数说明]

- UNIQUE:表示为表或视图创建唯一索引。视图上创建的聚集索引必须是唯一索引。
- CLUSTERED|NONCLUSTERED:用于指定创建聚集索引还是非聚集索引。
- index_name:索引名,索引名在表或视图中必须唯一,但在数据库中不必唯一。
- table|view:用于指定要创建索引的表或视图名。
- column:用于指定建立索引的字段,参数 n 表示可以为索引指定多个字段。
- ASC|DESC:用于指定索引列的排序方式,ASC 表示升序,DESC 表示降序。
- PAD_INDEX:用于指定索引中间级中每个页(节点)上保持开放的空间。
- FILLFACTOR:用于指定创建索引过程中,各索引页叶级的填满程度。

● IGNORE_DUP_KEY：用于确定对唯一聚集索引字段插入重复值时的处理方式。如果为索引指定了 IGNORE_DUP_KEY，插入重复值时，SQL Server 2014 将发出警告消息并取消重复行的插入操作。

● DROP_EXISTING：用于指定删除已经存在的同名聚集索引或非聚集索引。

● STATISTICS_NORECOMPUTE：用于指定过期的索引不会自动重新计算。

● SORT_IN_TEMPDB：用于指定生成索引的中间排序结果将存储在 tempdb 数据库中。

● ON filegroup：用于在指定的文件组上创建指定的索引。

【例 4.75】 在 ygxx 表的 bh 列上创建名为 bh_index 的唯一索引。

相应 T-SQL 语句如下：

```
USE yggl
GO
CREATE UNIQUE   INDEX bh_index ON ygxx(bh)
GO
```

【例 4.76】 在 ygxx 表的 xm 列上创建名为 xm_index 的索引，其中使用 FILLFACTOR 参数。

相应 T-SQL 语句如下：

```
USE yggl
GO
CREATE INDEX xm_index ON ygxx(xm) WITH FILLFACTOR = 60
GO
```

4.7.4 删除索引

当不再使用某个索引或表上的某个索引已经对系统性能造成负面影响时，就可以将这个索引从数据库中删除，以回收它使用的磁盘资源。

删除索引同样也有两种方法：使用对象资源管理器删除索引和使用 T-SQL 语句删除索引。

1. 使用对象资源管理器删除索引

在对象资源管理器中，展开指定的服务器和数据库，展开表，单击“索引”前的加号，右击要删除的索引，在弹出的快捷菜单中选择“删除”命令打开“删除对象”对话框，然后确认是否删除索引，若确认删除，单击“确定”按钮，即可删除相应索引。

如果建立了 PRIMARY KEY 索引或 UNIQUE 索引，要先删除 PRIMARY KEY 约束或 UNIQUE 约束，然后才能删除约束使用的索引。删除表的所有索引时，首先要删除非聚集索引，其次删除聚集索引。

2. 使用 T-SQL 语句删除索引

用户可以使用 DROP INDEX 语句删除索引，其语法格式为：

```
DROP INDEX table_name.index_name[,...n]
```

【例 4.77】 删除 ygxx 表中 xm 列上所创建的索引 xm_index。

相应 T-SQL 语句如下：

```
USE yggl
GO
DROP INDEX ygxx.xm_index
GO
```

4.8 存储过程和触发器

4.8.1 存储过程

1. 存储过程概述

在大型数据库系统中,随着功能的不断完善,系统也变得越来越复杂,大量的时间将会耗费在 SQL 代码和应用程序代码的编写上。在多数情况下,许多代码会被使用多次,如果每次都输入相同的代码,既烦琐又会降低系统运行效率。SQL Server 2014 提供了一种方法,即把完成一项特定任务的许多 T-SQL 语句编写在一起,组成一个存储过程,只要执行该存储过程,就可以完成相应的任务。

(1) 存储过程定义。

存储过程是存储在服务器上,在服务器端运行的程序模块和例程。SQL Server 2014 的存储过程类似于编程语言中的过程。其主体构成是标准 SQL 命令,同时包括 SQL 的扩展,如语句块、结构控制命令、变量、常量、运算符、表达式和流程控制等。存储过程存储在数据库内,是数据库对象之一,可由应用程序通过一个调用语句执行,而且允许用户声明变量。

(2) 存储过程的优点。

使用存储过程可以提高系统的响应速度,方便前台多个应用程序共享一些共性的功能代码。如果某些事务规则改变了,只需修改后台的存储过程,而不必去修改每个前台应用程序。

存储过程主要具有以下几个优点。

① 有助于提高程序的执行效率。

存储过程第一次被执行以后,其执行规划就驻留在高速缓冲存储器中。在以后的每次操作中,系统只需从高速缓冲存储器中调用已编好的二进制代码,然后执行,而不必重新编译再执行,因此,存储过程有助于提高程序的执行效率。

② 可以节省网络流量。

存储过程包含一条或多条 T-SQL 语句,被存储在数据库内,在服务器端执行。应用程序通过一个调用语句就可以执行它,不需要将大量 T-SQL 语句传送到服务器端,可见存储过程可以节省网络流量。

③ 允许模块化的程序设计,可提高代码的可重用性。

存储过程一旦被创建,之后系统就可以在所有程序中多次调用它,即一个存储过程可以调用另一个存储过程,一个存储过程可以被多个用户共享和重用。可见存储过程提高了代码的可重用性。

④ 有助于提高数据库的安全性。

作为一种数据库对象,存储过程要求拥有相应权限的用户才能执行它。同时,它也提供了一种更灵活的安全管理机制：系统可以授予用户调用存储过程的权限，以方便用户对数据表中的特定数据进行有限操作；但也可以不赋予用户直接修改数据表的权限，这样，有助于提高表中数据的安全性。

⑤ 使用起来比较方便。

存储过程可以直接接收输入的参数并可以返回输出值，同时会将执行情况的状态代码返回给调用它的程序，使用起来比较方便。

(3) 存储过程的类型。

从 SQL Server 2005 开始，存储过程可以分为两种类型：SQL 存储过程和公共语言运行时(Common Language Runtime，CLR)存储过程。SQL 存储过程是指由 SQL 语句编写形成的存储过程，它是 SQL 语句的集合。CLR 存储过程是指引用 NET Framework 公共语言运行时方法的存储过程。该存储过程可以接受和返回用户提供的参数，它们在 NET Framework 程序集中作为类的公共静态方法实现。

本书仅介绍 SQL 存储过程。SQL 存储过程具体又可分为以下四类。

① 系统存储过程。

系统存储过程主要存储在 master 数据库中，以"sp_"为前缀，并且系统存储过程主要从系统表中获得信息。通过系统存储过程，SQL Server 2014 中许多管理性或信息性的活动都可以顺利有效地完成。用户可以在其他数据库调用系统存储过程，在调用时不必在存储过程名前加数据库名。当创建一个新数据库时，系统会自动创建一些系统存储过程。系统存储过程有助于用户轻松地从系统提取信息、管理数据库，以及执行更新系统表及其他任务。

② 用户存储过程。

用户存储过程是指用户利用 T-SQL 语句编写的、具有特定功能的一类存储过程。用户存储过程处于用户创建的数据库中，名称前没有前缀"sp_"。本节所涉及的存储过程主要是指用户存储过程。

③ 临时存储过程。

临时存储过程和临时表类似，分为局部临时存储过程和全局临时存储过程。如果存储过程的名称前面有一个"#"，该存储过程就是局部临时存储过程。对局部临时存储过程来说，只有创建它并连接它的用户才能够执行它，一旦用户断开与 SQL Server 2014 的连接，局部临时存储过程就会被自动删除。如果存储过程的名称以"##"开头，则该存储过程为全局临时存储过程，这种存储过程可以在所有用户会话中执行。

④ 扩展存储过程。

扩展存储过程是用户使用外部程序语言(如 C++等)编写的存储过程，是 SQL Server 的实例可以动态加载和运行的动态链接库(Dynamic Link Library，DLL)，直接在 SQL Server 实例的地址空间中运行。扩展存储过程只能添加到 master 数据库中，名称通常以"xp_"开头。

2. 创建存储过程

SQL Server 2014 提供了两种创建存储过程的方法：使用对象资源管理器创建存储过程和使用 T-SQL 语句创建存储过程。

(1) 使用对象资源管理器创建存储过程。

① 进入对象资源管理器，展开要创建存储过程的用户数据库(如 yggl)，在数据库目录

树中,右击“可编程性”项下的“存储过程”,在弹出的快捷菜单中依次选择“新建”→“存储过程”命令,打开 SQL 代码编辑器存储过程模板文件,如图 4.56 所示。

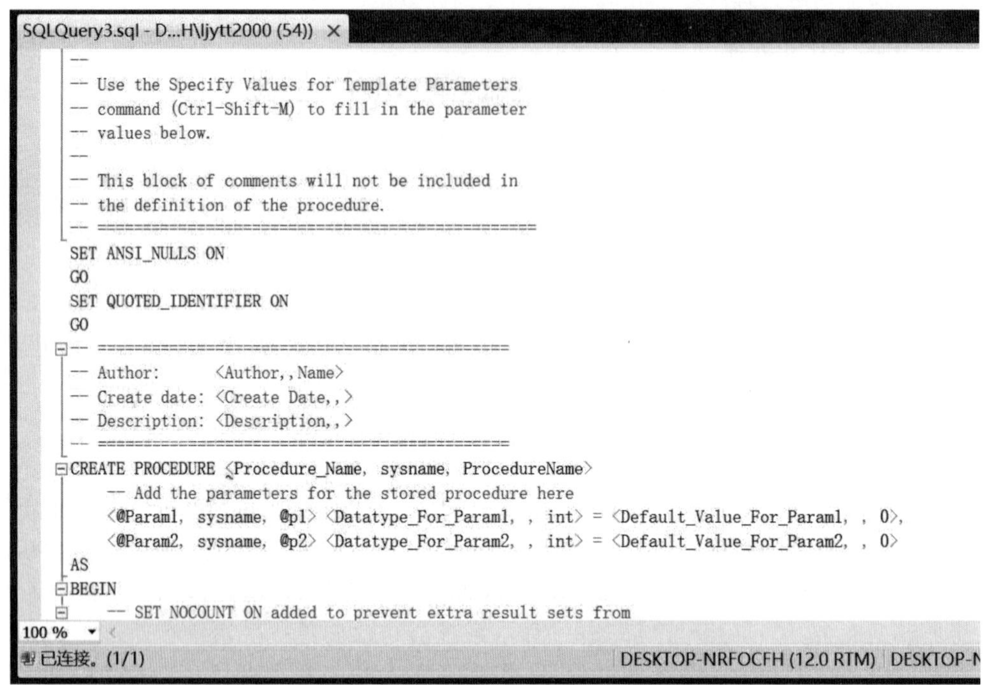

图 4.56 SQL 代码编辑器存储过程模板

② 在 SQL 代码编辑器存储过程模板中的相应位置输入存储过程的正文内容。也可以单击 SQL 代码编辑器工具栏上的“指定模板参数的值”按钮,弹出如图 4.57 所示的“指定模板参数的值”对话框,在此对话框中输入相关的参数值,然后单击“确定”按钮。

指定模板参数的值

参数	类型	值
Author		Name
Create Date		
Description		
Procedure_Name	sysname	ProcedureName
@Param1	sysname	@p1
Datatype_For_Param1		int
Default_Value_For_Pa...		0
@Param2	sysname	@p2
Datatype_For_Param2		int
Default_Value_For_Pa...		0

确定 取消 帮助

图 4.57 “指定模板参数的值”对话框

③ 单击工具栏上的“分析”按钮，进行语法检查。

④ 单击工具栏上的“执行”按钮，创建存储过程。

⑤ 单击“保存”按钮，保存所创建的存储过程。

上述创建存储过程的操作中，在数据库目录树下，除了“存储过程”，还有一个选项“本机编译的存储过程”。这是 SQL Server 针对传统的存储过程引入的结构。本机编译的存储过程是本机编译存储过程后生成的 DLL，由于本机编译是指将编程构造转换为本机代码的过程，因此，这些代码由处理器指令组成，无须进一步编译或解释。与传统的 SQL 编译的存储过程相比，本机编译的存储过程可提高访问数据的速度和执行查询的效率。但是，本机编译的存储过程也存在诸多限制。

(2) 使用 T-SQL 语句创建存储过程。

使用 T-SQL 语句创建存储过程的语法格式为：

```
CREATE PROC[EDURE] [schema_name.] procedure_name [;number]
[{@parameter data_type}
[VARYING][ = default][output]] [,...n]
[WITH {RECOMPILE|ENCRYPTION| RECOMPILE,ENCRYPTION }]
[FOR REPLICATION]
AS sql_statement
```

[参数说明]

● procedure_name：代表新建存储过程的名称。其后面跟的 number 是一个整数，用来区别一组同名的存储过程。存储过程的命名必须符合标识符规则，并且对于数据库及其所有者必须唯一。

● @parameter data_type：代表存储过程参数名及参数的数据类型。用户可以在创建存储过程的语句中声明一个或多个参数，如 myPro1、myPro2 等，并且应在执行存储过程时提供每个声明参数的值(除非定义了该参数的默认值)。一个存储过程最多可以有 2100 个参数。在默认情况下，参数只能代表常量表达式，不能代表列名、表名或其他数据库对象的名称。如果指定了 FOR REPLICATION，则无法声明参数。

● VARYING：是指输出参数的内容可以变化，仅适用于游标参数。

● default：代表参数的默认值。如果定义了默认值，则用户不必指定该参数的值即可执行存储过程。

● output：表明参数是输出参数。输出参数用于将存储过程处理后的某些结果返回给调用它的语句。游标数据类型必须指定 output，同时还必须指定关键字 VARYING。一般情况下，text，ntext 和 image 类型的数据不能作 output 参数。

● RECOMPILE：用于指示 SQL Server 不要将存储过程的执行计划保存在缓存中。如果指定了 FOR REPLICATION，则不能使用此选项。

● ENCRYPTION：用于指示 SQL Server 对创建存储过程语句的原始文本进行加密，加密后的代码在 SQL Server 的任何目录视图中都不能直接显示。使用此选项可防止将存储过程作为 SQL Server 复制的一部分发布。

● FOR REPLICATION：如果选择该选项，则表示创建的存储过程只能在复制的过程中执行,这类存储过程不能声明参数。

- sql_statement:用于指定在存储过程中要完成的工作。

创建存储过程需要注意以下几个方面:

① 不能将 CREATE PROCEDURE 语句与其他语句组合到单个批处理中。

② 创建存储过程式是权限的,其默认权限属于数据库所有者,该所有者可将此权限授予其他用户。

③ 存储过程是一个数据库对象,其名称必须遵守标识符规则。

④ 只能在当前数据库中创建属于当前数据库的存储过程。

3. 执行存储过程

存储过程创建成功后,将被保存在数据库中。用户可以使用对象资源管理器执行存储过程,也可以使用 T-SQL 语句执行存储过程。

(1) 使用对象资源管理器执行存储过程。

① 进入对象资源管理器,选择服务器,展开要执行存储过程的数据库(如 yggl),如图 4.58 所示。

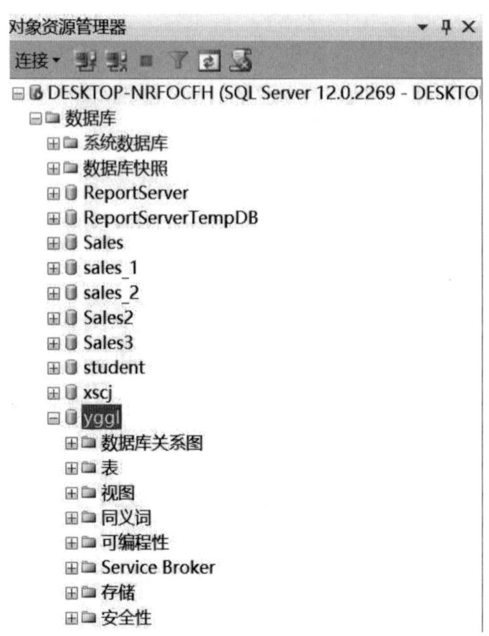

图 4.58 展开要执行存储过程的数据库如 yggl

② 在数据库目录树中展开"可编程性",接着展开"存储过程",显示该数据库中的所有存储过程,如图 4.59 所示。

③ 右击要执行的存储过程 bm_proc2,在弹出的快捷菜单中选择"执行存储过程"命令,弹出"执行过程"对话框,如图 4.60 所示。该窗口显示了系统的状态、存储过程的参数等相关信息。

图 4.59　显示相应数据库中的所有存储过程

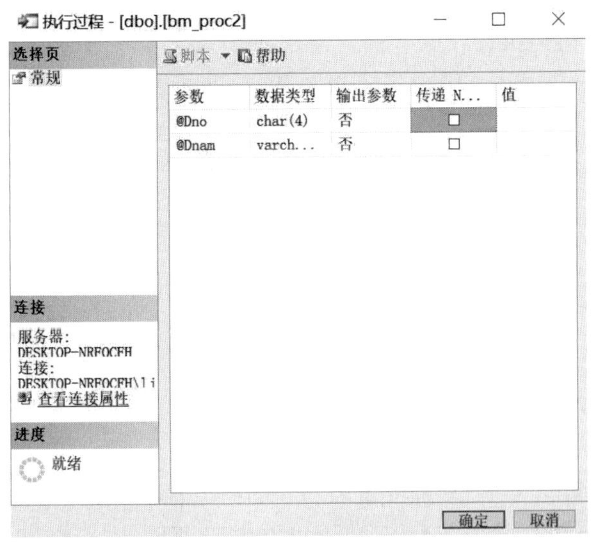

图 4.60　"执行过程"对话框

由于在存储过程 bm_proc2 中所使用的参数都不是输出参数，因此在"输出参数"列里面的值全是"否"。如果需要给出这两个参数的值，则直接在"值"列中分别输入参数值即可。这里，在"@Dno"参数值中输入"07"，在"@Dnam"参数值中输入"信息处"，然后单击"确定"按钮，执行结果如图 4.61 所示。

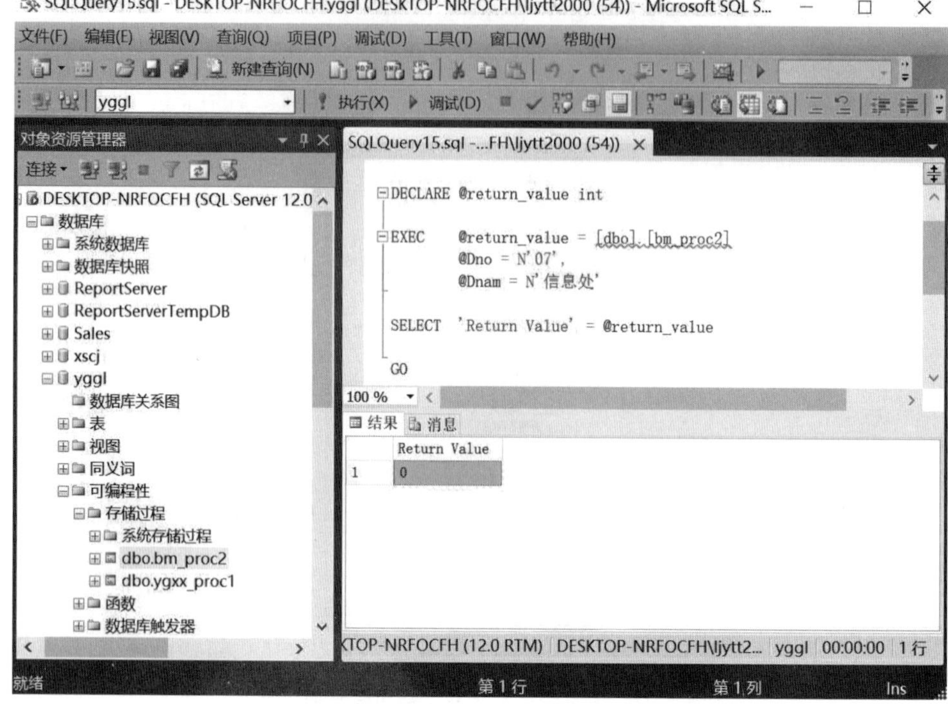

图 4.61 存储过程 bm_proc2 的执行结果

(2) 使用 T-SQL 语句执行存储过程。

无论存储过程是否带参数,用户都可以使用 T-SQL 语句中的 EXECUTE 命令来执行创建的存储过程,其语法格式为:

```
[EXE[CUTE]]
[@return_status = ] {procedure_name|@procedure_name_var}
[[@parameter = ]{value|@variable[OUTPUT]|[DEFAULT]}[,...n]]
[WITH RECOMPILE]
```

[参数说明]

- @return_status:可选的整型变量,用于保存存储过程的返回状态。
- procedure_name:调用的存储过程名称。
- @procedure_name_var:局部变量名,代表存储过程名称。
- @parameter:过程参数,在 CREATE PROCEDURE 命令中定义。
- value:过程参数的值。
- @variable:用于接收返回值的变量。
- OUTPUT:指定存储过程必须返回一个参数。该存储过程的匹配参数也必须由关键字 OUTPUT 创建。
- DEFAULT:根据存储过程的定义,提供参数的默认值。
- WITH RECOMPILE:表示执行前要重新编译。

4. 使用 T-SQL 语句创建和执行存储过程举例

(1) 使用 T-SQL 语句创建和执行不带参数的存储过程。

【例 4.78】 对 yggl 数据库中的 ygxx 表，创建一个名为 ygxx_proc1 的存储过程，其功能为从 ygxx 表查询所有男员工的信息。

相应 T-SQL 语句如下：

```
USE yggl
GO
CREATE PROCEDURE ygxx_proc1
AS
SELECT * FROM ygxx WHERE xb = '男'
GO
```

执行存储过程 ygxx_procl 的语句如下：

```
USE yggl
GO
EXECUTE ygxx_proc1
GO
```

(2) 使用 T-SQL 语句创建和执行带参数的存储过程。

对于带参数的存储过程，需要确定其组成的三个部分：

① 所有的输入参数以及传给调用者的输出参数；

② 被执行的针对数据库的操作语句，包括调用其他存储过程的语句；

③ 返回给调用者的状态值，以指明调用是成功还是失败。

【例 4.79】 针对 bm 表，创建一个名称为 bm_proc2 的存储过程，该存储过程的功能是向 bm 表中插入一条记录，新记录的值由参数提供。

相应 T-SQL 语句如下：

```
USE yggl
GO
CREATE PROCEDURE bm_proc2(@Dno char(4),@Dnam varchar(20))
AS
INSERT INTO bm VALUES(@Dno,@Dnam)
GO
```

执行带参数的存储过程有两种方法：一是使用参数名传送参数值，二是按位置传送参数值。

就例 4.79 而言，使用参数名传递参数值的 T SQL 语句如下：

```
USE yggl
GO
EXECUTE bm_proc2 @Dno = '08',@Dnam = '统计处'
```

使用参数名传递参数值时可以任意指定参数值的顺序，故操作时两个参数的次序颠倒了也可以执行。

如果按位置执行例 4.79 中的存储过程,参数名也可以省略。具体 T-SQL 语句如下:

```
USE yggl
GO
EXECUTE bm_proc2 ´08´,´统计处´
```

在按位置传递参数值时必须确保传递值的顺序与存储过程中定义的输入参数顺序相一致。

(3) 使用 T-SQL 语句创建和执行带有默认值的存储过程。

【例 4.80】 针对 gzxx 表,创建一个名称为 gzxx_proc1 的存储过程,使执行该存储过程可以实现向 gzxx 表中插入一条记录,新记录的值由参数提供,如果未给出职务津贴的值,则其值由参数的默认值代替。

相应 T-SQL 语句如下:

```
USE yggl
GO
CREATE PROCEDURE gzxx_proc1(@no char(5),@nam char(20),@psala numeric(7,2),@wsala numer-
ic(7,2),@tsala numeric(7,2) = 800,@hsala numeric(7,2),@hf numeric(7,2),@wef numeric(7,2))
AS
INSERT INTO gzxx VALUES(@no,@nam,@psala,@wsala,@tsala,@hsala,@hf,@wef)
GO
EXECUTE gzxx_proc1 @no = ´20115´,@nam = ´路宽´, @psala = 1120.00,@wsala = 350.00,@hsala =
380.00,@hf = 450.00,@wef = 100.00
```

此例中,执行存储过程 gzxx_proc1 时,未给出@tsala(职务津贴)的值,但在定义存储过程时给出了职务津贴的默认值(800),故执行该存储过程后,插入新记录中的职务津贴为 800。

(4) 使用 T-SQL 语句创建和执行带有 OUTPUT 参数的存储过程。

【例 4.81】 对 yggl 数据库创建一个名称为 gztotalm 的存储过程,其功能是计算每个员工的工资总额。

相应 T-SQL 语句如下:

```
USE yggl
GO
CREATE PROCEDURE gztotal @nam char(20),@total numeric(7,2) OUTPUT
AS
SELECT @total = jbgz + gwjt + zwjt + zfbt-zfgjj-grsds
FROM gzxx
WHERE xm = @nam
```

执行存储过程 gztotal 的 T-SQL 语句如下:

```
USE yggl
GO
```

```
DECLARE @t_gz numeric(7,2),@name char(20)
EXECUTE gztotal '姚慧',@t_gz OUTPUT
SELECT '姚慧',@t_gz
GO
```

注意：

① OUTPUT 必须在定义存储过程和使用该变量时进行定义。

② OUTPUT 定义时的参数名和调用时的参数名不一定要匹配，但数据类型和参数位置必须匹配。

5. 修改存储过程

由于实际应用的需要或出于其他原因，有时需要修改已有的存储过程。但出于安全考虑，存储过程被创建后一般都被赋予各种操作权限，且修改权限往往是错综复杂的。如果先将一个存储过程删除，然后再重新创建它，那么相应的操作权限也需要重新设置(其他数据库对象也存在类似的问题)。这个工作量可能很大，且容易出现错误授权的情况。因此，先删除再重新创建的方法并不可取，最好的方法就是在确实需要时对已有的存储过程进行修改。

SQL Server 2014 提供了两种修改存储过程的方法：使用对象资源管理器修改存储过程中 T-SQL 语句修改存储过程。

(1) 使用对象资源管理器修改存储过程。

① 进入对象资源管理器，展开相应的数据库，依次展开"可编程性"和"存储过程"。

② 右击要修改的存储过程，在弹出的快捷菜单中选择"修改"命令，在打开的 SQL 代码编辑器中根据需要进行相应修改。

③ 修改完毕后，单击工具栏上的"分析"按钮，对所编写的程序代码进行检查，最后单击"执行"按钮完成存储过程的修改工作。

(2) 使用 T-SQL 语句修改存储过程。

使用 T-SQL 语句修改存储过程的语法格式为：

```
ALTER PROCEDURE procedure_name
[{@parameter data_type}[ = DEFAULT][OUTPUT][,...n]
[WITH {RECOMPILE | ENCRYPTION | RECOMPILE,ENCRYPTION}]]
AS sql_statement[,...n]
```

各参数含义同创建存储过程语句中的各参数含义，这里不再赘述。

【例 4.82】 对存储过程 ygxx_proc1 进行修改，使 ygxx_proc1 的功能变为从 ygxx 表查询所有 1986 年之前出生的男员工的信息。

相应 T-SQL 语句如下：

```
USE yggl
GO
ALTER PROCEDURE [dbo].[ygxx_proc1]
AS
SELECT * FROM ygxx WHERE xb = '男' and year(csrq)<1986
```

6. 删除存储过程

删除存储过程也有两种方法：使用对象资源管理器删除存储过程和使用 T-SQL 语句删除存储过程。这里仅介绍用 T-SQL 语句删除存储过程的方法。

用户可使用 DROP PROCEDURE 命令将一个或多个存储过程从当前数据库中删除，其语法格式为：

```
DROP PROCEDURE procedure_name[,...n]
```

【例 4.83】 将存储过程 bm_proc2 从数据库中删除。

相应 T-SQL 语句如下：

```
DROP PROCEDURE bm_proc2
```

4.8.2 触发器

1. 触发器概述

(1) 触发器的概念。

触发器是一种特殊的存储过程，与表的关系密切，用于保护数据库中数据的完整性和一致性。触发器不同于其他的存储过程，它是通过事件被触发而被执行的，而其他存储过程可以通过名称被直接调用。当使用 INSERT、UPDATE 和 DELETE 中一种或多种操作命令对指定表中的数据进行修改时，触发器会被自动执行。

触发器是一系列 SQL 语句的集合。在 SQL Server 2014 中用户可以创建基于插入、修改或删除表中数据的触发器。触发器可用于对约束、默认值和规则的完整性进行检查，还可以完成用普通约束难以实现的复杂操作。

(2) 触发器的优点。

触发器可以解决高级形式的业务规则或复杂行为限制问题，以及可以实现定制记录等方面的操作。例如，触发器能找出某一个表在数据修改前后状态的差异，并根据差异执行一定的处理。触发器还有助于强制引用完整性，以便在插入、修改或删除表中记录时保留表之间的已定义的关系。

具体来讲，触发器主要具有以下几个优点。

① 在数据库中用户可以通过 CHECK 约束或触发器来实现数据完整性约束。CHECK 约束不允许引用其他表中的列来完成数据完整性约束的检查工作，而触发器则允许引用其他表中的列来完成数据完整性约束的检查工作。

② 有时用户需要在数据完整性遭到破坏时，发出预先定义好的错误信息或动态自定义的错误信息。借助于触发器，用户可以获得数据完整性遭到破坏的信息，并返回预先定义的错误信息。

③ 用户可以通过触发器对数据库中相关表进行级联修改，从而保证数据库中数据的完整性。

在数据库中，触发器数量过多时会影响数据库的执行效率。因此，用户只有合理地使用触发器，才能达到想要的效果。

(3) 触发器的分类。

触发器被执行的前提是要有相应事件产生,这些事件主要是针对数据表的事件。在T-SQL中,引发事件的语句主要是DML语句和DDL语句,因此,相应地会有DML事件和DDL事件,以及DML触发器和DDL触发器。另外,从SQL Server 2005开始,SQL Server增加了一类新的触发器——LOGIN触发器。

① DML触发器。

DML触发器由DML语句触发。根据不同的标准,DML触发器又可分为不同的类型。

根据被触发的时间不同,DML触发器可以分为AFTER触发器和INSTEAD OF触发器。

A. AFTER触发器在数据变动(INSERT、UPDATE和DELETE操作)完成以后才被触发。它会对变动的数据进行检查,如发现错误,将拒绝接受相应数据变动或回滚变动的数据。AFTER触发器只能在表中定义。同一个表中可以创建若干个AFTER触发器。

B. INSTEAD OF触发器在数据变动之前被触发。INSTEAD OF触发器一旦被触发,系统将执行触发器定义的操作,而不执行变动数据的操作(INSERT、UPDATE和DELETE操作)。INSTEAD OF触发器可以在表或视图中定义,每个数据表操作最多可以定义一个INSTEAD OF触发器。

根据触发事件的类型不同,DML触发器通常可分为INSERT触发器、UPDATE触发器和DELETE触发器。

A. INSERT触发器是指因执行INSERT语句而被触发执行的触发器。

B. UPDATE触发器是指因执行UPDATE语句而被触发执行的触发器。

C. DELETE触发器是指因执行DELETE语句而被触发执行的触发器。

② DDL触发器。

DDL触发器由DDL语句触发。DDL语句包括CREATE、ALTER、DROP、GRANT、DENY、REVOKE和UPDATE STATISTICS等。

DDL触发器的作用域不是架构,因此不能使用OBJECT_ID来查询有关DDL触发器的元数据。DDL触发器可用于执行数据库级的管理任务,如审核和规范数据库操作等。

DML触发器的触发事件类型比较简单,主要包括INSERT、DELETE和UPDATE三种,而DDL触发器的触发事件就比较多,DDL触发器的常用触发事件如表4.14所示。

表4.14 DDL触发器的常用触发事件

序号	触发事件
1	CREATE_LOGIN(创建登录事件)
2	ALTER_LOGIN(修改登录事件)
3	DROP_LOGIN(删除登录事件)
4	CREATE_DATABASE(创建数据库事件)
5	ALTER_DATABASE(修改数据库事件)
6	DROP_DATABASE(删除数据库事件)
7	CREATE_TABLE(创建表事件)
8	ALTER_TABLE(修改表事件)
9	DROP_TABLE(删除表事件)

③ LOGIN 触发器。

LOGIN 触发器又叫登录触发器，是从 SQL Server 2005 开始新增加的一类为响应 LOGIN 事件而被触发执行的触发器。也就是说，只要有用户登录，LOGIN 触发器就会被触发执行。因此，通过 LOGIN 触发器，可以知道谁登录了服务器，何时登录的，并且可以实现跟踪用户的活动，以及限制特定用户只能在特定的时间段登录等操作。

触发事件对触发器来说是非常关键的，所以很多时候人们又用触发事件对应的 SQL 语句来对触发器进行分类和命名。例如，INSERT 触发器、DELETE 触发器、UPDATE 触发器等。但这种分类是不严格的，只是便于阐明问题。

2. 创建触发器

创建触发器有两种方法：使用对象资源管理器创建触发器和使用 T-SQL 语句创建触发器。

(1) 使用对象资源管理器创建触发器。

① 在对象资源管理器中展开指定的服务器，接着展开要创建触发器的表所在的数据库。

② 展开要创建触发器的表，右击“触发器”，在弹出的快捷菜单中选择“新建触发器”命令，如图 4.62 所示。

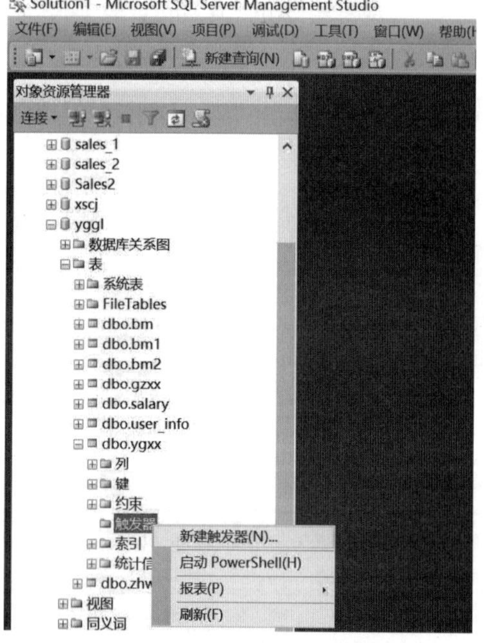

图 4.62 选择“新建触发器”命令

③ SQL 代码编辑器被打开，如图 4.63 所示，在此可以输入创建触发器的语句。

创建一个触发器必须指定以下几个内容：

A. 触发器的名称；

B. 定义触发器的表；

C. 触发器何时被触发；

D. 执行触发操作的编程语句。

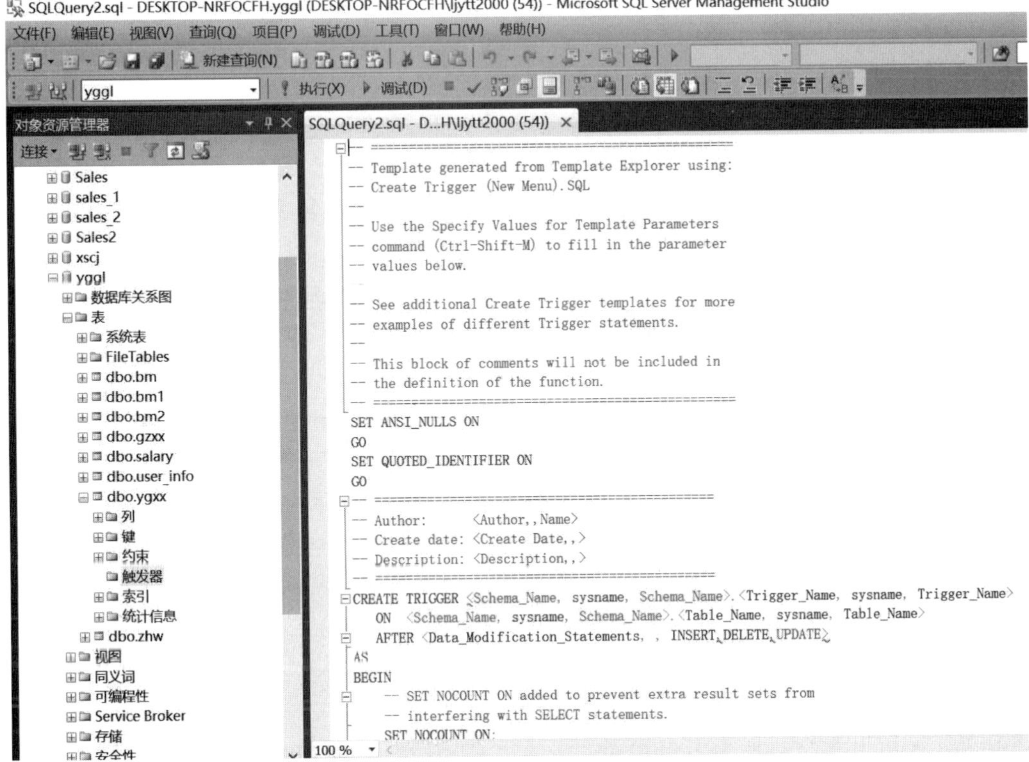

图 4.63 SQL 代码编辑器

在 SQL 代码编辑器的文本区域内，系统已给出以下创建触发器的默认语句：

```
CREATE TRIGGER <Schema_Name,sysname,Schema_Name>.<Trigger_Name,sysname,Trigger_Name>
ON <Schema_Name,sysname,Schema_Name>.<Table_Name,sysname,Table_Name>
AFTER <Data_Modification_Statements,,INSERT,DELETE,UPDATE>
AS
```

根据实际需要修改默认的语句，并在 AS 子句下输入触发器所要使用的语句。

④ 单击工具栏上的"✓"按钮，检查创建触发器语句的正确性。

⑤ 单击工具栏的"执行"按钮，创建触发器。

(2) 使用 T-SQL 语句创建触发器。

使用 T-SQL 语句创建触发器的语法格式为：

```
CREATE TRIGGER trigger_name
ON { table | view }
[ WITH ENCRYPTION ]
{ FOR | AFTER | INSTEAD OF } { [ INSERT ],[ DELETE ],[UPDATE]}
AS
```

```
[ IF UPDATE (column_name)
[ { AND | OR } UPDATE (column_name) ][,...n ]
sql_statements
```

[参数说明]

● trigger_name：用户要创建的触发器名称。

● table | view：与创建的触发器相关联的表或视图的名字，并且该表或视图必须已经存在。

● WITH ENCRYPTION：对包含有 CREATE TRIGGER 文本的 syscomments 表进行加密。

● AFTER：表示只有在执行了指定的操作之后触发器才被激活，从而执行触发器中的语句。若只使用 FOR 关键字，表示系统默认创建 AFTER 触发器。

● INSTEAD OF：表示创建 INSTEAD OF 触发器。

● [INSERT],[DELETE],[UPDATE]：用来指明哪种数据操作将激活触发器，三个中至少要指明一个选项，在触发器的定义中，三者的顺序不受限制，各选项之间用逗号隔开。

● IF UPDATE(column_name)：测定对某列是插入操作还是更新操作，可以指定两个以上的列。

● sql_statements：表示触发器将要执行的动作。

触发器的工作过程涉及两个特殊的临时表，分别是 Inserted 表和 Deleted 表，这两个表都存在内存中。

Inserted 表中存储着被 INSERT 和 UPDATE 语句影响的新的数据行。执行 INSERT 或 UPDATE 语句时，新的数据行被添加到指定表中，同时 Inserted 表中也存储了这些数据行。

Deleted 表中存储着被 DELETED 和 UPDATE 语句影响的旧数据行。在执行 DELETE 或 UPDATE 语句时，指定的数据行被从基本表中删除，然后保存在 Deleted 表中。基本表中和 Deleted 表中一般不会有相同的数据行。

因为 Inserted 和 Deleted 表存在内存中，仅在触发器执行时存在，在某一特定时间和某一特定表相关，所以，触发器结束执行后，这两个表中的数据都会丢失。若想把这些数据永久保存下来，需要把这两个表的数据复制到一个永久的表内。

(3) 创建触发器需要注意的问题。

创建触发器需要注意以下几个问题。

① CREATE TRIGGER 语句必须是批命令的第一条语句。随后的其他语句则都被解释为 CREATE TRIGGER 语句定义的一部分。

② 创建触发器的权限默认分配给表的所有者，并且该权限不能被转让。

③ 触发器是数据库对象，其名称要符合标识符命名规则。

④ 只能在当前数据库中创建触发器，但触发器可以引用当前数据库以外的数据对象。

⑤ 不能在视图或临时表上创建触发器。

⑥ 一个触发器只能对应一个表。

3. 使 T-SQL 语句创建触发器应用举例

(1) INSERT 触发器。

【例 4.84】 在数据库 yggl 的 ygxx 表上创建一个名为 ygxx_trigger1 的触发器，当对 ygxx 表执行插入操作时，该触发器被激活。

相应 T-SQL 语句如下：

```
USE yggl
GO
CREATE TRIGGER ygxx_trigger1
ON ygxx
FOR INSERT
AS
RAISERROR('非法操作',10,1)
```

当向 ygxx 表中插入数据时，触发器 ygxx_trigger1 被触发，但是数据仍能被插入到表中。例如，通过以下语句向 ygxx 表中插入数据：

```
INSERT INTO ygxx VALUES('60509','张明','男','06','005','本科','1988-02-18',null,null,null)
```

通过查询语句来查看表的内容时，会发现上述记录已经被插入到 ygxx 表中。这是由于定义触发器时，指定的是 FOR 关键字，AFTER 成了默认设置，触发器只有在 INSERT 操作完成后才被激活，因此可以将数据插入到 ygxx 表中。若要想在触发器被执行的同时取消触发触发器的 SQL 语句的操作，可以通过使用 INSTEAD OF 关键字来实现。

【例 4.85】 在 yggl 数据库的 ygxx 表上创建一个名为 ygxx_trigger2 的触发器，当向 ygxx 表中插入数据时，触发该触发器，要求触发器报警并取消插入操作。

相应 T-SQL 语句如下：

```
USE yggl
GO
CREATE TRIGGER ygxx_trigger2
ON ygxx
INSTEAD OF INSERT
AS
RAISERROR('对不起,您没有插入记录的权限。',10,1)
```

完成例 4.85 后，通过以下语句向 ygxx 表中插入数据：

```
INSERT INTO ygxx VALUES('60510','张赫','男','06','005','本科','1988-02-18',null,null,null)
```

在确认插入操作时，系统会发出提示信息：“对不起，您没有插入记录的权限。”然后通过 SELECT 语句查看 ygxx 表中内容，会发现上述记录并没有被插入到 ygxx 表中，即 INSTEAD OF 选项取消了 INSERT 操作。

例 4.84 和例 4.85 中都出现了 RAISERROR 函数，该函数用来返回用户定义的错误信息并设置系统标志，以记录发生的错误。

(2) UPDATE 触发器。

在对设有 UPDATE 触发器的表执行 UPDATE 操作时，将触发 UPDATE 触发器。用户可以通过定义 IF UPDATE (column)来使用 UPDATE 触发器。也可以通过在触发器定义中使用 and 或 or 连接多个 IF UPDATE(column)来实现多个特定列中的任意一列或多列被更新时使用触发器。

【例 4.86】 在数据库 yggl 的 ygxx 表上建立一个名为 ygxx_trig 的 UPDATE 触发器。该触发器在用户对 ygxx 表进行修改时被触发,该触发器不允许用户修改 ygxx 表中的 xm 列和 bh 列。

相应 T-SQL 语句如下:

```
USE yggl
GO
CREATE TRIGGER ygxx_trig
ON ygxx
INSTEAD OF UPDATE
AS
   IF UPDATE(bh)or UPDATE(xm)
   RAISERROR('不能修改员工的编号和姓名!',10,1)
```

完成例 4.86 后,用以下语句对 ygxx 表执行修改编号和姓名的操作。

```
USE yggl
GO
UPDATE ygxx
SET xm = '朱晓' WHERE bh = '10101'
```

在确认修改操作时,系统会发出提示信息:“不能修改员工的编号和姓名!”即操作无法进行,触发器起到了保护 ygxx 表中的 xm 列和 bh 列数据的作用。

当然,当对其他没有建立 UPDATE 触发器的列进行修改时不会触发 UPDATE 触发器。

(3) DELETE 触发器。

【例 4.87】 在数据库 yggl 的 ygxx 表上建立一个名为 ygxx_trig2 的 DELETE 触发器,以实现对 ygxx 表进行删除记录操作时给出提醒,同时取消删除操作。

相应 T-SQL 语句如下:

```
USE yggl
GO
CREATE TRIGGER ygxx_trig2
ON ygxx
INSTEAD OF DELETE
AS
  RAISERROR('对不起,您无权删除记录!',10,1)
```

完成例 4.87 后,用如下语句从 ygxx 表中删除一条记录:

```
DELETE FROM ygxx where bh = '10101'
```

确认删除操作时,系统会发出提示信息:“对不起,您无权删除记录!”然后查看 ygxx 表会发现要删除的记录仍然在表中。

4. 修改触发器

SQL Server 2014 允许对触发器进行修改,无须删除后重建。修改触发器有两种方法:使用对象资源管理器修改触发器和使用 T-SQL 语句修改触发器。

(1) 使用对象资源管理器修改触发器。

在对象资源管理器中找到需要修改的触发器,右击该触发器,在弹出的快捷菜单中选择"修改"命令,SQL 代码编辑器中出现要修改的触发器文本,根据实际修改需要进行相应的修改,然后单击工具栏上的"✓"按钮检查语句的正确性,最后执行修改后的触发器即可。

(2) 使用 T-SQL 语句修改触发器正文。

使用 T-SQL 语句修改触发器的语法格式为:

```
ALTER TRIGGER trigger_name
ON {table|view}
[WITH ENCRYPTION]
{FOR |AFTER|INSTEAD OF }{[INSERT],[UPDATE],[DELETE]}
AS
IF UPDATE(column_name)
[{AND | OR }UPDATE(column_name)][,...n]
sql_statements
```

各参数含义与创建触发器语句中各参数的含义相同,此处不再赘述。

5. 删除触发器

删除已创建的触发器有以下三种方法。

(1) 使用 T-SQL 语句中的 DROP TRIGGER 命令,其语法格式如下:

```
DROP TRIGGER trigger_name
```

(2) 删除触发器所在表的同时,SQL Server 2014 将自动删除与该表相关的触发器。

(3) 通过对象资源管理器删除触发器,具体操作为:右击需要删除的触发器,在弹出的快捷菜单中选择"删除"命令,在弹出的"删除对象"对话框中单击"确定"按钮。

4.9 备份还原与导入导出

数据库的备份和还原是数据库管理员和软件开发人员经常使用的操作之一。该操作为保护存储在数据库中的关键数据提供了基本的安全保障。数据库的备份是指对数据库结构、对象和数据的复制,以便在数据库遭到破坏时能够还原数据库。数据库的还原是指将数据库备份加载到服务器中的过程。良好的备份和还原策略有助于防止因各种故障而造成的数据库数据丢失。

导入导出是数据库系统与外部进行数据交换的操作。导入数据是指从外部数据源中检索数据,并将检索到的数据插入到 SQL Server 表中的过程,即把其他系统的数据引入到 SQL Server 的数据库中的过程。外部数据源包括 ODBC 数据源(如 Oracle 数据库)、OLE

DB数据源(如其他 SQL Server 数据库)、ASCII 文本和 Excel 表格。导出数据则是指将 SQL Server 数据库中的数据转换为某些用户指定格式的过程,即把 SQL Server 数据库中的数据引到其他系统的过程。

4.9.1 数据库的备份

当由于介质故障、用户操作错误、硬件故障、自然灾害等造成数据丢失时,人们可以利用备份对数据库进行恢复。

数据库备份可以在在线环境中运行。使用数据库备份能够将数据恢复到备份那一时刻的状态,但是对备份以后的修改,在数据文件和日志文件损坏的情况下将无法找回。这是数据库备份的主要缺点。

1. 数据库备份的类型

在 SQL Server 2014 中数据库备份有以下四种类型。

(1) 完整备份。

完整备份是指将整个数据库(包括数据文件和日志文件)进行备份,完整备份适用于备份容量较小或数据库中数据的修改较少的数据库。完整备份需要较多的时间和空间,不宜频繁使用。还原时,仅需要还原最后一次备份即可。

(2) 差异备份。

差异备份也叫增量备份,是完整备份的补充,仅仅备份最后一次完整备份后被修改的数据。差异备份需要的时间和空间较少。还原时,先还原最后一次完整备份,然后再还原最后一次差异备份即可。

(3) 事务日志备份。

事务日志备份只备份上次日志备份后所有的事务日志记录。事务日志备份需要的时间和空间更少。利用事务日志备份还原数据库时,可以指定恢复到某一事务。还原时,先还原最后一次完整备份,然后还原最后一次差异备份,再还原最后一次差异备份以后的所有事务日志备份。

(4) 文件或文件组备份。

文件或文件组备份是指只对某个特定的数据文件或数据文件组进行的备份。文件或文件组备份必须与事务日志备份相结合才有意义。该备份方式在数据库文件非常庞大时非常有效,由于每次只备份一个或几个文件或文件组,因此可分多次来备份数据库。这样可以解决大型数据库备份的时间过长的问题。

在每个数据库中,还原模式(恢复模式)共有三个选项,完整、大容量日志和简单,默认情况下是完整模式。完整模式和大容量日志模式都支持完整备份、差异备份和事务日志备份。简单模式支持完整备份和差异备份。由于大容量日志模式所记录的日志是不完整的,所以不能还原到指定的时间点。

如果想知道数据库 yggl 的还原模式,可以在对象资源管理器中进行查看。方法是右击要查看的数据库,在弹出的快捷菜单中选择“属性”命令,然后在左侧的“选择页”选项区选择“选项”,在右侧窗口中即可看到该数据库的还原模式(恢复模式),如果需要,也可在此修改该数据库的还原模式,如图 4.64 所示。

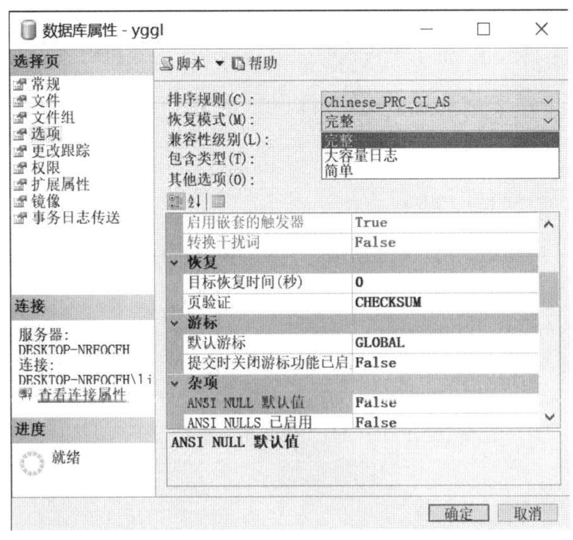

图 4.64 数据库还原模式的查看和修改

2. 使用对象资源管理器进行数据库备份

使用对象资源管理器进行数据库备份的具体操作如下(以数据库 yggl 为例)。

(1) 进入对象资源管理器,展开相应的数据库服务器。

(2) 展开"数据库"文件夹,右击要进行备份的数据库 yggl,然后在弹出的快捷菜单中选择"任务"命令,在下级菜单中选择"备份"命令,如图 4.65 所示。

图 4.65 打开"备份数据库"对话框的步骤

(3) 进入“备份数据库”对话框,如图 4.66 所示。在“源”区域选择要备份的数据库 yggl,然后单击“备份类型”下拉列表框选择备份的类型,默认的备份类型是“完整”。在此,也可选择“备份组件”下的“文件和文件组”,备份数据库中的某个文件或文件组。

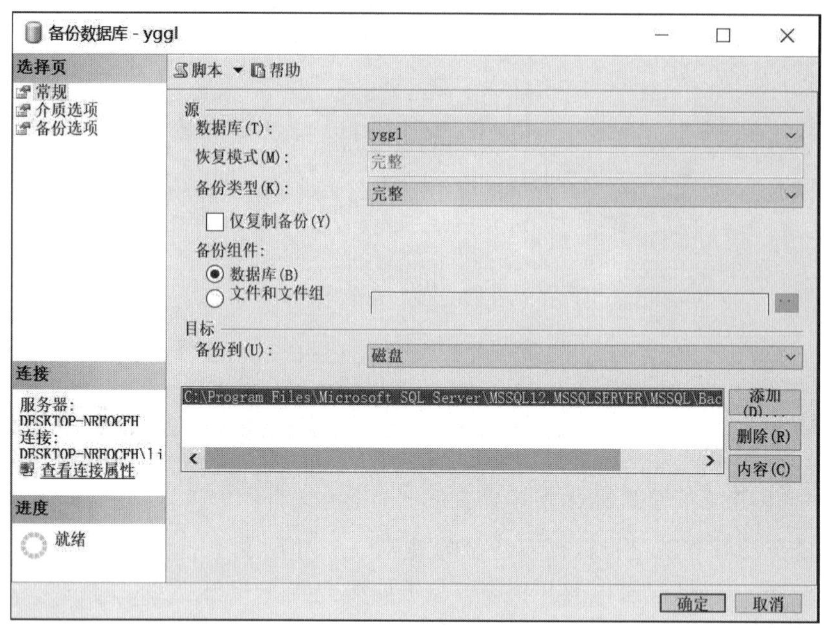

图 4.66 “备份数据库”对话框

(4) 在“备份数据库”对话框“目标”区域的“备份到”下拉列表框中选择“磁盘”选项,下方会显示出文件路径。如果需要更改路径,则可单击“添加”按钮,在弹出的“选择备份目标”对话框(如图 4.67 所示)中指定一个备份文件或备份设备即可。

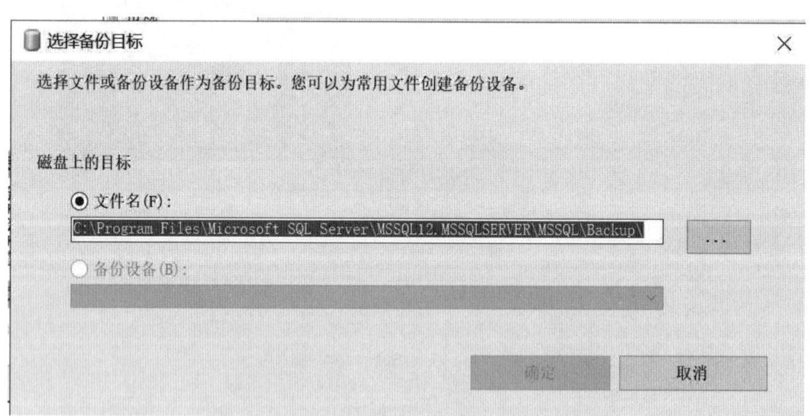

图 4.67 选择备份设备或备份目标文件

(5) 在“备份数据库”对话框左侧选择“介质选项”,在“覆盖介质”区域选择备份介质,如图 4.68 所示。选好后单击“确定”按钮,返回“备份数据库”对话框,然后单击“确定”按钮,系统即开始执行备份操作,并出现相应的提示信息。

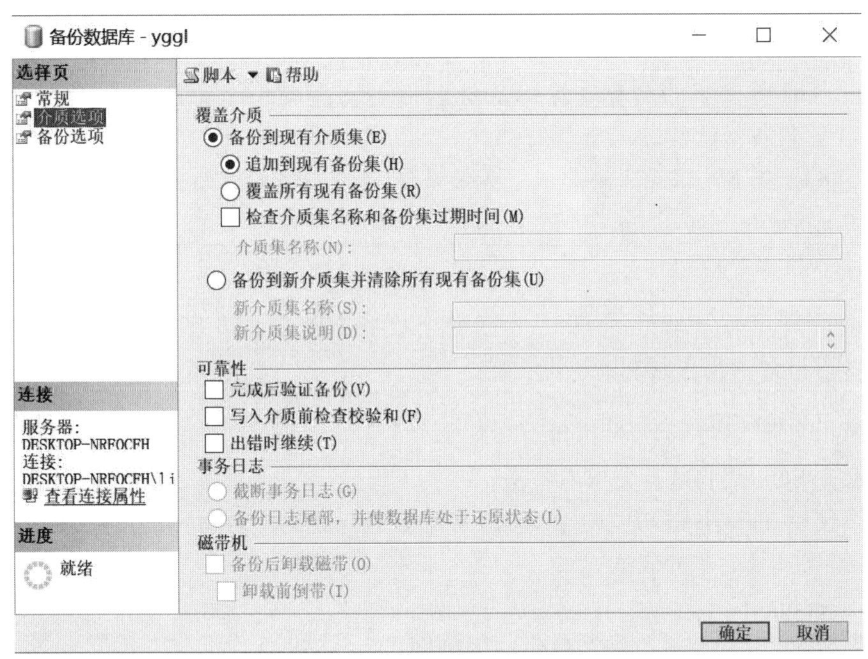

图 4.68　选择备份介质

(6) 当出现备份操作已成功完成的提示信息时(如图 4.69 所示)，单击“确定”按钮，结束备份操作。

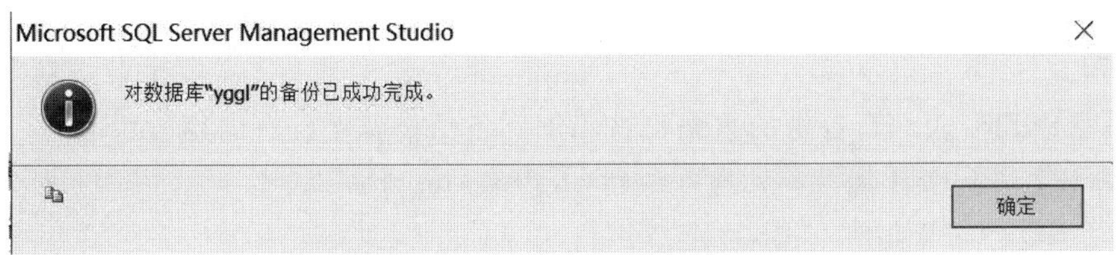

图 4.69　备份完成提示信息

3. 使用 T-SQL 语句进行数据库备份

(1) 用系统存储过程进行数据库备份。

在 SQL Server 2014 中，人们可以通过执行相关系统存储过程和语句来完成数据库的备份操作。

系统存储过程 sp_addumpdevice 用于创建一个备份设备，其语法格式为：

```
EXEC sp_addumpdevice [@devtype = ]'device_type',
[@logicalname = ]'logical_name',
[@physicalname = ]'physical_name'
```

[参数说明]

- device_type：用于指定备份设备的类型。备份设备是用来存放备份数据的物理设备，包括磁盘、磁带，分别用 disk 和 tape 表示。

● logical_name 和 physical_name：建立一个备份设备时，需要给该备份设备分配一个逻辑备份名称(logical_name)和物理备份名称(physical_name)。物理备份名称是操作系统访问物理设备时所使用的名称。逻辑备份名称是物理备份名称的一个别名，便于 SQL Server 2014 管理备份设备。

【例 4.88】 在本地磁盘上创建一个备份设备，其逻辑备份名称为 yggldatabackup，物理备份名称为 d：\yggl. back。

相应 T-SQL 语句如下：

```
EXEC sp_addumpdevice 'disk','yggldatabackup','d：\yggl.back'
```

删除备份设备则执行以下语句：

```
EXEC sp_dropdevice 'yggldatabackup'
```

(2) 用 T-SQL 语句进行数据库备份。

用户可使用 T-SQL 语句中的 BACKUP 命令进行数据库备份。BACKUP 命令子句很多，这里仅给出其最简单的表达方式。

① 完整备份。

使用 BACKUP 命令进行完全备份的语法格式为：

```
BACKUP  DATABASE <database_name> TO <backup_device>
[WITH [INIT|NOTINIT]]
```

[参数说明]

● INIT：表示新备份的数据覆盖备份设备上的原有内容，即备份后原来在此设备上的数据将被覆盖。

● NOTINIT：表示新备份的数据将被添加到备份设备上已有内容的后面。

【例 4.89】 将 yggl 数据库完整备份到 ygglbackup 设备上。

相应 T-SQL 语句如下：

```
BACKUP  DATABASE yggl to ygglbackup
```

执行结果如图 4.70 所示

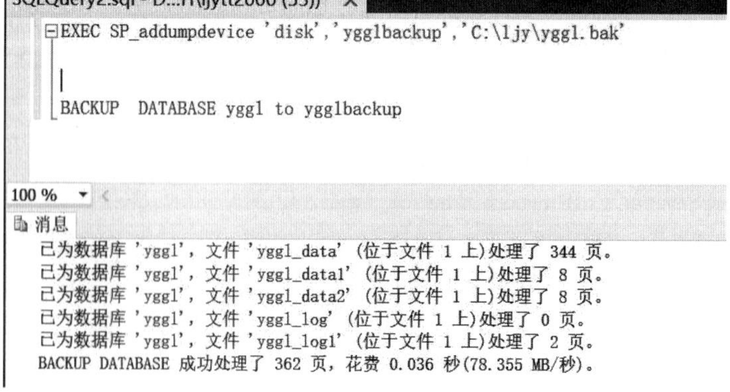

```
SQLQuery2.sql - D...H\ljytt2000 (53))*
EXEC SP_addumpdevice 'disk','ygglbackup','C:\ljy\yggl.bak'

BACKUP  DATABASE yggl to ygglbackup

100 %
消息
已为数据库 'yggl'，文件 'yggl_data' (位于文件 1 上)处理了 344 页。
已为数据库 'yggl'，文件 'yggl_data1' (位于文件 1 上)处理了 8 页。
已为数据库 'yggl'，文件 'yggl_data2' (位于文件 1 上)处理了 8 页。
已为数据库 'yggl'，文件 'yggl_log' (位于文件 1 上)处理了 0 页。
已为数据库 'yggl'，文件 'yggl_log1' (位于文件 1 上)处理了 2 页。
BACKUP DATABASE 成功处理了 362 页，花费 0.036 秒(78.355 MB/秒)。
```

图 4.70 例 4.89 的执行结果

② 差异备份。

使用 BACKUP 命令进行差异备份的语法格式为：

```
BACKUP  DATABASE <database_name> TO <backup_device>
WITH DIFFERENTIAL[INIT|NOTINIT]]
```

③ 事务日志备份。

使用 BACKUP 命令进行事务日志备份的语法格式为：

```
BACKUP LOG <database_name> TO <backup_device>
[WITH [INIT|NOTINIT]]
```

④ 文件或文件组备份。

使用 BACKUP 命令进行文件或文件组备份的语法格式为：

```
BACKUP  DATABASE <database_name>
FILE = 'logical_filename'|FILEGROUP = 'logical_filegroup_name'
TO <backup_device>
[WITH [INT|NOTINT]]
```

4.9.2 数据库的还原

数据库的还原也叫数据库的恢复，是与数据库的备份相对应的操作。还原数据库时，SQL Server 2014 会自动将备份文件中的数据全部复制到数据库中，并回滚未完成的事务，以保证数据库中数据的一致性。

1. 数据库恢复模式

恢复模式是数据库属性中的选项，用于控制数据库备份和还原的基本行为。备份和还原都是在“恢复模式”下进行的，恢复模式不仅简化了恢复计划，简化了备份和还原的过程，而且明确了系统要求之间的平衡，也明确了可用性和恢复要求之间的平衡。SQL Server 2014 支持的恢复模式有三种：完整模式、大容量日志模式和简单模式，前文已介绍过，这里不再赘述。

2. 使用对象资源管理器还原数据库

使用对象资源管理器还原数据库的具体操作如下(以数据库 yggl 为例)。

(1) 进入对象资源管理器，展开相应的数据库服务器。

(2) 选择要还原的数据库名并右击，在弹出的快捷菜单中选择“任务”命令，在下级菜单中依次选择“还原”→“数据库”命令，打开如图 4.71 所示的“还原数据库”对话框。

(3) 在“目标”区域的“数据库”下拉列表框中选择或输入要还原的目标数据库，该数据库可以是不同于备份数据库的另一个数据库，即根据需要可以将一个数据库的备份还原到另一数据库中。若输入一个新的数据库名称，SQL Server 2014 将自动新建一个数据库，并将数据库备份还原到新建的数据库中。通过“还原到”可以设置还原的时间点。

(4) 在“还原计划”中选择要还原的备份集。

(5) 在对话框左侧选择“文件”，在右侧可以将数据库文件重新定位，也可以还原到原位置，如图 4.72 所示。

还原数据库 - yggl
将进行源数据库的结尾日志备份。在"选项"页上查看此设置。
选择页
常规
文件
选项
脚本 · 帮助
源
数据库(D): yggl
设备(E):
数据库(A):
目标
数据库(B): yggl
还原到(R): 上次执行的备份(2020年5月6日 8:40:36)
时间线(T)...
还原计划
要还原的备份集(C):
还原 名称 组件 类型 服务器 数据库 位置 第一个 LSN 最后一个 LSN 检查点 LS
数据... 完... DESKTOP-NR... yggl 1 380000000077... 380000000094... 3800000
连接
DESKTOP-NRFOCFH
查看连接属性
进度
就绪
验证备份介质(V)
确定 取消 帮助

图 4.71 "还原数据库"对话框

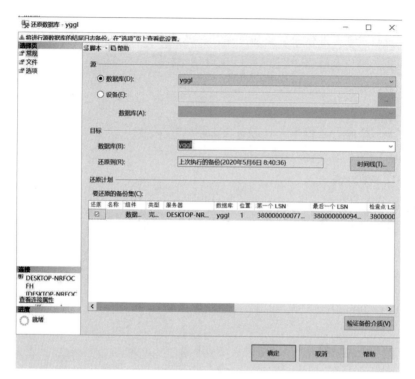

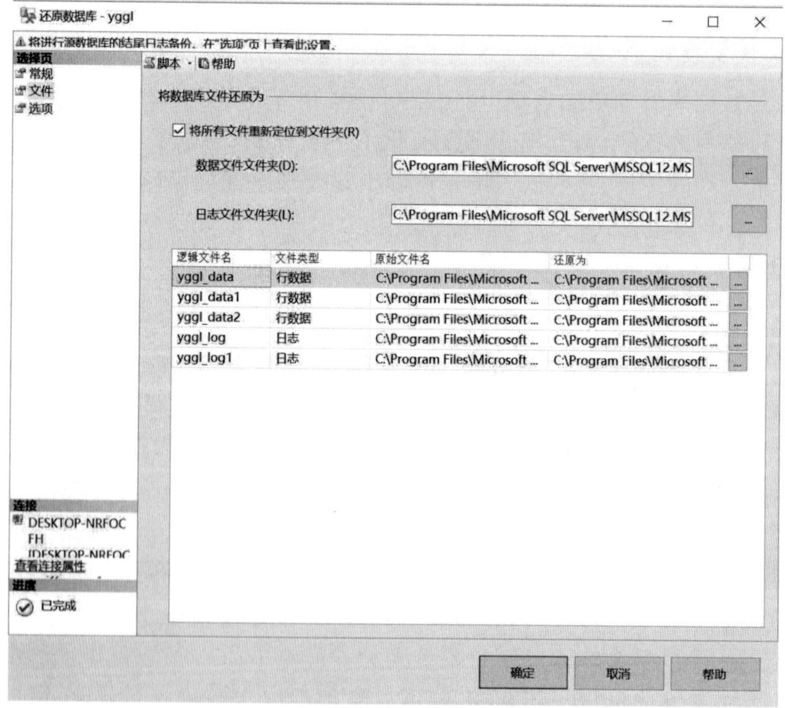

图 4.72 设置文件备份还原的位置

(6) 在对话框左侧选择"选项",此时根据需要在对话框右侧可进行相应的设置,如图4.73所示。设置完成后,单击"确定"按钮,会出现如图4.74所示的还原成功提示信息。单击"确定"按钮即可完成还原数据库的操作。

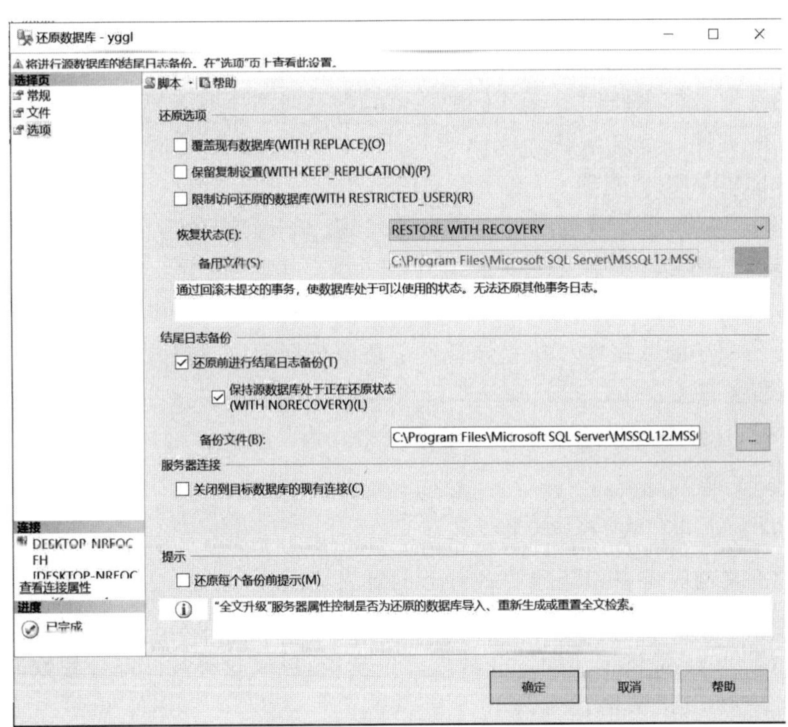

图 4.73　还原数据库的各种选项

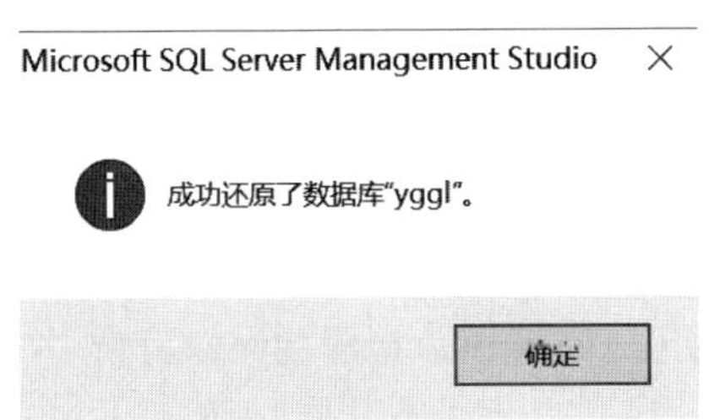

图 4.74　数据库还原成功提示信息

3. 使用 T-SQL 语句还原数据库

用户可以使用 T-SQL 语句中的 RESTORE 命令还原整个数据库、日志文件和部分数据库。

(1) 完整备份还原。

使用 RESTORE 命令进行完整备份还原的语法格式为:

```
RESTORE DATABASE <databasename> FROM <backup_device>
[WITH [FILE = n][,NORECOVERY|RECOVERY]|STANDBY][,REPLACE]]
```

[参数说明]

- FILE=*n*：表示从第几个备份中还原。如果数据库在同一备份设备上做了两次备份，则还原第一个备份时使用“FILE=1”，还原第二个备份时使用“FILE=2”。
- RECOVERY：指定在数据库还原完成后，回滚被还原的数据库中所有未完成的事务，以保证数据的一致性。还原后，用户就可以访问数据库了。即RECOVERY选项用于最后一个备份的还原。如果使用NORECOVERY，则不回滚所有未完成的事务，还原结束后，用户不能访问数据库。系统默认为RECOVERY。所以，当不是对最后一个备份进行还原时，使用NORECOVERY选项。
- STANDBY：指明让数据库处于只读模式，撤销未提交的事务。但是，系统会将未提交的事务保存到备用文件中。
- REPLACE：覆盖现有数据库。

从完全备份中还原数据库和从差异备份中还原数据库语法格式是一样的。

(2) 还原事务日志。

使用RESTORE命令还原事务日志的语法格式为：

```
RESTORE LOG <databasename> FROM <backup_device>
[WITH [FILE = n][,NORECOVERY|RECOERY]]
```

各参数的意义与完整备份还原中各参数的意义相同。

(3) 还原部分数据库。

SQL Server 2014提供了还原部分数据库的功能，可以只将某一部分的数据库还原到相应的数据库文件中，其语法格式为：

```
RESTORE DATABASE <databasename><file_logicalname|filegroup_logicalname>
FROM <backup_device>
[WITH PARTIAL]
[,FILE = n][,NORECOVERY|RECOERY][,REPLACE]]
```

[参数说明]

- file_logicalname|filegroup_logicalname：表示要还原的数据库文件或文件组的名称。
- PARTIAL：表示此次还原只还原数据库的一部分。

4.9.3 数据导入

用户可以利用SQL Server导入和导出向导完成数据的导入工作。这里以把Excel中的数据导入到SQL Server 2014为例介绍数据导入过程。被导入的Excel文件名为employee，里面存放着员工的相关信息。用户可以按照employee.xls的格式先在数据库yggl中创建employee表，列的顺序与employee.xls中列的顺序一样，然后将employee.xls文件中的数据直接添加到表中；也可以在数据导入过程中新建employee表。这里介绍的过程为后者。

(1) 进入对象资源管理器，展开相应的数据库服务器，展开“数据库”，右击“yggl”数据库，在弹出的快捷菜单中依次选择“任务”→“导入数据”命令，如图4.75所示。

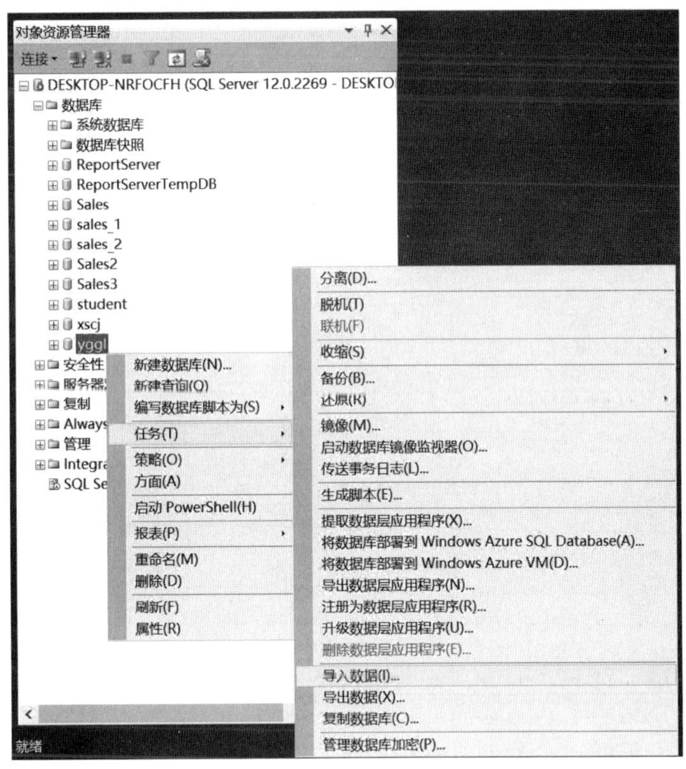

图 4.75　打开"SQL Server 导入和导出向导"

(2) 进入"SQL Server 导入和导出向导"的第一个对话框,如图 4.76 所示。单击"下一步"按钮,进入"SQL Server 导入和导出向导"的第二个对话框,即"选择数据源"对话框。

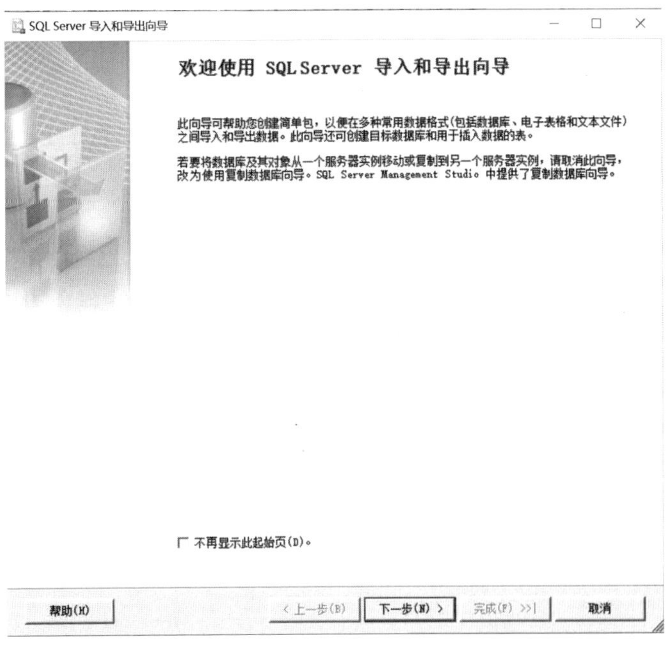

图 4.76　"SQL Server 导入和导出向导"的第一个对话框

(3) 在“选择数据源”对话框中选择数据源的类型，这里选择 Microsoft Excel，接着单击“Excel 文件路径”右侧的“浏览”按钮，选择要导入的 Excel 文件，如图 4.77 所示。然后单击“下一步”按钮，进入“选择目标”对话框。

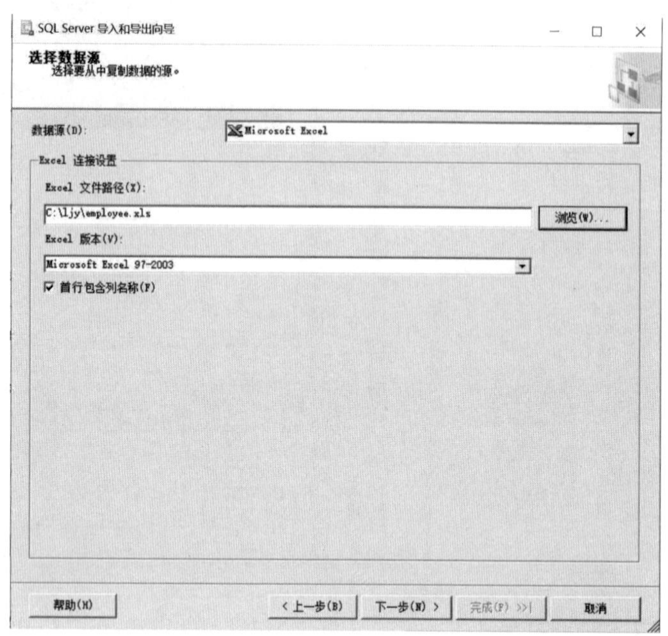

图 4.77　在“选择数据源”对话框中选择数据源类型和路径

(4) 在“选择目标”对话框中选择目标、服务器名称、身份验证方式和数据库，如图 4.78 所示。然后单击“下一步”按钮，进入“指定表复制或查询”对话框。

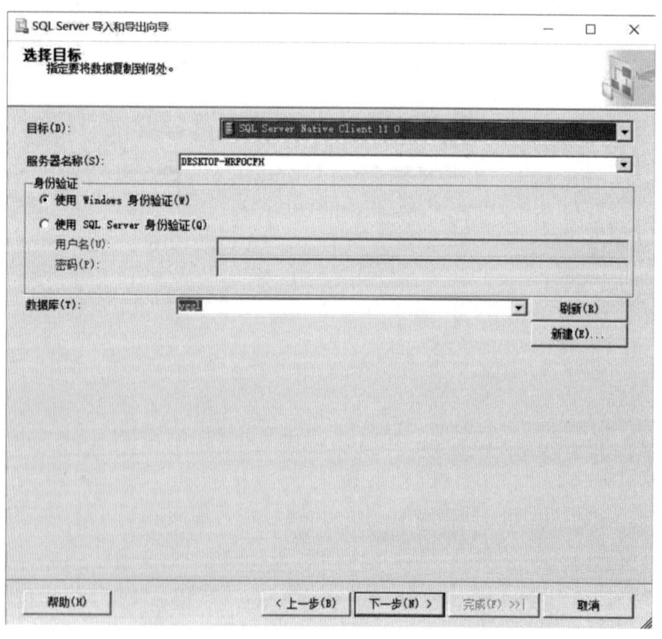

图 4.78　在“选择目标”对话框进行相关设置

（5）在“指定表复制或查询”对话框中选择“复制一个或多个表或视图的数据”，如图 4.79 所示，然后单击“下一步” 按钮，进入“选择源表和源视图”对话框。

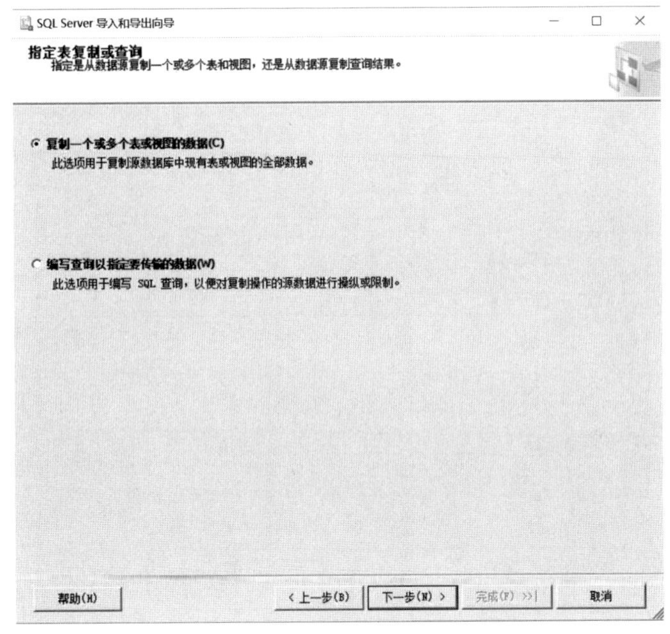

图 4.79 “指定表复制或查询”对话框

（6）在“选择源表和源视图”对话框中选择源表“employee”，如图 4.80 所示，然后单击“下一步”按钮，进入“保存并运行包”对话框。

图 4.80 “选择源表和源视图”对话框

(7) 在“保存并运行包”对话框中选择其中的“立即运行”复选框，如图 4.81 所示，并单击“下一步”按钮，进入“完成该向导”对话框，如图 4.82 所示。

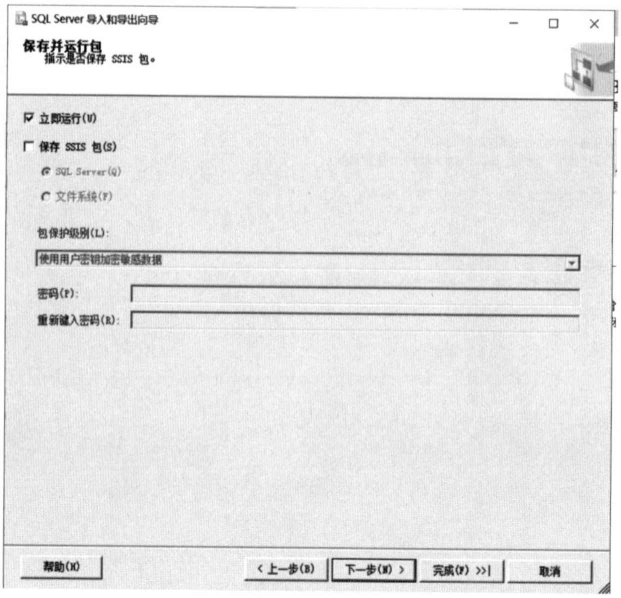

图 4.81 “保存并运行包”对话框

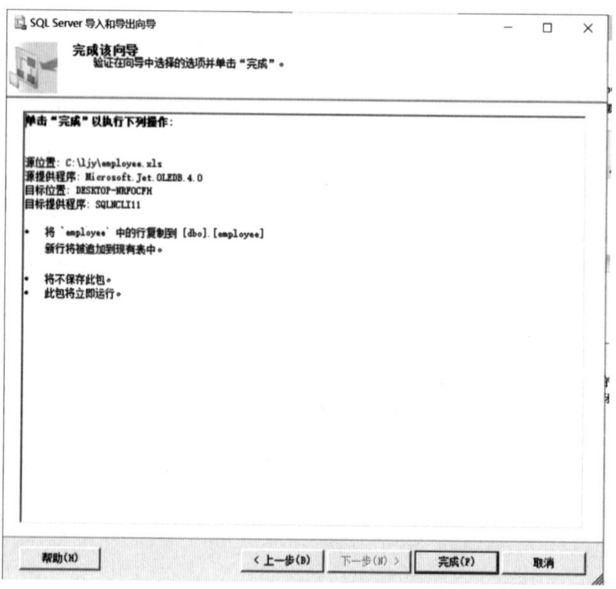

图 4.82 “完成向导”对话框

(8) 在“完成该向导”对话框中单击“完成”按钮，最后进入如图 4.83 所示的“执行成功”对话框。在此对话框中单击“关闭”按钮完成数据导入工作。

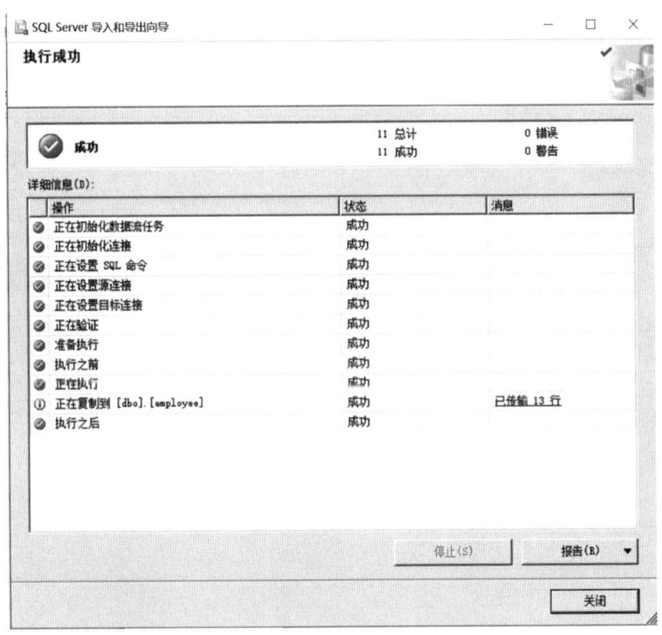

图 4.83 "执行成功"对话框

(9) 在对象资源管理器中,打开数据库 yggl 中的 employee 表,可以发现其中已经添加了 Excel 文件中对应的数据,如图 4.84 所示。

100 %

结果 消息

	employee_id	employee_name	sex	birth_date	hire_date	address	telephone	wages	department_id	resume	er
4	E003	于明理	男	1984-01-05	2007-09-01	公司集体宿舍	85597339	4100.00	D001	2007年华南师范大学本科毕业	N
5	E004	肖海燕	女	1981-10-11	2005-09-09	公司集体宿舍	82655128	4300.00	D001	2004年上海大学本科毕业	N
6	E005	张明华	男	1987-08-10	2010-09-01	芙蓉北路16号	82656983	4500.00	D002	2010年中南大学本科毕业	N
7	E006	李丽华	女	1983-03-12	2009-08-25	公司集体宿舍	88763125	4100.00	D003	2009中南大学硕士研究生毕业	N
8	E007	王珂珂	女	1986-11-12	2009-10-01	公司集体宿舍	88825799	3700.00	D002	2008年西安交大本科毕业	N
9	E008	赵章华	男	1984-06-02	2010-01-09	公司集体宿舍	88839766	3800.00	D005	2006年湖南大学信息专业本科毕业	N
10	E009	许毅飞	男	1982-07-17	2011-08-09	公司集体宿舍	82655989	3800.00	D005	2004年浙江大学通信专业本科毕业	N
11	E010	HHHH	男	1990-09-09	2011-09-09	公司集体宿舍	89987777	3890.00	D005	jfjgdkf	N
12	E011	GGGG	女	1992-09-09	2012-09-09	公司集体宿舍	99899899	3890.00	D001	RTRYTRT	N
13	E012	章文文	女	1992-09-09	2015-03-03	公司集体宿舍	87787667	5600.00	D001	GHGHHG	N

图 4.84 已将 Excel 中的数据导入 yggl 数据库的 employee 表

4.9.4 数据导出

这里以导出数据库 yggl 中 ygxx 表的数据为例,介绍 SQL Server 2014 的数据导出过程。

(1) 进入对象资源管理器,展开相应的数据库服务器,右击"yggl"数据库,在弹出的快捷菜单中依次选择"任务"→"导出数据"命令,打开"SQL Server 导入和导出向导"的第一个对话框,单击其中的"下一步"按钮。出现"选择数据源"对话框。在此对话框中设置数据源、身份验证方式和数据库,如图 4.85 所示。接着单击"下一步"按钮,进入"选择目标"对话框。

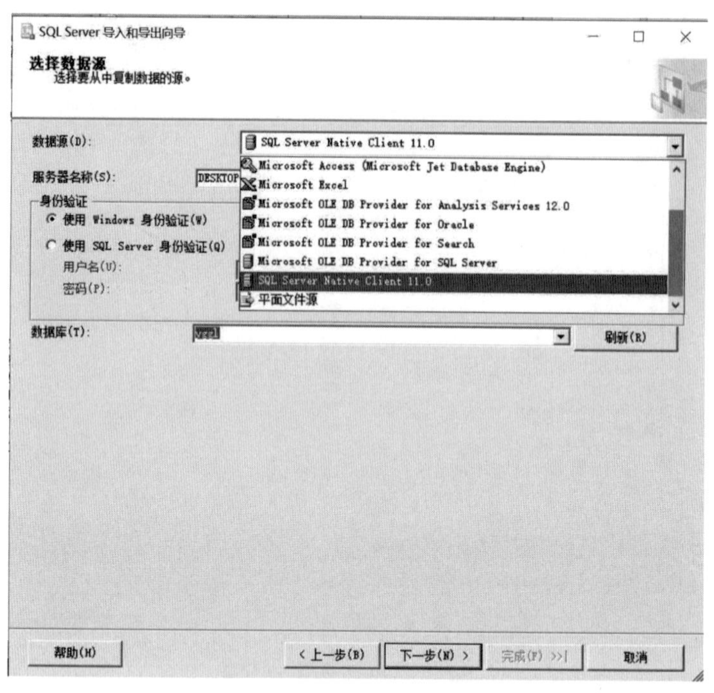

图 4.85 “选择数据源”对话框

(2) 在“选择目标”对话框中将目标设置为 Microsoft Excel，接着设置 Excel 文件路径和 Excel 版本，如图 4.86 所示。然后单击“下一步”按钮，进入“指定表复制或查询”对话框。

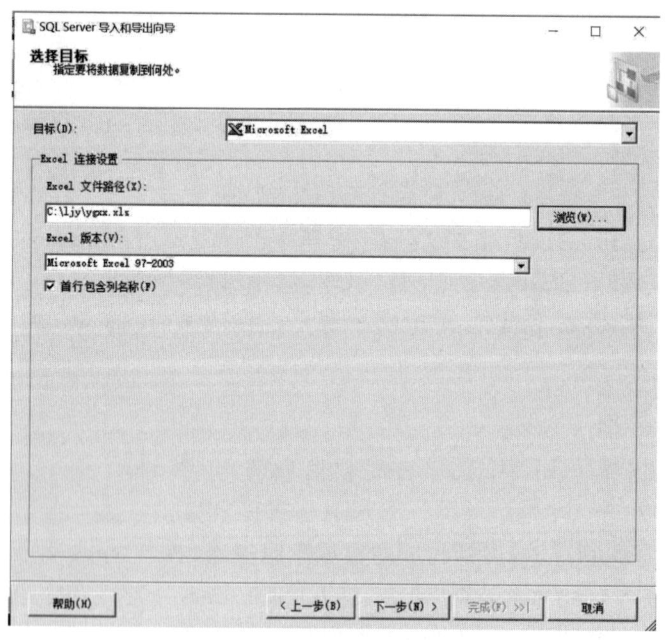

图 4.86 “选择目标”对话框

(3) 在“指定表复制或查询”对话框中选择其中一个选项，如选择“复制一个或多个表或视图的数据”，如图 4.87 所示，然后单击“下一步”按钮，进入“选择源表或源视图”对话框。

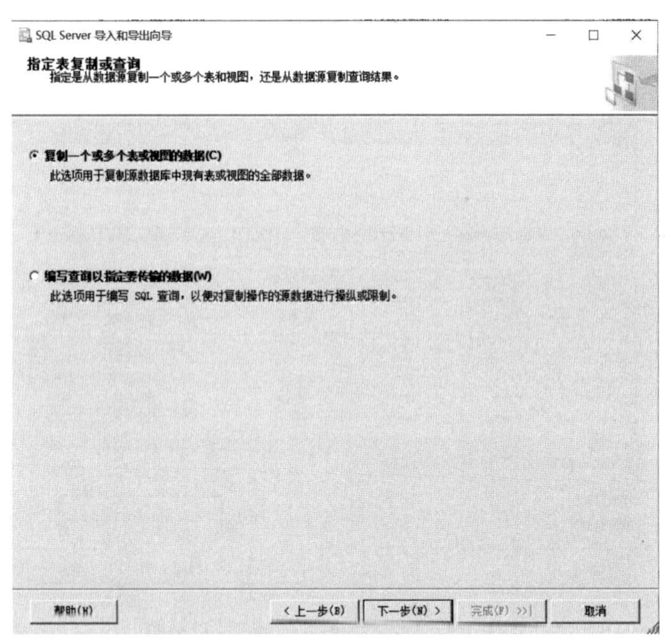

图 4.87 “指定表复制或查询”对话框

(4) 在“选择源表和源视图”对话框中设置源为“[dbo].[ygxx]”，目标为“ygxx”，如图 4.88 所示。然后单击“下一步”按钮，进入如图 4.89 所示的“查看数据类型映射”对话框。在此对话框接着单击“下一步”按钮，进入“保存并运行包”对话框。

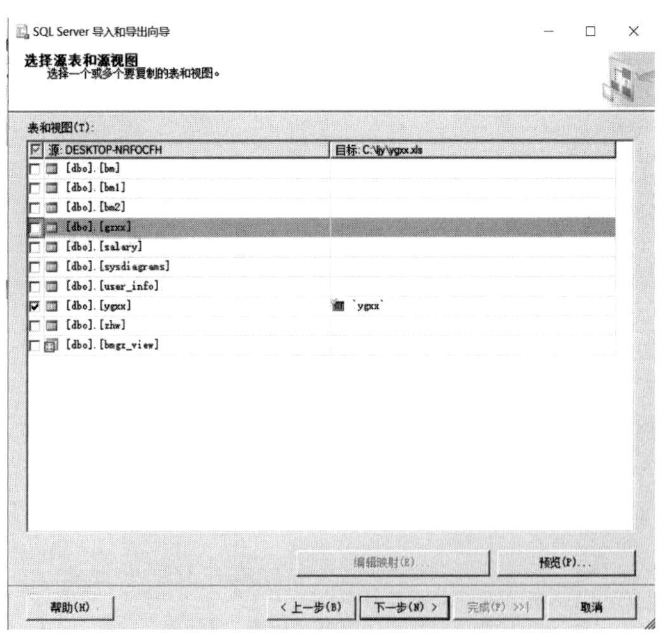

图 4.88 “选择源表和源视图”对话框

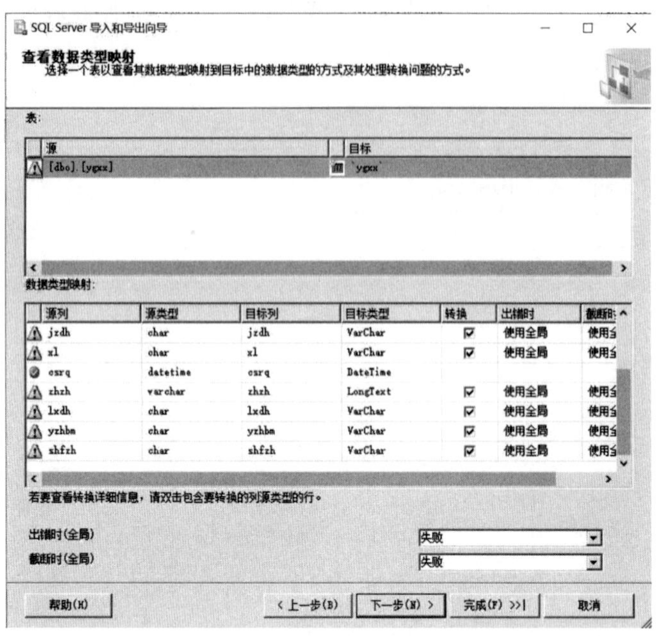

图 4.89 “查看数据类型映射”对话框

(5) 在“保存并运行包”对话框中选择其中的“立即运行”复选框，如图 4.90 所示，然后单击“完成”按钮，进入如图 4.91 所示的“执行成功”对话框，在此对话框中单击“关闭”按钮完成数据导出操作。

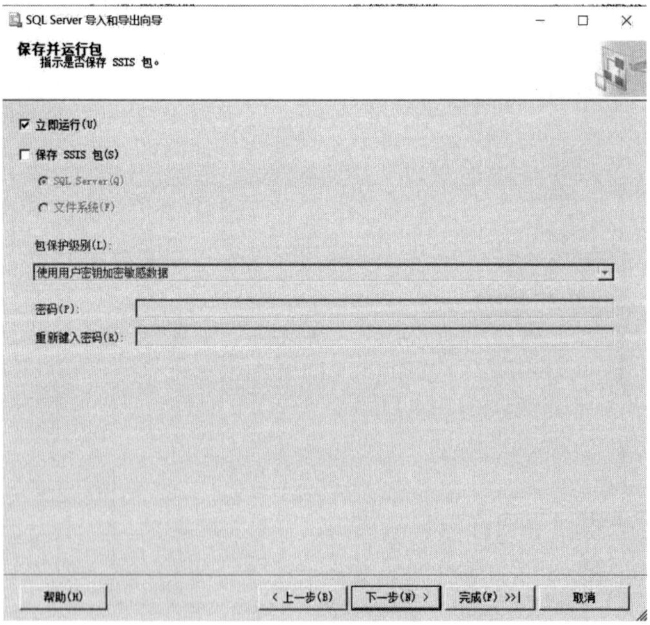

图 4.90 “保存并运行包”对话框

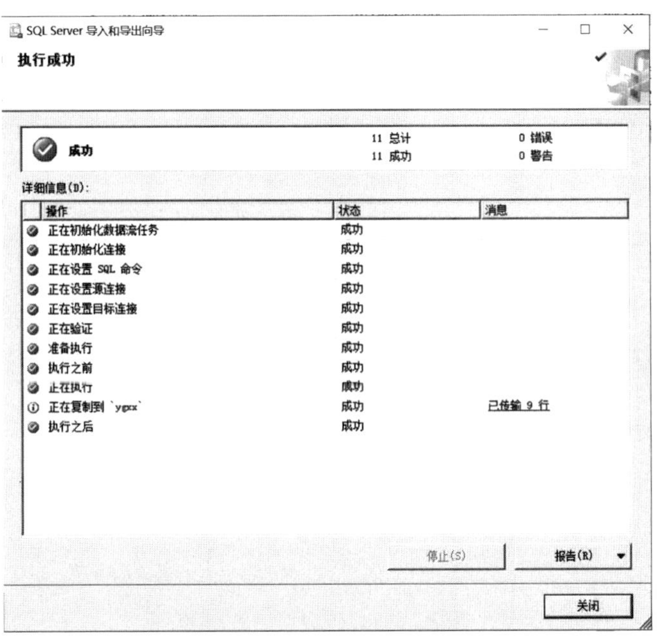

图 4.91　“执行成功”对话框

若在(3)中选择的是“编写查询以指定要传输的数据”，则进入如图 4.92 所示的“提供源查询”对话框。在此对话框的 SQL 语句区域中输入相应的查询语句，并单击“下一步”按钮，会打开如图 4.93 所示的“选择源表和源视图”对话框，在此对话框中单击“下一步”或“完成”按钮，在向导的进一步指引下也可完成数据导出操作。

图 4.92　“提供源查询”对话框

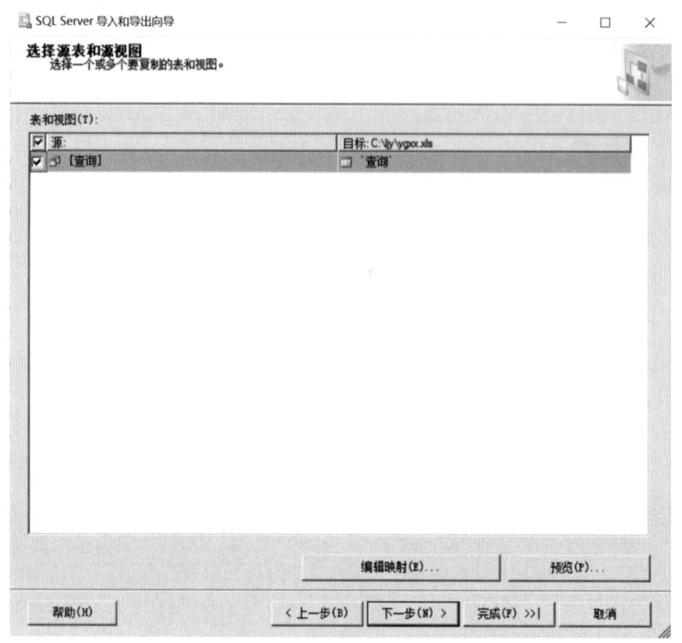

图 4.93 “选择源表和源视图”对话框

最后，打开 ygxx. xls，可以发现其中已有了数据库 yggl 中 ygxx 表的数据，图略。

4.10 SQL Server 2014 的安全性管理

4.10.1 SQL Server 2014 的安全体系

数据库是电子商务系统的核心资源，确保数据库的安全至关重要。SQL Server 2014 的安全体系包括身份验证、有效性验证和权限管理三部分内容。其功能结构基于如下三个基本实体：

① 主体：即安全账户。

② 安全对象：即要保护的对象。

③ 权限：即为主体访问安全对象所提供的权限。

对主体、安全对象和权限的理解，可以用简单的一句话来表示：给予＜主体＞对于＜安全对象＞的＜权限＞。

1. SQL Server 2014 的身份验证模式

SQL Server 2014 有两种身份验证模式：Windows 验证模式和混合验证模式。

（1）Windows 验证模式。

Windows 验证模式是指当用户登录 Windows 时对其进行身份验证，登录 SQL Server 2014 时不再进行身份验证。

（2）混合验证模式。

混合验证模式是指 Windows 验证和 SQL Server 验证两种验证模式都可以使用。Windows

用户既可以使用 Windows 验证，也可以使用 SQL Server 验证。使用 SQL Server 认证时，用户在连接 SQL Server 2014 时必须提供登录名和登录密码，这些登录信息将存储在系统表 syslogins 中，与 Windows 的登录账号无关。SQL Server 2014 自己执行认证处理，若输入的登录信息与系统表 syslogins 中的一条记录相匹配，则登录成功。

2. 架构

SQL Server 架构是数据库中的逻辑名称空间。数据库管理员可以使用架构来组织数据库存储的大量对象和赋予这些对象的权限，在一个架构中不允许存在同名的两个表。从管理角度看，架构是数据库对象的集合，当创建了一个对象（如表或存储过程）时，这个对象就会关联到一个数据库架构。默认情况下，每个数据库包含一个 dbo 架构，必要时，数据库管理员可以创建其他架构。

3. 主体

主体是可以请求 SQL Server 资源的实体。主体也可以按层次结构排列。主体的影响范围取决于主体的定义范围以及主体是否不可分割（是一个集合）。

（1）Windows 级的主体。

Windows 级的主体是最高层的主体。该级别的实体是 Windows 实体而不是 SQL Server 实体。Windows 级的主体包括：

① Windows 域登录名/组；

② Windows 本地登录名/组。

如果为一个 Windows 本地组配置了一个 SQL Server 主体，就等于为组里的所有 Windows 账户（包括 Windows 登录名、Windows 域组和其他 Windows 本地组）赋予了对 SQL Server 的访问权限。

（2）SQL Server 级的主体。

这一级别的主体包括 SQL Server 登录名和服务器角色。它们不映射任何 Windows 账户，Windows 用户的身份不影响用户使用 SQL Server 登录名访问服务器的能力。

SQL Server 登录名最常见的用途是，在 Windows 主体不可选择时，为非 Windows 客户端应用程序提供一个连接到 SQL Server 的选项。此外，SQL Server 登录名也经常用于向后兼容那些依赖于 SQL Server 登录的旧系统。

（3）数据库级的主体。

实体访问数据库的请求一旦得到验证，数据库主体就获得了对数据库的访问权限。这些实体存在于独立的数据库上，代表 Windows 或 SQL Server 登录账户到这些独立数据库的映射。数据库级的主体主要有数据库用户、数据库角色和应用程序角色。

（4）特殊主体。

① sa 登录名。

sa 代表 system administrator，是服务器级的主体。这种主体对服务器实例有完全的管理权限。新安装 SQL Server 系统时，sa 登录名会被自动创建。sa 登录名仅在服务器配置为允许 SQL Server 身份验证时才会用到。SQL Server 2014 允许在安装过程中重命名 sa 账户并提供密码，这解决了SQL Server早期版本中的管理员账户的安全问题。

② public数据库角色。

每个数据库都有一个public角色。默认情况下，所有数据库用户（包括访客用户）都属于public数据库角色。public数据库角色是固定的，并且不能删除。

③ INFORMATION_SCHEMA和sys。

每个数据库都包含INFORMATION_SCHEMA和sys这两个实体，它们都被显示在目录视图中。这两个实体是SQL Server所必需的，不能删除和修改。

④ guest用户。

每个数据库都包括一个guest用户。授予guest用户的权限可以由对数据库具有访问权限但在数据库中没有用户账户的用户继承。不能删除guest用户，但可以通过撤销该用户的CONNECT权限将其禁用。可以通过在master或tempdb以外的任何数据库中执行REVOKE CONNECT FROM GUEST命令来撤销CONNECT权限。

4. SQL Server安全对象

安全对象是SQL Server的实体，向经过验证的用户提供一些功能。安全对象有不同的级别，其作用范围可以是服务器、数据库或架构。因为安全对象也是组织成层次结构的，所以数据库和架构作用范围本身也是安全对象。

5. 权限

权限表示主体和安全对象之间的关系。主体要与安全对象交互，必须要有访问安全对象的权限。随着每个SQL Server版本的发布，Microsoft都添加了新的安全对象和权限选项，可通过查阅SQL Server联机丛书来获取。

4.10.2 服务器的安全性管理

SQL Server 2014的安全性管理是建立在认证和访问许可两种机制上的。认证是指确定登录SQL Server 2014的用户的登录账号和密码的正确性，据此来验证其是否有连接SQL Server 2014的权限。然而，通过了认证并不代表能够访问SQL Server 2014中的数据，只有通过访问许可之后，才能对服务器上的数据库进行权限许可范围内的各种操作。用户访问数据库权限的设置是通过用户账号来实现。

1. SQL Server登录账号

在SQL Server 2014中，一个登录账号合法只表明该账号通过了Windows认证或SQL Server认证，并不意味着其可以对数据库中的数据和数据对象进行某种或某些操作。一个登录账号只有和一个或几个数据库用户相对应，才可以访问数据库。

2. 设置SQL Server身份验证模式

可通过SQL Server Management Studio设置SQL Server身份验证模式，过程如下：

(1) 启动SQL Server Management Studio，在对象资源管理器中选择要进行验证模式设置的服务器。

（2）右击该服务器，在弹出的快捷菜单中选择“属性”命令，打开“服务器属性”对话框。

（3）在“服务器属性”对话框中的“选择页”选项区选择“安全性”，如图 4.94 所示。

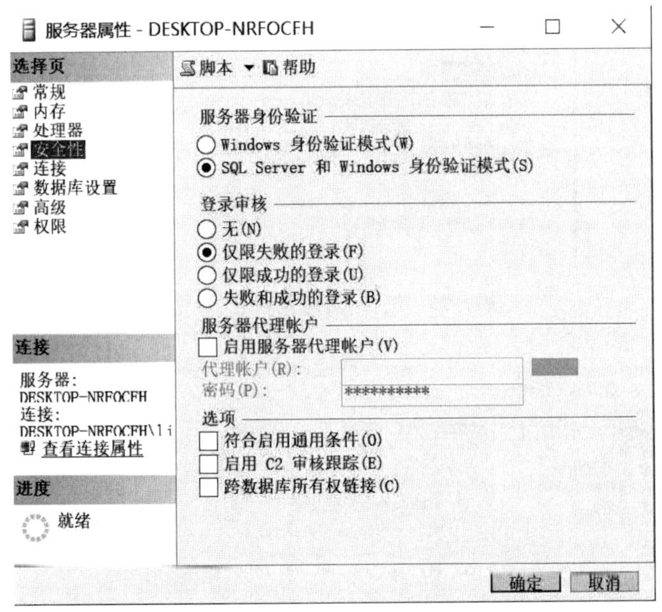

图 4.94　在“服务器属性”对话框中选择“安全性”

（4）在“服务器身份验证”区域选择要设置的验证模式，同时在“登录审核”区域选择其中一个选项。都设置好后单击“确定”按钮完成操作。

3. 添加 Windows 身份验证登录账号

（1）使用 SQL Server Management Studio 添加 Windows 身份验证登录账号。

使用 SQL Server Management Studio 添加 Windows 身份验证登录账号的具体步骤如下。

① 创建 Windows 用户。

以管理员身份登录 Windows，为系统增加一个新用户。操作系统版本不同，操作过程也有所不同，这里所创建的新用户为 ljytt。

② 将 Windows 网络账号加入 SQL Server 2014 中。

以管理员身份登录 SQL Server 2014，进入 SQL Server Management Studio，右击“安全性”下的“登录名”，在弹出的快捷菜单中选择“新建登录名”命令（如图 4.95 所示），打开“登录名-新建”对话框。在此对话框中单击“常规”，然后单击“登录名”右侧的“搜索”按钮，选择用户名或用户组，将其添加到 SQL Server 登录用户列表中，如图 4.96 所示。本例的用户名为 DESKTOP-NRFOCFH\ljytt，其中 DESKTOP-NRFOCFH 为本地计算机名。

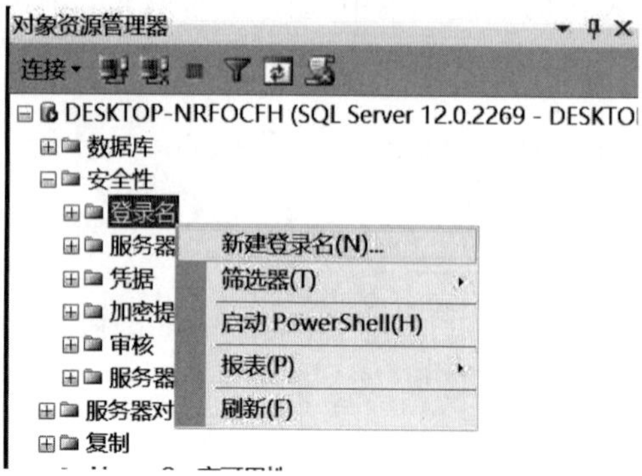

图 4.95 选择“新建登录名”命令

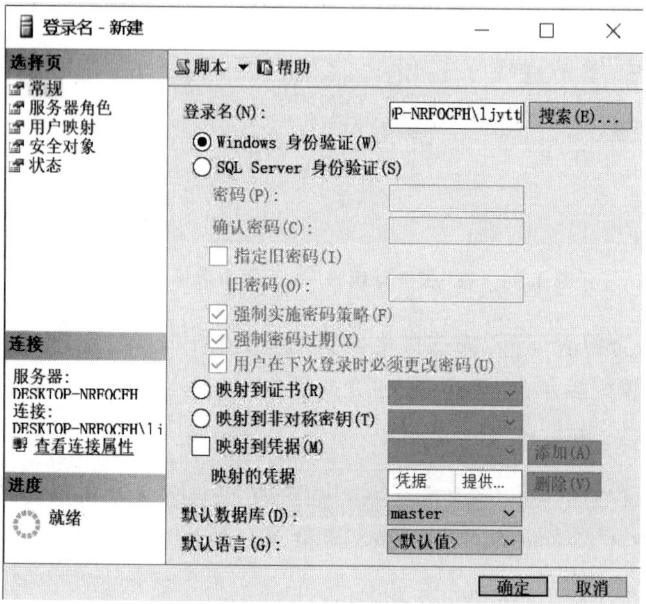

图 4.96 “登录名-新建”对话框

(2) 使用 T-SQL 语句添加 Windows 身份验证登录账号。

在创建 Windows 用户或用户组后,可以使用系统存储过程 sp_grantlogin 将一个 Windows 用户或用户组的登录账号添加到 SQL Server 2014 中,以便通过 Windows 身份验证连接 SQL Server 2014。其语法格式为:

```
sp_grantlogin [@loginname = ]'login'
```

[参数说明]

- @loginname=:原样输入的常量字符串。
- login:要添加的 Windows 用户或用户组。

执行 sp_grantlogin 命令后,用户可以登录 SQL Server 2014。如果要访问一个数据库,用户还必须在该数据库中创建账户,否则访问仍会被拒绝。可以使用系统存储过程

sp_grantdbaccess 在数据库中创建用户账户。

【例 4.90】 把计算机名为 DESKTOP-NRFOCFH 中的 ljytt 用户加入 SQL Server 中。

相应 T-SQL 语句如下：

```
EXEC sp_grantlogin 'DESKTOP-NRFOCFH\ljytt'
```

4. 添加 SQL Server 身份验证登录账号

(1) 使用 SQL Server Management Studio 添加 SQL Server 身份验证登录账号。

这里以创建一个名为"L-login"的账号为例。

① 启动 SQL Server Management Studio，在对象资源管理器中选择相应的服务器，右击"安全性"下的"登录名"，在弹出的快捷菜单中选择"新建登录名"命令，如图 4.95 所示。

② 在打开的"登录名-新建"对话框的"选择页"选项区选择"常规"，并在对话框右侧进行相应的设置，如图 4.97 所示。设置好后单击"确定"按钮完成操作。

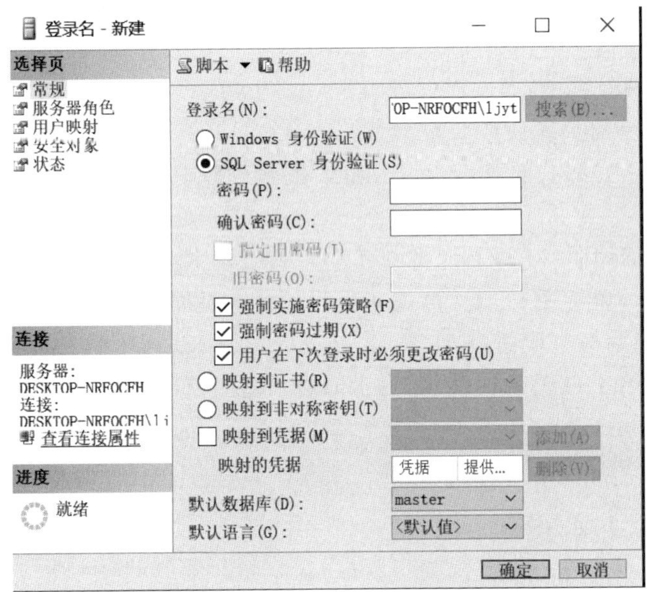

图 4.97 在"登录名-新建"对话框中进行相应设置

退出 SQL Server 2014，用 L-login 账号登录(如图 4.98 所示)。会发现由于并没有对该账号进行授权，因此很多操作无法完成。

(2) 使用 T-SQL 语句添加 SQL Server 身份验证登录账号。

可以使用系统存储过程 sp_addlogin 添加 SQL Server 身份验证登录账号，其语法格式为：

```
sp_addlogin [@login = ]'login'
[,[@passwd = ]'password']
[,[@defdb = ]'database']
[,[@deflanguage = ]'language']
[,[@sid = ]'sid']
[,[@encryption = ]'encryption_option']
```

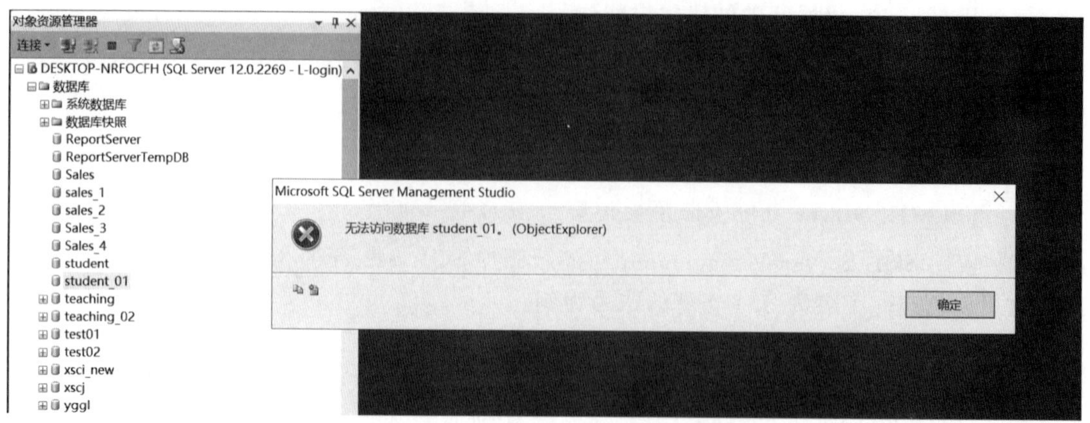

图 4.98　以“L-login”账号登录 SQL Server 系统

[参数说明]

- @login：登录名。
- @passwd：登录密码。
- @defdb：登录时的默认数据库。
- @deflanguage：登录的默认语言，如果未指定语言，将设置为服务器的当前默认语言。
- @sid：安全标识码。
- @encryption：指定是以明文形式还是以明文密码的哈希运算结果来传送密码。有三个选项，NULL 表示对密码进行加密，skip_encryption 表示对密码不加密，skip_encryption_old，只在 SQL Server 升级时使用，表示旧版本已对密码加密。

【例 4.91】 添加一个 SQL Server 身份验证登录账号 Jenny，密码为 123。

相应 T-SQL 语句如下：

```
EXEC sp_addlogin 'Jenny','123'
```

5. 服务器角色

角色是一种权限机制，用以实现对权限的集中管理。当若干用户被赋予同一个角色时，他们都继承了该角色拥有的权限。若角色的权限改变了，相关用户的权限也会发生变更。

服务器角色是执行服务器级管理操作的用户权限的集合。服务器角色是系统内置的，数据库管理员不能创建服务器角色，只能将其他角色或账号添加到服务器角色中。

SQL Server 2014 固定的服务器角色及其权限如表 4.15 所示。

表 4.15　SQL Server 2014 固定的服务器角色及其权限

服务器角色	权限
sysadmin	可以在 SQL Server 中执行任何活动
serveradmin	管理 SQL Server 服务器范围内的配置
setupadmin	增加、删除连接服务器，建立数据库复制，管理存储过程
securityadmin	管理数据库登录

续表

服务器角色	权限
processadmin	管理 SQL Server 中运行的进程
dbcreator	创建数据库,并对数据库进行修改
diskadmin	管理磁盘文件
bulkadmin	执行 BULK INSERT 语句,进行大容量数据插入操作
public	公用服务器角色,可以查看任何数据库

(1) 通过 SQL Server Management Studio 添加服务器角色成员。

① 以系统管理员身份登录 SQL Server 2014 服务器,进入对象资源管理器,展开“登录名”,如图 4.99 所示。

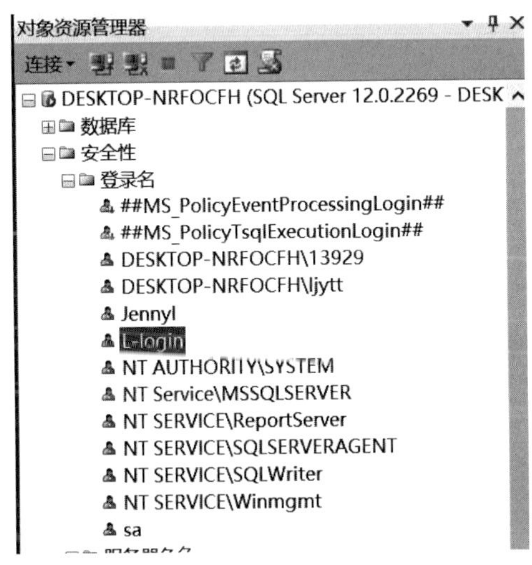

图 4.99 展开“登录名”

② 双击列表中的账号“L-login”,打开如图 4.100 所示的“登录属性”对话框。在此对话框中选择“服务器角色”,右侧列出了所有固定的服务器角色,将 dbcreator 服务器角色前的复选框选中,然后单击“确定”按钮完成设置。

(2) 通过 T-SQL 语句添加服务器角色成员。

可通过系统存储过程 sp_addsrvrolemember 将某一账号加入服务器角色,使其成为某角色的成员,语法格式为:

```
sp_addsrvrolemember [@loginame = ]'login',[@rolename = ]'role'
```

[参数说明]

- @loginame:登录者名称。
- @rolename:服务器角色。

【例 4.92】 将账号 L-login 加入到 sysadmin 角色中。

相应 T-SQL 语句如下:

```
EXEC sp_addsrvrolemember 'L-login','sysadmin'
```

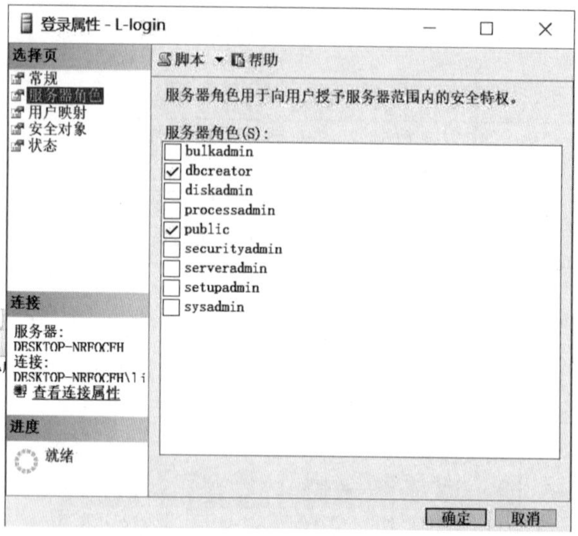

图 4.100 "登录属性"对话框

例 4.92 的执行结果如图 4.101 所示。

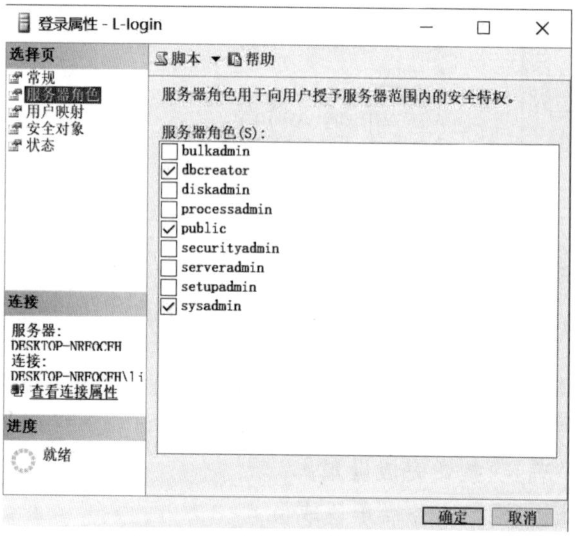

图 4.101 例 4.92 的执行结果

如果要将某账号从某一服务器角色中删除，可使用系统存储过程 sp_dropsrvrolemember，语法格式为：

```
sp_dropsrvrolemember [@loginame = ]'login',[@rolename = ]'role'
```

当某账号被从某服务器角色中删除后，该账号便不再具有该服务器角色的权限。

4.10.3 数据库的安全性管理

1. 添加数据库用户

(1) 使用 SQL Server Management Studio 添加数据库用户。

① 启动 SQL Server Management Studio，单击登录服务器前的加号。

② 展开要添加用户的数据库(如 yggl)，接着展开"安全性"，右击"用户"，在弹出的快捷菜单中选择"新建用户"命令，如图 4.102 所示。

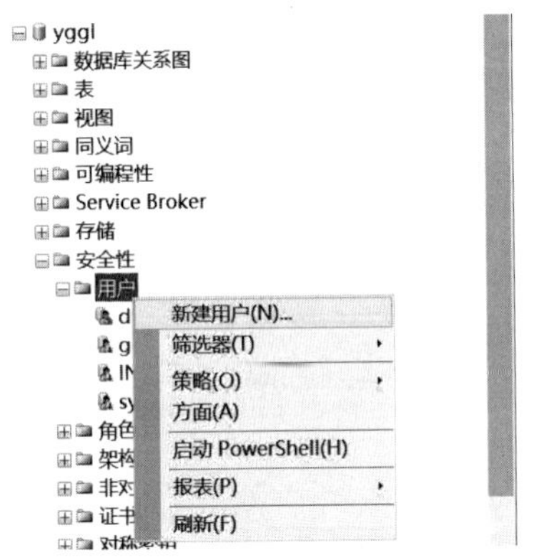

图 4.102 选择"新建用户"命令

③ 在弹出的"数据库用户-新建"对话框的"用户名"文本框中输入数据库用户名(如 Ljy)，在"登录名"中选择已创建的登录账号(如 L-login)，如图 4.103 所示。

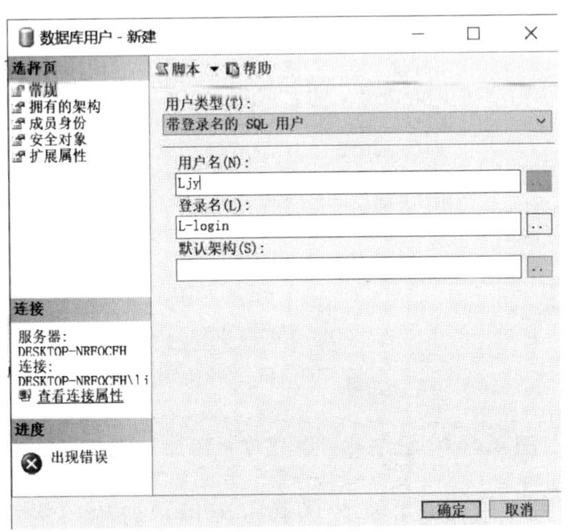

图 4.103 "数据库用户-新建"对话框

④ 单击"选择页"选项区的"成员身份"，并在右侧为该用户设置相应的数据库角色，如图 4.104 所示，然后单击"确定"按钮完成操作。完成后的结果如图 4.105 所示。

(2) 使用 T-SQL 语句添加数据库用户。

可使用系统存储过程 sp_grantdbaccess 为 SQL Server 登录账号或 Windows 用户(用户组)创建一个相匹配的数据库用户账号，语法格式为：

```
sp_grantdbacess [@loginame = ]´login´[,[@name_in_db = ]´name_in_db´]
```

[参数说明]

- @loginame：SQL Server 登录账号或 Windows 用户(用户组)。需要注意的是，第

一，若使用 Windows 用户(用户组)，则必须给出主机名或网络域名；第二，SQL Server 登录账号或 Windows 用户(用户组)必须存在。

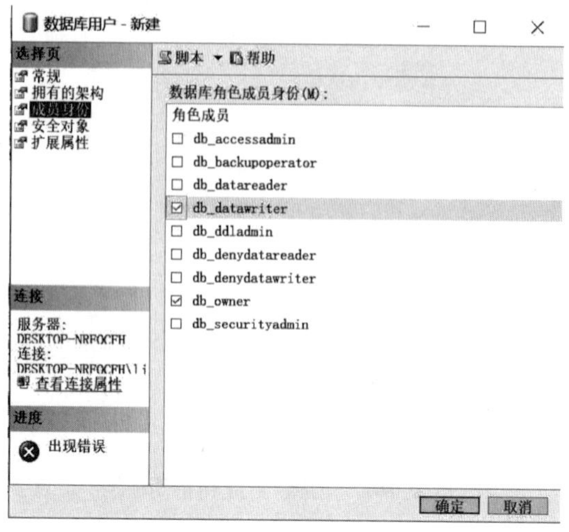

图 4.104　设置成员身份

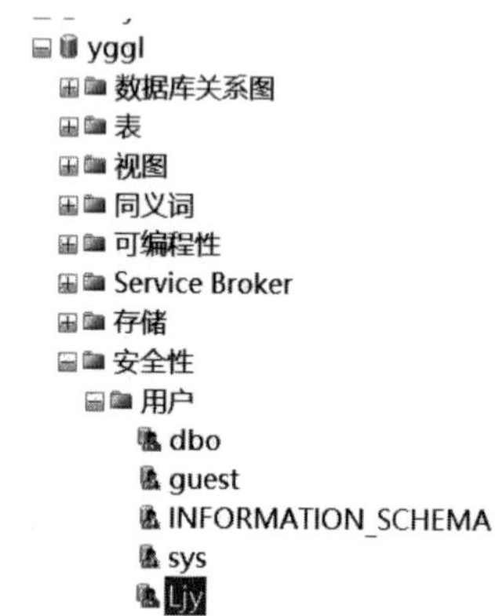

图 4.105　已在 yggl 数据库中添加了用户"Ljy"

② @name_in_db：与登录账号相匹配的数据库用户名称。该账号应存在于当前数据库中。如果不给出该参数值，则 SQL Server 2014 将登录名作为默认的用户名称。

【例 4.93】 将 SQL Server 的登录账号 Jennyl 添加为 yggl 数据库的用户，用户名为 Jennyl。

相应 T-SQL 语句如下：

```
USE yggl
EXEC sp_grantdbaccess 'Jennyl','Jennyl'
```

例 4.93 的执行结果如图 4.106 所示。

2. 管理数据库角色

SQL Server 2014 的数据库角色分为两种：固定的数据库角色(系统创建的)和用户自定义的数据库角色。

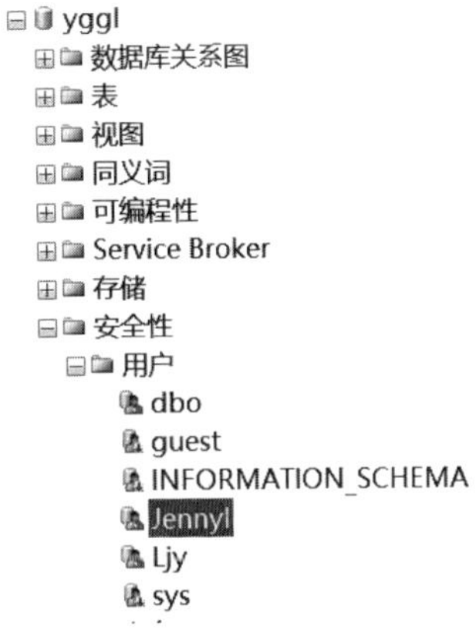

yggl
数据库关系图
表
视图
同义词
可编程性
Service Broker
存储
安全性
用户
dbo
guest
INFORMATION_SCHEMA
Jennyl
Ljy
sys

图 4.106 例 4.93 的执行结果

(1) 固定的数据库角色。

固定的数据库角色所具有的管理、访问数据库的权限已经被 SQL Server 2014 定义,并且不能被修改。SQL Server 2014 固定的数据库角色及其权限如表 4.16 所示。

表 4.16 SQL Server 2014 固定的数据库角色及其权限

数据库角色	权限
DB_ACCESSADMIN	可以添加和删除用户标识
DB_BACKUPOPERATOR	可以发出 DBCC、CHECKPOINT、BACKUP 命令
DB_DATAREADER	可以对数据库中任何用户表执行 SELECT 语句,从而读取表中的数据
DB_DATAWRITER	可以更改数据库任何用户表中的数据
DB_DDLADMIN	可以发出 DDL 命令,但 GRANT、REVOKE 或 DENY 命令除外
DB_DENYDATAREADER	拒绝 SELECT 操作
DB_DENYDATAWRITER	拒绝 DELETE、INSERT、UPDATE 操作
DB_OWNER	数据库的所有者,可以执行任何数据库管理工作
DB_SECURITYADMIN	可以管理所有权限、对象所有权、角色和角色成员资格
PUBLIC	公用数据库角色,数据库中所有用户的默认权限

(2) 用户自定义的数据库角色。

当需要为某些数据库用户设置相同的权限,但是这些权限不同于预定义的数据库角色所具有的权限时,可以定义新的数据库角色,从而使这些用户能够在数据库中实现某一特定功能。

用户自定义的数据库角色有两种类型:标准角色和应用角色。标准角色通过对用户权限等级的认定而将用户划分为不同的用户组,使用户总是相当于一个或多个角色,从而实现管理的安全性。应用角色是一种比较特殊的角色类型。当打算让某些用户只能通过特定的应用程序间接存取数据库中的数据而不是直接存取数据库中的数据时,可以使用应用角色。若某一用户使用了应用角色,其所拥有的只是应用角色被设置的权限,而放弃了其被赋予的所有数据库专有权限。

4.10.4 数据库对象的安全性管理

SQL Server 2014 通过对象权限来对数据库对象的安全性进行管理。对象权限是针对表、视图、存储过程等而言的，它决定了能对这些数据库对象执行哪些操作。

不同的数据库对象支持不同的操作。SQL Server 2014 的各种对象及其支持的操作如表 4.17 所示。

表 4.17 SQL Server 2014 的各种对象及其支持的权限

对象	操作
表	SELECT、INSERT、UPDATE、DELETE、REFERENCE
视图	SELECT、UPDATE、INSERT、DELETE
存储过程	EXECUTE
列	SELECT、UPDATE

1. 使用 SQL Server Management Studio 管理数据库对象的权限

这里以表为例，给数据库用户授予对象权限的过程如下。

(1) 进入对象资源管理器，右击某个用户数据库的一个表(如 yggl 数据库中的 bm 表)，在弹出的快捷菜单中选择“属性”命令，如图 4.107 所示。

图 4.107 选择“属性”命令

(2) 进入“表属性”对话框，在“选择页”选项区选择“权限”，在“用户或角色”区域添加用户或角色(如 Jenny)，然后在下面给相应的用户或角色授予相应的权限，如图 4.108 所示。

(3) 单击“确定”按钮完成权限授予操作。

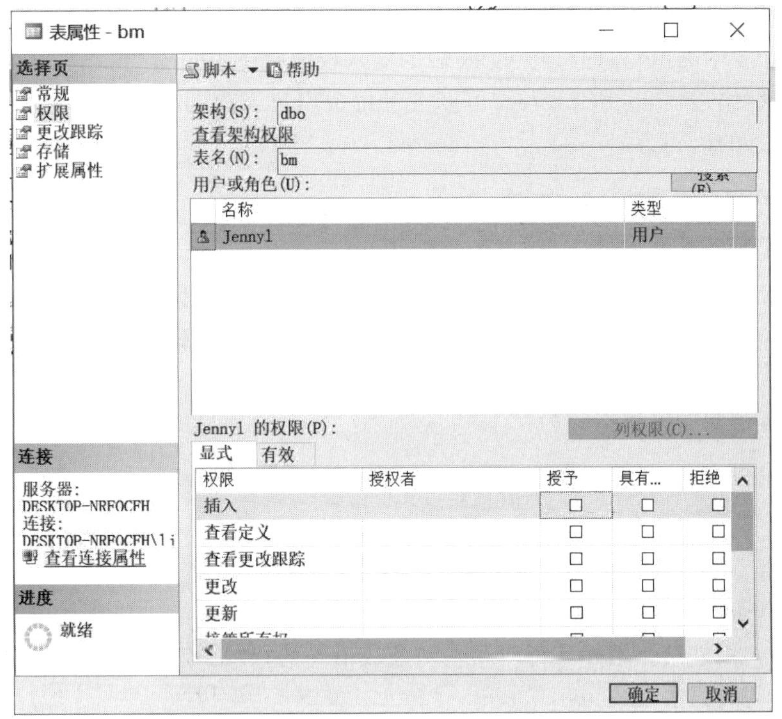

图 4.108 在"表属性"对话框中进行相应设置

2. 使用 T-SQL 语句管理数据库对象的权限

可使用 T-SQL 语句中的 GRANT、REVOKE 和 DENY 语句管理数据库对象的权限。

(1) GRANT 语句。

GRANT 语句用来把某一权限授予某一用户，从而允许用户执行对数据库对象的操作，并允许用户运行某些语句(如 CREATE TABLE、CREATE DATABASE)。

GRANT 语句的语法格式为：

```
GRANT{ALL|PRIVILEGES}
|permission[on table_name|view_name] TO user_name|role_name
WITH GRANT OPTION
```

[参数说明]

- ALL：不推荐使用，操作对象不同时，ALL 所代表的权限也不同。
- permission：权限名称。
- table_name|view_name：表名或视图名。
- user_name|role_name：用户名或角色名。
- WITH GRANT OPTION：表示还能将此权限授予其他用户。

【例 4.93】 将 ygxx 表的插入权限授予 Jennyl。

相应 T-SQL 语句如下：

```
USE yggl
```

```
GRANT INSERT ON ygxx to Jennyl
```

执行例4.93中的语句，即可将ygxx表的插入权限授予Jennyl。

通过系统存储过程sp_helprotect可以查看每个用户当前的权限信息。例如，查看用户Jennyl权限信息的语句为：

```
EXEC sp_helprotect @username = 'Jennyl'
```

(2) REVOKE语句。

REVOKE语句用来取消或收回用户对某一对象或语句的权限，即不再允许用户执行针对数据库对象的某些操作或不再允许用户执行某些语句(如CREATE TABLE、CREATE DATABASE)。

REVOKE语句的语法格式为：

```
REVOKE permission[on table_name|view_name] TO user_name|role_name
WITH GRANT OPTION
```

各参数的含义与GRANT语句中各参数的含义相同。

(3) DENY语句。

DENY语句用来禁止用户获得对某一对象或语句的权限。

DENY语句的语法格式为：

```
DENY permission[on table_name|view_name] TO user_name|role_name
WITH GRANT OPTION
```

各参数的含义与GRANT语句中各参数的含义相同。

4.11 本章小结

本章介绍了SQL Server 2014的主要管理工具，重点介绍了数据库引擎的相关知识，包括用户数据库的创建和管理、表的创建和使用、T-SQL语言的使用(利用T-SQL语句操作表和查询数据)。同时，本章还介绍了SQL Server 2014的其他数据库对象，如视图、存储过程和触发器等，分析了SQL Server 2014的数据保护和安全机制，包括如何通过约束实现数据完整性保护、数据库的备份和还原，以及SQL Server 2014的安全性管理等。此外，本章还对SQL Server 2014与其他数据源之间的转换(如数据的导入和导出)进行了介绍。

4.12 本章习题

1. 请简要回答下列问题：

(1) SQL Server 2014中的系统数据库有哪些？它们各自的功能是什么？

(2) SQL Server 2014中数据库对象有哪些？

(3) 为什么在SQL Server 2014中要设置备份和还原功能？

(4) 数据导入导出的含义是什么？在SQL Server 2014中如何实现数据的导入和导出？

(5) SQL Server 2014 中服务器的角色有哪些？每种服务器角色的权限是什么？

(6) 两个特殊的临时表 Inserted 表和 Deleted 表有什么作用？

2. 有一个用于学生成绩管理的教学管理数据库 jxgl，其中包含学生的信息、课程的信息以及学生的成绩信息，该数据库中各个表的结构如表 4.18～表 4.20 所示。

表 4.18 student 表

列名	数据类型	长度	是否允许为空值	说明
stud_id	char	10	否	学号
stud_name	char	10	否	姓名
stud_birthday	datetime	8	否	出生日期
sex	Bit	1	否	性别
address	char	20	是	地址
zip	char	6	是	邮编
phoneNumber	char	12	是	电话号码
emailAdress	char	30	是	电子邮件地址
major	char	20	否	专业

表 4.19 course 表

列名	数据类型	长度	是否允许为空值	说明
course_id	char	3	否	课程编号
course_name	varchar	30	否	课程名称
course_type	char	6	是	课程性质(选修或必修)

表 4.20 grade 表

列名	数据类型	长度	是否允许为空值	说明
stud_id	char	10	否	学号
course_id	char	3	否	课程号
grade	numeric	4	是	成绩

按照下列要求，写出对应的 T-SQL 语句。

(1) 创建 jxgl 数据库及 student、course 和 grade 三个表。

(2) 向三个表中添加若干条记录，记录内容自定。

(3) 查询每个学生的基本信息。

(4) 查询每个学生所选修的课程及对应的课程成绩。

(5) 统计每门课程的选修人数。

(6) 统计每个学生的平均成绩。

(7) 对 grade 表中的字段 grade 建立 CHECK 约束，要求 grade 的值必须为 0～100 之间的数值。

(8) 建立计算每个专业的学生人数的视图。

(9) 为 course 表的 course_id 建立名为 course_id_idx 的唯一索引。

(10) 创建一个存储过程，其功能是按性别统计学生人数，然后调用该存储过程，统计男生的数量。

4.13 本章参考文献

胡伏湘，肖玉朝，2017. SQL Server 2014 数据库技术实用教程[M]. 北京：清华大学出版社.

刘卫国，奎晓燕，2014. 数据库技术与应用——SQL Server 2008[M]. 北京：清华大学出版社.

蒙祖强，许嘉，2018. 数据库原理与应用——基于 SQL Server 2014[M]. 北京：清华大学出版社.

秦婧，傅冬，王斌，2017. SQL Server 2014 数据库教程[M]. 北京：机械工业出版社.

王英英，2021. SQL Server 2019 从入门到精通[M]. 北京：清华大学出版社.

卫琳，2019. SQL Server 2014 数据库应用与开发教程[M]. 4 版. 北京：清华大学出版社.

于晓鹏，2020. SQL Server 2019 数据库教程[M]. 北京：清华大学出版社.

第 5 章

Access 数据库

Access 是微软公司推出的基于 Windows 的关系数据库管理系统,是被广泛应用的 Office 系列软件之一。它提供了表、查询、窗体、报表、页、宏、模块七种用来建立数据库系统的对象,提供了多种向导、生成器、模板,把数据存储、数据查询、界面设计、报表生成等操作规范化,为建立功能完善的数据库系统提供了方便,也使得普通用户不必编写代码,就可以完成大部分数据管理任务,是一直以来广受用户欢迎的数据库。本章通过图形化界面的详细讲解,由浅入深地介绍了 Access 数据库的基本操作和使用方法。

本章主要内容:

1. Access 概述;
2. Access 的基本操作;
3. Access 数据库及其基本操作;
4. Access 数据库的使用。

5.1 Access 概述

Access 是微软公司推出的关系数据库管理系统。它是 Microsoft Office 的组成部分之一,具有与 Word、Excel、PowerPoint 等相同的操作界面和使用环境,深受广大用户的喜爱。Access 2019 还可以通过 ODBC 与 Oracle、Sybase、FoxPro 等其他数据库相连,实现数据的交换和共享。

Access 2019 是一个面向对象的、采用事件驱动的新型关系数据库。它提供了表生成器、查询生成器、宏生成器和报表设计器等许多可视化的操作工具,以及数据库向导、表向导、查询向导、窗体向导、报表向导等多种向导,使用户能够很方便地构建一个功能完善的数据库系统。

无论是有经验的数据库设计人员,还是刚刚接触数据库管理系统的新手,都会发现 Access 所提供的各种工具既实用又方便,同时还具有高效的数据处理能力。

微软公司推出 Access 主要有如下两个目的。

（1）能够简单实现 Excel 无法实现或很难实现的数据统计和报表功能。

（2）可以非常方便地开发简单的数据库应用软件，比如进销存管理系统、计件工资管理系统、人员管理系统、超市管理系统等。除非要执行复杂或专业的操作，否则使用 Access 时不需要编写任何程序。

长久以来，Access 提供的功能与日俱增，Access 2019 提高了 Internet 上电子数据文换的整合能力（XML 支持），并且提供了更强的错误检查、控件排序、自动校正、备份/压缩数据库和导入/导出等功能。整体看来提高了使用与操作管理性能，同时更易与 Office 家族的其他成员（如 Word、Excel、PowerPoint）整合。

Access 2019 不仅兼容了之前版本的所有功能，还新增了很多功能。

（1）使用新图表将数据可视化，匹配字段与图表维度并支持即时预览更改，以便用户更轻松地理解存储在窗体和报表中的数据。

（2）大型号码（bigint）支持，大数据类型可存储非货币的数值，并与 ODBC 中的 SQL_BIGINT 数据类型兼容，这种数据类型可高效计算大的数据。

（3）恢复对 dBASE 的支持，用户可以导入或链接到 Access 中存储的 dBASE 文件中的数据，也可以将数据导出到 dBASE 文件。

（4）可对属性表进行排序，使查找特定属性的工作变得更容易。

（5）向控件添加了名为“标签名称”的新属性，以便用户将标签控件与另一个控件关联。

（6）如果 Access 丢失了与用户尝试使用的外部数据源的 ODBC 连接，Access 会自动重新连接到数据源。如果重试成功，则可以继续处理数据和数据库对象，而无须关闭和重新打开 Access；如果重试失败，将无法处理和使用已删除外部数据源的对象，但可以继续处理数据库中不依赖于不可访问的数据源的其他区域。如果尝试再次使用依赖外部数据源的数据或其他对象，Access 将再次尝试重新连接到外部数据源。

（7）辅助功能改进：查询字段和组合框的状态可以识别和读取多列。

（8）设计窗口中的对象更易于调整大小：可以使用鼠标在窗口中更轻松地抓取表格边框和调整其大小。

5.2 Access 的基本操作

5.2.1 窗口简介

当用户安装完 Office 2019 之后，启动 Access 2019，然后就可以使用它来创建数据库了。

使用过 Office 软件的人都知道，Office 成员的基本操作界面几乎都是相同的，差别只在于每一种软件有其专门的工具按钮或版面。Access 继承了 Office 家族的统一界面风格，Access 2019 打开时的主窗口如图 5.1 所示。

Access 文件的后缀名是“.accdb”。一般来说，用户打开 Access 包含两种操作。第一种是打开已经存在的 Access 数据库文件，第二种是新建 Access 数据库文件。具体方法是：在如图 5.2 所示窗口选择“打开”或“新建”命令。

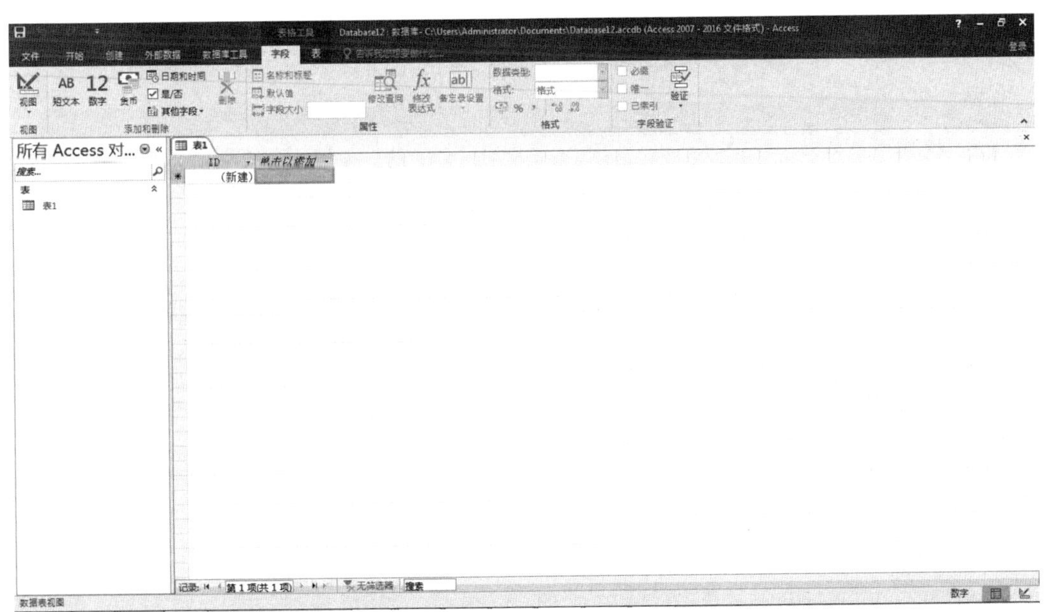

图 5.1 Access 2019 打开时的主窗口

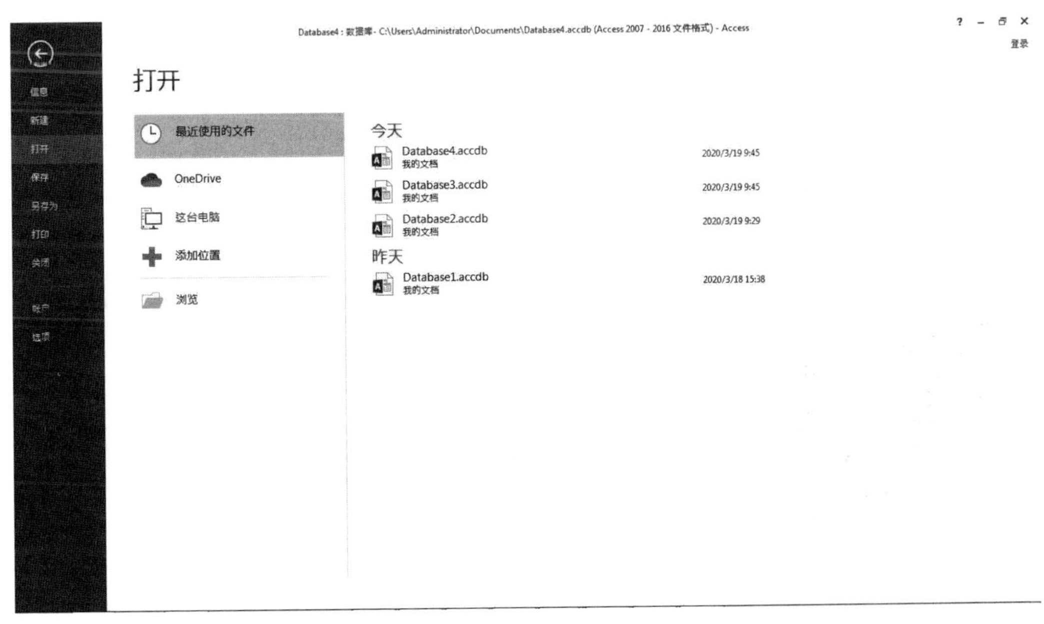

图 5.2 使用数据库窗口

5.2.2 菜单栏

Access 2019 的菜单栏中有五个常规命令菜单：文件、开始、创建、外部数据和数据库工具(如图 5.3 所示，此处省略“文件”)，有两个表格属性菜单：字段、表(如图 5.4 所示)。每个菜单下有不同的命令，用户可以通过这些命令对数据库中的对象进行设置。

有些命令有省略号，表示执行这些命令将弹出一个对话框。有些命令有一个小三角，表示其下方可打开一个子菜单，将光标移动到带小三角的命令上，就会弹出子菜单。

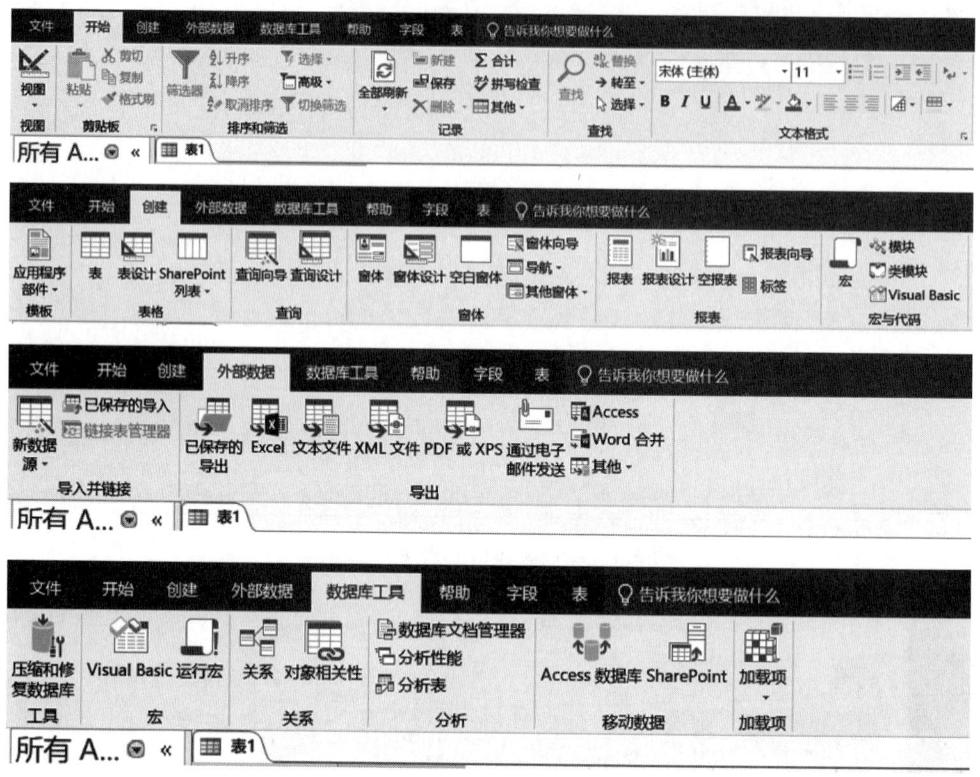

图 5.3　常规命令菜单

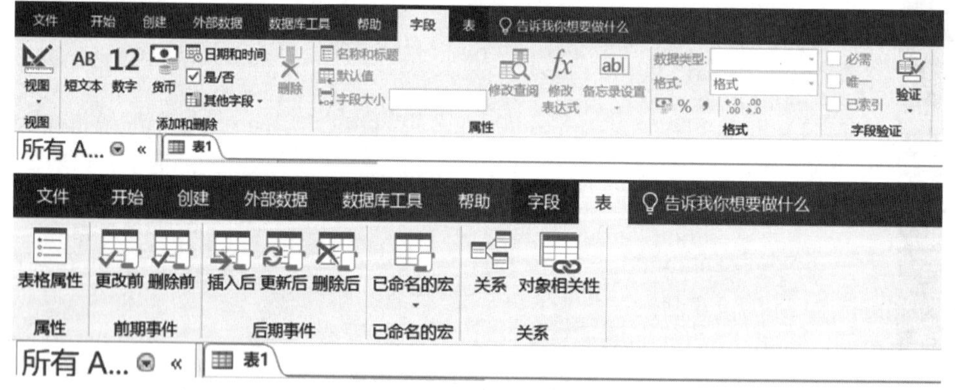

图 5.4　表格属性菜单

5.2.3　起始页和标题栏

Access 2019 的起始页分为左右两个区域。左侧列出了最近使用的文档列表和“打开其他文件”按钮，右侧显示的是新建数据库可以使用的模板，如图 5.5 所示。

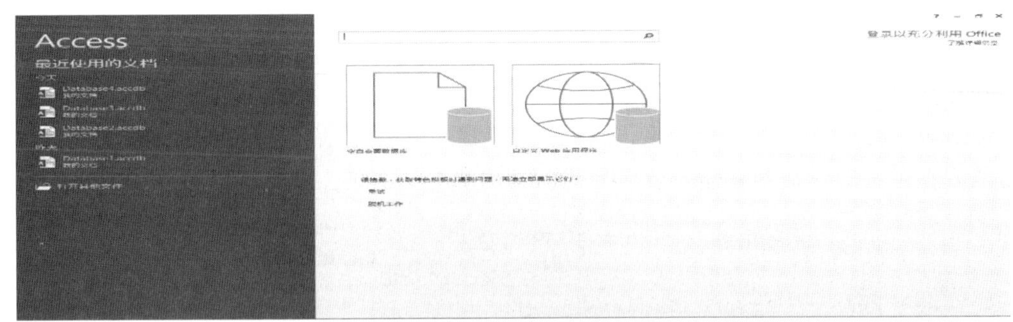

图 5.5 起始页

Access 2019 提供的每个模板都是一个完整的应用程序，具有预先建立好的表、窗体、报表、查询、宏和表关系等。如果模板设计满足用户的需求，用户通过模板建立数据库之后，就可以立即利用数据库工具开始工作；如果模板设计不能够完全满足用户的需求，则用户可以将模板作为基础，对所创建的数据库进行修改，从而得到符合特定需求的数据库。

标题栏位于 Access 2019 工作界面的最上端，用于显示当前打开的数据库文件名。标题栏的右侧有三个小图标，从左到右依次为最小化、最大化(还原)和关闭，这是标准的 Windows 应用程序的组成部分。标题栏的最左端是 Access 控制符(由于控制符颜色与标题栏一样，所以看不清图标)。单击控制符会出现控制菜单，用户可以使用该菜单控制 Access 2019 窗口的还原、移动、大小、最小化、最大化和关闭等。双击控制符，可以直接关闭 Access 2019 窗口。

控制符的右边是自定义快速访问工具栏，如图 5.6 所示。

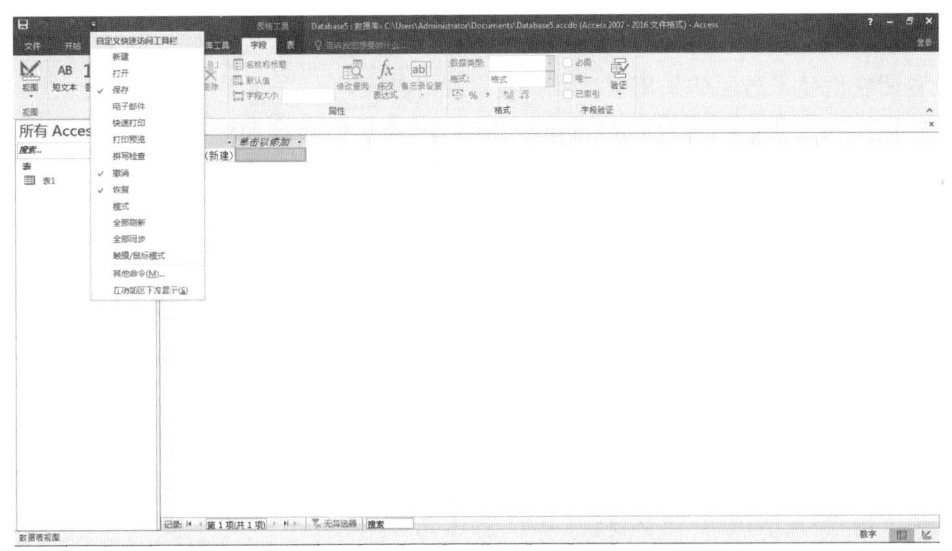

图 5.6 自定义快速访问工具栏

5.2.4 导航窗格

导航窗格位于程序窗口的左侧，用于显示和管理当前数据库中的各种数据库对象，它取代了 Access 早期版本中的数据库窗口。导航窗格有两种状态：折叠状态和展开状态。

如果需要快速查找某个对象，可以使用导航窗格的搜索栏。

在导航窗格中可以重命名和删除数据库对象，具体操作方法如下：

重命名：右击要重命名的对象，在弹出的快捷菜单中选择“重命名”命令（如图 5.7 所示），然后在弹出的对话框中输入新名称确认即可。

图 5.7　重命名数据库对象

删除：右击要删除的对象，在弹出的快捷菜单中选择“删除”命令，然后在弹出的对话框中确认删除操作；或者先选中对象，然后按下 Delete 键。

导航窗格可将数据库对象按类别进行分组，用户可以隐藏现有类别和自定义类别中的组，还可以隐藏指定组中的指定对象。在隐藏组和对象时，可以设置使它们完全不可见，也可以设置使它们呈半透明的禁用图标状态显示在导航窗格中。

Access 数据库中的每个对象都带有一组属性（包括创建日期和对象类型）。Access 自动生成大部分属性，但用户也可以向每个对象添加描述。

5.2.5　有关组的操作

每一个组其实都可以被看成是一个具有主题的容器，用户可以向这个容器中添加与主题相关的不同类型的对象，构成组的成员。

1. 新建、删除或重命名组

（1）新建组。

新建组的操作方法为：将鼠标移动到 Access 数据库窗口的左边，右击鼠标，在弹出的快捷菜单中选择“导航选项”命令，这时就会弹出“导航选项”对话框（如图 5.8 所示）。在此对话框中单击“添加项目”按钮，然后就可以添加组了，接着要为新建的组起个名字，输入完毕后，单击“确定”按钮即可完成新建组的操作（如图 5.9 所示）。

（2）删除组。

如果要删除一个已经存在的组，就将鼠标移动到要删除的组上，右击鼠标，从弹出的快捷菜单中选择“删除组”命令，然后在弹出的对话框中确认删除操作，这个组就被删除了。

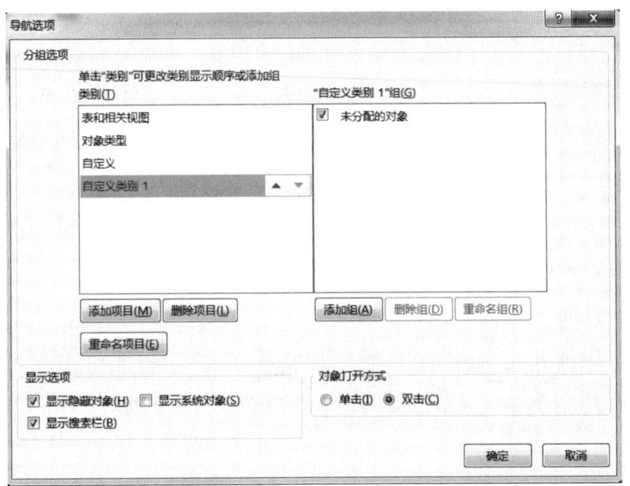

图 5.8 “导航选项”对话框

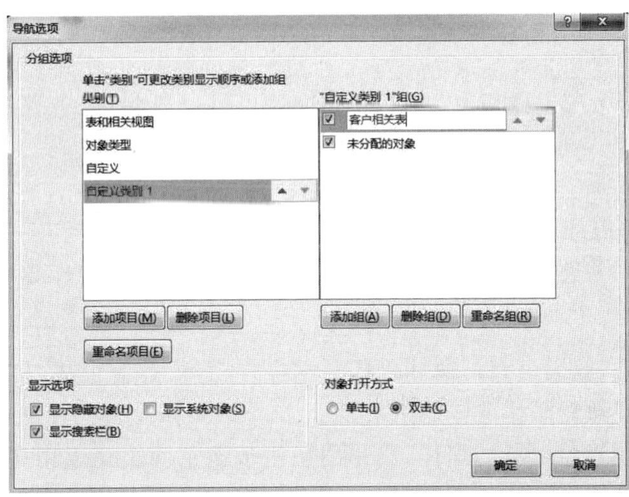

图 5.9 已新建“客户相关表”组

(3) 重命名组。

如果要修改一个组的名称，就将鼠标移动到该组上，右击鼠标，在弹出的快捷菜单中选择“重命名组”命令，这时就会弹出一个“重命名组”对话框，在这个对话框的名称栏中输入新的组名，然后单击“确定”按钮即可。

2. 在组中添加、删除对象

建立组是为了更方便地管理数据库中的各种对象。若要向建立好的空组中添加对象，先要选中要添加对象所属的类别，然后在已有对象的列表中选中要添加的对象，并将它拖动到目标组中即可。

5.2.6 窗体

窗体是 Access 数据库对象中最灵活的一种对象，有时被称为“数据输入屏幕”，是用来处理数据的界面,其数据源可以是表或查询。窗体通常包含一些可执行各种命令的按钮。可以说,窗体是数据库与用户进行交互操作的最好界面。利用窗体,用户能够从表中查询、提取所需的数据,并将其显示出来。通过在窗体中插入宏,用户还可以很方便地把 Access 的各个对象联系起来。利用窗体,用户还可以将 Access 2019 数据库组织起来,构成一个完整的应用系统。

1. 窗体的功能

具体来说,窗体具有以下几种功能。

(1) 显示和编辑数据。

窗体最基本的功能就是显示和编辑数据。窗体可以显示来自多个数据表或者查询中的数据。用窗体来显示并浏览数据比用表(查询)的数据表格式显示并浏览数据更加直观和令人赏心悦目。

(2) 输入数据。

用户可以根据需要设计窗体,并将其作为数据库中数据输入的接口。这样可以节省数据输入的时间并提高数据输入的准确度。

(3) 控制应用程序流程。

与 Visual Basic 中的窗体相似,Access 的窗体也可以与函数、子程序相结合,通过代码对应用程序进行控制。在每个窗体中,用户可以使用 VBA 编写代码,并利用代码实现相应的功能。

(4) 显示信息和打印数据。

窗体可以显示一些警告或解释信息。此外,窗体也可以用来打印数据库中的数据。

2. 窗体的类型

根据功能的不同,我们可以将窗体分成数据操作窗体、控制窗体、信息显示窗体和信息交互窗体四种类型。数据操作窗体是用来显示、浏览以及修改表或查询包含的数据的窗体。控制窗体是用来控制程序运行的窗体,它一般使用很多空间来完成用户的操作请求。信息显示窗体一般可作为控制窗体的调用对象,它以数据或者图表的形式显示信息。信息交互窗体是用来向用户发出提示信息或者警告信息的窗体,这些信息一般是在系统设计过程中预先编写好的。

3. 窗体的视图

在 Access 2019 中,窗体有以下四种视图。

(1) 布局视图。

创建完窗体后,默认打开的就是窗体的布局视图,在此视图下,用户可以设置窗体的布局。

(2) 窗体视图。

这是系统默认的窗体视图类型,在导航窗格中双击某个窗体对象,即可打开该窗体的窗体视图。

(3) 数据表视图。

窗体的数据表视图和普通数据表的数据视图几乎完全相同。该视图采用行、列的二维表方式显示数据表中的数据，用户可在该视图进行编辑字段、添加和删除数据以及查找数据等操作。

(4) 设计视图。

在设计视图中，用户可以对窗体中需要显示的任何元素进行编辑，例如，添加文本标签、插入图片、添加控件和设置文本样式等，还可以将控件和数据记录进行绑定，以查看数据表中的数据。一般来说，窗体上显示的内容大多是将数据和控件互相绑定的结果，即利用控件显示数据记录或某些字段。在设计视图中，用户还可以编辑窗体的页眉和页脚，以及页面的页眉和页脚等。

切换窗体视图的方法是：在菜单栏中选择“字段”，单击“视图”命令，弹出下拉列表，从中选择相应的命令(如图 5.10 所示)。除此之外，在状态栏的右下角也有不同视图的切换按钮(如图 5.11 所示)，用户也可以使用这些按钮在不同的视图之间进行切换。

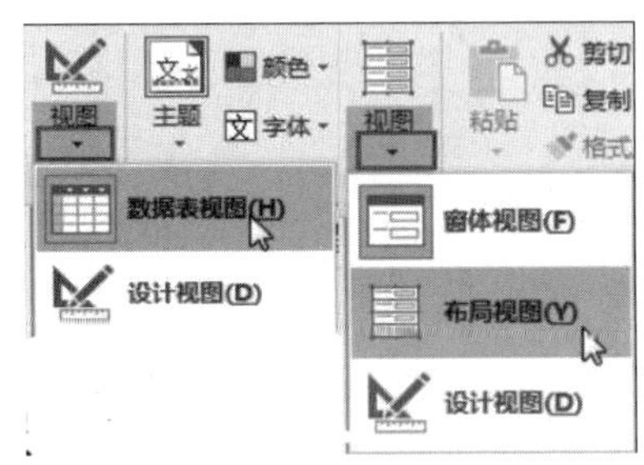

图 5.10 菜单栏的切换窗体视图命令

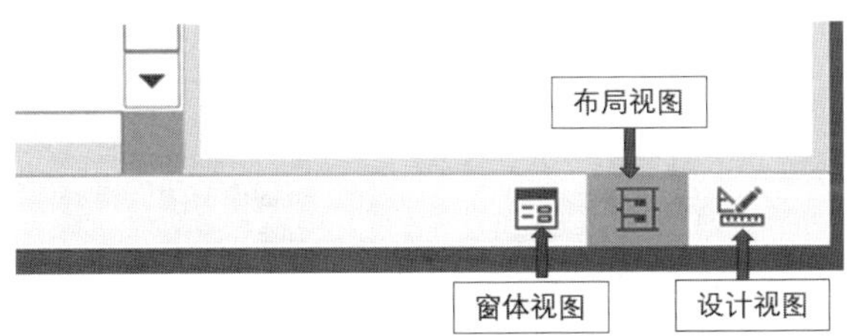

图 5.11 状态栏的窗体视图切换按钮

4. 创建窗体

Access 2019 为创建窗体提供了丰富的方法。在菜单栏“创建”菜单下的“窗体”组有多种创建窗体的命令，其中包括“窗体”“窗体设计”和“空白窗体”三个主要命令，还有“窗体向导”“导航”和“其他窗体”三个辅助命令(如图 5.12 所示)。用户可以根据实际需要选择使用相应的命令来创建窗体。

图 5.12 “创建”菜单下“窗体”组的命令

(1) 快速创建窗体。

Access 2019 提供了四种基于表(或查询)快速创建窗体的方法,分别可以创建显示单条记录的窗体、显示多条记录的多个项目窗体、同时显示单条和多条记录的分割窗体和每条记录的字段以行和列格式显示的数据表窗体(如图 5.13 所示)。

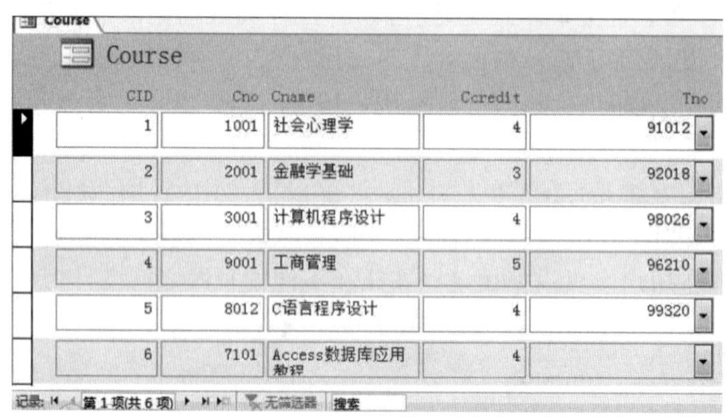

图 5.13 数据表窗体

(2) 创建空白窗体。

使用"空白窗体"命令创建窗体是指在布局视图中创建数据表窗体。在所创建的空白窗体中,用户可以根据需要从"字段列表"(如图 5.14 所示)中将相应字段拖到窗体上,从而完成创建窗体的工作。

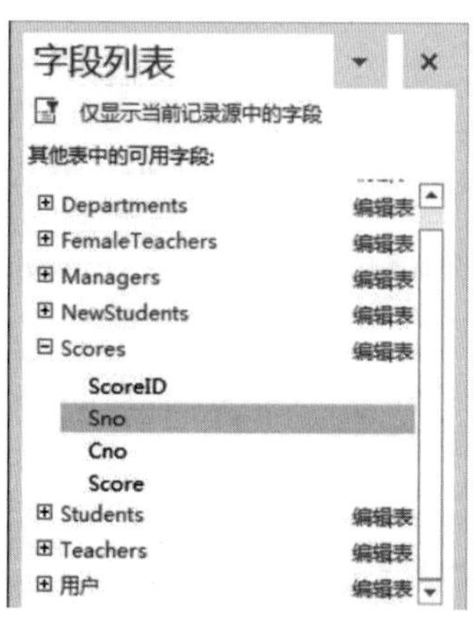

图 5.14 字段列表

设计窗体:很多情况下,使用向导或者其他方法创建的窗体只能满足一般的需要,不能满足创建复杂窗体的需要。用户如果要设计灵活复杂的窗体,则需要在设计视图中创建窗体,或者先使用向导或其他方法创建窗体,完成后再在设计视图中进行修改。

(3) 窗体的设计视图。

窗体的设计视图窗口由多个部分组成,每个部分称为"节"。所有的窗体都有主体节,默认情况下设计视图只有主体节(如图 5.15 所示)。如果需要添加其他节,需在窗体中右击鼠标,然后从弹出的快捷菜单中选择"页面页眉/页脚"或"窗体页眉/页脚"命令(如图 5.16 所示),并进行相关设置即可。

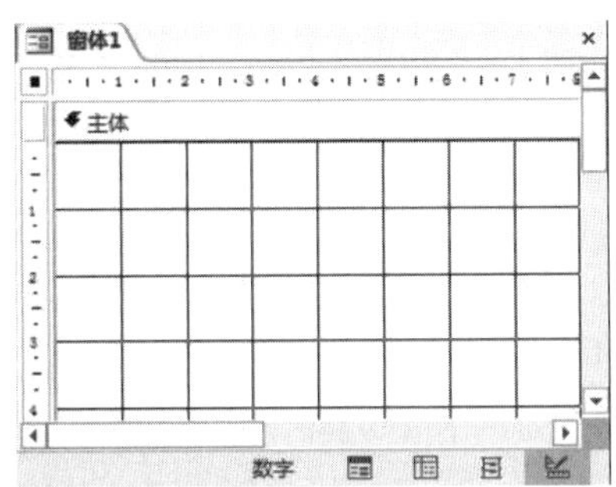

图 5.15　主体节

图 5.16　添加其他节

(4) 利用向导创建主/子窗体。

首先启动 Access 2019,打开选定的数据库,在菜单栏“创建”菜单下的“窗体”组中,单击“窗体向导”命令,打开向导对话框。向导的第一步是确定窗体上使用的字段,从“表/查询”列表中选择表,然后添加字段,接着单击“下一步”按钮,设置查看数据的方式,选择“带有子窗体的窗体”单选按钮。

利用窗体提供的子窗体控件,用户可以轻松地创建子窗体(如图 5.17 所示)。

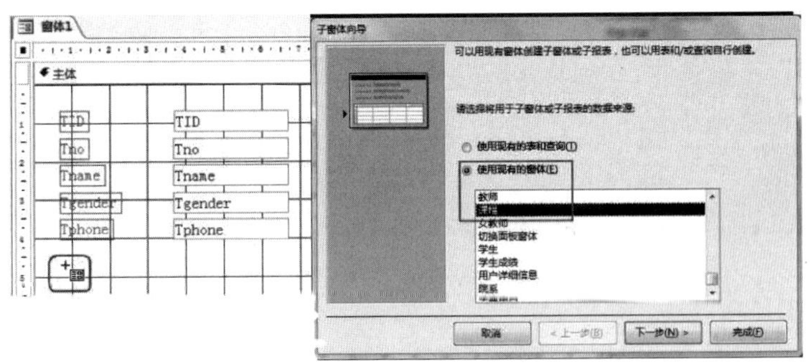

图 5.17　创建子窗体

5.3 Access 数据库及其基本操作

5.3.1 创建数据库

Access 数据库与传统的数据库概念有所不同，由于它采用特有的全环绕数据库文件结构组成数据库文件，因此，它可以用一个单独的数据库文件存储一个数据库应用系统中包含的所有对象。基于 Access 数据库文件的这一特点，创建一个 Access 数据库应用系统的过程就是创建一个 Access 数据库文件，并在其中设置和创建各种对象的过程。不同 Access 版本的数据库文件的扩展名不一样，早期 Access 版本的数据库文件的扩展名为.mdb，Access 2007 及之后版本的数据库文件的扩展名为.accdb。

Access 2019 提供了两种建立数据库的方法：一种是创建空白数据库，一种是使用模板创建数据库。另外，从 Access 2013 开始，Access 支持创建两类数据库：Web 数据库和传统数据库。

1. 创建空白数据库

空白数据库就是建立的数据库的外壳，其中没有任何对象和数据。

空白数据库创建成功后(如图 5.18 所示)，用户可以根据实际情况，添加所需要的表、窗体、查询、报表、宏和模块等对象。这种方法非常灵活，可以根据需要创建出各种数据库，但是由于用户需要自己动手创建各个对象，因此操作比较复杂。

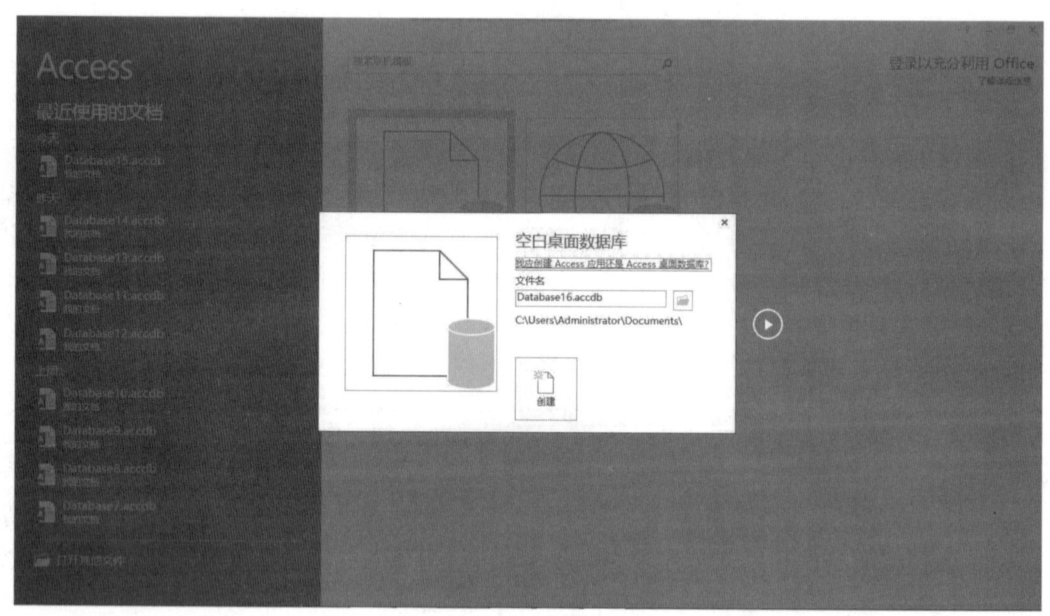

图 5.18 空白数据库创建成功

2. 使用模板创建数据库

使用模板创建数据库是最快的创建数据库的方法，用户只需要进行一些简单的操作，就可以创建一个包含了若干表、查询等数据库对象的数据库。如果能找到并使用与要求最接近的模板，此方法的效果最佳。除了可以使用 Access 提供的本地模板创建数据库之外，用户还可以搜索联机模板(如图 5.19 所示),然后把模板下载到本地计算机中,从而快速创建出所需的数据库。

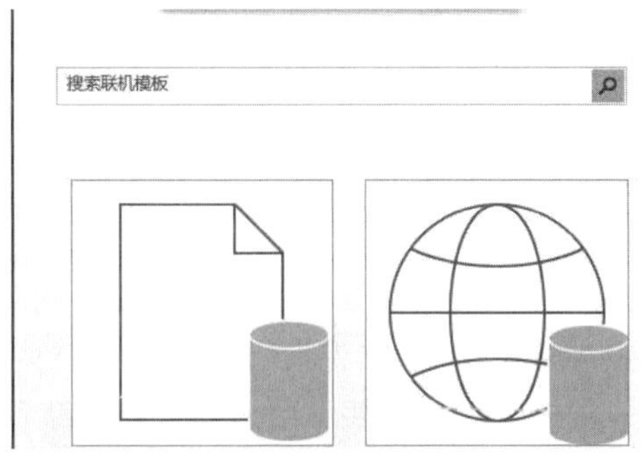

图 5.19 搜索联机模板

Access 具有不用的版本,用户可以将使用 Access 2002、Access 2003 等 Access 早期版本创建的数据库转换成 Access 2019 文件格式(. accdb)。此文件格式支持新的功能,如多值字段和附件。但这种新型文件格式(. accdb)的数据库不能用 Access 的早期版本打开,也不能与其链接,而且此文件格式不再支持复制功能和用户级安全性。如果需要在 Access 的早期版本中使用新型文件格式的数据库,或者需要使用复制功能和用户级安全性,必须将新型文件格式转换为早期版本的文件格式(. mdb)。Access 2019 还可以将某个数据库另存为数据库模板,以方便用户使用该模板创建更多的数据库。

5.3.2 打开数据库并操作数据库对象

创建了数据库之后,要使用时就需要打开创建好的数据库。打开数据库后,用户可以在数据库中创建数据库对象、修改已有对象,当数据库不用时要关闭数据库。这些都是数据库的基本操作。

打开数据库是数据库操作的第一步。启动 Access 2019,在"最近使用的文件"列表中,如果存在要打开的数据库,直接单击数据库名称打开即可(如图 5.20 所示)。如果要打开的数据库文件不在"最近使用的文件"列表中,则可以单击"这台电脑",然后根据文件存放路径逐级打开,直到找到要打开的数据库文件将其打开即可。

图 5.20 打开数据库

Access 提供了导航窗格，用户可在此对数据库对象进行组织和管理。在导航窗格中，用户可以采用多种方式(包括对象类型、表和相关视图、创建日期、修改日期、所有 Access 对象以及自定义)对数据库对象进行组织，以便高效地管理数据库对象。

如果需要打开一个数据库对象，可以在导航窗格中选择一种组织方式，找到要打开的对象，然后双击将其打开。在 Access 数据库中，用户还可以创建对象的副本。通常在修改某个对象的设计之前，需要创建对象的副本，这样可以避免因修改操作失误造成的数据丢失，因为一旦发生错误，还可以用副本还原出原始对象。具体方法是：右击要创建副本的对象，在弹出的快捷菜单中选择“复制”命令(如图 5.21 所示)。如果删除某个数据库对象，需要先关闭该数据库对象，在多用户环境中，还要确保所有用户都已经关闭了该数据库对象。具体方法是：右击要删除的对象，在弹出的快捷菜单中选择“删除”命令(如图 5.22 所示)。

图 5.21 创建对象副本

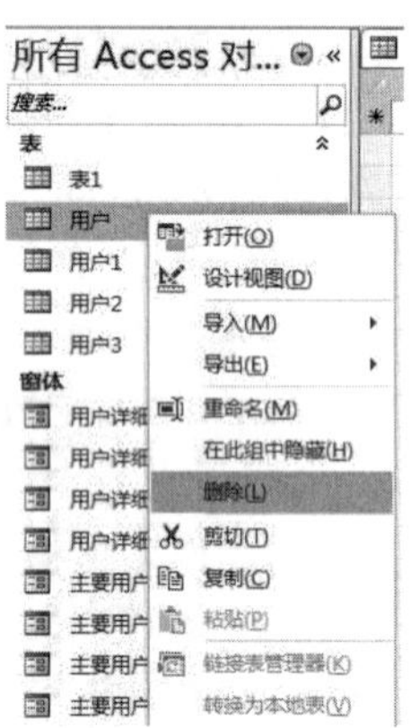

图 5.22 删除对象

5.3.3 创建表

表是与特定主题(如产品或供应商)有关的数据的集合。对每个主题使用一个单独的表意味着用户只需存储该数据一次，这可以提高数据库的工作效率，并减少数据输入错误。

表将数据组织成列(字段)和行(记录)的形式。例如，“产品”表中的每个字段包含每个产品相同类型的信息，每个记录包含一个产品的所有信息(如图 5.23 所示)。

产品：表

产品名称	供货商ID	库存量
苹果汁	1	39
牛奶	1	17
番茄酱	1	13
盐	2	53
麻油	2	0

图 5.23 产品表

如果创建的是一个空数据库，则需要单独建立表。表的创建有三种方式：使用设计视图创建表、使用模板创建表、使用数据表视图创建表。

1. 使用设计视图创建表

设计视图由两部分组成。上半部分显示网格，每行描述一个数据库列，包括列名称、数据类型等。下半部分显示上半部分网格中选中的数据列的其他特征。

(1) 在菜单栏中选择“字段”，单击“视图”命令，弹出下拉列表框，选择“设计视图”命令，弹出表设计器。在表设计器的上半部分，可填写各字段的信息，如在“产品”表中，填写“字段名称”，选择“数据类型”，填写“说明(可选)”，如图 5.24 所示。

图 5.24 表设计器

Access 2019 的数据类型主要有以下几种。

① 文本：用于存储文本或数字，最多可存储 255 个字符。邮政编码、电话号码、传真号码和 Email 地址等都可设置为文本类型。

② 备注：可以用于存储比较多的文本，最多可存储 64 000 个字符，一般用于保存经历、说明等文字比较多的数据。

③ 数字：用于存储参与数学计算的数值数据。

④ 日期/时间：可以存储日期及时间，允许的范围为 100～9999 年。

⑤ 货币：用于存储货币值或参与数学计算的数值数据，有不同的货币符号可供选择。

⑥ 自动编号：是由 Access 自动分配、不能人工改变的数字。

⑦ 是/否：其值只允许输入“是”和“否”。

⑧ OLE 对象：内容为图形、声音和其他软件制作的文件或数据。

⑨ 超链接：存入的内容可以是文件路径、网页的地址等。

⑩ 查阅向导：是来自其他表、查询或用户提供的数值清单的数据。

如果想进一步了解如何为表中的字段选择合适的数据类型,可单击表设计器中的"数据类型"列,然后按F1键,打开帮助的DataType属性来查看。

表设计器的下半部分是"字段"属性栏,有"常规"和"查阅"两个选项卡,这个区域一次只能显示一个字段的属性。每一种数据类型的属性不尽相同,但有些属性是各种数据类型都有的,这里介绍一下常见的属性,简单的属性(如格式、标题等)不再赘述。

① 验证规则:用来防止用户将非法数据输入到表中,对输入数据起着限制作用。

② 字段大小:用于限定文本字段所能存储的字符长度和数字型数据的类型。

③ 短文本型字段大小:指该字段能够保存的文本长度,范围为0～255字节,默认值是255。

④ 数字型字段大小:限定了数字型数据的种类。

⑤ 必需:用来规定该字段是否必须输入数据。该属性有"是"和"否"两个选项,默认值为"否"。

(2) 表的字段创建完毕后,关闭表设计器,弹出如图5.25所示的对话框,询问用户是否保存对表的修改。单击"是"按钮后弹出"另存为"对话框(如图5.26所示),在此输入创建的表的名称,然后单击"确定"按钮完成使用设计视图创建表的操作。

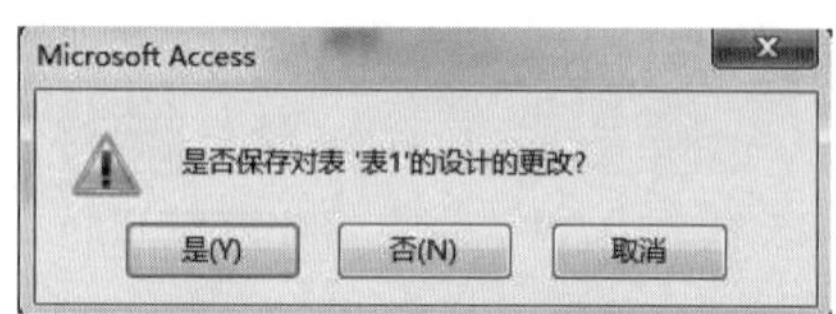

图5.25 信息确认对话框

图5.26 "另存为"对话框

为Access中的对象(表、字段、窗体、报表、查询、宏和模块等)命名时应遵循以下几个规则。

① 名称可以包括除句号(。)、感叹号(!)、重音符号(`)等之外的标点符号。

② 表和查询不能同名。

③ 名称最多可用64个字符,包括空格,但是不能以空格开头。

④ 不能包含控制字符(从0到31的ASCII值)。

⑤ 表、视图或存储过程的名称中不能包括双引号(")。

⑥ 最好确保新名称和Microsoft Access中已有的属性和其他元素的名称不重名;否则,在某些情况下,可能产生意想不到的结果。

(3) 相比较以往的版本,Access 2019创建好一个表之后会自动设置主键(如图5.27所示)。主键的使用将在5.4节中介绍,但是要注意主键并不是必需的。

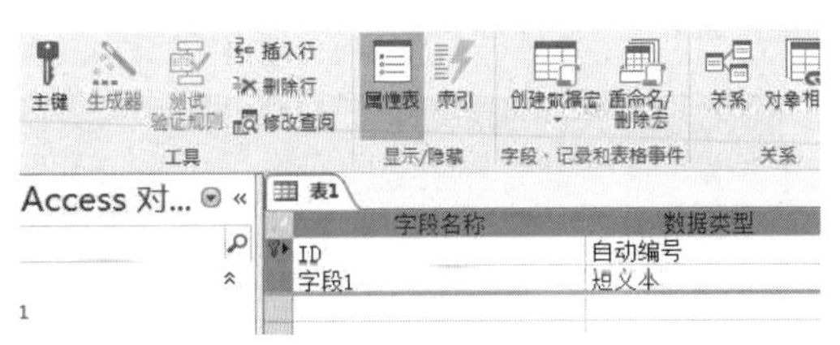

图 5.27 提示定义主键

2. 使用模板创建表

(1) 在菜单栏中选择“创建”,接着单击“应用程序部件”命令,在弹出的下拉列表框中选择需要的模板(这里以“用户”模板为例),打开“创建关系”对话框(如图 5.28 所示)。

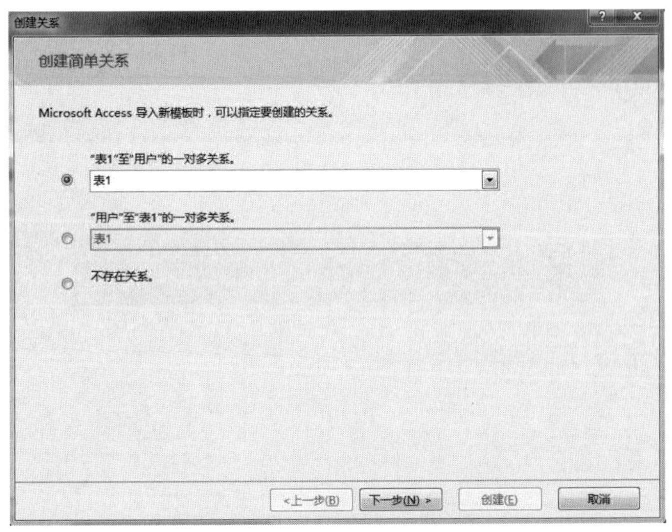

图 5.28 “创建关系”对话框

(2) 根据提示先创建简单的关系,这里有三种关系可选:数据库中存在的表至新表的一对多关系、新表至数据库中存在的表的一对多关系和不存在关系。

(3) 这里选择数据库中存在的表至新表的一对多关系(第一项),单击“下一步”按钮,弹出“选择查阅列”对话框(如图 5.29 所示),在此用户可以指定想在查阅中包含值的列。设置好后单击“创建”按钮即可。

注意:如果创建的新表与数据库中已有的任何一个表没有关系,则在“创建关系”对话框中勾选“不存在关系”即可直接创建一个新表。

3. 使用数据表视图创建表

在 Access 2019 中,表共有两种视图:数据表视图和设计视图。使用数据表视图创建表的具体步骤如下。

(1) 打开数据表视图。数据表视图是由行和列构成的表格,其中,列标记默认为“字段1”“字段 2”这样的名称,行方向上可以输入不同的记录。

(2) 双击“字段 1”文字,使其反白显示,接着根据需要输入新的字段名称,然后用同样的方法在“字段 2”“字段 3”等中输入字段名称(如图 5.30 所示)。

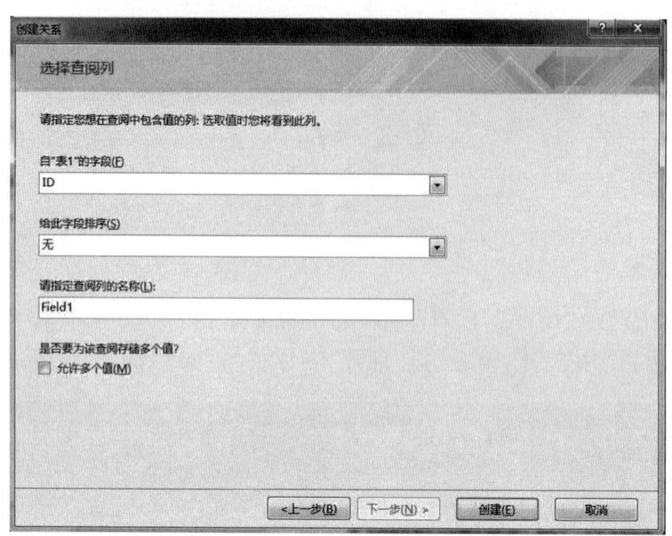

图 5.29 “选择查阅列”对话框

图 5.30 使用数据表视图创建表

(3) 在数据表视图输入表的信息后,单击“关闭”按钮关闭数据表视图,这时弹出提示保存表的对话框(如图 5.31 所示)。在此对话框中单击“是”按钮,弹出“另存为”对话框(如图 5.32 所示)。在此对话框中输入要创建表的名称,然后单击“确定”按钮即可完成通过数据表视图创建表的操作。

注意:完成步骤(2)后,若单击工具栏上的“保存”按钮,则会直接弹出“另存为”对话框,然后输入要创建表的名称并单击“确定”按钮即可。

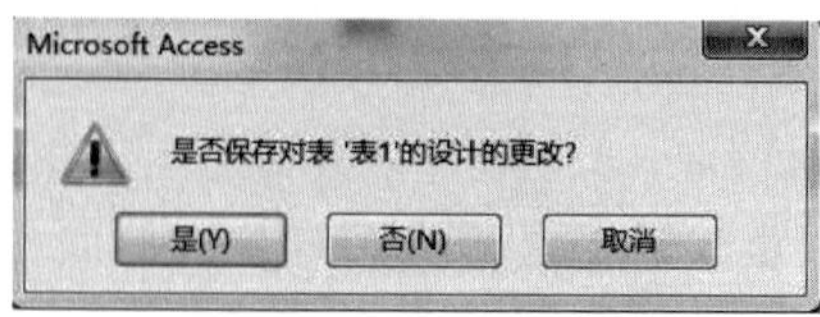

图 5.31 提示保存表的对话框

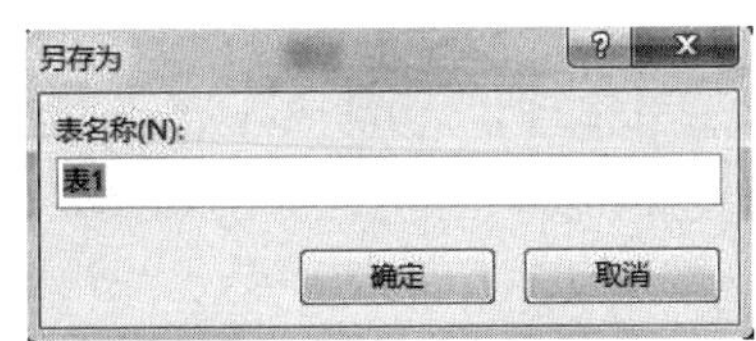

图 5.32 “另存为”对话框

5.3.4 表的基本操作

在添加了数据表之后，实际上就初步完成了建立一个数据库的工作，接下来就可以通过 SQL 语句对数据库进行操作了。因为 Access 2019 是面向普通用户的，所以在 Access 2019 中，对表的操作十分方便，用户无须了解 SQL 语句的语法及结构，即可进行浏览表，为表添加、删除记录等操作。

1. 浏览表

打开之前已建立的“客户管理系统”数据库，在对象栏中双击“客户”表的图标即可打开“客户”表(如图 5.33 所示)。

客户：表

客户ID	公司名称	联系人名字	联系人姓氏	公司或部门	记账地址	市/县
3	南京俊佳科技	军	李	研发部	西止马营40号	南京市
1	江苏金智科技	松	杨	市场部	江宁科技园	南京市
2	南京小艾办公设备有限公司	阳	叶	总经理室	龙蟠中路23号	南京市

记录: 第 4 项(共 4 项) 无筛选器 搜索

图 5.33 “客户”表

打开表之后，用户就可以通过记录选定器定位按钮和滚动条(在记录长度和数据超过一屏可以显示的范围时，窗体将自动在右边界与右下边界出现滚动条)浏览表中的信息了。

2. 向表中添加记录

打开表后，将光标定位到表中最后一行数据的下一个空白行，即可向表中添加新的记录。

3. 删除表中的记录

若要删除表中的一条记录，可先单击这条记录左边的记录选定器，选中该记录，然后在选中区域内右击鼠标，在弹出的快捷菜单中选择“删除记录”命令即可。若要删除表中的多条记录，可先单击要删除的第一条记录的记录选定器，同时不要松开鼠标，继续向下拖动，直至覆盖要删除的所有记录为止，然后在选中区域内右击鼠标，并在弹出的快捷菜单中选择“删除记录”命令即可。

4. 其他操作

除上述三种操作外，用户也可以通过快捷菜单对表进行剪切、复制、粘贴数据以及设置行高和列宽等操作(如图 5.34 所示)。

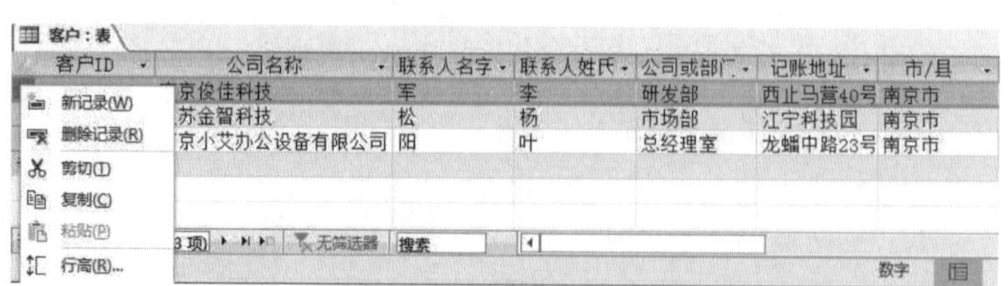

图 5.34　可通过快捷菜单对表进行其他操作

5.4　Access 数据库的使用

5.4.1　定义主键

Access 2019 强大的功能源自其可以使用查询、窗体和报表等快速地查找并组合存储在各个不同表中的信息。为了做到这一点，Access 2019 建议为每一个表设置一个主关键字（也称主键）。

1. 设定主键的目的和主键的类型

设定了表的主键之后，Access 2019 将阻止在主键字段中输入重复值或 Null 值。

设定主键主要有三个目的：一是保证表中的所有记录都能够被唯一识别，二是保持记录按主键字段排序，三是加快数据处理速度。Access 2019 支持设置三种主键：自动编号主键、单字段主键和多字段主键。

（1）自动编号主键。

将数据类型为自动编号的字段设定为表的主键是创建主键的最简单的方法。如果在保存新建的表之前未设置主键，则系统会询问是否要创建主键，如果回答为“是”，系统将创建自动编号主键。

（2）单字段主键。

如果某字段中包含的都是唯一的值，例如 ID 号或部件号码，则可以将该字段设定为主键。只要某字段包含数据，且不包含重复值或 Null 值，就可以将该字段设定为主键。

（3）多字段主键。

在不能保证任何单个字段包含唯一值时，可以将两个及以上字段组合设定为主键，这就是多字段主键。

2. 设定主键和删除主键的方法

（1）设定主键。

用户可以在表设计视图为表设置主键，具体操作步骤如下。

① 在表设计视图中，单击“字段名称”左边的字段选择按钮选择要作为主键的字段。根据实际需要，也可以同时选择多个字段，方法是按住 Ctrl 键的同时选择多个字段（如图 5.35 所示）。

② 在选中区域内右击，在弹出的快捷菜单中选择“主键”命令（如图 5.36 所示），或者在选好字段后直接单击工具栏上的“主键”按钮，即可将所选字段设置为主键，同时，相应字段的左边会显示钥匙标记（如图 5.37 所示）。

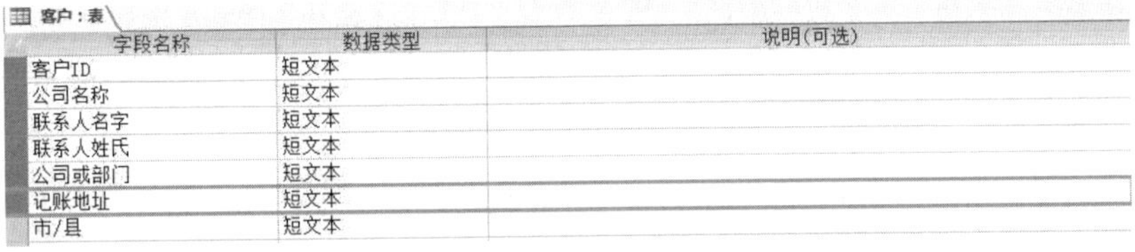

图 5.35　选择将作为主键的字段

图 5.36　通过快捷菜单设置主键

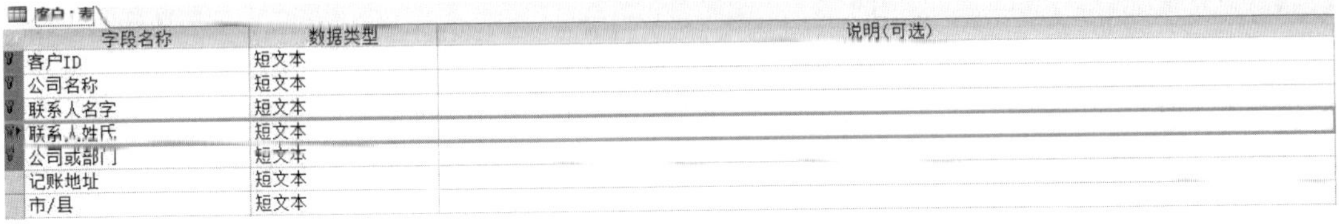

图 5.37　主键字段左边显示钥匙标记

（2）删除主键。

删除主键的方法与设定主键的方法类似，先选中要删除主键的字段，然后单击工具栏上的“主键”按钮即可。

5.4.2　创建索引

索引是数据库（不只是 Access）中极为重要的概念，它就像数据的指针，能够迅速地找到某一条数据。当表中的数据量越来越大时，索引的重要性就会越来越突显。

一般来说，不能在数据类型为“自动编号”和“备注”的字段上建立索引。此外，并非表中所有的字段都有建立索引的必要。因为每增加一个索引，就会多出一个内部的索引文件，增加或修改数据内容时，Access 2019 同时也需要更新索引数据，索引越多有时反而会降低系统的工作效率。

索引可分为单字段索引和多字段索引两种。

1. 创建单字段索引

当一个表中只有一个可用于创建索引的字段时，我们称创建的索引为单字段索引。创建单字段索引的具体步骤如下。

（1）在设计视图中打开表。

（2）在设计视图的字段列表中选中要创建索引的字段。

(3) 在“常规”选项卡中单击“索引”属性框内部，出现下拉列表框(如图 5.38 所示)，其中有三个选项，从下拉列表中选择“有(有重复)”或“有(无重复)”项。

常规 查阅

字段大小	255
格式	
输入掩码	
标题	
默认值	
验证规则	
验证文本	
必需	否
允许空字符串	是
索引	无
Unicode 压缩	无
输入法模式	有(有重复)
输入法语句模式	有(无重复)
文本对齐	常规

图 5.38　在“常规”选项卡中设置索引属性

索引属性下拉列表框中三个选项的含义分别如下。

① 无：该字段不需要建立索引。

② 有(有重复)：以该字段建立索引，其属性值可重复出现。

③ 有(无重复)：以该字段建立索引，其属性值不可重复。设置为主键的字段若选择了此属性，要删除该字段的这个属性时，应先删除主键。

(4) 接下来关闭设计视图，索引就建立好了。此后，就可以按索引字段排序来查看表中数据了。

注意：创建索引的字段通常是可以用于排序的数据，如数字、英文单词，也可以是中文，但不常用。

2. 创建多字段索引。

创建多字段索引的具体步骤如下。

(1) 在设计视图中打开表。

(2) 单击“设计”菜单中的“索引”命令(如图 5.39 所示)，打开“索引”对话框(如图 5.40 所示)。

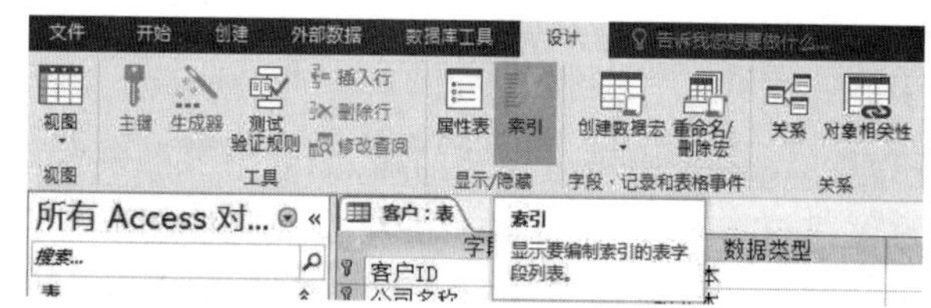

图 5.39　通过“设计”菜单中的“索引”命令打开“索引”对话框

索引：客户：表

索引名称	字段名称	排序次序
电子邮件地址	客户ID	升序
公司名称	公司名称	升序
联系人姓名首字母	联系人姓氏	升序
邮政编码	记账地址	升序

索引属性

主索引	否
唯一索引	否
忽略空值	否

该索引的名称。每个索引最多可用 10 个字段。

图 5.40　“索引”对话框

(3) 若当前表中没有索引和主键,可在"索引"对话框中单击"索引名称"栏中的第一个空行,然后输入要创建的索引名称。若当前表中已有索引,则要在已有索引下面的空行中输入新创建索引的名称。

索引名称仅是索引的标识,可以使用索引字段的名称来做索引的名称,也可以使用具有某种含义的字符串做索引的名称。

(4) 在"字段名称"栏中单击下拉按钮,然后从下拉列表框中选择用于索引的字段,如为名称为"联系人姓名首字母"的索引选择对应的字段"联系人姓氏"(如图 5.41 所示)。

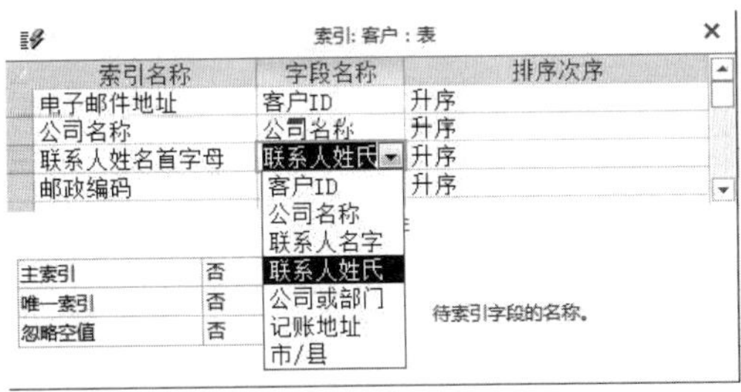

图 5.41 选择索引字段

(5) 将光标移至"排序次序"栏,单击下拉按钮然后从下拉列表框中选择排序方式,如将名称为"联系人姓名首字母"的索引的排序次序设置为"升序",即按照英文字母升序排列(如图 5.42 所示)。

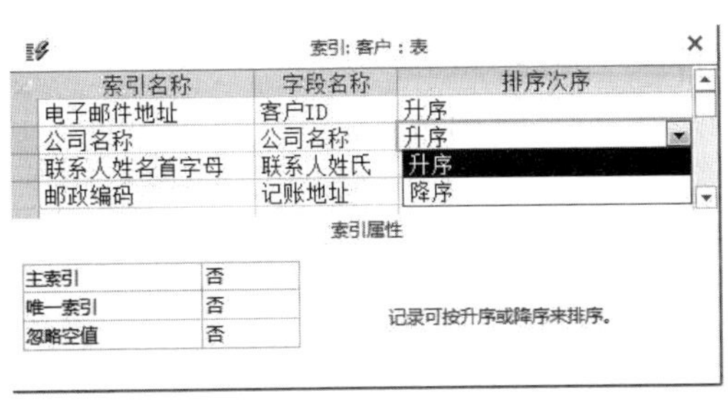

图 5.42 选择排序方式

(6) 若要使用多个索引,而且要重新定义主键的话,可先选中某个索引,接着单击"索引"对话框左下方的"主索引"下拉按钮,然后根据需要在下拉列表框中选择"是"或"否"(如图 5.43 所示)。

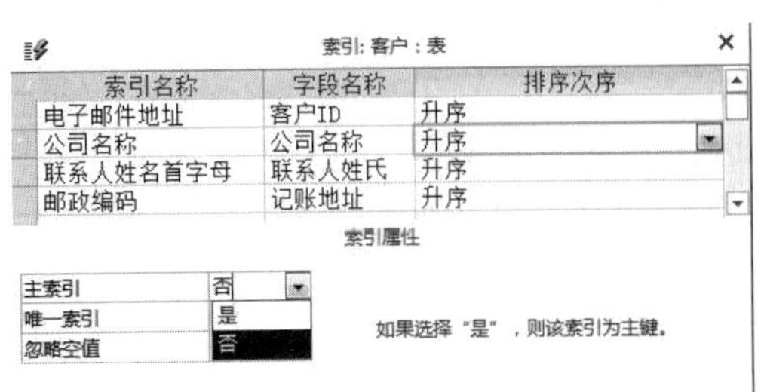

图 5.43 选择是否设置为主索引

(7) 将光标移至“字段名称”栏中的另一行中，单击该行所在单元格，可将其设置为第二个索引字段，可将其设置为非主索引。

这一步操作将指定第二个索引，用户可以重复该操作，直到选择了应包含在索引中的所有字段，最多可达到 10 个字段。关闭“索引”对话框后，用于该表的索引就建立好了。

此后，用户还可在任何时候，按照上面的操作进入“索引”对话框查看和编辑索引。若要删除某一个索引的话，只需要在“索引”对话框的列表中右击相应索引，然后在弹出的快捷菜单中选择“删除行”即可(如图 5.44 所示)，这种删除不会影响表的结构与数据记录。

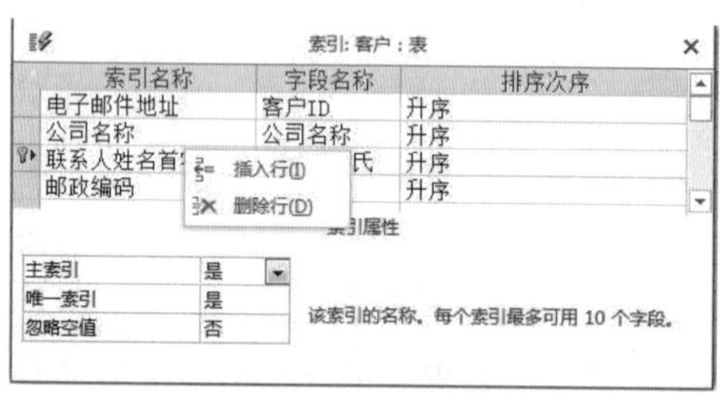

图 5.44　删除索引

5.4.3　建立和使用查询

查询是对数据源进行一系列检索的操作，它可以从表中按照一定的规则取出特定的信息，在取出数据的同时可以对数据进行一定的统计、分类和计算，查询的结果可以作为窗体、报表和新数据表的数据来源。

在创建数据库时，不需要将所有的数据都保存在一张表中，不同的数据可以分门别类地保存在不同的表中；也不需要将所有可能用到的数据都罗列在表上，尤其是一些需要计算的值。使用数据库中的数据时，并不是简单地使用这个表或那个表中的数据，而常常是将有关系的很多表中的数据一起调出来使用，有时还要把这些数据进行一定的计算以后才能使用。使用查询可以很轻松地解决这个问题。查询的字段来自很多互相之间有关系的表，这些字段组合成一个新的数据表视图，看起来就像新建的数据表视图一样。但查询并不存储任何数据。当改变表中的数据时，查询中的数据也会发生改变。

Access 2019 将表和查询都视为对象。在正式的数据库开发过程中，通常是先创建表，接着创建窗体及报表，如果有需要，再创建查询。

1. 查询的作用

查询为用户使用数据库提供了很大的方便，通过查询，用户不仅可以检索数据库中的信息，还可以直接编辑数据源中的数据，而且在查询中进行的修改可以改变整个数据库中的相关数据。具体来说，查询有以下几个作用。

(1) 选择字段：在查询中，用户可以指定所需要的字段，而不必包括表中的所有字段。

(2) 选择记录：在查询中，用户可以指定一个或多个条件，从而使只有符合条件的记录才能在查询的结果中显示出来。

(3) 分级和排序记录：用户可以对查询结果进行分级，并指定记录的顺序。

(4) 完成计算功能：用户可以建立一个计算字段(对表中的数据进行各种计算，以得到需要的信息)，并利用计算字段保存计算结果。

(5) 使用查询作为窗体或报表等的数据源：用户可以建立一个条件查询，将该查询的数据作为窗体或报表等的数据源，当用户每次打开窗体或打印报表时，该查询就会从基本表中检索最新数据。

2. 查询的类型

Access 2019 中一共有五种查询：选择查询、参数查询、交叉表查询、操作查询和 SQL 查询。

(1) 选择查询。

选择查询是最常见的查询类型，它从一个表或多个表中检索数据，并按照用户所需要的排列次序以数据表的方式显示结果。用户还可以使用选择查询来对记录进行分组，以及进行求和、计数、求平均值等计算。

(2) 参数查询。

在执行参数查询时系统会显示一个对话框，要求用户输入参数，然后系统会根据用户输入的参数找出符合条件的记录。例如，某公司每个月都要统计公司内过生日人员的名单，那么就可以使用参数查询，因为这些查询的格式相同，只是查询条件有所变化。

(3) 交叉表查询。

交叉表查询显示来自表中某个字段的汇总值(如求和、计数、求平均等)，并将它们分组，一组行在数据表的左侧，一组列在数据表的上部。

(4) 操作查询。

操作查询是在一个记录中更改许多记录的查询，查询后的结果不是动态集合，而是转换后的表。操作查询又有四种类型：生成表查询、追加查询、更新查询和删除查询。

(5) SQL 查询。

SQL 查询是用户使用 SQL 查询语句创建的查询。在查询设计视图中创建查询时，Access 2019 将在后台构造等效的 SQL 语句。实际上，在查询设计视图的属性表中，大多数查询属性在 SQL 视图中都有等效的可用子句和选项。如果需要，用户可以在 SQL 视图中查看和编辑 SQL 语句。但是，在对 SQL 视图中的查询做更改之后，查询可能无法按之前在设计视图中所显示的方式进行显示。

3. 创建查询

Access 2019 提供了多种创建查询的方法，下面介绍其中的两种方法。

(1) 使用向导创建简单的选择查询。

① 在数据库窗口中，单击“创建”菜单，可以看到在“查询”组中有“查询向导”和“查询设计”两个命令，即提供了两种创建查询的方法(如图 5.45 所示)。

图 5.45　“创建”菜单“查询”组提供两种创建查询的方法

单击“查询向导”，打开“新建查询”对话框(如图 5.46 所示)。在“新建查询”对话框中有四个选项，其中“简单查询向导”用于创建比较简单的查询，适合初学者使用。这里选择“简单查询向导”，然后单击“确定”按钮，打开“简单查询向导”对话框(如图 5.47 所示)。

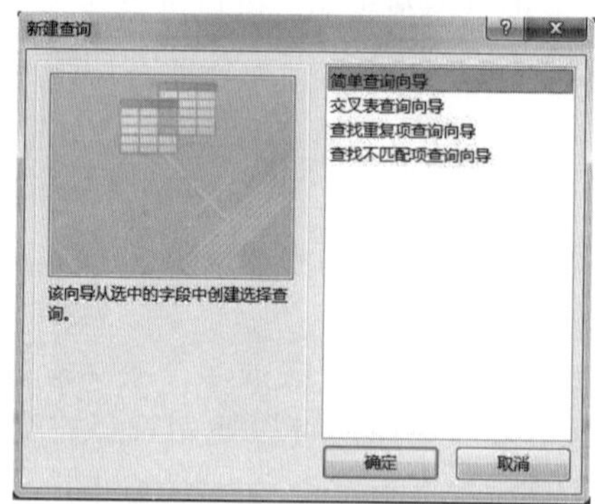

图 5.46 “新建查询”对话框

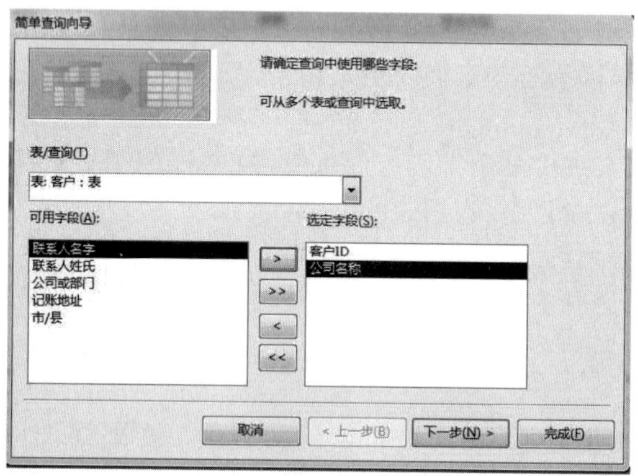

图 5.47 “简单查询向导”对话框

② 在“简单查询向导”对话框中，选择查询基于的表(或查询)的名称，接着选择要检索数据的“可用字段”，方法是选中某个字段，然后单击“＞”按钮将其添加到“选定字段”栏中(如图 5.48 所示)。最后单击“下一步”按钮，打开如图 5.49 所示的对话框。

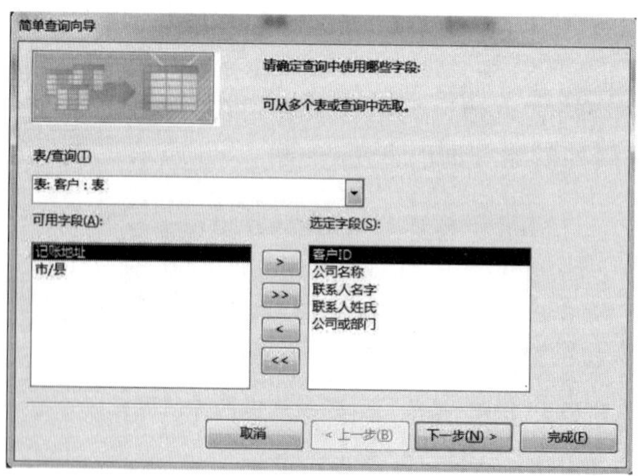

图 5.48 选择查询基于的表(或查询)和查询所用的字段

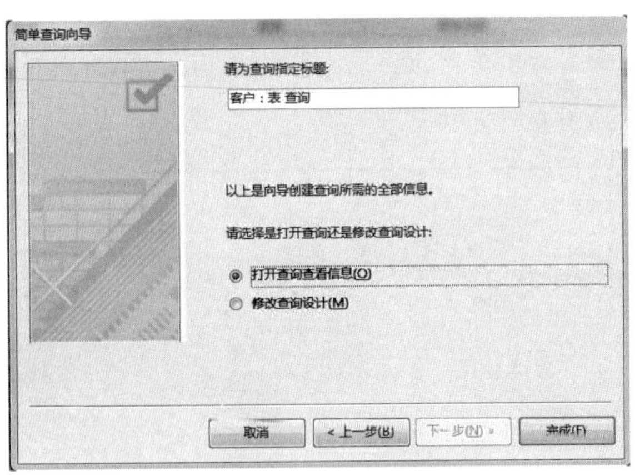

图 5.49　选定查询类型

在图 5.49 所示的对话框中，用户可指定查询的标题，以及可以选择是打开这个查询查看信息，还是去修改查询设计。设置好后单击“完成”按钮即可。

(2) 创建多个关联数据表查询。

图 5.50 所示为已创建好的三个数据表：boats 表是船信息表，其中包括 bid(船的编号)、bname(船的名字)、color(船的颜色)；sailors 表是水手信息表，其中包括 sid(水手编号)、sname(水手名字)、rating(水手等级)、age(水手年龄)；reserves 表是船预定表，其中包括 id(预定号)、sid(水手编号)、bid(船的编号)、date(预定日期)。我们可以先建立这三个数据表之间的关系。

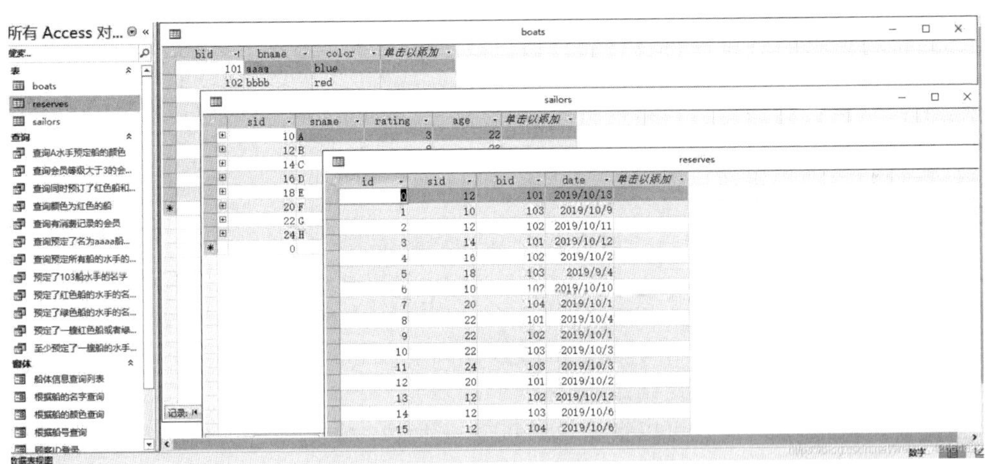

图 5.50　已创建好的三个数据表

① 在菜单栏中选择“数据库工具”，接着单击“关系”命令，打开如图 5.51 所示的界面。

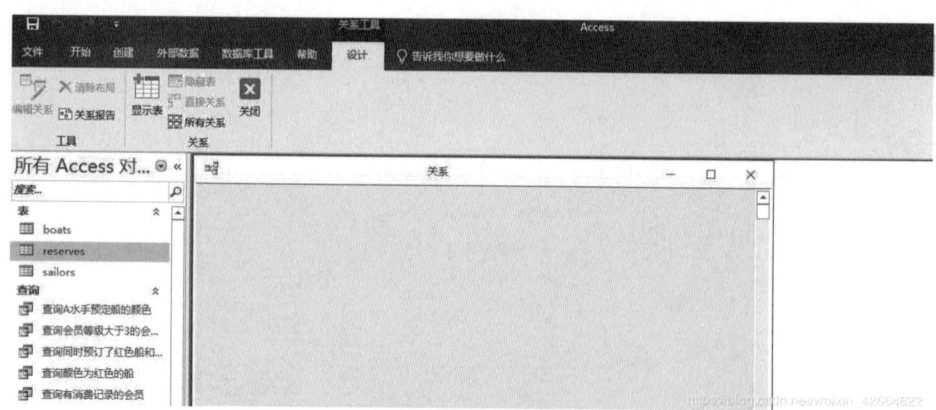

图 5.51 “关系”界面

② 单击图 5.51 中的“显示表”命令，出现刚刚介绍的三个表(如图 5.52 所示)。我们可以通过双击的方式来添加表。

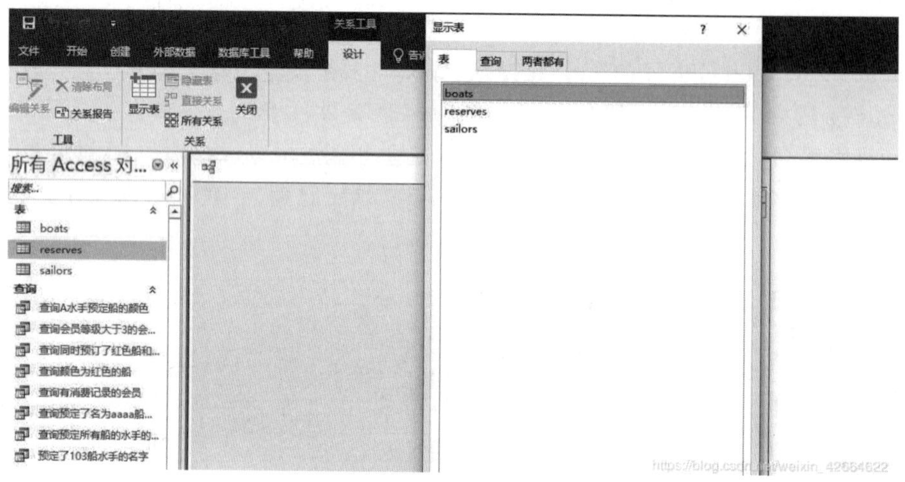

图 5.52 “显示表”界面

③ 添加表后，为三个表建立关系：选中一个表中的任一标签并将其拖动到另一个表，即可出现编辑关系对话框，选择两个表中相同的标签，即可成功创建它们之间的关系(如图 5.53 所示)，选择结束之后单击“确定”按钮。

④ 建立好表的关系后，就可以根据它们新建查询了：单击“创建”菜单下的“查询设计”命令进入查询设计视图。同样，可以选择要基于哪些表来创建查询(如图 5.54 所示)。

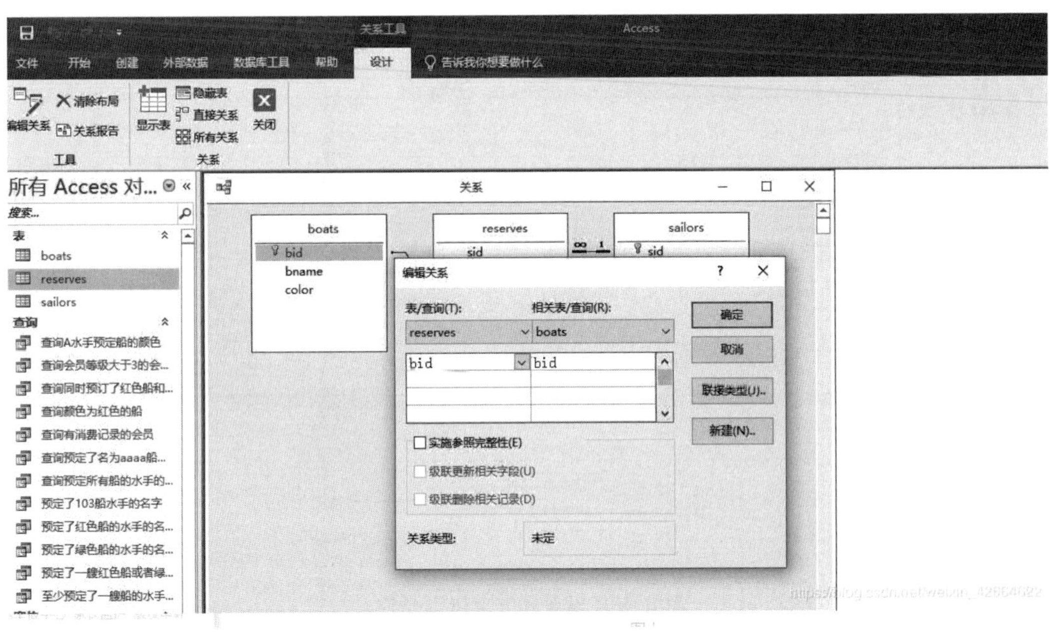

图 5.53 建立表之间的关系

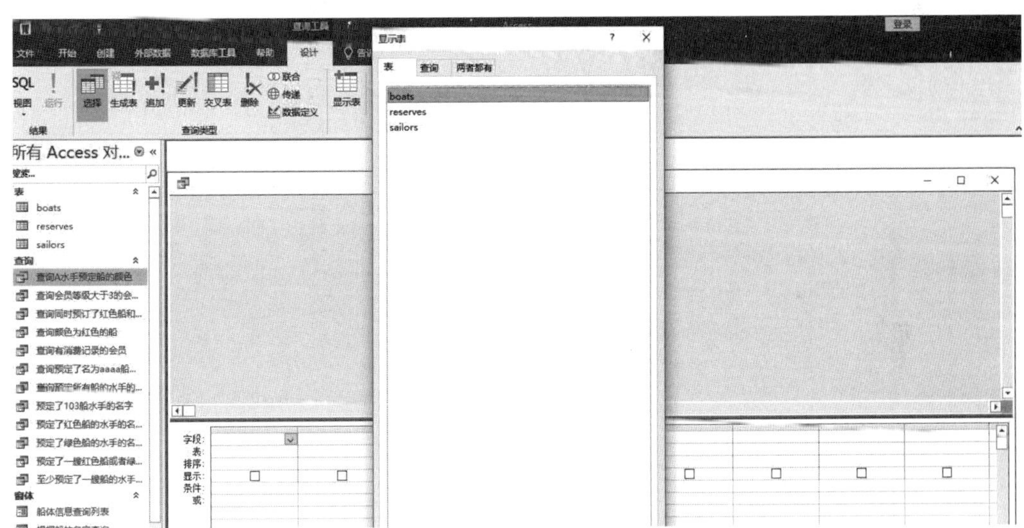

图 5.54 选择基于哪些表创建查询

⑤ 选择之前建立好的三张表，然后在图 5.55 所示界面的“字段”中选择要限定的标签，在“条件”位置填写对这个标签值的限定条件。

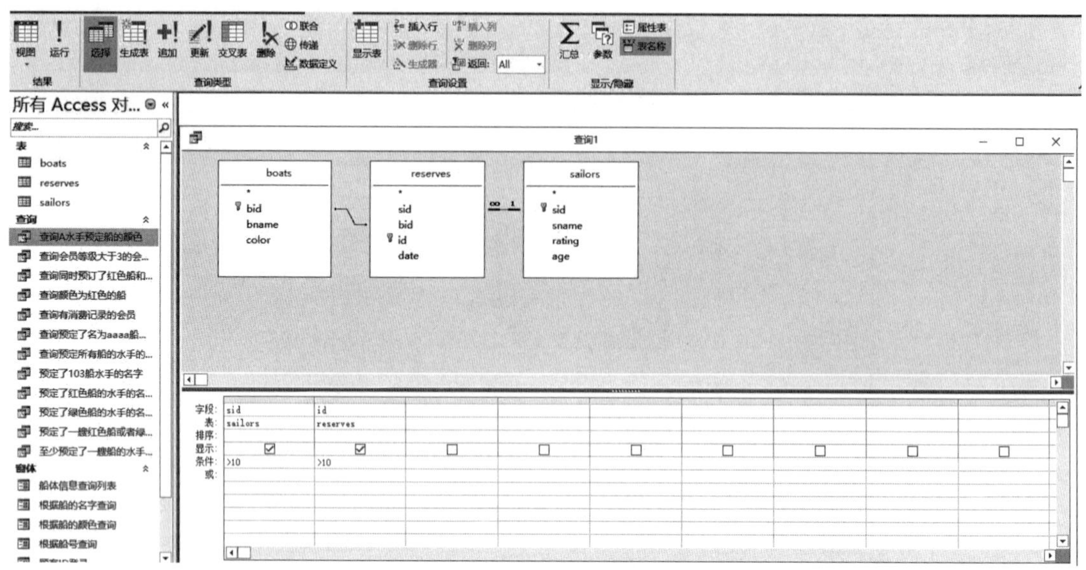

图 5.55　设置标签值限定条件

⑥ 确定好条件之后，在主窗口中就可以看到基于所设条件的查询了（如图 5.56 所示）。

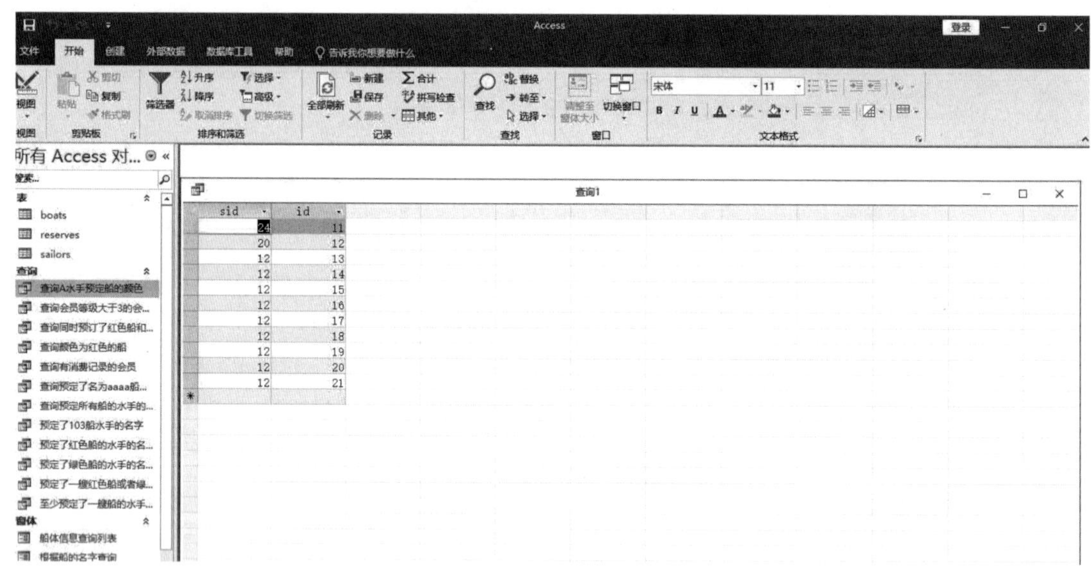

图 5.56　基于所设条件的查询

5.5 本章小结

本章介绍了 Access 2019 的版本特点，并分别从窗口、菜单栏、导航窗格和窗体的使用等方面介绍了 Access 2019 的窗口界面和常规操作。此外，本章还介绍了数据库的创建、数据表的创建、主键索引的创建、查询的创建等多种基本操作和数据库常规应用，以便读者对关系数据库的使用有一个初步印象，也为将来执行更复杂的操作奠定一个良好的基础。

5.6 本章习题

请使用 Access 2019 的数据库向导创建一个服务请求管理数据库，通过向导建立数据表、主键、查询、窗口，并试着输入数据、浏览数据、创建查询。

5.7 本章参考文献

程少丽，李莉莉，2017. 中文版 Access 2016 数据库应用实用教程[M]. 北京：清华大学出版社.

迈克尔·亚力山大，迪克·库斯莱卡，2019. 中文版 Access 2019 宝典：第 9 版[M]. 张骏温，何保峰，译. 北京：清华大学出版社.

第6章

电子商务数据库系统设计

前面的章节中已经详细介绍了数据库系统的基本设计理论和SQL语言,本章重点介绍如何将这些理论运用到电子商务数据库的设计和实现过程中。

作为电子商务系统的数据组织基础,电子商务数据库是建立在传统数据库理论基础之上的。在处理一些结构化的数据方面,传统的关系数据库理论仍然具有很好的指导意义。作为大型系统的主要构成部分,数据库系统的开发过程遵循一般的系统开发指导方法,电子商务数据库系统也不例外。

由于电子商务数据库建立在以Internet为中心的平台上,因此具有非常独特的数据处理需求。在高速发展的Web 2.0时代,关系数据库在性能、扩展性、数据的快速备份和恢复、易用性上表现得并不那么完美,人们越来越趋向于根据业务场景选择合适的数据库,以及进行多种数据库的融合运用。

本章主要内容:

1. 电子商务数据库的类型和特点;
2. 数据库系统的生命周期和设计流程;
3. 数据库需求分析和概念设计;
4. DBMS的选择、逻辑设计、物理设计及实现;
5. 面向大数据的电子商务数据库设计。

6.1 电子商务数据库的类型和特点

电子商务数据库作为电子商务平台的数据基础,既要存储和处理一些结构化非常强的业务数据,又要处理诸如图形、图像、语音输入等多媒体信息。为了更好地开展电子商务数据库系统的设计工作,相关人员除了要了解电子商务数据库的一些基本分类和建设现状外,还要了解数据库设计流程。

6.1.1 电子商务数据库的类型

作为电子商务系统的数据组织基础,电子商务数据库与传统数据库具有很多相似之处。

商务活动的人事管理、财务管理、档案管理和固定资产管理等业务的处理对象大多是结构化数据，借助关系数据库完备的关系理论和操作方法，处理这些业务数据是相对容易的。但是，随着以 Internet 为中心的电子商务系统应用的不断发展，以及大数据时代的到来，传统的关系数据库就显得“力不从心”，因为它不利于表达复杂的数据结构。为了处理图形、图像、声音、时间序列等非结构化数据，传统数据库技术演化出许多新的发展方向，如分布式数据库、多媒体数据库、NoSQL 数据库等。

根据不同的标准，电子商务数据库可分为不同的类型。

1. 根据商务信息资源的性质进行划分

根据商务信息资源的性质不同，电子商务数据库可以分为社会性信息数据库、公益性信息数据库和商业性信息数据库。

① 社会性信息数据库，是指数据内容为与企业竞争环境有关的社会信息的数据库。

② 公益性信息数据库，是指数据内容为气象、水文、人口、自然资源等的数据库。

③ 商业性信息数据库，是指数据内容为商贸、金融、科技、人才、企业、产品、娱乐等具有商业开发价值的信息的数据库。

2. 根据数据发布的对象进行划分

根据数据发布的对象不同，电子商务数据库分为企业内部数据库、合作伙伴共享数据库和社会共享数据库。

3. 根据数据库提供的数据的性质进行划分

根据数据库提供数据的性质不同，电子商务数据库可分为文件数据库、数值数据库、事实数据库、多媒体数据库。

(1) 文件数据库。

文件数据库是指数据内容为各种文件资料的数据库。文件数据库具体又可分为书目型数据库和全文数据数据库两种。

① 书目型数据库是组织文献信息最常用的一类数据库，主要提供查找文献的线索，即文献的简要特征，如篇名、著者、文献来源(出处)、摘要、出版单位等。一般情况下，用户获得线索后还需另行查找原文。

② 全文数据库则存储文献全文或其主要部分，用户可以从中直接检索出所需的内容信息。

(2) 数值数据库。

数值数据库是指数据内容以自然数值形式为主，主要记录和提供特定事务的性能、数量特征等信息的数据库。数值数据库支持各种统计分析、定量研究、管理决策和预测等，因此，数值数据库是企业实现战略调控和业务管理的基础信息设施。

(3) 事实数据库。

事实数据库是指数据内容既有数字又有文字，主要用来描述和反映有关事务的参考数据库。

(4) 多媒体数据库。

相对传统的数据库而言，多媒体数据库是指对图形、图像、声音、文字、动画等多种媒体数据统一进行存取、管理和应用，从而能更加生动和全面地描绘客观世界的数据库。

6.1.2 电子商务数据库的特点

通过近几十年的信息化建设，电子商务数据库从最初的仅能提供数据存储、文档存储服务，发展到能够提供联网和远程访问服务，数据库系统的应用形式也从面向小范围的集中式结构发展为更复杂的网络化结构。同时，电子商务数据库与许多其他新兴的计算机技术和管理思想逐渐深度融合，逐步向提供辅助决策功能的智能化数据库方向发展，为电子商务的应用提供了良好的基础。现阶段电子商务数据库的建设和发展主要具有以下特点。

1. 大数据处理需求迫切，需求差异化明显

近年来，互联网产业高速发展，很多传统企业通过电子商务开展商务活动，由此产生了处理海量资料(即大数据)的迫切需求。同时，大数据处理技术的不断发展，也促进企业加速发展电子商务，为互联网产业的发展注入了新动力。

但是，由于不同规模的企业在信息化建设和信息基础设施建设方面差距很大：部分先进企业信息化建设较为完善，人员素质较高，电子商务的基础设施较好，因而数据库建设也相对成熟；而在许多中小企业，大量的公文流转、业务处理仍然靠纸质加电话方式进行，现代管理理念和信息化知识比较缺乏，电子商务建设资金紧张，信息技术基础设施极为薄弱。因此，各个企业在考虑电子商务数据库建设时，需要根据自身的特点，选择不同的开发方式和功能模块，要在数据库设计阶段就兼顾实用性和可扩展性。

2. 数据治理重要性提升

随着信息技术的飞速发展，数据规模迅速扩大，劣质数据也随之而来，这极大地降低了数据质量，对信息社会造成了严重的困扰。另外，数据共享的广泛存在也带来了个人隐私泄露的问题。数据治理不仅要规范数据，实现数据的价值并管控风险，还要保护隐私，防止虚假信息泛滥等。

很多组织由于没有考虑数据质量对大数据平台建设、分析应用等方面的重要影响而盲目投入，缺乏对大数据资源的整体规划和综合治理，最终导致项目的中止或失败。这使得数据治理的重要性逐步得到业界的共识。随着国家政策支持力度的加大和产业实际需求的增长，通过数据治理提升数据组织和数据管理能力，消除数据孤岛，挖掘数据的潜在价值，已成为当前的重点研究内容。

3. 电子商务运营模式转向数据驱动

在大数据的时代背景下，“数据驱动”成为电子商务经营模式的一个重要特点。小到基础材料的采购，大到资产运作及订单签立，各个环节都越来越数据化。另外，运用大数据技术对消费者的消费习惯及消费心理进行归纳、分析与预测，从而对电商产品的市场调度和供需安排进行指导，也是电子商务运营的一个重要方面。

随着工业互联网平台的建设和发展，电子商务运营的链条逐步向生产端延伸，越来越多的应用要求打通供应链各个环节，实现协同发展，打破数据壁垒或孤岛，在工业互联网平台上实现安全数据交互；或者减少中间环节，通过智能工厂实现生产端与消费端的直连。工业数据具有产生频率快、严重依赖于采集时间、测点多、信息量大、数据结构相对简单的典型时

序数据特点，关系数据库和分布式数据库在处理这些数据方面效率并不高，因此也催生了诸如时序数据库等新的数据库技术和应用的发展。

因此，人们在开展电子商务数据库建设时，既要关注数据库的性能设计，也要兼顾数据治理的需求，同时，电子商务数据库的设计还要顺应和支持电子商务运营模式的转变和创新。

6.2　数据库系统的生命周期和设计流程

6.2.1　数据库系统的生命周期

信息系统用于对与组织相关的所有信息资源进行收集、管理、使用和传播。20 世纪 60 年代，信息系统主要是指文件系统，但从 20 世纪 70 年代开始，数据库系统逐渐成为信息系统的主要组成部分。目前，数据库系统已经成为大型组织信息系统的重要组成部分。为适应这种情况，许多组织设置了数据库管理员的职位甚至专门的数据库管理部门，依据数据库系统的生命周期开展相应的开发和管理工作。

数据库系统的生命周期主要包括以下几个阶段。

1. 系统定义阶段

这一阶段的主要任务是对数据库系统、系统用户和系统应用的范围进行定义，确定各类用户的不同界面、响应时间的约束及存储和处理需求。

2. 数据库设计阶段

这一阶段的主要任务是在选定的 DBMS 上完成关于数据库系统的完整的逻辑设计和物理设计。

3. 数据库实现阶段

这一阶段的主要任务包括进行概念数据库、外部数据库和内部数据库的定义，创建空数据库文件及实现软件应用。

4. 装载和数据转换阶段

这一阶段的主要任务就是装载和数据转换，通常有两种方式装载数据库，一是直接向数据库装载数据，二是把现存文件转换成数据库系统格式后再装载。

5. 应用转换阶段

这一阶段的主要任务是把原来系统下的软件应用转换到新系统下。

6. 测试和评价阶段

数据一旦装载到数据库，数据库管理员就要对数据库的性能、完整性、并发访问和安全约束进行测试和优化。这个测试和评价阶段是与软件开发并行进行的。如果测试和评价结果不满足要求，就需要对系统和模型进行调整。具体内容包括：调整 DBMS 的配置参数、修改物理设计（比如对索引和分区进行修改）、修改逻辑设计（比如增加冗余字段）、更新或者更换 DBMS 的软硬件平台等。

7. 运行阶段

这一阶段的主要任务是运行数据库系统及其相关应用。通常情况下，旧系统和新系统需要并行运行一段时间。

8. 监控和维护阶段

在运行阶段，数据库管理员需要不断对系统进行监控和维护。随着运行时间的增长，数据内容和软件应用都会不断增长和扩充，所以有时可能还需要进行一些大的修改或重组。

通常，大部分数据库系统都要经历上述生命周期的全过程。另外，由于每一阶段都会出现一些新的需求，因此，不同阶段之间经常需要进行相互反馈。

6.2.2 数据库系统的设计流程

数据库系统设计具有两个基本特点：一是数据库系统设计是硬件、软件、技术与管理的结合；二是数据库系统设计必须与应用系统相互结合。因此，我们可以把数据库系统设计流程看作两个并行的活动：第一个活动是进行数据库数据内容和结构设计；第二个活动则主要是数据库应用设计。这两个活动过程是密切相关的，如图 6.1 所示。

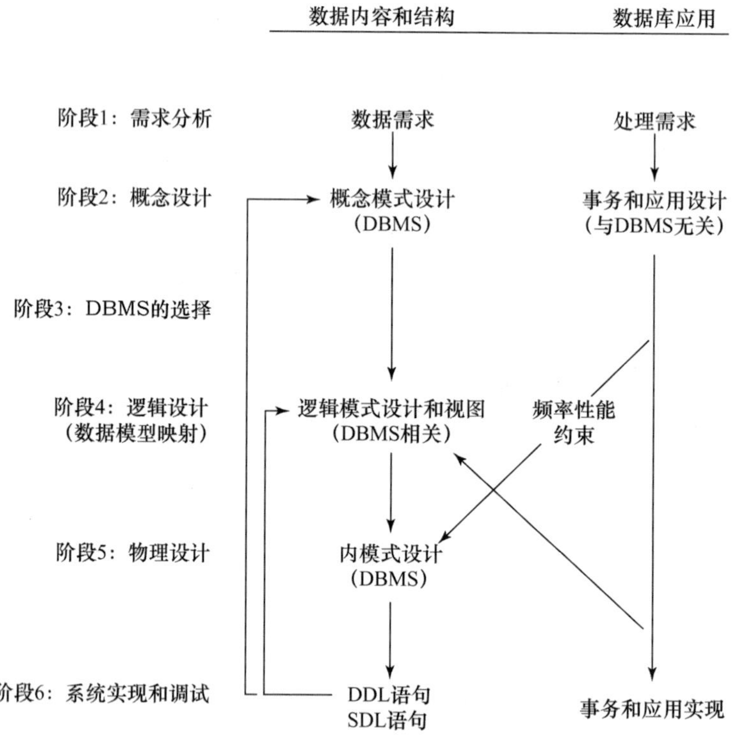

图 6.1 数据库系统设计流程

数据库系统设计遵循软件工程规范化设计方法，整个流程包括以下几个阶段。

1. 需求分析

这是解决“要求系统做什么”这个问题的阶段，也是整个设计的基础。这一阶段的工作很耗费时间，能否明确反映用户的需求，将直接影响之后各个阶段的工作。我们将在 6.3.1 中进一步介绍这部分内容。

2. 概念设计

这个阶段是整个数据库设计的关键阶段。在这个阶段，通过对用户需求进行综合、归纳、抽象，将形成一个独立于具体 DBMS 的概念模型。在这个阶段，通常使用一些高级数据模型，如 E-R 模型等。我们将在 6.3.2 中进一步介绍这部分内容。

3. DBMS 的选择

选择 DBMS 时应从技术、经济和组织等方面综合考量，我们将在 6.4.1 中进一步介绍这部分内容。

4. 逻辑设计

在这一阶段，一般会将设计好的高级数据模型转换成能够被所选择的 DBMS 支持的结构数据模型，并对它进行优化处理。我们将在 6.4.2 中进一步介绍这部分内容。

5. 物理设计

在这一阶段，一般会根据物理存储结构、记录位置和索引来设计数据库的规格，包括存取方法和存取结构等。我们将在 6.4.3 中进一步介绍这部分内容。

6. 系统实现和调试

在这一阶段，一般会运用 DBMS 提供的数据语言及相关的应用系统语言，根据逻辑设计和物理设计的结果建立数据库，编写有关程序，组织数据入库，同时，要拟订运行方案和调试计划，并对数据库系统的运行进行有目的的检测。

6.3 数据库需求分析和概念设计

从数据库系统的设计流程可以看出，后面几个阶段的工作都要建立在前期的需求分析的基础上。因此，准确地把握用户的真实需求是数据库设计中首先应当完成的工作。

6.3.1 需求分析

1. 数据库初步调研

在有效设计数据库之前，相关工作人员要尽可能详细地了解和分析用户的需求和数据库的用途。在软件工程中，人们常根据用户需求的稳定性将信息系统分为预先指定的系统和用户驱动的系统两大类。电子商务数据库系统大多数属于用户驱动的系统，因为它的需求是经常变动的。因此，在设计电子商务数据库时必须发挥用户的积极性，最好鼓励他们直接参与系统的分析和设计工作。实践证明，这样可以增加用户对未来交付系统的满意程度，这种方式也被称为联合应用设计。

通常，初步调研阶段需要完成以下工作。

(1) 确定主要的应用领域和用户组。

这些用户组是数据库的未来用户，或者他们的工作将会受到数据库的影响。这项工作往往需要分析组织的基本情况及其业务活动情况，从而确定数据库主要的应用领域和系统边界。

(2) 通过多种途径,获得用户需求的第一手资料。

获得资料的途径多种多样。例如,可以先对已有的与应用相关的文档进行研究和分析,接着对当前的操作环境和信息的使用计划进行研究;也可以从潜在的数据库用户那里获得针对某些问题的书面回答,一般可采用跟班作业、专人介绍、调查问卷、咨询、收集原始记录等方法展开调查。下面以"会谈法"为例进行说明。

某企业的业务中涉及大量对工程文件、数据等的处理工作。这些文件中既有格式化的数据(如工程登记表),也有非格式化材料(如图片、Word 文件、Excel 文件及其他文件等)。该企业的文书工作繁杂,大量数据经常需要变更。这些问题严重阻碍了该企业办公效率的提高。针对这些问题,工作人员进行了有效的需求调研,为后期工作奠定了良好的基础。在初期数据调研阶段,工作人员主要采用会谈法进行了需求分析。

会谈法是获得有关现行系统及其运作方式等情况的最重要的方法。工作人员先组织了几次局部会谈作为初步调研。虽然这种方法经常被采用,但并非总能见效。参与会谈的人员可能会感到工作人员对其现有工作带来了威胁;或者由于时间紧迫,从而提供一些价值不太大的信息。要想使会谈更有效,一般需要注意以下几点。

① 正式会谈前应做好准备工作,了解参与会谈的每个人的情况及其在组织中的职能。

② 会谈开始时,工作人员先自我介绍并概述会谈的目的和会谈范围。

③ 开始询问时,工作人员可以先提一些部门或办公室的总体职能、组织形式、工作手段和处理过程等概括性的问题,使参与者放松。

④ 会谈进行中,工作人员应对工作过程提一些专门的问题,了解需要改进的地方及具体情况。

⑤ 工作人员可抓住参与会谈者提出的问题进一步讨论。

⑥ 会谈过程中,工作人员不要记太多的笔记,以免分散与会人员的注意力,可以采用录音和录像的方式辅助记录。

⑦ 会谈结束后,工作人员应尽快总结这次会谈所收集的信息,并提出下一步工作建议。

会谈中,工作人员易犯的一种错误是没有了解工作方式和工作程序的细节情况,从而忽略了一些隐藏的重要问题。会谈中,工作人员应当问一些有助于发现事实的问题,以加深对现有系统的了解。此例中,工作人员列出了对系统进行调研时大家提出的一些问题(如表 6.1 所示),涉及工作量、工作过程、数据、控制、组织因素等方面。

表 6.1　会谈中大家提出的问题

项目	具体描述
工作量	每月收到多少工程登记表; 每月有多少报表需要提交
工作过程	组织一次质量安全检查活动需要哪些步骤; 各检测机构的资质审查和计量认证工作如何开展
数据	工程登记表需要保存哪些数据; 对工程质量鉴定需要提交哪些材料
控制	对保密信息的访问有什么防护措施; 哪些处理过程是用来确保申请者呈报材料准确性的
组织因素	该工作流程由谁负责

2. 数据与数据流程分析

在系统调查中收集的大量信息基本上是由每个工作人员按组织或其业务过程收集的，它们往往只是从局部反映了某项管理业务对数据的需求和现有的数据管理状况。工作人员必须对这些信息加以汇总、整理和分析，使之协调一致。我们将这个过程称为数据与数据流程分析，它的主要任务是数据汇总、数据流程分析，以及将数据及其特征等用数据字典的形式进行定义。

(1) 数据汇总。

数据库调研掌握的资料可以分为三类：系统输入数据(主要是指上报的报表)、本系统内要存储的数据(主要是指各种记录文件)和系统产生的数据(主要是指系统运行中所产生的各类数据)。数据汇总分两步进行，第一步是从某项业务的角度对数据进行分类整理，第二步是进行数据特征分析，包括分析数据的类型及长度、合理的取值范围、相关的业务有哪些，以及数据量的大小(单位时间内的业务量、使用频率、存储和保存的时间周期)等，从而为之后的设计工作做准备。

(2) 数据流程分析。

在实践中，往往有很多的数据需求是通过间接的方式表达的，也有些数据需求的表达不够规范，这都需要工作人员进行进一步整理。人们一般采用结构化分析方法，从最上层的结构入手，用逐层分解的方式分析系统，并用数据流图和数据字典描述系统。通常，我们可以采用一些图表工具辅助设计，如采用业务流程图来描述系统的业务概况，用数据流图来具体描绘系统的逻辑模型等。

数据流图是分解和表达用户需求的工具之一，也是对原系统进行分析和抽象的工具之一。它从数据传递和加工的角度，利用图形符号，通过逐层细分来描述系统内各个部件和数据在它们之间传递的情况。数据流图采用的符号及其含义如表 6.2 所示。

表 6.2　数据流图采用的符号及其含义

符号	名称	含义
○	处理	即数据加工、变换等过程，表示对数据的操作
═	文件	表示系统内需要保存的数据，是系统内处于静止状态的数据
→	数据流	说明系统内数据的流动，箭头指向为数据流动方向，一般可在箭头旁标明数据流的名称
□	外部对象	是向系统输入数据和接收系统输出的外部事物，也是数据流的源点和终点

很多实际的数据处理过程非常复杂，所以数据流图的绘制遵循自顶向下、逐层求精的原

则。人们一般先将整个系统当作一个处理功能,画出它和周围实体的数据联系过程,获得一个粗略的数据流图,然后逐层分解,直到把系统分解为详细的低层次的数据流图。这个过程能够发现处理过程不合理、数据不匹配、数据流通不畅等问题。

(3) 数据字典。

数据字典是数据分析的主要工具之一,它将对数据的含义、结构和组成进行具体说明。数据流图和数据字典可以从图形及文字两方面对数据库的逻辑模型进行完整的描述。一般来说,数据字典应该包括对下列五类元素的定义。

① 数据流。

② 数据存储(文件)。

③ 数据项。

④ 数据结构。

⑤ 处理。

数据字典的条目类型及其组成如表 6.3 所示。

表 6.3 数据字典的条目类型及其组成

条目类型	组成	备注
数据流	数据流名称	
	数据结构	
	数据流量	
	[来源]/[去向]	方括号代表可选项
	[用途]	
数据存储(文件)	文件名称	
	[别名]	
	文件结构	
	存取频率	
	[存取峰值]	
数据项	数据项名称	
	数据项类型	
	取值范围	
	长度	
	有关的数据结构	
数据结构	数据结构名称	
	说明	
	数据结构的组成	
处理	处理名称	
	输入数据流	
	输出数据流	

建立数据字典有两种方式:一种是建立数据字典卡片(示例如图 6.2 所示),另一种是利用数据库系统提供的数据字典软件自动生成和编排数据字典。

<table>
<tr><td colspan="6">数据存储
系统名：包裹邮寄信息管理系统　　编号：DS010
条目名：国内包裹　　别名：NPACK</td></tr>
<tr><td colspan="2">存储组织：
每个包裹一条记录</td><td colspan="2">记录数：约99999</td><td colspan="2">主关键字：邮件号码</td></tr>
<tr><td colspan="6">记录组成：
日期（D8）　清单号码（N4）　邮件号码（C5）　原寄局代码（C8）　寄达局代码（C8）
重量（N5）　备注（M8）　处理费（N82）　保价金额（N72）　资费（N82）
附加费（N82）　代验费（N82）　营业员（C8）　总包号码（N4）　邮件种类号码（C2）
格数（N2）　页数（N2）
存取频率：
7次/天</td></tr>
<tr><td colspan="6">简要说明：
记录和保存包裹信息。</td></tr>
<tr><td rowspan="2">修改记录：</td><td>编写</td><td>唐××</td><td>日期</td><td colspan="2">2022年8月10日</td></tr>
<tr><td>审核</td><td>李××</td><td>日期</td><td colspan="2">2022年8月18日</td></tr>
</table>

图 6.2　卡片式数据字典示例——数据存储

6.3.2　概念设计

在对数据库初步调研的基础上，工作人员还需要对整个数据库进行一个概念化的描述，也就是说，利用概念设计将现实世界中的具体需求抽象成信息世界中的实体以及实体之间的联系，之后再将这种结构转化为适合数据世界的数据模型。因此，概念设计是实际需求和最终数据结构之间一个非常重要的中间环节。

1. 概念设计的特点

概念设计一般具有以下特点。

(1) 概念设计的目标是获得对数据库结构、数据的属性特征、数据之间相互联系和各种约束的全面了解。

(2) 概念设计与之后采用哪种 DBMS 无关，因此便于修改和扩充。

(3) 概念设计的图示描述方式易于理解，使得各方的交流更为准确和直接，因此，对数据库用户、设计人员和分析人员来讲是一种良好的交流工具。

(4) 概念设计与关系、网状、层次等数据模型之间的转换简便易行。

2. 概念设计的方法

常用的概念设计的方法有以下两种。

(1) 集中模式设计法。

首先把前一阶段获得的不同用户组的需求合并到一个需求集中，然后根据这个需求集，设计数据库的全局概念模式，并为每个用户组设计数据库模式。需求如何合并一般由数据库管理员决定。

(2) 视图集成法。

视图集成法不要求对用户组的需求进行合并，而是要根据每个用户组的需要直接为其分别设计相应的模式。这些模式就是各用户组自身的视图。之后，将这些视图集成为整个数据库的全局概念模式。

这两种方法的主要不同之处在于，对各用户组的多个视图或需求进行合并的方式和时机不相同。在集中模式设计法中，数据库管理员必须在模式设计之前对用户组的需求进行手动调整，如果用户组较多，这个工作量会相当大。正因为集中模式设计法存在这种问题，所以视图集成法逐渐获得了人们的认可。

3. 概念设计的策略

对数据库进行概念设计有多种策略。这些策略都遵循增量原则，即先根据需求创建一些模式构造，然后在此基础上进行修改或扩大。

(1) 自顶向下策略。

自顶向下策略是指先设计数据库的全局概念结构，然后逐步细化。例如，可以先定义几个大的实体类型，然后在确定其属性时，再把这些实体分解成更低一层的实体类型和联系。

(2) 自底向上策略。

自底向上策略是指先定义各个局部应用的概念结构，然后将其集成，得到全局概念结构。

(3) 自内向外策略。

自内向外策略是指先定义最核心的概念结构，然后逐步向外围扩展，最终得到全局概念结构。这其实是自底向上策略的一个特例。

(4) 混合策略。

混合策略是指先按照自顶向下的策略对需求进行划分，再根据自底向上策略对划分后的各个需求设计部分模式，最后将各个部分组合起来形成全局概念结构。

4. 通过 E-R 图进行概念设计

在对数据库进行概念设计时，一般先进行局部 E-R 图设计，然后通过集成 E-R 图获得整体应用的概念模式。

在进行局部 E-R 图设计时，可借助中间层次的数据流图，并从相应的数据字典中获知该部分的实体、属性、关键字等信息。当然，实体和属性并非截然分开的。同一事物有时是实体，有时又会被当作属性。

对局部 E-R 图进行集成时，要注意解决局部 E-R 图之间的冲突。典型的 E-R 图冲突有以下几种。

(1) 属性冲突。

属性冲突是指各局部 E-R 图中相同属性的类型和取值范围有差异。例如，性别的表示，有的以“男”“女”进行区分，有的以逻辑型数据进行区分。

(2) 命名冲突。

命名冲突是指同一事物在不同的 E-R 图中可能称呼不同，不同事物在不同的应用中可能命名相同。

(3) 结构冲突。

结构冲突是指有些对象在某一应用中被当作实体，而在另一应用中被当作属性。遇到

这种冲突时，最好采用一定的规则将其统一起来。

处理好冲突后对E-R图进行集成时往往需要一个非常严格的、系统的方法。对一些简单情况，主要的方法是：将相同实体在不同应用中的属性收集起来，取它们的并集，然后将结果作为该实体对应的数据库文件的字段来源。

6.4 DBMS的选择、逻辑设计、物理设计及实现

数据库概念设计将用户的实际需求抽象出来，借助一定的表达工具(常用的是E-R图)反映出来。接下来的工作就是将这种抽象的表达映射到具体选定的DBMS上，以便进行物理实现。

6.4.1 DBMS的选择

前面我们已经学习了DBMS的基本概念。与传统的文件系统相比，DBMS具有不少优点，如操作的简易性、对系统内部数据维护的一致性、更好的数据可用性以及支持信息快速存取等。借助目前基于Web的存取技术，人们可以从全球各个地方轻松地对数据库中的某些数据进行存取。同时，采用DBMS可以相应地降低应用开发成本，减少数据冗余，加强安全性能和控制性能。在进行DBMS选择的时候还需要仔细考虑各方面的因素，主要包括技术、经济和组织三个方面的因素。

1. 技术方面的因素

技术方面，相关工作人员主要应当考虑选择的DBMS是否能胜任需要完成的工作。目前，占主导地位的DBMS产品主要是关系数据库管理系统和面向对象数据库管理系统。关系数据库管理系统作为商业化应用非常成熟的产品，受到了大多数用户的喜爱。但是随着数据库新应用的不断发展，早期的关系数据库管理系统对现在的工作显得越来越无能为力。挑战主要来自多种数据类型的广泛交叉使用，例如，计算机辅助桌面排版系统中的大文本、气象预报中的图像信息、各种地图、污染控制系统中的大量空间和地理数据等。在电子商务数据库系统中，除了大量的文字和图片信息，还有很多音频和视频数据流(如重要会议的录音录像资料等)需要处理。在处理这些特殊数据类型时，面向对象的DBMS就显示出了相当的优势。

由于电子商务系统应用的层次和范围差异极大，很难提出一个统一的数据管理方法，但是，不论选择哪种类型的DBMS，都需要同时考虑以下一些技术方面的因素：DBMS支持的存储结构和存取路径、用户界面和开发界面、高级查询语言的种类、选取的开发工具、通过标准接口与其他DBMS交互的能力，以及整个应用系统所采用的架构平台(如两层客户机/服务器模式或是三层客户机/服务器模式)。除此之外，对系统中应用数据特征的分析也相当重要，这主要集中在对数据的复杂性、各种应用数据间共享的要求、数据实时检索的需求的分析以及对数据更新频率和增长速度的预计等方面。具体而言，选用哪种DBMS，从技术方面看，可以从以下几点予以考虑。

(1) 构造数据库和程序开发的难易程度：主要包括DBMS是否能够支持方便快捷的开发过程，是否有面向对象的设计平台，是否支持富媒体数据类型等。

(2) 数据库管理系统的性能分析：包括性能评估(响应时间、数据单位时间吞吐量)、性能监控(内外存使用情况、系统输入/输出速率、SQL 语句的执行情况、数据库元组控制情况)、性能管理(参数设定与调整)三个方面。

(3) 对分布式应用和并行处理的支持：这是应对数据爆炸时代的基本能力。

(4) 可移植性和可扩展性：能否支持系统对未来 2～3 年的需求扩展。

(5) 容错能力：异常情况下对数据的容错处理。

(6) 安全性控制：包括安全保密的程度(账户管理、用户权限、网络安全控制、数据约束)和数据恢复能力两个方面。

2. 经济方面的因素

经济方面，相关工作人员主要应考虑获得和使用某种 DBMS 的成本，通常需要考虑以下几种成本。

(1) 软件获得成本。

软件获得成本是指购买软件的成本。值得注意的是，针对不同应用和不同的操作系统，同一种 DBMS 可能有若干种版本和功能选项以供选择。因此，在选择的时候，既要充分考虑经济因素，也要为今后系统转换预留余地。

(2) 维护成本。

维护成本是指获得厂商的售后服务以及之后 DBMS 版本升级的成本。

(3) 硬件获得成本。

某些情况下，为了使 DBMS 更好地工作，可能需要添置新的硬件设备，如额外的终端、硬盘驱动器、大容量存储设备等。硬件获得成本就是指添置这些设备的成本。

(4) 数据库创建和转换成本。

如果组织中原来没有任何 DBMS，那就需要完全新建数据库系统，这需要一定的成本。通常情况下都是从老系统向新系统进行转换，一般新老系统会并行一段时间，直到新系统能够完全正常工作。这种转换也需要相应的成本，如为保持两套系统同时运作而额外增加的人力成本等。这种成本很难准确预测，但在实践中通常会低估它。

(5) 培训成本。

由于 DBMS 的操作相对复杂，因此，相关人员必须经常接受一些培训(如在 DBMS 基础上进行应用系统开发、进行数据库管理等培训)，以更加熟练地操作和使用 DBMS。培训中的各种花销就是培训成本。

(6) 运行成本。

无论选择哪种 DBMS，都必须支出一定的费用，以保证数据库系统能够连续运行，这就是运行成本。

3. 组织方面的因素

从组织方面来看，影响 DBMS 选择的因素也有很多。

(1) 组织文化。

DBMS 与组织中负责开发、使用和维护 DBMS 的人员密切相关，因此这些人员的偏好(如对某种开发方法的接受程度或对某个特定的 DBMS 的熟悉程度等)也将影响 DBMS 的选择。

(2) 厂商提供的服务。

除了产品本身的性能外，组织往往希望获得 DBMS 厂商长期的、优质的售后服务，以减少使用的后顾之忧。电子商务数据库系统中往往保存着大量有关国家、社会和公众的重要信息，保证数据库的长期平稳运行是每个组织都会考虑的重要因素。

6.4.2　逻辑设计

为了使概念设计和组织选定的 DBMS 协同工作，相关工作人员须将概念模式进行映射，将其转化为选定的 DBMS 所支持的数据模型。这就是逻辑设计阶段需要完成的工作。

逻辑设计过程包括以下两个阶段。

1. 将 E-R 模型转化为关系模型

这种转化的主要工作是将 E-R 图转化为等价的关系模式。这里我们简单介绍一下通用步骤。

(1) 将 E-R 图中不被 DBMS 支持的数据类型做适当的修改。

(2) 将 E-R 图中某个实体的复合属性转化为简单属性。

(3) 将每一个实体转化为一个关系，将实体的属性和码作为关系的属性和关键字。

(4) 将每个一对一的联系转化为一个独立的关系，或者和任意一端的关系合并。转化时，将与该联系相连的实体的码以及联系本身的属性均转化成关系的属性，各实体的码都可以作为该关系的关键字。如果与某一端关系合并，则需要在该关系中加入另一端关系的关键字和联系本身的属性。

(5) 将每个多对多的联系转化为一个新的关系，将与该联系相连的实体的码以及联系本身的属性作为新关系的属性，将各实体的码组合成该关系的联合关键字。

(6) 对于一对多的联系，一般不单独建立关系，而是将一方的关键字放入多方关系的属性集中，并将其设为多方关系的外关键字。

表 6.4 是对 E-R 模型与关系模型之间对应关系的简单总结。

表 6.4　E-R 模型与关系模型之间对应关系

E-R 模型	关系模型
实体类型	“实体”关系
$1:1$ 或 $1:n$ 联系类型	外码(或“联系”关系)
$m:n$ 联系类型	“联系”关系和两个外码

2. 优化关系模型

优化关系模型是指对由 E-R 模型转化来的关系模型进行规范化处理，同时使它更好地与选定的 DBMS 融合。规范化处理主要借助规范化理论，一般要求达到第三范式，但并不是规范化程度越高就越好。为了使数据库的合理性和性能达到最优平衡，往往需要反复调整第一阶段获得的模式，对各关系和关系中的属性做进一步修改。

下面，我们通过一个名为 ORGANIZATION 的模拟企业数据库应用实例具体介绍数据库概念设计到逻辑设计的转化过程。我们将先列出 ORGANIZATION 的数据需求，然后通过 E-R 图，一步一步创建该数据库的概念数据模型。之后再将 E-R 模型转化成相应的关系模型。

ORGANIZATION 数据库主要记录某企业中工作人员、部门以及各部门负责的主要事务等情况。假设经过需求收集和分析后，数据库设计人员列出了对这个“微观世界”的主要描述。

① 该企业包括六个部门，每个部门有唯一的名称、唯一的编号，并且由一位特定的工作人员（部门管理者）来管理这个部门。当然部门管理者会有一定的任期，我们需要记录该管理者开始担任领导职务的日期。

② 一个部门会负责多项事务，每项事务有唯一的名称、唯一的编号和唯一的发生地点。

③ 对于每位工作人员，数据库需要记录其姓名、性别、出生年月、联系地址、联系电话、身份证号和收入情况。每位工作人员只在一个部门有编制，但可以参与到多项事务的处理中，有些事务也可能需要多个部门联合负责和处理。数据库还需要记录每位工作人员参与某个事务处理的起止时间，同时记录每位工作人员的直接领导者。

④ 由于特殊原因，数据库还需要记录每位工作人员的主要社会关系，包括主要关系人的姓名、性别、出生年月、工作单位以及与该工作人员的关系。

(1) 分析实体及其属性。

首先，我们来分析在这个“微观世界”中存在哪些实体，各实体又具有哪些属性。实体是现实世界中独立存在的“事物”。仔细分析上面的描述，我们看到在 ORGANIZATION 中存在以下四个实体：工作人员（Employee）、部门（Department）、事务（Transaction）和工作人员主要社会关系（Relative）。这四个实体及其属性值示例如图 6.3 所示。

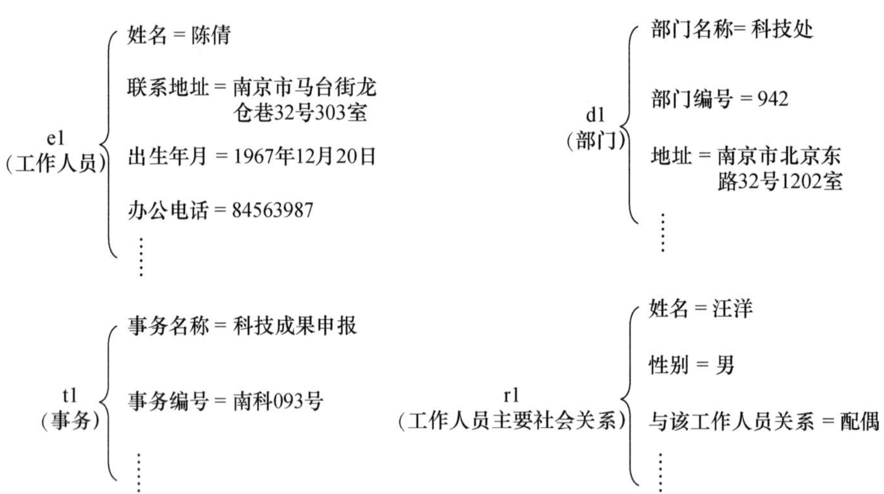

图 6.3　ORGANIZATION 中的实体及其属性值示例

① 工作人员。

工作人员具有如下属性：身份证号、姓名、性别、出生年月、联系地址、邮政编码、联系电话、收入情况、所属部门编号和领导者身份码等。其中，联系地址和联系电话是复合属性，因为联系地址中除了实际地址以外可能还有邮政编码等，联系电话则可分为家庭电话、办公电话、移动电话等。这些可能没有在用户需求中体现出来，因此，有必要向用户了解一下有没

有这样划分的必要。

② 部门。

部门具有如下属性：部门名称、部门编号、地址、管理者身份码和管理者上任时间。部门名称和部门编号都可以作为实体的码属性，因为它们都具有唯一值。

③ 事务。

事务具有如下属性：事务名称、事务编号、事务发生地点和负责部门编号。事务名称和事务编号都可以作为实体的码属性。

④ 主要社会关系。

工作人员主要社会关系具有如下属性：姓名、性别、出生年月、工作单位、关联人员身份码以及与该工作人员的关系。

需求描述中还要求表述以下两个事实：一是工作人员可以参与多项事务的处理，二是记录每位工作人员参与某项事务处理的起止时间。我们可以通过在相关实体的某个多值复合联系属性中表示的方法来解决这个问题。

(2) 分析各实体间的联系。

接着我们来分析各实体之间存在怎样的联系。在此例子中我们可以确定以下几种联系。

① 管理。

这是工作人员和部门之间的一个一对一的联系。这里的工作人员特指部门管理者。通常，一个部门只有一位管理者，一位管理者也只负责一个部门。另外，我们在这个联系上增加一个属性“上任时间”，表明某管理者从何时开始负责该部门。

② 编制。

这是部门和工作人员之间的一个一对多的联系。一个部门可以包含多个工作编制，一位工作人员只在一个部门有编制。

③ 负责。

这是部门和事务之间的一个一对多的联系。一个部门可以负责多项事务，一项事务只能由一个部门负责。

④ 领导。

这是工作人员(领导者)和工作人员(普通员工)之间的一个一对多的联系。一个领导者可能有多个下属，一个下属则只有一个直接领导者。

⑤ 处理。

这是工作人员和事务之间的一个多对多的联系。多名工作人员可以共同处理一项事务，一个工作人员也可以同时参与到多项事务处理工作中。

⑥ 主要社会关系。

这是工作人员与主要社会关系间的一个一对多的联系。即使存在两个工作人员的主要社会关系可能相同(如兄弟同时在同一机构工作且未婚)的情况，我们仍然将其主要社会关系视作不同的实体。

在确定了以上六种联系后，还有很重要的一步就是将联系中已有的所有属性从前面定义的实体的属性中删除。需要删除的属性有：部门中的管理者身份码和管理者上任时间，事务中的负责部门编号，工作人员中的所属部门编号和领导者身份码，主要社会关系中的关联人员身份码。这样可以尽量减小数据库概念模式中的数据冗余。

(3) 画数据库的整体 E-R 图。

在把实体、实体间的联系和它们的属性都分析清楚后，我们就可以采用规范的符号画出 ORGANIZATION 数据库的整体 E-R 图了(如图 6.4 所示)。

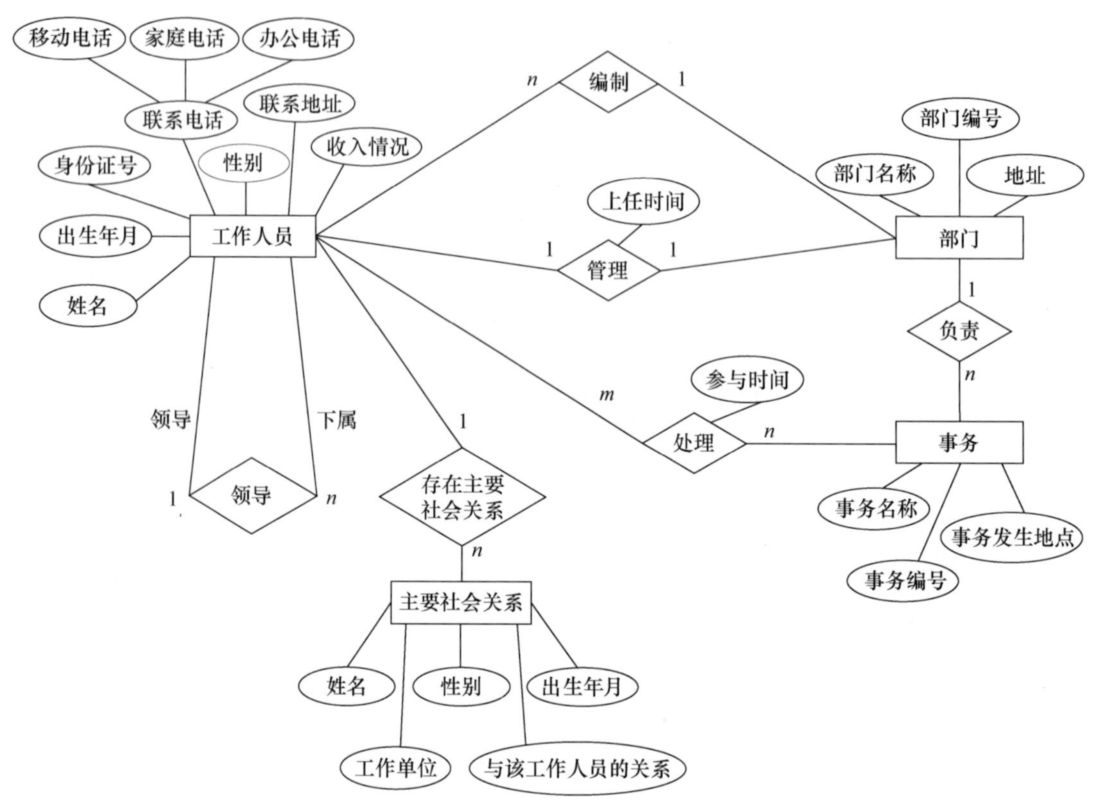

图 6.4 ORGANIZATION 数据库的整体 E-R 图

(4) 将 E-R 模型转化为关系模型。

下面我们利用从 E-R 模型向关系模型转化的基本步骤，将 ORGANIZATION 数据库的 E-R 模型转化为关系模型。

① 将实体"工作人员""部门""事务"和"主要社会关系"直接转化为四个实体关系"工作人员""部门""事务"和"主要社会关系"。

② 将 1∶1 的二元联系"管理"与和它相关联的"部门"关系进行合并，将与它相关联的另一个"工作人员"关系的主码变成"部门"关系的外码，并重新命名为"管理者身份码"。同时，将"管理"联系自身的属性"上任时间"也并入"部门"关系中，并将其重新命名为"管理者上任时间"。

③ 将"编制"并入"工作人员"关系中，将"部门"关系的主码"部门编号"重命名为"所属部门编号"后作为"工作人员"关系的一个外码。将"负责"并入"事务"关系，将"部门"关系的主码"部门编号"重命名为"负责部门编号"后作为"事务"关系的一个外码。"领导"是一种递归

的联系类型,因此,将"工作人员"的主码作为其自身的外码,并将其重命名为"领导者身份码"。

④ 将 $m:n$ 的二元联系"处理"直接转化成关系"处理",并将与它相关联的"事务"关系和"工作人员"关系中的主码分别更名后作为它的外码,它自身的属性"参与时间"也被并入。

经过以上转化操作后得到的 ORGANIZATION 数据库的关系如图 6.5 所示。

工作人员

身份证号	姓名	性别	出生年月	联系地址	邮政编码	移动电话	家庭电话	办公电话	收入情况	所属部门编号	领导者身份码

部门

部门名称	部门编号	管理者身份码	管理者上任时间	地址

事务

事务名称	事务编号	事务发生地点	负责部门编号

主要社会关系

姓名	关联人员身份码	出生年月	工作单位	性别	与该工作人员的关系

处理

事务编号	工作人员身份码	参与时间

图 6.5 ORGANIZATION 数据库的关系

6.4.3 物理设计

1. 物理设计决策中的常用指标

数据库的物理设计就是为数据库文件确定存储结构和存取路径,为各种数据库应用提供一个最合适的物理结构。一般而言,每个 DBMS 都提供了多种文件组织和存取路径,包括多种索引类型、相关记录的聚集、使用指针连接相关记录等。一旦确定使用哪种 DBMS,数据库的物理设计就只能从给定的 DBMS 提供的方案中选择一个最为合适的。我们首先来认识一些在物理设计决策中经常会用到的指标。

(1) 响应时间。

响应时间是指从提交数据库事务到收到相应结果所花费的时间。影响响应时间的主要因素是事务在调用数据项时数据库的存取时间,这是由 DBMS 控制的。另外,一些非 DBMS 因素(如系统负荷、操作系统调度以及通信延迟等)也会影响响应时间。

(2) 空间利用。

空间利用是指磁盘上数据库文件及其存取路径结构(包括索引和其他存取路径)所占用存储空间的大小。

(3) 事务吞吐量。

事务吞吐量是指每分钟系统处理事务的平均数量。事务吞吐量对于一些实时操作系统非常重要。

在不同的物理设计中，可以利用分析技术和实验技术来估计上面这些指标的平均值和最坏值，以确定物理设计是否满足性能需求。

2. 索引设计策略和数据库调整

下面我们着重介绍一下索引设计策略和数据库调整这两个问题。

(1) 索引设计策略。

在关系数据库中，数据存取方式的设计主要指索引设计。数据库的索引就像我们常见的图书索引一样，主要是为了方便用户在大量数据中快速查询某些特定记录。我们常常根据需要在记录的某一属性(组)上建立索引。索引的设计涉及以下几个问题。

① 是否为某个属性(组)建立索引。

如果该属性(组)是主码或外码，或者该属性(组)经常在查询条件中出现，就应当考虑为该属性(组)建立索引。

② 是否要建立多个索引。

如果某些表是以读为主(或是只读)的，则应当在存储空间允许的情况下为这些表建立多个索引，这样，查询时就可以只扫描索引而不需要检索数据，可以提高查询效率。

③ 是否使用聚簇索引。

许多 DBMS 为了提高某个属性(组)的查询速度，会将在这些属性上取值相同的元组集中放在连续的物理块上，这种操作被称为聚簇，相关属性被称为聚簇码。通常，大部分 DBMS 还会使用关键字 CLUSTER 在聚簇码上建立一个聚簇索引。使用聚簇索引可以大大提高按聚簇码进行查询的效率。但是，聚簇操作改变了元组存放的物理结构，为了建立和维护它需要很大的开销；同时，聚簇方式的改动会引起相关的索引失效和元组存储位置的变动，因此对聚簇索引的使用应当仔细权衡。

(2) 数据库调整。

随着数据库的运行，一些初始物理设计所忽视的问题可能会逐渐被发现，这时就需要对数据大小及活动量做出评测，同时需要不断监控并修改物理设计，这就是数据库调整。物理设计和数据库调整之间的分界线非常模糊，数据库调整是不断修正物理设计的一个过程。

① 索引的调整。

索引的调整通常包括以下几种情况。

A. 由于缺少索引，导致某些查询的执行时间过长。这时就需要根据实际需要增加一些索引。

B. 某些索引自始至终未被使用。这说明这些索引存在的意义不大，可以考虑删除一些。

C. 由于索引所在的属性频繁被改动，导致索引的系统开销过大。这时，可能就需要删除某些索引，同时增加一些新的索引。

② 数据库设计调整。

人们通常会对关系模式进行规范化处理，从而将逻辑相关的属性分散到不同的表中，尽量减小数据库的数据冗余，避免更新异常，保证数据的一致性。但是，有些时候为了使频繁用到的查询和事务处理能够得以高效率地执行，就必须牺牲规范化目标，将符合较高范式的

数据库设计转化为符合较低范式的数据库设计。我们把这个过程叫作逆规范化。逆规范化是数据库设计中经常会用到的一种调整方式。

另外，人们还会根据实际情况对某个关系进行垂直划分或水平划分。例如，ORGANIZATION 数据库中的"工作人员"关系，因为查询工作人员的收入情况时很少需要知道他们的联系电话，所以，可将"工作人员"划分成两个表：工作人员1（身份证号，姓名，性别，出生年月，联系地址，联系电话）和工作人员2（身份证号，所在部门，收入情况）。这样，查询工作人员收入情况的效率就会提高。这种划分被称为垂直划分。如果将工作人员关系按照部门不同划分成多个不同的表，每张表具有相同的属性集，但元组不同，这种划分就是水平划分。

6.4.4　数据库实现、运行和调整

在逻辑设计和物理设计结束后，就可以着手对数据库系统进行实现了。人们通常借助数据定义语言和选定的 DBMS 的存储定义语言创建数据库及空的数据库文件，然后向数据库装载数据。装载数据的操作既可以由专门的录入人员通过人工输入的方式来完成，也可以将以往系统中的数据导入新数据库中，一般的 DBMS 都提供了相应的工具。实现阶段顺利完成后就进入数据库试运行和调整阶段。

随着数据库需求的改变，人们常常需要增加一些数据库文件或删除某些已有的数据库文件，创建新索引或对某些文件进行重组等。只要数据库或系统的性能有了变动，就需要对数据库进行调整，这是无法避免的。具体的调整方法与物理设计阶段的数据库调整方法类似，这里不再赘述。

6.5　面向大数据的电子商务数据库设计

在计算机数据存储领域，2000 年以前一直是关系数据库占据主导地位，随着互联网应用的飞速发展，大型网站遇到了关系数据库难以克服的缺陷——糟糕的海量数据处理能力及僵硬的设计约束，关系数据库一枝独秀的局面开始改变。为了解决上述问题，NoSQL 这一概念被提了出来，以弥补关系数据库的不足。随着互联网与移动流量的爆发性增长，近年来，以 Redis、MongoDB、HBase 为代表的 NoSQL 数据库得到了快速的发展，为用户提供了可观的可扩展性和灵活性。但是，NoSQL 数据库在应用中也表现出一些缺陷。自 2018 年以来，NewSQL 数据库又应运而生。NewSQL 数据库不仅具有对海量数据的存储管理能力，还保留了传统数据库支持的 ACID 和 SQL 特性，是一类新的关系数据库。

6.5.1　大数据和 NoSQL 运动

目前，网站存储的数据类型朝着弱结构化、多元化、海量化方向发展，同时网站需要应对越来越多的并发请求，例如，Facebook、新浪微博等大型社交网站每天产生的数据量超 500 TB，对于热点数据，每秒的处理请求达百万次。单一的关系数据库（如 MySQL、Oracle）已无法完全胜任这些工作，人们迫切需要新型数据库或者新型数据库架构模式。NoSQL，即 Not Only SQL，意指不仅仅是 SQL，泛指非关系型的数据库。NoSQL 数据库借鉴了关系数据库的设计思想，但是为了应对大数据和高并发请求，NoSQL 数据库去除了关系数据库

的两个特性：一是以关系代数为基础的结构化查询语言(SQL)，二是事务一致性的保证(ACID)。这种变化的优点是可以满足网站日益增长的高可用性与高伸缩性要求，缺点是不易于存储结构化数据，无法及时保证事务的强一致性。

随着互联网红利的逐渐消失，互联网应用之间的竞争已从单一的流量竞争转到增加用户黏性的竞争，最重要的一方面就是改善用户体验，这也正是应用越来越重视满足高并发、低延时需求的原因。为了解决这个问题，数据库层面可以从两个方向考虑：一是纵向扩展，二是横向扩展。关系数据库由于强调结构化和事务的强一致性，适合纵向扩展，这就需要配置性能很高的服务器。这样，采购成本以及后期维护成本都会很高，同时，由于服务器较少，数据量集中，一旦出现意外情况导致服务器死机，后果不堪设想。因此，无论从经济方面考虑还是从功能方面考虑，都最好采用横向扩展的方式。而 NoSQL 数据库由于淡化了数据之间的关系，牺牲了事务的强一致性，因此非常容易实现横向集群扩展，从而可以较小的成本满足高并发、低延时的需求。NoSQL 数据库因其自身固有的特点，如高并发读写、海量数据存储、高可扩展性、高可用性等，在实现互联网应用的分布式数据存储、热点数据缓存等方面具有先天优势。

这里我们以 Apache Cassandra 数据库为例为大家介绍 NoSQL 数据库设计的一般原理。下面我们先介绍 NoSQL 数据库的基本知识，之后分别按照 Apache Cassandra 数据库和关系数据库的设计流程实现一个具体的实例设计，以帮助大家进一步理解两种数据库在设计理念上的差异。

1. Apache Cassandra 数据库简介

Apache Cassandra 数据库是 Facebook 公司开发的一个 NoSQL 数据库系统。Facebook 作为全球性的社交网络平台，在峰值的时候，可以通过部署在世界各地数据中心的几万台服务器为几亿用户提供服务。为满足系统性能、可靠性和效率，以及业务上的持续增长需求，Facebook 基于 Google BigTable 面向列的特性和 Amazon Dynamo 分布式哈希表(Distributed Hash Table，DHT)的 P2P 特性，开发了 Cassandra，并于 2008 年把它交给了 Apache 开源开发社区。全球知名数据库厂商 Datastax 的数据显示，截至 2021 年 1 月，Cassandra 在宽表产品领域连续八年排名第一，在全部数据库产品中排名第十。可以看出 Apache Cassandra 数据库广受用户认可，流行度颇高，在 NoSQL 数据库主流产品中具有一定的代表性。

2. 结构化存储

Apache Cassandra 数据库采用结构化存储的方式将数据存储在数据库系统中。结构化存储相当于一个关系数据库管理系统中的表，但其构造和含义不尽相同。

在 Apache Cassandra 数据库中，最小的存储单元为列，实际上相当于一个关系数据库的表格单元。每列由三个要素组成：列名(Column Name)，列值(Column Value)和时间戳(Timestamp，用于记录值何时被存储在列中)(举例如图 6.6 所示)。

Column Name：LastName
Column Value：胡
Timestamp：40320891235

图 6.6　Apache Cassandra 数据库最小的存储单元举例

列可以被分组，这被称为超级列（Super Column）。图 6.7 显示了 CustomerName 的超级列，其中包括一个 FirstName 列和一个 LastName 列，存储了 CustomerName 的值“胡杨”。

Super Column Name：	CustomerName	
Super Column Value：	Column Name：FirstName	Column Name：LastName
	Column Value：杨	Column Value：胡
	Timestamp：40320891235	Timestamp：40320891235

图 6.7　CustomerName 超级列

列和超级列可再被分组，用以创建列族（Column Families），这相当于关系数据库中的表。在列族中，有多行分组的列，每行有行键（RowKey），这类似于关系数据库中的表所用的主键。但与关系数据库中的表不同，列族中的行不一定与本列族中的其他行有相同数量的列。图 6.8 是 Customer 列族，其中包含三组客户数据。

Column Family Name：	Customer			
RowKcy001	Name：FirstName	Name：LastName		
	Value：杨	Value：胡		
	Timestamp：40320891235	Timestamp：40320891235		
RowKey002	Namc：FirstNamc	Namc，LastName	Name：phone	Name，City
	Value：强	Value：赵	Value：13021344567	Value：北京
	Timestamp：40330891255	Timestamp：40330891255	Timestamp：40330891255	Timestamp：40330891255
RowKey003	Name：LastName	Name：Email		
	Value：王	Value：wanglin@123.com		
	Timestamp：40350891275	Timestamp：40350891275		

图 6.8　Customer 列族

从图 6.8 我们可以看出：列族可以有可变的列，并且每行中数据存储的方式是无法在关系数据库的表中实现的。

所有的列族都包含在一个键值空间（Keyspace）中，它提供了一组 RowKey 值，用于标识列族中的每一行。虽然这个结构看起来比较奇特，但它为数据存储提供了极大的灵活性，允许随时引入新的数据列，而无须改动现有的结构。

Apache Cassandra 数据库被称为 Column-Oriented Database，也就是说，Apache Cassandra 数据库不用像关系数据库那样事先定义好列，而且不同行的列可以不一样。Apache Cassandra 数据库和关系数据库的数据模型对比如表 6.5 所示。

表 6.5 Apache Cassandra 数据库和关系数据库的数据模型对比

关系数据库	Apache Cassandra 数据库
Database	Keyspace
Table	CF(Column Family)
Primary Key	Primary Key①
Column Name	Key/Column Name
Column Value	Column Value

注：Primary Key 包括 Partition Key 和 Cluster Key 两部分，其中 Partition Key 用于确定数据行分发到哪个 Node，Cluster Key 可选，用于在 Node 内部进行数据排序。

以上是 Apache Cassandra 数据库结构化存储的基本原理。NoSQL 数据库除了这种类型的结构化存储外，还有其他结构化存储方式，这里就不再一一介绍了。

3. "酒店预订"实例分析

下面我们以一个虚拟的"酒店预订"业务为例，展示一下 Apache Cassandra 数据库和关系数据库在设计理念上的差异。

（1）概念域描述。

假设经过初期的需求分析，确定了"酒店预订"实例中的概念域包括：酒店、入住酒店的客人、每个酒店的房间集合、这些房间的价格和空房情况，以及客人的预订记录。酒店还有一个相关"景点"的集合，这些景点包括公园、博物馆、画廊、古迹及客人在住宿期间可能要参观的酒店附近的其他地方。酒店和景点都需要维护地理位置数据，以便客人可以在地图上找到它们，并计算距离进行混搭。

（2）关系数据库建模——数据导向。

在关系数据库中，我们首先要用 E-R 模型来描述上述的概念域，形成的 E-R 图如图 6.9 所示。

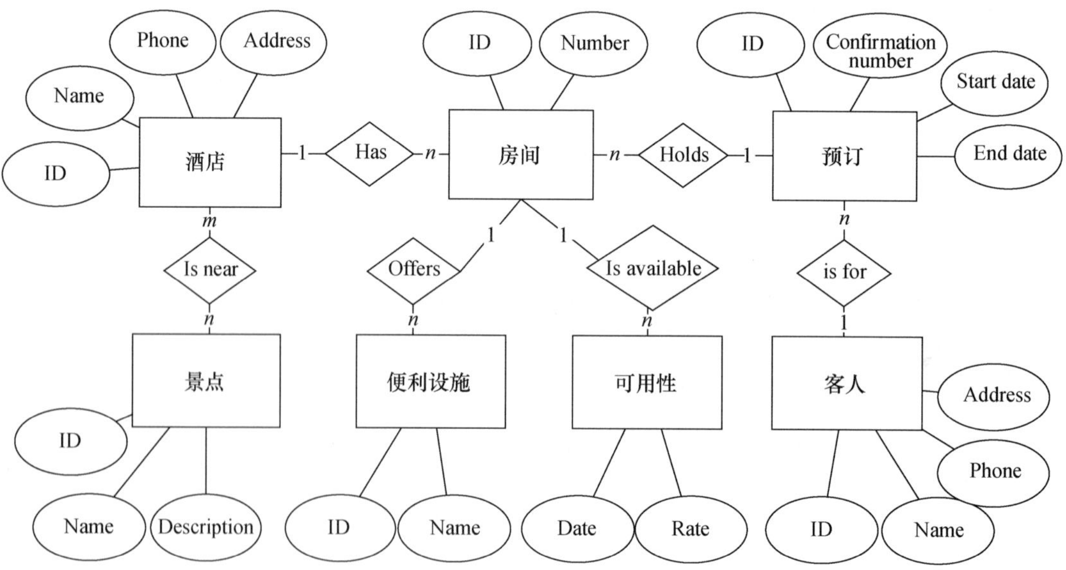

图 6.9 "酒店预订"实例关系数据库建模形成的 E-R 图

E-R 图构建完成后，就要通过逻辑设计将其转化为逻辑模型(如图 6.10 所示)。

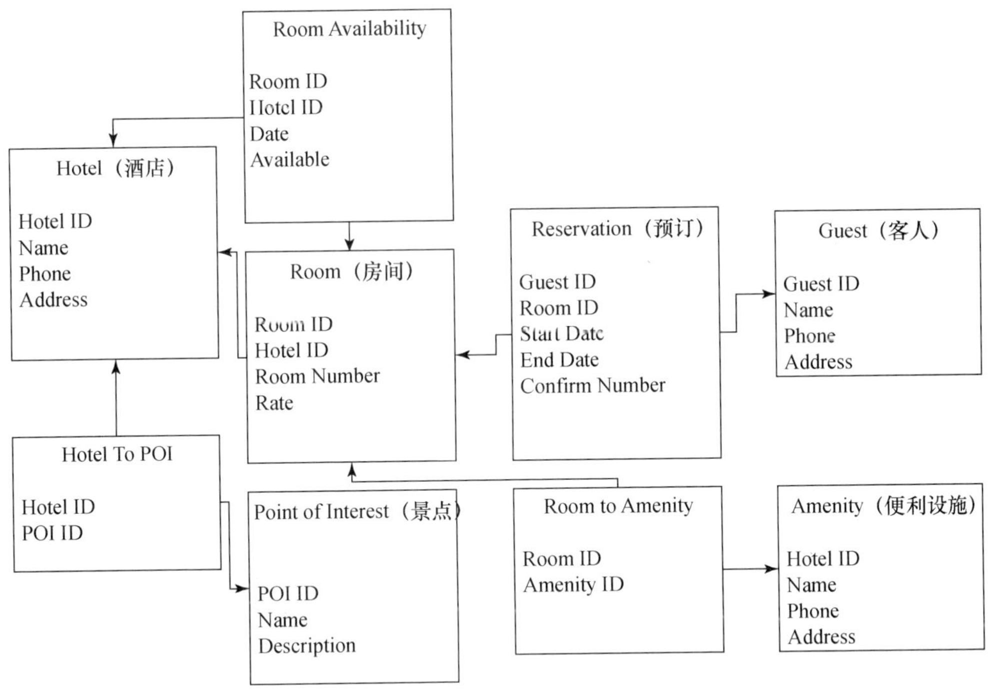

图 6.10 “酒店预订”实例关系数据库建模形成的逻辑模型

(3) Apache Cassandra 数据库建模——查询导向。

① Apache Cassandra 数据库建模和关系数据库建模的关键差异。

A. Apache Cassandra 数据库中无法执行连接表操作。如果在设计好数据模型后发现需要进行连接表的操作，则必须在客户端上进行额外操作，或者通过创建非规范化的第二张表来实现。

B. 在关系数据库中，我们可以在表中指定外键，以引用另一个表中的主键。尽管 Apache Cassandra 数据库支持轻量级事务和批处理等功能，但 Apache Cassandra 数据库本身并没有跨表引用完整性的概念。

C. Apache Cassandra 数据库遵循查询优先的设计思想。简单来说，关系数据库建模意味着我们从概念领域开始，用表来表示概念领域中的名词，然后分配主键和外键来建立模型关系。建立完所有表后，再开始编写查询，这些查询使用键定义的关系将不同的数据汇总在一起。在关系数据库中，查询处于次要位置，只要能根据数据正确建模，用户就可以通过多个复杂的子查询或 JOIN 语句获取所需的数据。而 Apache Cassandra 数据库不是从数据模型开始的，而是从查询模型开始的。它先对查询进行建模，然后让数据围绕查询进行组织。也就是说，Apache Cassandra 数据库会先考虑应用程序将使用的最常见的查询路径，设计好查询后再创建支持查询的表。

D. 存储和排序设计对 Apache Cassandra 数据库非常重要。在关系数据库中，对于用户来说，表如何在磁盘上存储通常是透明的，但是，这是 Apache Cassandra 数据库中的重要考虑因素。由于 Apache Cassandra 数据库的每个表都存储在磁盘上的单独文件中，因此 Apache Cassandra 数据库需要将在同一表中定义的相关列保存在一起。另外，在关系数据库中，默认情况下，记录按写入顺序返回。如果要更改顺序，只需在查询语句中使用 ORDER BY，即可按任何列进行排序。但是，在 Apache Cassandra 数据库中，所有的数据都只能根据主键(Primary Key)中的字段来排序。

② 查询设计。

下面采用查询优先的方法开始为“酒店预订”实例设计查询模型。假设通过需求调研，先得到如下的“查找”查询需求清单：

Q1：查找给定景点附近的酒店。

Q2：查找给定酒店的信息，如酒店的名称和位置。

Q3：查找给定酒店附近的景点。

Q4：在给定的日期范围内查找给定酒店的可用房间。

Q5：查询房间的价格和设施。

(后续使用查询编号 Q1,Q2 等引用具体的查询。)

很显然，如果查找到合适的房间，客人将在酒店预订客房。预订这一行为将创建一个预订记录，之后客人或酒店员工将可以通过预订记录查询已完成的预订信息。因此，可以得到如下的“预订”查询需求清单，用于描述用户可能会通过哪种方式查询预订信息。

Q6：通过确认号查询预订信息。

Q7：通过客人姓名查询预订信息。

Q8：通过预订日期查询预订信息。

Q9：通过查看客人的详细信息查询预订信息。

图 6.11 显示了每个查询需求在应用程序工作流程中的位置。图上的每个方框代表应用程序工作流程中的一个步骤，箭头代表每个步骤和相关步骤之间的流程关系。

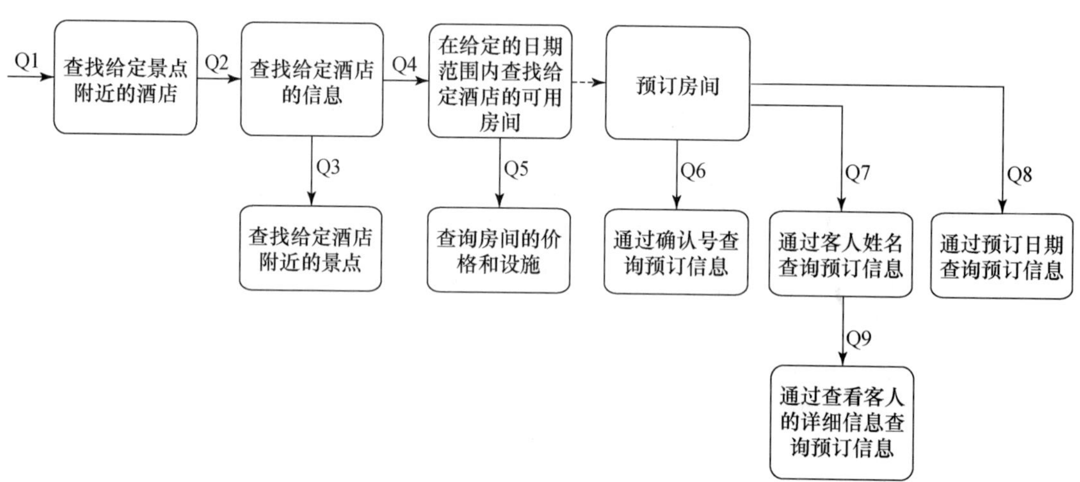

图 6.11 “酒店预订”实例 Apache Cassandra 数据库建模——查询设计

③ 逻辑数据建模。

设计好查询之后，就可以开始设计 Apache Cassandra 数据库的表了。

首先需要创建一个涵盖了之前概念数据模型中的实体和关系的逻辑模型，这个模型中包含一系列的表，每个表对应支持上面设计的一个查询。

注意：要用查询的主要实体类型来命名表名，如果按其他相关实体的属性进行查询，请将这个属性附加到表名中，并用"_by_"分隔，如 hotels_by_poi。

接下来需要确定主键，应根据所需的查询属性添加分区键列(Partition Key Column)和群集键列(Clustering Key Column)，以确保主键的唯一性并支持所需的排列顺序。主键的设计非常重要，因为它将决定每个分区中将存储多少数据，以及如何在磁盘上组织这些数据，这也会影响 Apache Cassandra 数据库进程读取的速度。

接着需要继续向表中添加查询所需的其他属性列。如果对于分区键列的每个实例，这个附加属性列都相同，则可以将该列标记为静态列。

目前有多套符号系统可用于展示设计中查询与表之间的关系，图 6.12 为该实例 Apache Cassandra 数据库建模 Artem Chebotko 符号系统示例。

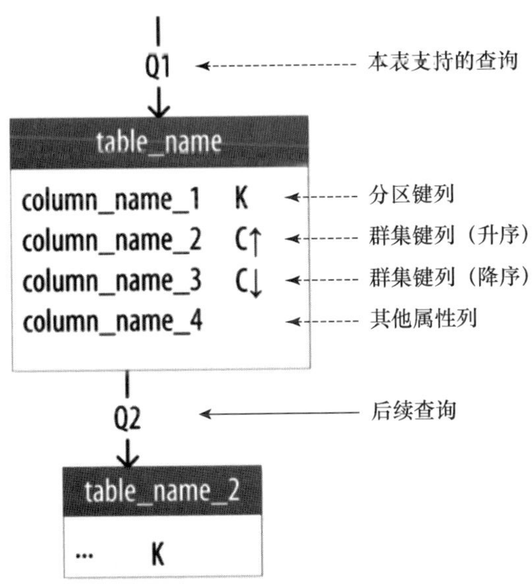

图 6.12　"酒店预订"实例 Apache Cassandra 数据库建模 Artem Chebotko 符号系统示例

图 6.13 为用 Artem Chebotko 标记的"酒店预订"实例 Apache Cassandra 数据库逻辑数据模型的第一部分，用于完成涉及酒店、景点、房间和设施的查询。从图 6.13 可以看到，Artem Cassandra 的逻辑设计中没有像关系数据库设计中那样为"房间"和"便利设施"建表，这是因为之前的工作流程没有识别出任何需要直接针对这两个实体的查询。

图 6.14 为用 Artem Chebotko 标记的"酒店预订"实例 Apache Cassandra 数据库逻辑数据模型的第二部分，主要与"预订"查询相关。这些表代表了非规范化的设计：相同的数据出现在多个表中，但键不同。

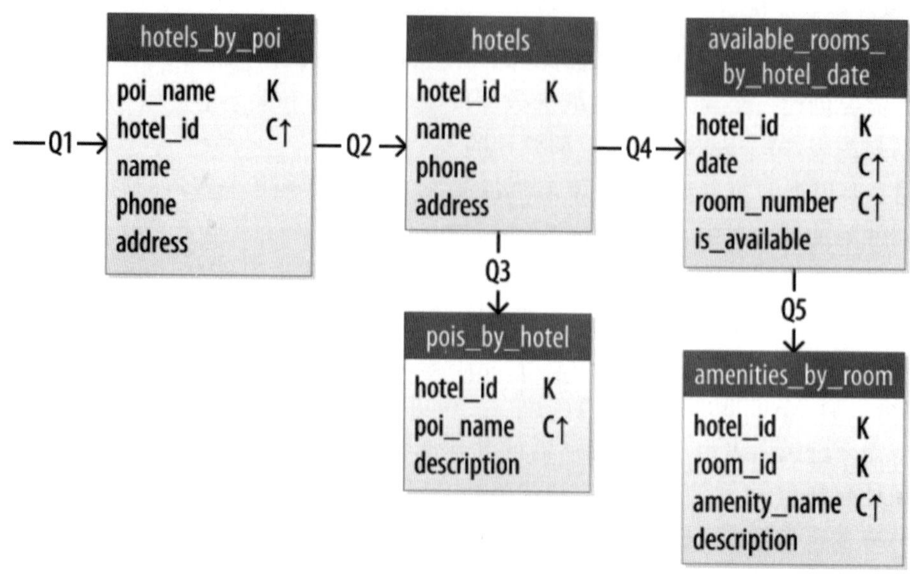

图 6.13 “酒店预订”实例 Apache Cassandra 数据库逻辑数据模型第一部分

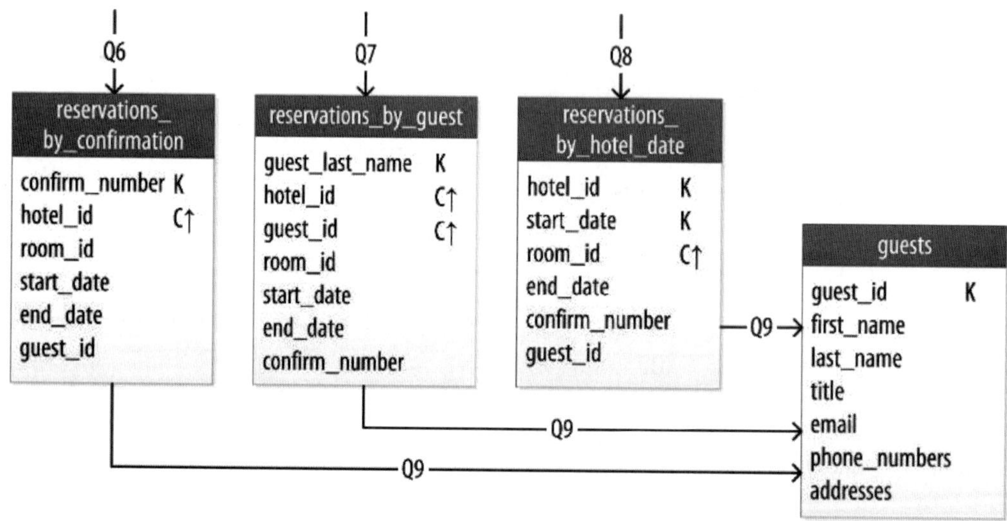

图 6.14 “酒店预订”实例 Apache Cassandra 数据库逻辑数据模型第二部分

6.5.2 NoSQL 数据库的类型和常见的 NoSQL 数据库

1. NoSQL 数据库的类型

NoSQL 数据库是一个广泛的概念，根据数据的存储模型和特点，NoSQL 数据库可分为以下几种类型(如表 6.6 所示)。

表 6.6 NoSQL 数据库的类型

类型	部分代表	特点	应用场景
列存储数据库	HBase Cassandra Hypertable	按列存储数据，方便存储结构化和半结构化数据，方便做数据压缩；对针对某一列或者某几列的查询有非常大的输入输出优势，查询速度快；可扩展性强，更容易进行分布式扩展	分布式数据存储与管理
文档型数据库	MongoDB CouchDB	一般用类似 json 的格式存储数据，存储的是文档型数据，这样也就有机会对某些字段建立索引，实现关系数据库的某些功能；对数据结构要求不严格，表结构可变，不需要像关系数据库那样预先定义表结构；但查询性能不高，缺乏统一的查询方法	Web 应用，文档或类似半结构化的数据存储
键值数据库	Tokyo Cabinet / Tyrant Berkeley DB MemcacheDB Redis	可以通过 key 快速查询到其 value，一般来说，存储不管 value 的格式，照单全收（Redis 包含了其他功能），易部署，查询速度快；但数据无结构	内容缓存（如会话、配置文件、参数等）应用； 频繁读写、拥有简单数据模型的应用，如点赞等
图数据库	Neo4J FlockDB	能够直接利用图结构相关算法（如最短路径寻址法、N 度关系查找法等）；存储图形数据性能好，设计方便；但很多时候需要对整个图做计算才能得出需要的信息	社交网络、推荐系统、专注构建关系图谱的应用
对象数据库	db4o Versant	通过类似面向对象语言的语法操作数据库，通过对象的方式存取数据	复杂的、分布式的和异构的环境，应用环境中包含复杂对象模型
XML 数据库	Berkeley DB XML BaseX	能高效存储 XML 数据，并支持 XML 的内部查询语法，如 XQuery、Xpath	需要在底层键值存储上实现更高级别的 API、查询和抽象建模

以上 NoSQL 数据库类型只是从存储模型和特点方面进行的大体划分，它们之间没有绝对的分界，也有交叉的情况，比如 Tokyo Cabinet/Tyrant 的 Table 类型存储，也可以理解为是文档型存储，Berkeley DB XML 数据库是基于 Berkeley DB 开发的。

2. 常见的 NoSQL 数据库

(1) 键值数据库。这一类数据库会使用一个散列表，表中有一个特定的键和一个指针，指向特定的数据。键值数据库示例如图 6.15 所示。

(2) 列存储数据库。列存储数据库通常用于应对分布式存储的海量数据，如前文的 Apache Cassandra 数据库。

(3) 文档数据库。其设计灵感来自 Lotus Notes 办公软件，它可以被看成键值数据库的升级版。在文档数据库中，文档以特定格式存储，查询效率高于键值数据库。

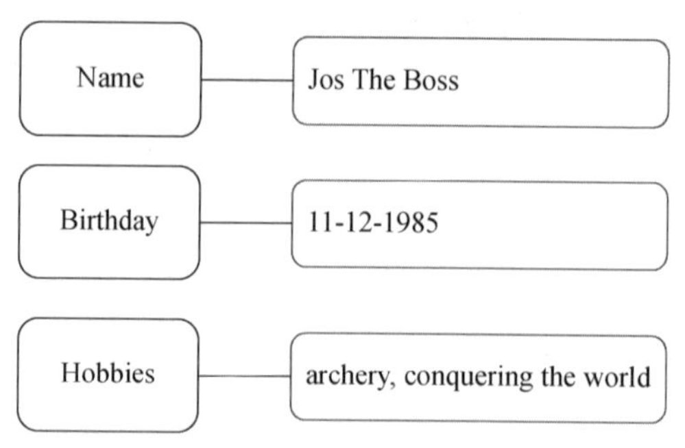

图 6.15　键值数据库示例

图 6.16 是一个社交网站的发帖页面，如果在关系数据库中，该页面的内容将会被分为若干个表格进行存储(如框 1 所示)，而文档数据库则将所有信息以特定格式存储在一个文档中(如框 2 所示)。

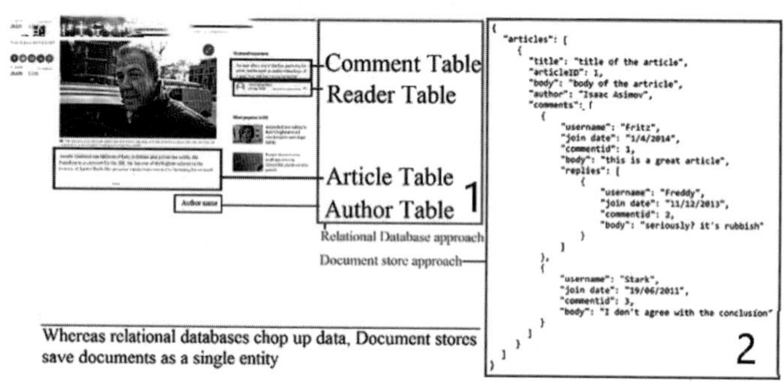

图 6.16　文档数据库示例

(4) 图数据库。图数据库来源于图论中的拓扑学，以节点、边及节点之间的关系来存储复杂网络中的数据。随着社交、电商、金融、物联网等的快速发展，现实社会织起了一张庞大而复杂的关系网，传统数据库很难处理这些复杂的关系运算，图数据库则能较好地支持海量复杂数据关系运算。

图 6.17 是图数据库示例，代表了 11 个人(1 个圆圈代表 1 个人)之间的相互关系，包括朋友、同事、上下级以及情侣等。

3. SQL 与 NoSQl 混合设计

任何应用系统都离不开对数据的处理，数据也是驱动业务创新以及向智能化发展最核心的东西，数据处理的技术已经是好多企业的核心竞争力。一个完备的技术架构通常由应用系统和数据系统构成。应用系统负责处理业务，数据系统负责处理数据。在现实应用中，特别是在一些大型企业，SQL 数据库和 NoSQL 数据库往往是并存的，需要相关工作人员根据实际需要进行部署。图 6.18 是一个与具体业务无关的比较典型的技术架构，展示了一个数据应用系统中包含的几大核心组件，以及各组件间的数据流关系。在该架构中，应用系统主要用来实现应用的主要业务逻辑，处理业务数据和应用元数据等；数据系统主要负责对业务数据及其他数据进行汇总和处理，同时对接商业智能、推荐或风控等系统。

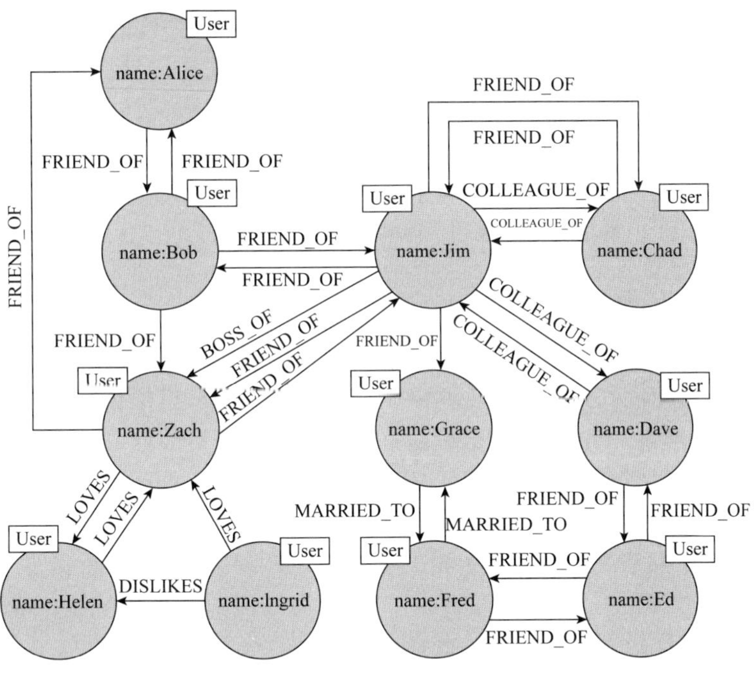

图 6.17　图数据库示例

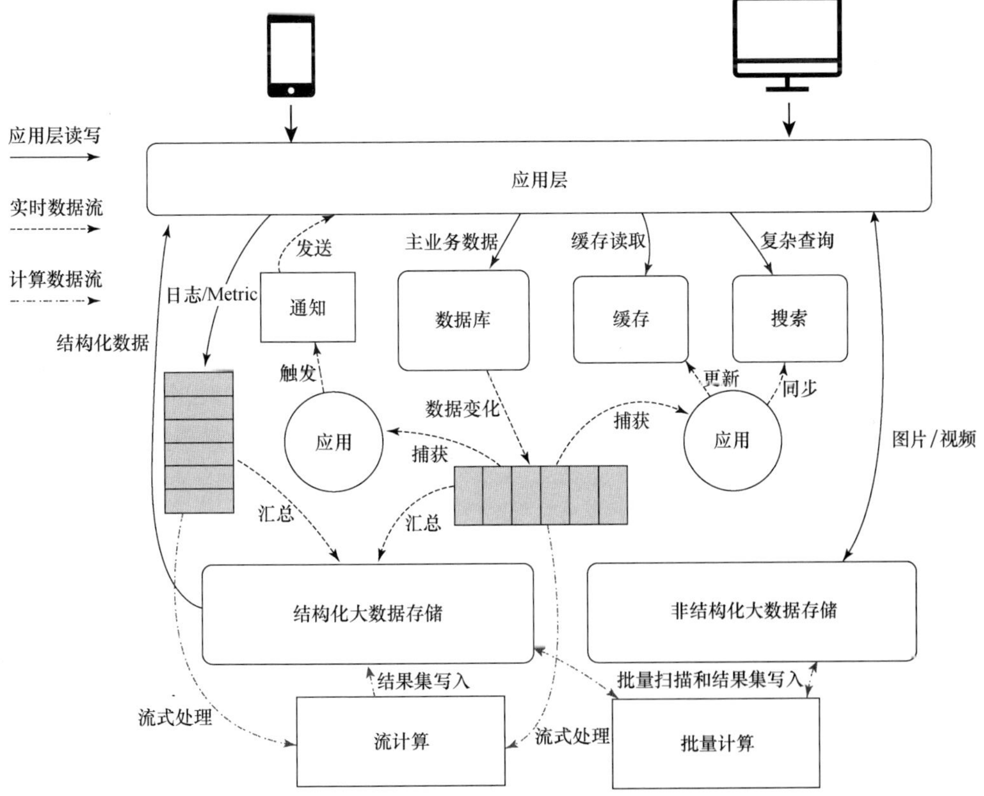

图 6.18　典型的 SQL 与 NoSQl 混合设计技术架构

其中，关系数据库主要用于主业务数据存储，提供事务型数据处理，比如支持交易、账单等数据的存储，是应用系统的核心数据存储。非结构化大数据存储主要用于海量图片或视频等非结构化数据的存储，同时支持在线查询或离线计算的数据访问需求。结构化大数据存储则侧重在线到离线的衔接，特征是能支持高吞吐数据写入和大规模数据存储，存储和查询性能可线性扩展，可存储面向在线查询的非关系型数据，或用于关系数据库的历史数据归档，满足大规模和线性扩展的需求，也可存储面向离线分析的实时写入数据。

6.5.3 NewSQL 数据库

关系数据库历史比较久，在数据库领域占比仍然最高，其广泛应用在各行各业。但是此类数据库存在着一些问题，如自身容量的限制、伸缩性比较差、集群扩容缩容成本较高、不适合处理分布式的事务等。NoSQL 数据库能够很好地应对海量数据的挑战，提供良好的可扩展性和灵活性，但它摈弃了关系数据库的强一致性及事务的 ACID 特性，提供的功能较简单，需要用户在应用层面添加更多操作，而且没有统一的查询语言，不支持 SQL 查询，在一定程度上增加了开发者的负担。为解决上述问题，近几年一类新的关系数据库——NewSQL 数据库应运而生，它是各种新的可扩展和高性能数据库的统称。表 6.7 罗列了常见 NewSQL 数据库及其特性。

表 6.7 常见的 NewSQL 数据库及其特性

NewSQL 数据库	特性
MemSQL	为提供强一致性而牺牲了部分可用性，在全局系统或本地分区层面使用了 Paxos 或 Raft 共识协议，还提供了一致性和可用性之间的权衡调优，支持不同用例的各种配置
VoltDB	是符合事物的 ACID 特性的内存关系数据库，关注快速数据，主要服务于那些必须对大流量数据做快速处理的特定应用，如贸易应用、在线游戏、物联网传感器等。为实现高性能，VoltDB 基于 OLTP 原则做了全新的设计
Spanner	谷歌公司出品，号称可以实现全球数据中心容灾，且完全满足分布式事务的 ACID 特性，但是只能在 Google 云上使用。支持 HTAP 功能(混合事务/分析处理，Hybrid Transactional/Analytical Processing)，提供高级实时分析，进而支持实时业务决策和智能事务处理
TiDB	是一款来自中国的开源解决方案，给出了一种兼容 MySQL 的 HTAP 数据库方案，支持强一致性，支持分布式事务处理，并且可扩展。TiDB 实现为分层架构，其中 TiDB 服务器作为无状态计算层处于顶层。底层存储层实现为支持事务的键值数据库，被称为 TiKV，TiKV 的设计受到了 Google Spanner 的启发
Cosmos DB	微软的 Cosmos DB 提供了多种可调优特性，使用非常灵活。作为多模型服务，它的底层存储模型支持键值、列存储、文档和图数据库，并支持通过 SQL 和 NoSQL API 提供数据。就全球分布而言，Cosmos DB 在位于全球的多个数据中心保存数据备份，确保了数据的可靠性和高可用性
增强 RDBMS	NewSQL 也可以通过增强现有的 RDBMS 实现扩展的功能，无须完全重新设计数据库。这对于那些现有系统运行良好且不愿意使用新数据库解决方案的大型企业是非常有用的。一个例子是构建于 PostgreSQL 上的 Citus；另一个例子是 Vitess，它在设计上考虑对 MySQL 做出改进，使 MySQL 适用于云时代的需求

NewSQL 生态系统正在持续增长和演进。我们无法给出一个能描述全部 NewSQL 数

据库的通用定义或总结出它们的一些通用特征。但是，在 NewSQL 概念下提出的多种数据库设计为开发人员提供了针对不同应用场景的多种选择。人们不再寄希望于给出适用于所有应用场景的单一架构。NewSQL 推动了创新和专业数据库设计的发展。

6.6 本章小结

本章在介绍了电子商务数据库的类型、特点和数据库系统生命周期，着重介绍了数据库系统的设计流程——需求分析、概念设计、DBMS 的选择、逻辑设计、物理设计以及系统实现和调试。还通过一个模拟的 ORGANIZATION 数据库的例子，详细说明了如何利用 E-R 图这个重要的工具逐步完成系统从初始数据需求到逻辑模式实现的过程。

在了解数据库设计的基本理论和方法的基础上，本章还针对大数据背景下电子商务数据库开发中出现的问题，介绍了 NoSQL 数据库和 NewSQl 数据库的相关知识。

6.7 本章习题

1. 数据库系统的生命周期包括哪几个阶段？请对每个阶段进行讨论。
2. 在数据库初步调研过程中，工作人员容易犯什么样的错误？收集资料进一步说明如何开展有效的数据库调研。
3. 考虑一个你感兴趣的现实的数据库系统应用，按照所需的数据、查询类型和待处理的事务，定义不同层次用户的需求。
4. 数据库概念设计有哪些策略？进行数据库概念设计时，获得的数据模型是否与系统相关？目前常用的工具是什么？
5. 讨论组织内影响信息系统 DBMS 选择的因素。
6. 数据库物理设计决策中的常用指标有哪些？
7. 讨论关系数据库中索引的设计策略。
8. 总结 NoSQL 数据库和关系数据库在设计中的异同点。
9. 查阅资料，了解关于 NewSQL 数据库更多的信息。

6.8 本章参考文献

戴维・M. 克伦克，戴维・J. 奥尔，2017. 数据库原理：第 6 版[M]. 张孝，译. 北京：中国人民大学出版社.

李建中，杜小勇，2016. 大数据可用性理论、方法和技术专题前言[J]. 软件学报(07)：1603-1604.

王爱国，许桂秋，2019. NoSQL 数据库原理与应用[M]. 北京：中国工信出版集团.

吴爱华，2015. 数据库应用系统开发过程、技术及案例详解[M]. 北京：中国人民大学出版社.

杨先凤，岳静，朱小梅，2019. 数据库原理及应用——SQL Server2017[M]. 北京：科学出版社.

第 7 章

电子商务数据库安全和保护

电子商务技术的发展给数据库的安全带来新的挑战。现在全球每时每刻都有人用电子商务网站进行网上交易，同时在线交易人数和交易金额是非常庞大的，这些数据库就像一座座金矿，吸引着人们的眼球。怎样才能保证数据库中的数据的安全成了摆在人们面前一个严峻的问题。本章将从数据库保护的基础入手引领读者了解并掌握数据库安全保护的相关知识。

本章主要内容：

1. 数据库保护基础；
2. 数据库保护相关技术；
3. 数据库安全。

7.1 数据库保护基础

现代的大型电子商务网站、电子银行等各种业务管理系统的结构几乎都是建立在数据库的基础上的。安全专业人士、校验员、数据库管理员和电子商务规划人员在部署系统时，都需注意数据库的安全保护问题。

在电子商务、电子贸易的着眼点集中于 Web 服务器、Java 和其他新技术的同时，人们还应该记住这些以用户为导向和 B2B、B2C、C2C 的系统都是以 Web 服务器后的数据库为基础的。它们的安全直接关系到系统的有效性，数据和交易的完整性、保密性。数据库如果出现问题，不仅影响商业活动，还会影响运营公司的信誉。

数据库的安全和保护包含多个方面的知识，电子商务数据库的规划者既要考虑数据库本身的数据冗余和备份，在数据库服务器发生灾难时（如硬盘损坏或者断电引起的硬件故障）能尽快将数据库恢复到故障发生之前的数据状态；又要考虑如何有效地防范来自外部的入侵，有效防止恶意用户利用数据库系统本身的安全漏洞，入侵数据库系统，非法篡改数据库，获取机密信息等。

本章主要从数据库安全分析入手，结合实例介绍数据安全和保护的相关知识。本章所有讨论都是基于 SQL Server 2019 来展开的。

7.1.1 电子商务数据库安全分析

数据库是电子商务系统的基础，通常保存着重要的商业伙伴和客户的信息。大多数组织的电子数据都保存在各种数据库中。数据是企业等组织的命脉所在。但是数据库通常没有像操作系统和网络那样在安全性上受到重视。

当代大型商务网站的系统结构一般分为三层：页面显示层、业务逻辑层和数据访问层（如图7.1所示）。

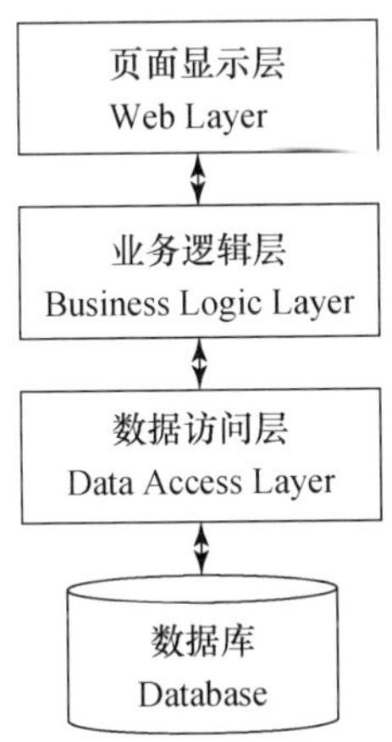

图7.1 当代大型商务网站的系统结构

（1）数据访问层：实现对数据的访问功能，如增加、删除、修改、查询数据。

（2）业务逻辑层：实现业务的具体逻辑功能，如选择货物、处理折扣、提交订单等。

（3）页面显示层：将业务功能在浏览器上显示出来，如分页显示商品的信息等。

在这个三层结构中，数据库所起的作用是对电子商务数据的永久存储和记录业务逻辑处理的结果，如一个客户登录系统后的剩余货币、历史交易情况。

现代数据库系统具有多种特征和性能配置方式，可能会危及数据的保密性、有效性和完整性。第一代关系数据库系统都是“可从端口寻址的”，这意味着任何人只要有合适的查询工具，就可以与数据库直接相连，并能躲开操作系统的安全机制，例如，可以用TCP/IP协议从1433端口访问MS SQL Server数据库。另外，多数数据库系统还有众所周知的默认账号和密码，支持对数据库资源的各级访问。若不经过特殊的处理，微软的SQL Server利用sa账号可以访问整个数据库中的任何数据。这样一来，很多重要的数据库系统很可能受到威胁。根据编者的经验，入侵者利用数据库的漏洞来获得系统超级管理员密码进而篡改数据的可能性远远大于通过系统漏洞获得Root密码来修改程序，甚至大于注入后门的可能性。

数据库安全的另一个方面是如何有效地保护数据。一个大型商务网站的数据内容是相当可观的，这些数据一般都以物理文件的方式存储在硬盘或者专门的网络存储介质中，如SQL Server数据就以＜databaseName＞.MDF和＜databaseName＞.LDF的格式存储，如果不注意日常的数据备份，存储介质一旦发生故障，将会导致所有数据（包括用户信息、交易数据等）毁于一旦。这样的后果对于电子商务活动来说将是致命性的。

来自内部的数据库安全风险主要包括：

(1) 主机系统故障;

(2) 存储系统故障;

(3) 数据库系统故障(无法启动、数据表丢失、数据文件丢失);

(4) 文件丢失;

(5) 人为的误删除;

(6) 自然灾害、停电等。

因此,保护电子商务数据库的安全应该从两个方面着手:一是防止外部恶意用户的入侵和窃取系统关键数据;二是防止来自内部的威胁,做好日常的备份,设置冗余,在操作系统瘫痪或者存储发生故障时立即恢复数据,以保证系统的正常运转。

7.1.2 电子商务数据库保护常规技术

这里以 SQL Server 为例介绍如何利用有效的措施来防范来自外界的入侵。

在进行 SQL Server 数据库的安全配置之前,应先对操作系统进行安全配置,以保证操作系统处于安全状态。然后要对所使用的操作数据库的程序进行必要的安全审核。

1. 使用安全的密码策略

在安装 SQL Server 的过程中,就应该对 sa 账号设置非空的密码,同时不要让 sa 账号的密码写于应用程序或者脚本中。对于 ASP 程序的开发,尤其要注意不能让访问者以明文的方式下载或者读取到数据库配置的文件,尽量不要使用常规的文件名(如 include.inc 等)来存放数据库连接的信息,同时要养成定期修改密码的习惯。

数据库管理员应该定期查看是否有不符合密码要求的账号登录服务器,比如可以在查询分析器中使用下面的 SQL 语句来查看是否有危险账号登录服务器。

```
USE master
SELECT name,Password FROM syslogins WHERE password is null
```

2. 使用安全的账号策略

由于 SQL Server 不能更改 sa 账号名称,也不能删除这个超级用户,因此,必须对这个账号进行最强的保护,包括使用一个非常强壮的密码。最好在不同的应用系统中单独设置该系统的数据库管理员账号和密码,只有当没有其他方法登录到 SQL Server 实例(如当其他系统管理员不可用或忘记了密码)时才使用 sa。

SQL Server 的认证模式有 Windows 身份认证和混合身份认证两种。如果数据库管理员不希望操作系统管理员通过操作系统登录来接触数据库的话,可以在账号管理中把系统账号 BUILTIN\Administrators 删除。

很多用户使用数据库应用系统只是用来做查询、修改等简单操作的,因此可根据用户的实际需要为他们分配账号,并赋予仅仅能够满足应用要求和需要的权限。比如,对只要求使用查询功能的用户,就为其分配一个简单的 queryUser 账号使其能够执行 SELECT 语句即可。

3. 尽可能不要让数据库服务器拥有外部 IP 地址

在现代大型商务网站中,数据库的性能往往是应用的瓶颈所在。为了提高数据库的并

发访问能力，人们常常将数据库服务器和应用服务器分开。这样做的另一个好处就是可以将数据库服务器与外网隔离开。譬如可以让应用服务器拥有两个地址，其中一个是内部的IP，如 192.168.0.100，而数据库服务器可以设置成 192.168.0.101。这样可以有效地防止外来的 TCP 探测，起到从物理网络上防止外部入侵的作用。

4. 拒绝端口探测

如果出于成本的考虑，必须将数据库服务器和应用服务器合并，则可以通过以下方式来防止端口的探测。

(1) 更改原默认的 1433 端口。

在实例属性中选择网络配置中的 TCP/IP 协议的属性，将 TCP/IP 使用的默认端口变为其他端口。显示界面如图 7.2 所示。

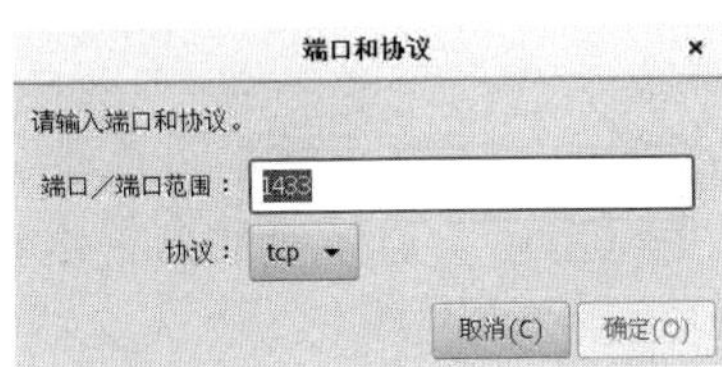

图 7.2　更改原默认的 1433 端口

(2) 外部人员通过微软未公开的 1434 端口的 UDP 探测可以很容易地知道 SQL Server 使用的是哪个 TCP/IP 端口，但是，如果数据库管理员在实例属性中选择 TCP/IP 协议的属性并选择隐藏 SQL Server 实例，则可禁止对试图枚举网络上现有的 SQL Server 实例的客户端所发出的广播作出响应。这样，别人就不能用 1434 端口来探测你的 TCP/IP 端口了。

5. 剔除一些有安全隐患的存储过程

SQL Server 的众多系统存储过程是用来适应广大用户需求的，多数应用中用不到太多的系统存储过程，删除不必要的存储过程能有效防止外部入侵者利用它们来提升权限或进行破坏。如果不需要使用扩展存储过程 xp_cmdshell，那么可以使用以下 SQL 语句将其删掉：

```
USE master
sp_dropextendedproc 'xp_cmdshell'
```

xp_cmdshell 是进入操作系统的最佳捷径，是数据库留给操作系统的一个大后门。需要这个存储过程的时候也可以使用下面的语句将其恢复过来。

```
sp_addextendedproc 'xp_cmdshell','xpsql70.dll'
```

此外，注册表访问的存储过程甚至能够读出操作系统管理员的密码，因此，也可以使用以下语句去掉不需要的注册表访问的存储过程。

```
xp_regaddmultistring,xp_regdeletekey,xp_regdeletevalue
xp_regenumvalues,xp_regread,xp_regremovemultistring,xp_regwrite
```

6. 对网络连接进行 IP 限制

(1) 尽量避免过多的机器登录数据库服务器。

(2) 由于 SQL Server 本身并没有网络连接方面的安全解决方案,因此可以安装第三方防火墙或使用 Windows 操作系统的 IP 安全策略来实现 IP 数据包的安全性控制。

(3) 对 IP 连接进行限制,只保证应用服务器的 IP 能够访问,拒绝其他 IP 进行的端口连接,从而降低由于别的工作机被入侵而带来的安全隐患。

7. 定期查看数据库访问日志

在实例属性中选择“安全性”,将其中的审核级别选定为全部,这样,在数据库系统和操作系统日志里面就详细记录了所有账号的登录信息(如登录成功还是失败)。定期查看数据库日志可及时发现是否有可疑的登录事件发生。

8. 安装最新的补丁

数据库的生产商也在不停地为提升数据库安全而努力,安装最新的补丁可以有效防止已经检测出来的安全漏洞被利用。

上面介绍的主要是一些 SQL Server 的安全配置。经过以上的配置,可以让 SQL Server 本身具备足够的安全防范能力。当然,还要加强内部的安全控制和数据库管理员的安全培训,而且解决安全性问题是一个长期的过程,需要工作人员持续的努力。

7.2 数据库保护相关技术

7.2.1 数据库的备份与恢复

为了防止数据库遇到来自组织内部的风险,保证数据的安全,需要定期对数据库进行备份。当然,人们也可出于其他目的对数据库进行备份和还原,如将数据库从一台服务器复制到另一台服务器。通过备份一台计算机上的数据库,再将该数据库还原到另一台计算机上,可以快速生成数据库的复本。SQL Server 数据库的备份方案有完全备份、差异备份、事务日志备份、文件或文件组备份几种(如图 7.3 所示)。

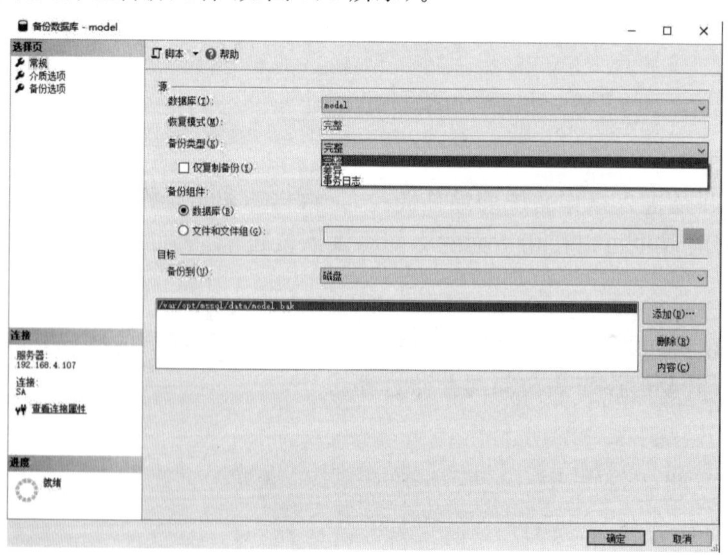

图 7.3 SQL Server 的数据库备份方案

此外，也可以设置每隔多少时间来定期自动完成数据库的备份操作，即设置数据库自动备份（如图 7.4 所示）。

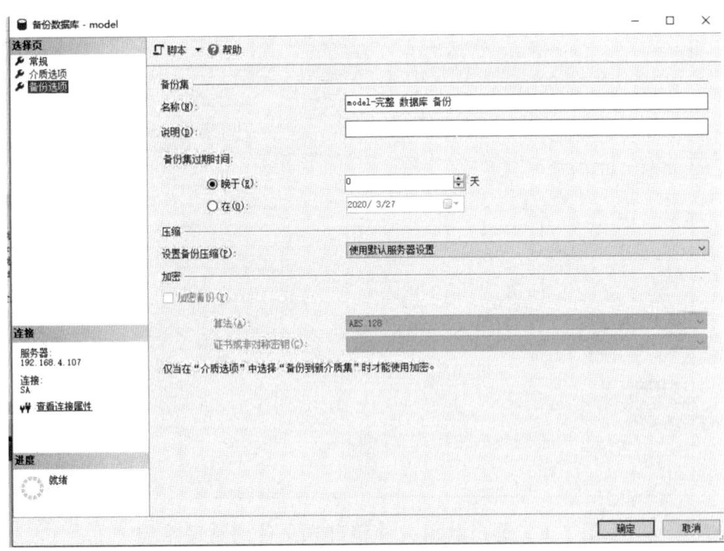

图 7.4　设置数据库自动备份

当组织内部发生自然灾难（如火灾）或技术灾难（如 RAID-5 阵列的双磁盘故障）时，可以利用数据恢复将所有的系统和数据快速还原到正常状态。

SQL Server 数据完全恢复的步骤如下：

（1）选择在数据恢复时需要的备份文件（如图 7.5 所示）。

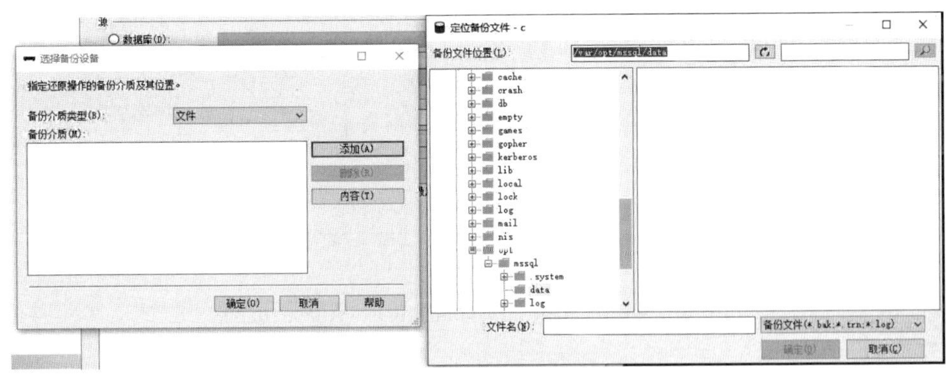

图 7.5　选择备份文件

（2）选择数据文件和日志文件的物理路径，确保本机路径是存在的（如图 7.6 所示）。如果使用文件或文件组的备份文件进行数据恢复，只要恢复受损的所在文件或文件组及其相应的事务日志即可。对于大型数据库来说，这样能加快恢复速度，但是这种方式比较难于管理，必须注意文件的完整性及事务日志备份的覆盖点。

图 7.6　选择数据文件和日志文件的物理路径

（3）此外，为了方便程序的编写，还可以使用 SQL 语句完成数据备份和数据恢复的操作，建立备份的 SQL 语句为：

```
USE master
ALTER database pubs
SET recovery simple
GO
IF exists(SELECT name FROM sysdevices WHERE name = 'DB05102FBK')
exec sp_dropdevice 'DB05102FBK'
exec sp_addumpdevice 'disk','DB05102FBK','F: \0509\Backup\DB05102FBK'
--完全备份设备
GO
IF exists(SELECT name FROM sysdevices WHERE name = 'DB05102DBK')
exec sp_dropdevice 'DB05102DBK'
exec sp_addumpdevice 'disk','DB05102DBK','F: \0509\Backup\DB05102DBK'
--差异备份设备
GO
IF exists(SELECT name FROM sysdevices WHERE name = 'DB05102LBK')
exec sp_dropdevice 'DB05102LBK'
exec sp_addumpdevice 'disk','DB05102LBK','F: \0509\Backup\DB05102LBK'
--事务日志备份设备
GO
exec sp_addumpdevice 'disk','DB05102LBK2','F: \0509\Backup\DB05102LBK2'
--当前事务日志备份设备
GO
```

恢复数据的 SQL 语句为：

--还原上一次的完全备份，file 为要还原的备份集，一次备份产生一个备份集，norecovery 说明恢复未结束，直到最后一个日志恢复方指定为 recovery 或不指定（默认为 recovery）

```
RESTORE database DB05102
FROM DB05102FBK
WITH file = 4,norecovery
GO
----还原上面完全备份后的离现在最近一次的差异备份
RESTORE database DB05102
FROM DB05102dbk
WITH file = 29,norecovery
GO
```

7.2.2　容灾管理技术

数据容灾与数据备份一样，也是为了防范因关键数据丢失导致组织正常业务中断运行而设计的。

数据容灾与数据备份关系紧密，二者之间的联系主要体现在以下几个方面。

(1) 数据备份是数据容灾的基础，数据备份是数据保持高可用性的最后一道防线，目的是系统数据崩溃时快速地恢复数据。数据备份也算一种容灾方案，但其容灾能力非常有限。因为传统的备份主要是采用数据内置或外置的磁带机进行冷备份，备份磁带同时也在机房中统一管理，一旦整个机房出现了灾难，如火灾、盗窃或地震等，这些备份磁带也随之被毁，所存储的磁带备份也起不到任何容灾功能。

(2) 数据容灾不是简单的数据备份，真正的数据容灾就是要避免传统冷备份的先天不足，它能在灾难发生时，全面、及时地恢复整个系统。

按容灾能力不同，容灾可分为多个层次。国际标准 SHARE 78 定义的容灾系统有七个层次：从最简单的仅在本地进行磁带备份，到将备份的磁带存储在异地，再到建立应用系统实时切换的异地备份系统，恢复时间也可以从几天到小时级甚至分钟级、秒级或 0 数据丢失。

容灾对于 IT 而言，就是提供一个能防止各种灾难的计算机信息系统。从技术上看，衡量容灾系统优劣主要有两个指标：RPO(Recovery Point Object)和 RTO(Recovery Time Object)。RPO 代表当灾难发生时允许丢失的数据量，RTO 则代表系统恢复需要的时间。

(3) 容灾不仅仅是技术，更是一个工程。常见的容灾备份等级有以下几种。

第 0 级：本地备份、本地保存的冷备份。这一级容灾备份实际上就是上面所指的数据备份。它的容灾恢复能力最弱，它只在本地进行数据备份，并且备份用的数据磁带只在本地保存，没有送往异地。在这种容灾方案中最常用的设备就是磁带机，根据实际需要，可以是手工加载磁带机，也可以是自动加载磁带机。

第 1 级：本地备份、异地保存的冷备份。在本地将关键数据备份，然后送到异地保存，灾难发生后，按预定数据恢复程序恢复系统和数据。这种容灾方案也常采用磁带机等存储设备进行本地备份,此外,还可以选择磁带库、光盘库等存储设备。

第2级:热备份、站点备份。在异地建立一个热备份点,通过网络进行数据备份,即通过网络以同步或异步方式,把主站点的数据备份到备份站点。备份站点一般只负责备份数据,不承担业务,不是拓扑结构中的实际节点。当出现灾难时,备份站点接替主站点的业务,从而维护业务运行的连续性。在这种异地远程数据容灾方案中,容灾地点通常要在距离本地不小于20公里的地方,采用与本地磁盘阵列相同的配置,通过光纤以双冗余方式接入到SAN网络中,实现本地关键应用数据的实时同步复制。在本地数据及整个应用系统出现灾难时,系统至少在异地保存有一份可用的关键业务的镜像数据。该数据是本地生产数据的完全实时拷贝。对于企业网来说,建立的数据容灾系统由主数据中心和备份数据中心组成。

7.2.3 数据库保护的法律相关问题

对于数据库的法律保护问题,世界各国均以著作权法和反不正当竞争法保护为主流。根据著作权法的立法原则,凡符合著作权法独创性要求的数据库,可作为汇编作品得到版权保护。不具有独创性的数据库一般可以通过反不正当竞争法得到保护。

1. 著作权法对数据库的保护

《伯尔尼公约》规定只有在内容的选择与编排构成智力创作时数据库才受著作权法保护。《与贸易有关的知识产权协议》也规定,数据或其他材料的汇编,无论采用机器可读形式还是其他形式,只要其内容的选择或编排构成智力创作,应予以保护,但这类保护不延及数据或材料本身,不得损害数据或材料本身已有的版权。上述规定实际上是将数据库纳入作品范畴加以版权保护。《世界知识产权组织版权条约》的立法思想和《与贸易有关的知识产权协议》相同。

我国著作权立法中并没有关于数据库法律保护的明确规定。但我国在《实施国际著作权条约的规定》(2020年修订)的第八条规定:"外国作品是由不受保护的材料编辑而成,但是在材料的选取或者编排上有独创性的,依照著作权法第十四条的规定予以保护。此种保护不排斥他人利用同样的材料进行编辑。"这可以视为我国已对外国人的数据库给予"超国民待遇",即已将其纳入我国著作权法保护范围。

可以预见的是,数据库受版权保护的法律障碍将逐渐消失。在运用著作权法保护数据库的问题上,重要的是确定数据库独创性的认定标准及方法。由于数据库的核心价值在于所采集的信息内容,采集的内容越全面,其价值就越高,但内容越全面就必然使编辑者对信息的选择余地越少,最终导致独创性越低。这种有别于普通作品的特点造成了现实需要与法律规定的直接冲突,就是信息量越大、内容越全面的数据库就越可能得不到版权保护。数据库对信息经济的推动作用毋庸多言,因此在司法实践当中对数据库独创性的判断标准应当作宽松解释,并且应当低于对其他一般意义上作品的标准。编者认为,只要数据库在信息内容的选择、编排方式上不是采用社会普遍惯用的标准,并且是独立完成的,能够体现出最低限度的独创性,这样的数据库就应该受到版权保护。

另外,数据库还面临着版权弱保护问题。因为无论是国际公约、欧盟数据库保护指令,还是我国的著作权法,都无一例外地表明:对数据库的保护仅限于其体系和结构,并不延伸至其使用的材料。在传统经济复制成本很高的情况下,这种立法思想是可行的,但在网络经

济时代，数据库仅仅是一大堆信息，复制相当容易，而且价格低廉。如果数据库当中的内容可以任由他人复制，稍加改动就变成他人的劳动成果的话，会直接损害数据库原创者的经济利益，严重打击数据库产业不断创造发展的积极性，长远而言会对数据库产业造成错误的导向，助长投机取巧、盗版抄袭之风，最终导致数据库产业的萎缩和停滞。这是一个根本性的问题，无法在司法实践当中采取“便宜行事”的方法解决，只有立法才是最终解决问题之道。

2. 反不正当竞争法对数据库的保护

《中华人民共和国反不正当竞争法》(以下简称《反不正当竞争法》)是知识产权法律保护体系的组成部分。版权、专利、商标等专门法律制度着眼于保护权利人自身的权利，但为了在保护个人利益的同时兼顾社会利益，保证市场经济的自由竞争度，这些权利都受到了严格的法律限制。《反不正当竞争法》着眼于制止不同市场竞争主体之间的恶性竞争，保证各主体都以平等的法律条件参与市场竞争。由于各知识产权主体的法律权利最终往往以经济利益体现，而《反不正当竞争法》可以弥补著作权法的不足，保护数据库作者在对材料的收集、整理、编排等方面所作出的劳动和投资，所以《反不正当竞争法》往往成为知识产权主体的最现实选择，成为数据库法律保护的“终极武器”。

运用《反不正当竞争法》保护知识产权，用意在于保护竞争，而不是限制竞争，只要是合法的竞争，不存在垄断问题；即使有所谓的“垄断”，也是国家鼓励和保护的，比如国家授予发明人以专利权，给予发明人一定期限的市场垄断权，目的是鼓励科技的创新和进步。数据库作者通过自己的努力，为社会提供更好、更全面的信息，在使社会受益的同时也为自己带来经济效益，这种促进社会进步的行为应当受到法律的肯定和保护。试想，如果同行都乐于去免费享用别人的数据库并轻而易举地获得利益，谁还有动力去投巨资、冒风险开发自己的数据库呢？

在运用《反不正当竞争法》实施数据库法律保护时，侵权方比较常见的抗辩理由有以下几个。

(1) 权利主张者不具备主体资格。

由于《反不正当竞争法》的适用范围是市场经营主体之间，因此权利主张者必须是有独立法人资格的企业法人，事业单位、行政机关不能依据《反不正当竞争法》提出主张。在司法实践当中，侵权方往往以权利主张者不具备市场经营主体资格提出抗辩。因此，权利主张者必须证明自己的市场经营资格，这是适用《反不正当竞争法》的前提。

(2) 不构成竞争关系。

由于不正当竞争行为发生在不同的市场主体之间，因此，行业不同、经营范围不同等，均不能成为不构成竞争关系的抗辩理由。《反不正当竞争法》的立法宗旨是保护市场主体现有的和潜在的市场经营空间，因此，第二条第二款规定：“本法所称的不正当竞争行为，是指经营者在生产经营活动中，违反本法规定，扰乱市场竞争秩序，损害其他经营者或者消费者的合法权益的行为。”我国目前对于企业法人的经营范围除了个别行业的专营限制外，并无其他限制性规定，这也正是上述立法精神的体现。

(3) 权利主张者所采用的材料不合法或者不具备独创性。

侵权方在抗辩中往往提出：权利主张者所采用的材料来源不合法、其编制不是独立完成的。因此权利主张者首先必须运用证据证明其所采用的资料是自己从各个合法渠道采集的，而且具备相应的资料采集、录入、项目跟踪等的人员及经营条件。其次，对于运用《反不正当竞争法》保护数据库，并不要求数据库具备独创性，只要权利主张者证明其编制数据库付出了劳动和投资即可。

(4) 平行权利，即抗辩方主张自己的数据库是独立完成的。

对此，侵权方应当负有举证责任，此抗辩理由是否成立可以通过考察侵权方的数据库来源来判定。一般而言，如果侵权方曾经以购买、借用、盗用、破译等方式使用权利主张者的数据库，而且不能充分证明其数据库为独立完成，双方的数据库内容及体例又完全相同或十分近似(如选择的信息内容的相似程度很高、侵权方将权利主张者的错误一起抄袭等)，即可否定此抗辩理由。

(5) 没有造成实际损害后果。

这其实是对《反不正当竞争法》的一种误解，套用一个刑法术语，不正当竞争行为是"行为犯"而不是"结果犯"。也就是说，无论侵害结果是否发生，只要侵权人实施了不正当竞争行为，就足以构成不正当竞争。这是因为《反不正当竞争法》保护的是市场经营主体现有的和潜在的市场空间，与一般民法理论上所述的实际损失范围并不完全相同。也就是说，即使没有造成实际损害，同样损害了市场经营主体的潜在市场空间和商业机会，这种损失是无形的。

3. 数据库特殊权利保护

数据库特殊权利保护是为了适应数据库产业发展而产生的一种新型知识产权保护法律制度，它被用作对类似而又独立于版权、专利、商标等专门法律制度之外的知识产权保护制度的统称，它与版权保护所适用的原则和标准是截然不同的。版权保护的是作者具有独创性的表达形式，而所采用的内容、材料和思想不在法律保护之列。换而言之，法律并不禁止其他人利用现有材料进行再组织、再创造，这是因为节约资源、反复创造是法律鼓励的发展方向。但数据库特殊权利保护以保护投资者的经济利益为由，将保护范围从表达形式延伸至信息内容本身，这意味着只要投资者对某领域的信息投入了劳动和资金，就可以控制他人对该领域信息的使用，如果对此控制没有强有力的法律规制，将会助长"知识产权新霸权主义"的再度抬头。鉴于此，数据库特殊权利保护制度从产生之日起就受到了强烈的质疑和反对。质疑和反对者主要认为建立这种特殊保护制度将使数据库作者垄断信息来源，妨害信息的自由流通，这显然是与号称"流通一切"的网络精神是背道而驰的。

数据库法律保护问题的提出背景是基于信息产业的迅速发展，融合了计算机技术、通信技术等高新科技的电子数据库的出现，更加剧了原有法律保护体系的矛盾冲突。在保护信息投资者经济利益，鼓励其为社会进步作出更多贡献的同时，还必须考虑充分保证社会公众能够自由利用这些信息来为社会创造更多价值。在这两个冲突的目标之间取得最佳平衡，是立法乃至司法追求的终极目标。

7.3 数据库安全

数据库安全一直以来是程序设计者非常关注的问题，同时也是让程序员日夜困扰的问题。随着互联网的发展，入侵数据库已经不再是需要专业的技术背景才可以实现的"高深"

技术,越来越多的简单易用的工具,可让没有专业知识的普通用户输入一个地址,就探测出数据库的漏洞,不编写一行代码就让网站的数据库结构暴露无遗。

7.3.1　数据库数据的安全

对数据库数据采取的常见安全措施就是对数据库数据进行加密处理,譬如用户的银行金额,不能用明文的方式存储。一旦非法用户入侵数据库,对数据进行修改时,由于不知道加密的算法,因此无法进行篡改;就算强行地篡改数据,在程序读取到这样的非法数据时,也立即向管理员报警。

数据加密的核心就是把明文变成从字面无法读懂的密文,SQL Server 2019 提供多层次的密钥和丰富的加密算法,其支持的加密算法主要有以下几个。

1. 对称密钥加密

对称密钥加密(Symmetric Key Encryption)对加密和解密使用相同的密钥。通常情况下,这种加密方式在应用中一般难以实施,因为用同一种安全方式共享密钥很难。但当数据储存在 SQL Server 2019 中时,这种方式就很理想,因为可以让服务器来管理它。SQL Server 2019 提供 RC4、RC2、DES 和 AES 系列加密算法。

2. 非对称密钥加密

非对称密钥加密(Asymmetric Key Encryption)使用一组公共/私人密钥系统,加密时使用一种密钥,解密时使用另一种密钥。公共密钥可以广泛地共享和透露。当需要用加密方式向服务器外部传送数据时,这种加密方式更方便。SQL Server 2019 支持 RSA 加密算法以及 512 位、1 024 位和 2 048 位的密钥强度。

3. 数字证书

数字证书(Certificate)是一种非对称密钥加密,一个组织可以使用证书并通过数字签名将一组公钥和私钥与其拥有者相关联。可以对 SQL Server 2019 使用外部生成的证书,也可以使用 SQL Server 2019 生成证书。

7.3.2　防范数据库系统被非法用户侵入

关于如何防范数据库系统被非法用户侵入,这里先引入一个入侵的例子,然后介绍如何防范这样的入侵。

SQL 注入攻击是一个常规性的攻击,它可以允许一些不法用户检索数据库中的数据,改变服务器的设置,或者趁工作人员不注意攻击服务器。SQL 注入攻击不是 SQL Server 的问题,而是不适当的程序的问题。如果想要运行这些程序,就必须明白这是冒着一定风险的。

SQL 注入的脆弱点发生在程序开发员构造一个 WHERE 子句伴随着用户的输入的时候。比如,一个简单的 JSP 程序允许用户输入一个顾客的 ID,然后检索顾客的姓名,如果顾客的 ID 是作为 JSP 页面的请求串的一部分返回的,那么程序开发员可以编写下面的代码获得用户的请求数据:

```
StringcustID = request.getParameter("CUST_ID");
```

```
StringquerySql = "SELECT real_name FROM customers WHERE  customer_id = ' " + custID + " ' ";
```

如果知道一个顾客的 ID,就可以通过检索来获得全部的相关内容。

但是对于一个攻击程序,即使它不知道任何顾客的 ID,甚至不用去猜,也可以获得相关数据。为了完成这个工作,攻击程序将下面的文本输入到应用程序检索顾客 ID 的文本框中:

```
'UNION SELECT real_name FROM customers WHERE customer_id <>'
```

如果输入了这个代码,将会看到如下语句:

```
SELECT real_name FROM customers WHERE customer_id = ''
UNION
SELECT real_name FROM customers WHERE customer_id <>''
```

通过获得空和非空顾客的 ID 并集,这个查询语句会返回数据库中所有的相关姓名。事实上,这个 union 语句可以被用来获得数据库中大多数信息,看见这个顾客 ID 的值:

```
--顾客 ID 的输入:
'UNION SELECT first_name,lastName FROM employees WHERE first_name <>'
--它将 SQL 语句变成如下:
SELECT real_name FROM customers WHERE customer_id = ''
UNION
SELECT first_name,lastName FROM employees WHERE first_name <>''
```

这就是攻击程序从数据库获得的第一个顾客的名字。

事实上,通过 SQL 注入攻击程序,非法用户可以从数据库中获取其他他们想要的信息。请看下面的例子:

```
--顾客 ID 的输入:
';droptable customers--;
--它将 SQL 语句变成如下:
SELECT real_name FROM customers WHERE customer_id = '';drop table customers --;
```

其中的分号将原来的语句分割成两条语句,第一个语句显示不存在的名字,第二个语句则撤销整个 customers 表。"--"是 SQL Server 注释符,它可以使子句不发生语法错误。

使用这个技术的变异,攻击程序可以在任何 SQL 语句或者存储过程上运行。通过使用 xp_cmdshell 扩展存储过程,攻击程序同样可以在操作系统命令下运行。显然,这是一个严重的漏洞。

如何保护数据库不受这样的入侵呢?

首先,在编写程序时不能直接使用用户输入的内容构造 WHERE 子句,可以利用参数调用存储进程的方式,或采用对客户端数据进行格式化的方法避免此类问题。

其次,即使认为应用程序中没有脆弱点,也应该遵守最小特权原则,即使用建议的其他安全技术允许用户仅仅访问他们能够访问的内容,在还没有发现数据库脆弱点的时候,只有这样,才不会使数据库崩溃。

7.4 本章小结

电子商务数据库安全和保护本身就是一个技术探讨的方向，同时也是一个巨大的工程。数据库的安全和保护包含多个方面的知识，本章着眼于数据库安全分析，介绍了数据库保护基础和相关技术，以便于读者了解并掌握数据库安全的相关知识。

7.5 本章习题

1. 大型商务网站的系统结构是怎样的？请分析每层的功能和互相之间的关联。
2. 用自己的理解分析数据库安全技术是如何实现的。

7.6 本章参考文献

申永芳，2019. 数据库管理与应用技术研究[M]. 北京：北京工业大学出版社.

魏祖宽，等，2020. 数据库系统及应用[M]. 3 版. 北京：电子工业出版社.

周奇，2019. SQL Server 数据库基础及应用实践教程[M]. 北京：清华大学出版社.

周雅静，林雪燕，2020. SQL Server 数据库应用技术（SQL Server 2008 版项目教程）[M]. 2 版. 北京：电子工业出版社.

第 8 章

CGI 和 ODBC 互连技术

Web 站点有其自身条件的限制：虽然可以利用 Java Script 或 VB Script 在浏览器中实现一些简单功能，但是缺乏支持复杂功能（如将数据库中指定的资料提取出来并显示在浏览器窗口中）的能力，这时就必须使用 CGI 程序。

本章主要内容：

1. CGI 的基本内容；
2. ODBC 的基本原理；
3. 数据源与 Web 的 ODBC 连接；
4. 移动商务数据库互连技术。

8.1 CGI 的基本内容

虽然我们可以用 HTML 文件在客户端浏览器中展现文字、图形、声音、影视等多媒体信息，不需要再使用其他的资源。但由于其格式统一、弹性不大，因此无法进行更进一步的客户资料分析，也无法传送出客户想要的答案和结果，例如，无法进行数据库查询操作等。要想实现更多的功能，需要借助程序的帮助，因为程序具有处理资料并输出结果的能力。处理复杂任务的常用方式是将浏览器端客户的请求传送到 Web 服务器上，然后在 Web 服务器上运行事先编写好的程序，并将运算结果从 Web 服务器传送回浏览器。这种处理方式的特点是几乎所有的任务都在 Web 服务器上完成，浏览器只负责发送、接收和显示数据。通过 CGI，服务器可以读取并显示在客户端无法读取的格式（如访问关系数据库）。

CGI 就是 Web 服务器与一个外部程序（又称为 CGI 程序）进行通信的接口协议。这个接口协议规定了 Web 服务器与 CGI 程序传送信息的方式、信息的内容和格式，同时也规定了 CGI 程序返回信息的内容和输出标准。Web 页面主要通过超链接、指定表格或图形的方法来执行 CGI 程序。Web 客户端向企业 Web 服务器发送一个包含 URL 题头字段和其他一些用户数据的 HTTP 请求，Web 服务器则返回包含所请求的内容的 HTTP 应答。当客户端请求一个驻留在 Web 服务器上的外部程序或者一个可运行的 Script 服务时，Web 服务器就把关联的 HTTP 请求传送到外部程序，然后把程序做出的应答发送给发出请求的客户端，这个过程就是 CGI 的工作过程（如图 8.1 所示）。

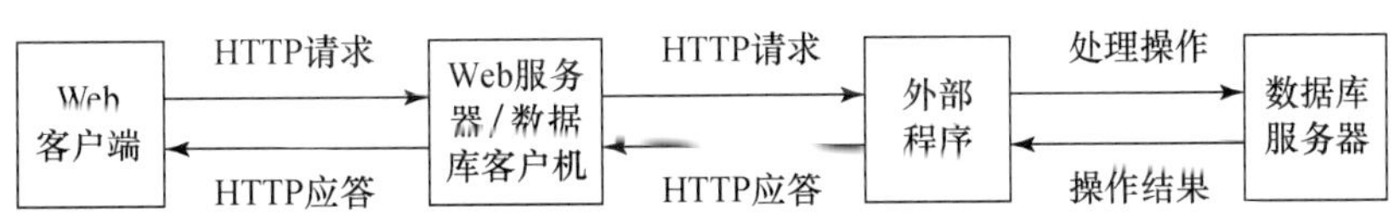

图 8.1 CGI 的工作过程

Web 服务器上通常有许多程序，用来完成不同的任务。从技术方面来讲，Web 服务器上的这些程序统称为 CGI 程序，CGI 程序原则上可以用任何计算机语言编写，所有可执行的二进制文件都可以作为 CGI 程序来运行。但在实际工作中，考虑到运行速度等因素，CGI 程序往往用 C、C++、Perl、Shell Script、Visual Basic 等程序设计语言编写。这些语言功能强大，但过于复杂，不容易学习和掌握。因此，过去 CGI 程序通常只由专业编程人员编写。为了解决这个问题，软件公司不断开发出可视化和面向对象的 CGI 程序语言，如微软公司开发了一种 ASP(Active Server Page)语言。与传统的 CGI 编程语言相比，ASP 语言使用简便，特别适合非专业编程人员。

下面以一个 ASP 文件片段为例，简要介绍 CGI 程序的一些特点。该 ASP 文件的文件名为 book. asp，其作用是从位于网络服务器的数据库 book. mdb 中获取客户指定的记录，并在客户浏览器中显示出来。

```
<%@ Language = "VBScript" %>    <! --声明在本 ASP 文件中混合使用了 ASP 和 VBScript。-->
<html>
<head>
<title>网上书店</title>
</head>
<body>
<center>
<% id= Request.QueryString("id")
    Select Case id
      Case 1
        Response. Write("经济管理类书目")
      Case 2
        Response. Write("电子商务类书目")
      Case3
        Response. Write("文化体育类书目")
     End Select
strSQL= "SELSET [title],[price] FROM catalog WHERE [id] = " & id    <! --SQL 语句，分配一个变量 strSQL，以简化后面的语句-->
Set objConn = Server. CreateObject ("ADODB. Connection")    <! --在 Web 服务器上创建一个数据库连接对象 objCorm，以便访问数据库 book. mdb。-->
objConn. Open "book"  <! --请求 objConn 打开数据源名(DSN)为 book 的数据库。-->
Set objRS = objConn. Execute(strSQL) %>    <! --请求 objConn 执行上面的 SQL 语句，从数据库 book. mdb 的 catalog 表中，将字段内容等于 1(或者 2、或者 3)的所有记录提取出来，存放在记录集合对象 objRS 中。-->
<table>
```

```
< %objRS.MoveFirst    <! --首先将第一个记录从数据库中提取出来,准备在浏览器窗口中显示。-->
Do While Not objRS.EOF    <! --检查这个记录后面是否还有记录,如果有,稍后继续提取,继续显示。-->
title = objRS.Fields("title")    <! --将这个记录中 title 字段的内容分配给同名变量 title。-->
price = objRS.Fields("price") % >    <! --将这个记录中 price 字段的内容分配给同名变量 price。-->
< tr>
< td>
< % =title % >    <! --在浏览器窗口中显示变量 title 的内容。-->
</td >
< td>
< % =price % >    <! --在浏览器窗口中显示变量 price 的内容。-->
</td>
<td>
< ahref = ../order,htm? title = < % = title % > &price = < % = price % > > 订购 </a >
<! --将两个参数 title 和 price 传递给网页 order.htm。-->
</td>
</tr >
< %objRS. MoveNext    <! --这个记录后面如果还有记录,则将下一个记录从数据库中提取出来,准备在浏览器窗口中显示。-->
  Loop    <! --与 Do While Not objRS.EOF 语句联合使用,没有独立的含义。-->
objConn. Close    <! --关闭 objConn。-->
objRS. Close    <! --关闭 objRS。-->
objConn = Nothing    <! --释放 objConn 所占用的资源。-->
objRS = Nothing % >    <! --释放 objRS 所占用的资源。-->
</table >
<ahref = ..\index. htm> 返回网站主页 </a>
</center>
</body>
</html>
```

在客户端启动浏览器,并在地址栏中输入“网上书店”的虚拟网址,这时浏览器窗口中将出现“网上书店”的主页(程序略)。用鼠标选择书目类别中的“电子商务类书目”,则参数 id=2 将会被传递给 book. asp。book. asp 从数据库 book. mdb 的 catalog 表中,将 id 字段内容等于 1 的所有记录提取出来,并显示在客户端浏览器的窗口中。

ASP 将专门的语句放置在 HTML 文件中,分别以“<%”与“%>”为开始和结束标记。HTML 文件的后缀是“. htm”,ASP 文件(实际上是包含 ASP 语句的 HTML 文件)的后缀是“. asp”。由于 ASP 文件本质上是一个可以运行的 CGI 程序,所以 ASP 文件只能放置在 Web 服务器上运行,并且该 Web 服务器必须能够支持 ASP 语言。

8.2 ODBC 的基本原理

国内外数据库软件开发者开发出越来越多不同类型和不同用途的 DBMS,有在不同操作平台上运行的,有桌面、多用户和分布式的等。不同的用户根据自己的需要分别选用不同的 DBMS,这对在电子商务运作过程中实现在不同 DBMS 上的移植以及异构数据库间的数据访问、数据交换增加了难度。异构数据库之间的数据共享多年来一直是人们研究的课题,SQL 标准的制定为应用程序的移植带来一线希望,但各个 DBMS 定义出来的 SQL 却在不同的 DBMS 之上的应用软件之间形成通信障碍。

要想对多种 DBMS 进行统一的管理,需要采用标准的数据库应用界面。在这种情况下,微软公司推出的 ODBC 解决了这些问题。ODBC 应用数据通信方法、数据传输协议等多种技术定义了一个标准的接口协议,允许应用程序以 SQL 为数据存取标准,来存取不同 DBMS 管理的数据。ODBC 为数据库应用程序访问异构数据库提供了统一的数据存取接口 API,应用程序不必重新编译、连接就可以与不同的 DBMS 相连。目前,支持 ODBC 的有 Oracle、Access、xBase 等 10 多种流行的 DBMS。ODBC 为数据库应用软件的开发提供了有力的支持。用户可针对各种数据库和服务器编写可移植的应用程序,并使应用人员在编程时不必关心底层的 DBMS,相同的代码可以同时作用于不同的 DBMS。用户可以用同样的 SQL 语句或命令对不同的 DBMS 的数据库进行操作。同时,这也大大简化了不同 DBMS 之间的数据交换。ODBC 具有强大的互操作性,可以使用一个单独的程序来提取数据库信息,再提供一种方法让应用程序读取数据。一个应用程序可以存取不同的 DBMS 中的数据,不必将应用程序和 DBMS 绑在一起进行编译、连接、运行,只要在应用程序中通过选择一个叫作数据库驱动程序的模块,就可以把应用程序与所选的 DBMS 连接在一起。

ODBC 包括以下四个组件。

(1) 应用程序(Application):负责通过调用 ODBC 函数来提交 SQL 语句,提取结果。

(2) 驱动程序管理器(Driver Manager):负责为应用程序加载驱动程序。

(3) 驱动程序(Driver):处理 ODBC 函数调用,向数据源提交 SQL 请求,向应用程序返回结果,必要时还负责将 SQL 语法翻译成符合 DBMS 规定的语法格式。

(4) 数据源(Data Source):由用户想要存取的数据、操作系统、DBMS、网络平台等组成。

窗口环境下的 ODBC 使用 DLL 结构,以及一个可装载的数据库驱动器和一个驱动程序管理器,此外,还需要其他一些文件,如帮助文件、. INI 文件、ODBC 程序员应用程序等。ODBC 的 DLL 层次结构如图 8.2 所示。

ODBC 的结构是层次化的,它描述了嵌入 ODBC 的应用程序和 ODBC 组成部件之间的关系。应用程序与 ODBC 驱动程序管理器进行交互。ODBC 驱动程序管理器是一个共享的程序库管理器,称为 ODBC. DLL。对于任何 DBMS,只要提供其 DLL,并符合 ODBC. DLL 的接口规范,则该数据库的文件便可被 ODBC 所访问和处理。ODBC. INI 文件中存放着各个数据源及其信息。ODBC 的实现采用 DLL 技术,在系统运行时被动态地装入和连接。ODBC. DLL 通过 ODBC. INI 文件可以知道对某个数据库文件应调用哪一个 DLL 程序。ODBC. DLL 把应用程序的调用分配给一个或多个数据库驱动器。ODBC. DLL 可以装载或

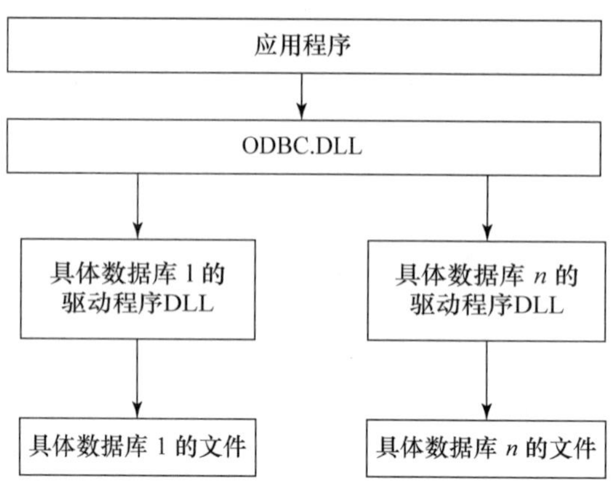

图 8.2　ODBC 的 DLL 层次结构

卸载驱动器、检查状态、管理多个应用和数据源之间的连接。ODBC 独立于网络层的数据库访问界面，可以在单机或互联计算机上使用各种网络协议。无论哪种情况，ODBC. DLL 都能够处理应用程序的调用，并把它们传送到适合的可装载的驱动器上。DBMS 驱动程序的 DLL 通常由 DBMS 的开发商提供。

ODBC 有如下两个基本用途。

(1) 电子商务活动涉及企业、客户、银行、海关、运输和保险等部门。这些部门的应用平台不一致，设计人员需要同时访问多种异构数据库。如果按照传统的程序开发方式，设计人员必须熟悉多种数据库编程语言，以便为多种数据库分别编写程序代码，这就大大增加了程序开发的难度和设计人员的负担。使用 ODBC 技术后，设计人员只需要编写一个程序版本，就可以访问任何数据库，程序具有了更好的兼容性和适应性。

(2) 若某应用程序需要访问某种数据库，程序所在的计算机就要安装相应的数据库软件。但有些数据库软件极其庞大，对计算机的硬件、软件配置也有非常严格的要求，因此，不是所有计算机都能安装，即使能够安装也会占用大量的系统资源。另外，单用户版的数据库(如 Visual FoxPro 等)需要与 Web 连接，以利用网络共享数据。为此，ODBC 提供了一批常用数据库软件的驱动程序。这样，计算机上即使没有安装相应的数据库软件，但只要安装了相应的驱动程序，就可以访问 CGI 程序，应用程序不必关心 ODBC 与 DBMS 之间的底层通信协议。

8.3　数据源与 Web 的 ODBC 连接

ODBC 的目的是为 Windows 应用程序建立存取数据库中数据的渠道。下面以在 Windows 10 环境中，PHP(Personal Home Page)服务器端内嵌 HTML 脚本编程语言调用 SQL Server 数据库为例，说明 ODBC 配置和连接的过程。

(1) 创建数据源(Data Source Name，DSN)。在使用 ODBC 建立与后台数据库的连接时，必须通过 DSN 指定使用的数据库。这样当使用的数据库改变时，不用改变程序，只要在系统中重新配置 DSN 即可。DSN 是应用程序和数据库之间连接的桥梁。在设置 DSN 时，需设置包括 DSN、驱动程序等信息。方法是：进入"控制面板"，运行"ODBC 数据源"，打开如图 8.3 所示对话框。

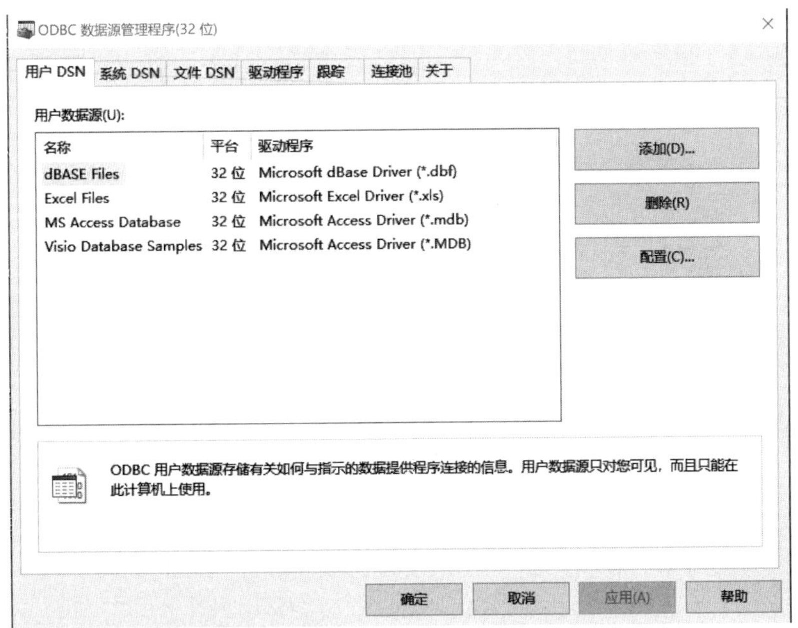

图 8.3 “ODBC 数据源管理程序”对话框

DSN 有三种类型：用户 DSN、系统 DSN 和文件 DSN。其中，用户 DSN 和系统 DSN 是我们常用的两种 DSN。用户 DSN 和系统 DSN 的区别是：用户 DSN 用于本地数据库的连接，系统 DSN 用于多用户和远程数据库的连接。这里以用户 DSN 为例加以说明。

(2) 在如图 8.3 所示的对话框中选择“dBASE Files”，单击“确定”按钮，弹出如图 8.4 所示对话框。

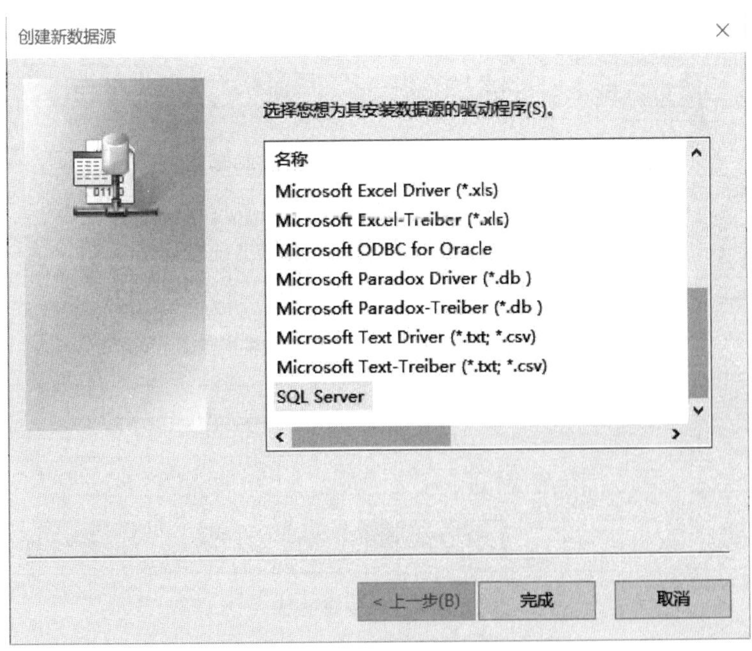

图 8.4 选择创建数据源的驱动程序

(3) 在如图 8.4 所示对话框中,选择“SQL Server”,单击“完成”按钮,弹出如图 8.5 所示对话框。

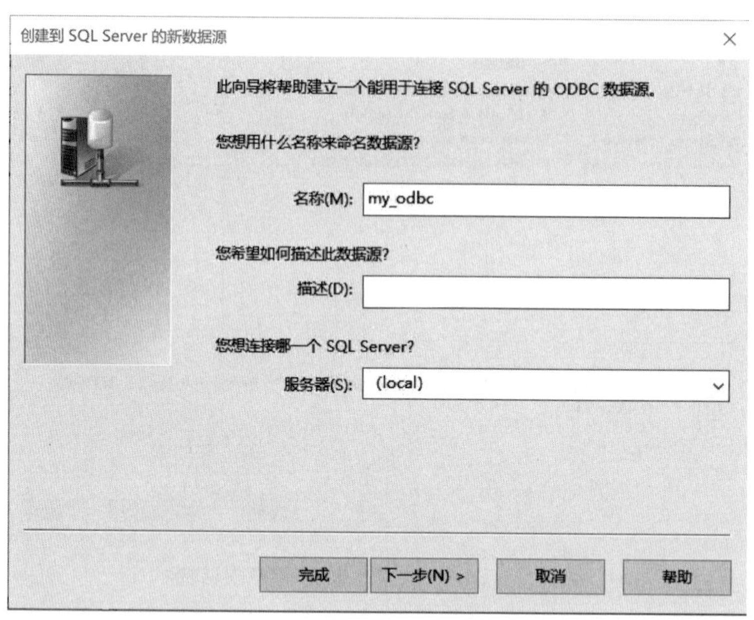

图 8.5　设置数据源名称及服务器

(4) 在如图 8.5 所示对话框中,输入数据源名称,如“my_odbc”;选择服务器,默认为“(local)”,单击“下一步”按钮,弹出如图 8.6 所示对话框。

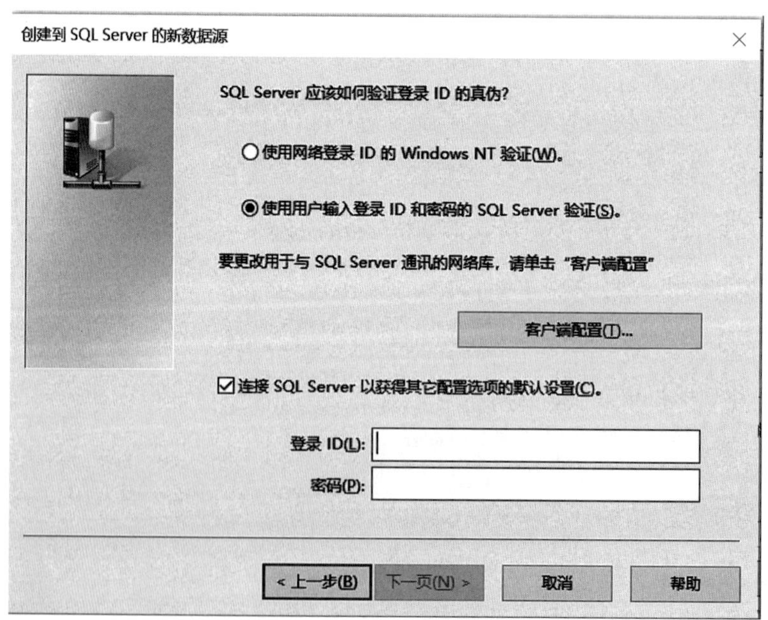

图 8.6　选择验证方式

(5) 这一步需要选择验证 ID 的方式,有两种方式可选,我们选择第二种方式,即“使用用户输入登录 ID 和密码的 SQL Server 验证”,单击“下一页”按钮,进入如图 8.7 所示对话框。

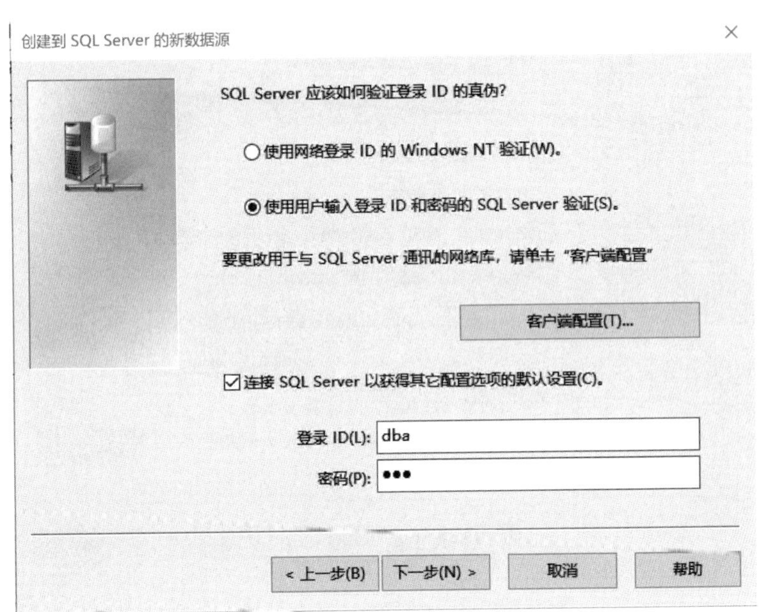

图 8.7 输入登录 ID 和密码

(6) 在如图 8.7 所示对话框中,输入正确的登录 ID 和密码,然后单击“下一步”按钮,弹出如图 8.8 所示对话框。

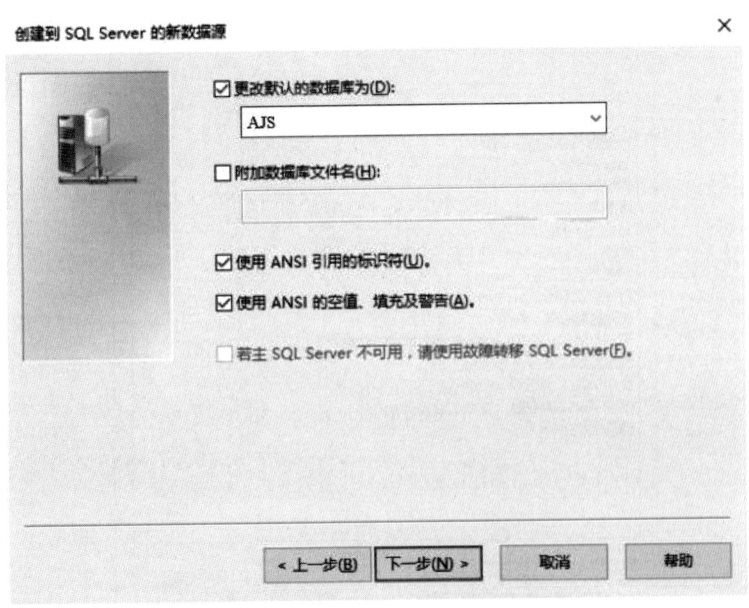

图 8.8 选择 ODBC 控制的数据库

（7）在如图8.8所示对话框中，选择ODBC控制的数据库，如“AJS”，然后单击“下一步”按钮，弹出如图8.9所示对话框。

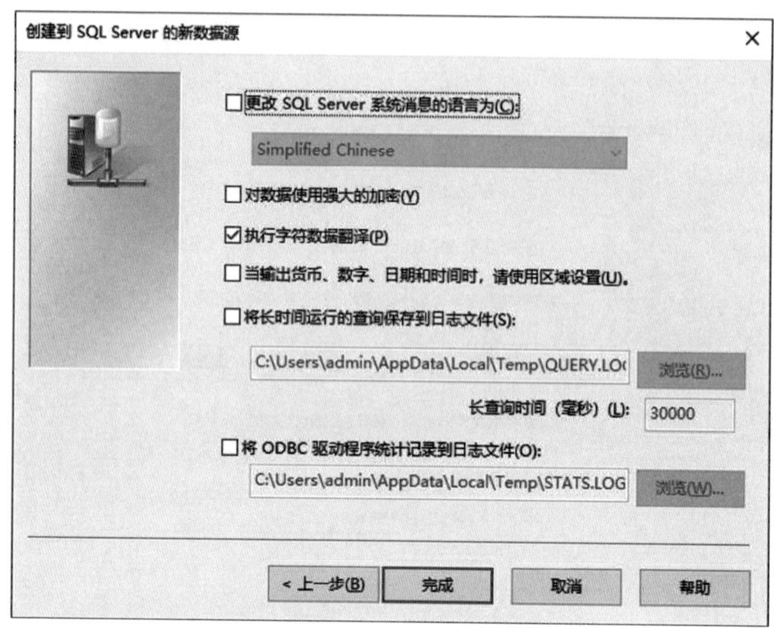

图8.9　单击“完成”按钮完成操作

（8）在如图8.9所示的对话框中，单击“完成”按钮，弹出如图8.10所示对话框，对话框中显示出新的ODBC数据源配置信息。

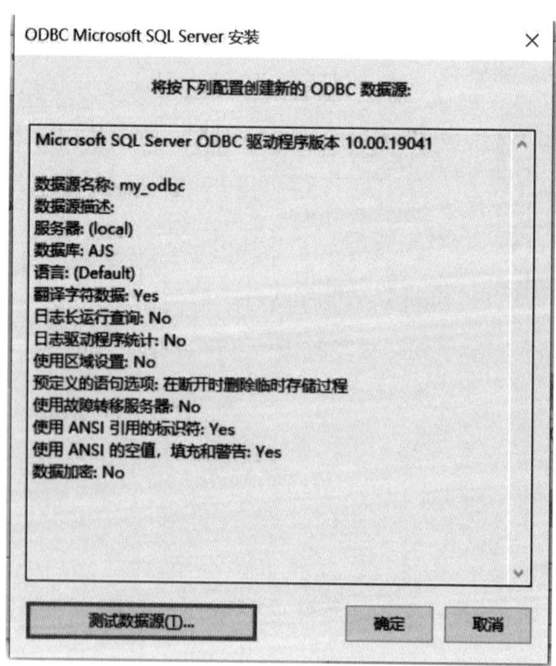

图8.10　新的ODBC数据源配置信息

(9) 在如图 8.10 所示对话框中单击“测试数据源”按钮，系统开始测试数据源，之后弹出如图 8.11 所示对话框。

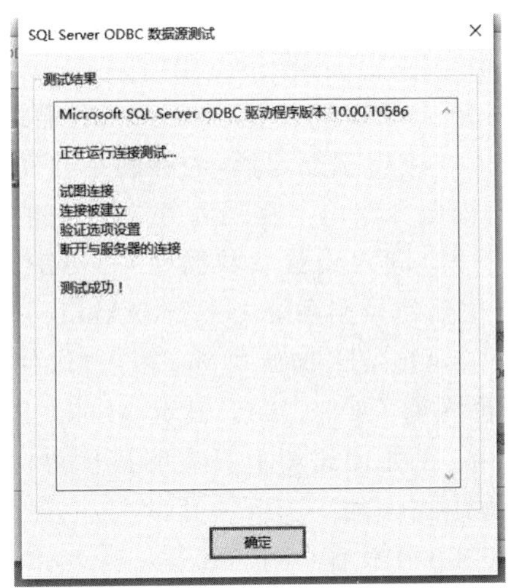

图 8.11 “测试结果”对话框

(10) 在如图 8.11 所示对话框中单击“确定”按钮，这时“用户 DSN”选项卡下的新数据源列表中出现新的数据源 my_odbc，新的“用户 DSN”配置成功。

ODBC 数据源配置完成后，就可以与 Web 页进行连接了。用户若要访问数据库，须先创建应用程序与数据库的连接，然后打开连接，该数据库才真正可用。如在 PHP 文件 abc.php 中写入以下程序代码：

```
<? php
$ conn = odbc_connect("my_odbc","dba","sql");
<! --第一个参数是 DSN 数据源名称，第二个参数是访问数据库的用户名，第三个参数是访问数据库的用户口令。用户名和用户口令为可选项。-->
$ query = "SELECT name,tel FROM phponebook"
<! --查询字段 >
$ result_id = odbc_do( $ conn, $ query);
<! --运行 odbc-->
…
<! --数据处理代码段，通过引入 SQL 语句的方法执行对数据库数据的插入、修改和删除等操作。-->
odbc_close( $ conn);
<! --关闭 odbc。关闭数据对象和连接，在使用完 ADO 对象后要通过调用方法 close 关闭对象，以释放所占用的服务器资源。-->
? >
```

注意：当数据源为系统 DSN 时，只需给出数据源名；而当数据源为文件 DSN 时，除须给出数据源名外，还须给出数据源的完整路径。

在数据处理代码段中，可以根据需要实现查询、计算、显示及其他数据处理功能。这样，

ODBC 数据源就通过 PHP 实现了与 Web 的连接。实际上，PHP 文件就是 CGI 可执行程序。

8.4 移动商务数据库互连技术

移动商务管理系统已经得到了普及和应用，并取得了显著的成效。它基于传统商务管理系统，采用原型化需求分析模式进行功能建模，能够满足移动商务办公管理的全部需求。这里以 Android 操作系统为例简要介绍一下移动商务数据库的数据存储和互联技术。

在 Android 平台上集成了一个嵌入式关系数据库——SQLite，该数据库支持大多数的 SQL92 标准，并且可以在所有主要的操作系统上运行。Android SDK 提供了对数据库操作的类（SQLiteDatebase 类、SQLiteOpenHelper 类等）和接口，使得用户可以更方便地操作 SQLite 数据库。SQLite 数据库具有 ODBC 接口，比起 Mysql、PostgreSQL 这两款开源的世界著名数据库管理系统，SQLite 在处理速度上具有明显优势。通过 ODBC 来访问和操作 SQLite 数据库需要安装第三方组件库的 SQLite ODBC Driver，根据提示完成安装，在控制面板→管理工具→数据源（ODBC）中添加 ODBC driver for sqlite，并配置数据源即可连接。

8.5 本章小结

本章介绍了在电子商务运作过程中，将 Web 站点与关系数据库管理系统相关联的方法和解决异构型数据库之间的数据共享问题的相关知识。

8.6 本章习题

1. 解释 CGI 的含义和特点。
2. 试举例说明 ODBC 的两个基本用途。
3. 简述 ODBC 的工作原理和工作流程。
4. 实践本章 ODBC 配置，在 abc.php 程序中补充数据处理代码段，以实现对指定数据库的查询功能。
5. 设计利用 ODBC 技术从一个 Microsoft Access 数据库中取出数据，存入一个 Visual FoxPro 数据库中的过程。

8.7 本章参考文献

舒后，2016. 网络数据库技术与应用 [M]. 3 版. 北京：清华大学出版社.

张建国，2019. 数据库技术与应用——SQL Server 2012[M]. 北京：清华大学出版社.

仲宝才，颜德彪，刘静，2018. Android 移动应用开发实践教程[M]. 北京：清华大学出版社.

祝永志，2018. Android 移动应用开发教程[M]. 北京：清华大学出版社.

第 9 章

电子商务基础数据库

在本书前面的章节中，我们已经学习了设计技术(E-R 建模、SQL 等)。在本章中，我们将介绍电子商务基础数据库及其表结构。

本章主要内容：

1. 电子商务数据库的分类；
2. 电子商务基础数据库设计。

9.1 电子商务数据库的分类

数据库建设目前普遍采用在企业商业内部网、外部网以及电子商务网络系统中，企业商业站点分类保存有用的商务信息的方式，为各种类型的经营分析提供支持。目前，电子商务数据库常分为以下三类。

1. 客户信息数据库

客户信息数据库是基础数据库，它存储的内容主要是每一个注册客户的信息，如购物偏好、信用卡数据和(顾客账户的)记账数据等。

2. 产品/商品数据库

产品/商品数据库主要存储产品细节、库存 ID、价格等信息。

3. 交易数据库

交易数据库主要存储购物车管理、订单管理、货款管理、价格折扣管理、物流配送等信息。

9.2 电子商务基础数据库设计

电子商务 Web 站点至少应包括促进产品或服务销售的核心功能。因此，电子商务数据库必须具备支持 Web 站点实现产品或服务的展示，以及开展基本销售事务的性能。另外，电子商务 Web 站点还应该具有侧重于顾客服务、产品返回和 Web 顾客简要描写等功能，这会使得购物过程更为顺利。为了实现上述功能，电子商务数据库必须包括一些表。这里我们主要介绍一下为开展必要的商务活动，电子商务数据库必不可少的数据库表。

在开始设计数据库表之前，首先应建立一些商务规则并明确它们对设计的影响。

(1) 电子商务数据库设计的目标是把产品卖给顾客。因此，需要设计的前两个表是产品(PRODUCT)表和顾客(CUSTOMER)表。

(2) 在电子商务活动中，每一个顾客都可以发出一个或多个订单，每一个订单都由一名顾客发出。因此，CUSTOMER 表和订单(ORDER)表之间是 1∶m 的关系。

(3) 每一个订单包括一个或多个订单行，每一个订单行被包括在一个订单中。因此，ORDER 表和订单行(ORDLINE)表之间是 1∶m 的关系。

(4) 每一个订单行引用一种产品，每一种产品可以出现在多个订单行中(如公司可以销售一台以上 HP 喷墨式打印机)。因此，PRODUCT 表和 ORDLINE 表之间是 1∶m 的关系。

(5) 浏览产品目录的顾客愿意看到按类型排列的产品(如看到产品清单分解为计算机、打印机、应用软件和操作系统等)。每一个产品属于一个品类，每一个品类有一个或多个产品。因此，品类(PRODTYPE)表与 PRODUCT 表之间是 1∶m 的关系。

(6) 浏览产品目录的顾客应该能够选择产品，并将它们放在电子购物车(SHOPCART)中。每一个电子购物车属于一个顾客，而且引用一个或多个产品。

(7) 顾客结账离开时，输入信用卡和购物信息，这些信息将被添加到 ORDER 表中。

(8) 当接收到信用卡授权时，系统为购物车中的产品生成订单。电子购物车信息用来创建 ORDER 表。发送完订单且顾客离开 Web 站点后，系统将删除购物车中已付款的数据。

(9) 通常，商家会提供很多运输选项，所以一般会创建运输选项(SHIPTYPE)表来存储每一个购物项的细节。

(10) 由于商家提供很多支付选项，因此还会创建支付选项(PMTTYPE)表来存储每一个支付选项的信息。

(11) 由于不同国家的税率不同，所以还须创建国家(COUNTRY)表和税率(TAXRATE)表，用以跟踪不同国家及其税率。

(12) 除上述表之外，电子商务数据库一般还包括优惠活动(PROMOTION)表、价格查看(PRICEWATCH)表和多级别定价(PRODPRICE)表。

表 9.1 列出了电子商务数据库设计的主要表。

表 9.1　电子商务数据库设计的主要表

表名称	表说明
CUSTOMER	包含每一个注册顾客的信息，如购物偏好、信用卡数据和(顾客账户的)记账数据等
PRODUCT	包含产品细节、库存 ID、价格、库存数量等信息
PRODTYPE	标识主要产品类型
ORDER	包含全面的订单信息，如数据、编号和顾客等
ORDLINE	标识每一个订单中订购的产品

续表

表名称	表说明
SHOPCART	包含顾客选择的每种产品及其数量
PMTTYPE	包含商家提供的不同支付选项
SHIPTYPE	包含商家提供的不同运输选项
TAXRATE	包含不同国家使用的不同销售税率
COUNTRY	包含收税的每一个国家
PROMOTION	包含优惠购货券或销售折扣等特殊促销活动信息
PRICEWATCH	包含产品价格达到某种水平时希望被通知的顾客信息
PRODPRICE	用来管理多级别定价

在定义了支持电子商务活动所需的表之后，我们需要标识每一个表的基本属性。下面列出了较重要(使用较频繁)的属性样本，因此，这些并不全面，读者可根据实际情况进行添加或修改。

1. CUSTOMER 表

CUSTOMER 表包含每一个注册顾客的信息。注意，一些顾客不愿意注册，因为他们不愿意提供注册相关信息。

若强制注册，则 Web 站点需要弹出注册新顾客的表格。在顾客开始浏览产品目录前，他们需要填写注册表。有了注册数据，当顾客结账离开时，顾客的购物和信用卡数据就可以自动发送到订单(注册的好处之一是顾客可以得到折扣价)。

若使用非强制注册，则不需要为每一次销售或访问生成注册或登记表。对于每一次订购，顾客都必须输入所有的购物和信用卡信息。

很显然，最简单的选择是不强制注册。因此，在电子商务实际应用中，商家一般都选择非强制注册。CUSTOMER 表的结构如表 9.2 所示。

表 9.2　CUSTOMER 表的结构

属性名称	说明	PK/FK
CUST_ID	顾客 ID(自动生成)	PK
CUST_DATEIN	顾客添加到表的日期	
CUST_LNAME	姓	
CUST_FNAME	名	
CUST_ADDR1	地址 1	
CUST_ADDR2	地址 2	
CUST_CITY	城市	
CUST_STATE	省	
CUST_ZIP	邮政编码	
CUST_CNTRY	国家	
CUST_PHONE	电话	
CUST_EMAIL	电子邮件地址	
CUST_LOGINID	已注册顾客的登记 ID	

续表

属性名称	说明	PK/FK
CUST_PASSWORD	加密字段的登记口令	
CUST_CCNAME	出现在信用卡上的姓名	
CUST_CCNUM	信用卡编号(加密的字段)	
CUST_CCEXDATE	mm/yy 格式的信用卡截止日期	
CUST_ACRNUM	应收账号,与内部应收账系统或为顾客多个项目建立的引用 PO 数字相连接	
CUST_BLLADDR1	开账单地址 1	
CUST_ BLLADDR2	开账单地址 2	
CUST_BLLCITY	开账单地址所在城市	
CUST_BLLSTATE	开账单地址所在省	
CUST_BLLZIP	开账单地址邮政编码	
CUST_BLLCNTRY	记账地址所在国家	FK
SHIP_ID	运输类型	FK
CUST_SHIPADDR1	运输地址 1	
CUST_ SHIPADDR2	运输地址 2	
CUST_SHIPCITY	运输地址所在城市	
CUST_SHIPSTATE	运输地址所在省	
CUST_SHIPZIP	运输地址邮政编码	
CUST_SHIPCNTRY	运输地址所在国家	
CUST_TAXID	免税顾客的税收 ID	
CUST_MBRTYPE	成员类型,用于特殊促销,并根据成员级别决定产品定价,如正规价、会员价、黄金会员价等	FK

2. PRODUCT 表

PRODUCT 表是电子商务数据库的中心实体。PRODUCT 表包含 Web 站点提供的所有产品的相关信息。该表与 PRODTYPE 表、ORDLINE 表和 PROMOTION 表相关。PRODUCT 表的结构如表 9.3 所示。

表 9.3　PRODUCT 表的结构

属性名称	说明	PK/FK
PROD_ID	产品 ID(自动生成)	PK
PROD_NAME	产品简称,显示在产品宣传发票等票据中	
PROD_DESCR	产品说明,产品的较长说明,Web 页面中用来说明产品	
PROD_OPTIONS	产品选项,如颜色、尺寸、样式(服装和鞋类产品的尺寸和颜色有很多表示方法:它们中的几个选项用来描述产品实体,或以 1 : m 关系创建其他表)	
PROD_IMAGE_1	产品图像文件的 URL,可能出现很多次(正视图、侧视图、后视图、顶视图)	
PROD_SKU	厂家和供应商使用的库存编号	
PROD_PARTNUM	生产商的部件代码	

续表

属性名称	说明	PK/FK
VEND_ID	产品的厂家 ID	FK
PTYPE_ID	产品类型	FK
PROD_UNIT_SIZE	产品的单位尺寸：盒、箱、个	
PROD_UNIT_QTY	单位尺寸的单位数量	
PROD_QOH	每一种产品的现有库存数量	
PROD_QORDER	订购数量，已订购但还没发出的产品。为了确定一种产品是否有库存，可用现有数量减去订购数量	
PROD_REORD_LEVEL	再订购水平，当现有数量等于这个数量时，再订购产品	
PROD_REORD_QTY	从厂家再订购产品的数量	
PROD_REORD_DATE	从厂家处到达商家库房的预计时间	
PROD_PRICE	每单位数量(每一件产品)的定价	
PROD_MSRP	生产商建议的零售价	
PROD_PRICE_D1	价格折扣 1，为会员或者订购数量水平	
PROD_PRICE_D2	价格折扣 2，为黄金会员或者订购数量水平	
PROD_TAX	产品是否应纳税，结果为 YES 或 NO	
PROD_ALTER_1	没有库存时所需要的替代品，可以出现很多次。这是相同产品表的外键，而且可以通过以 1 : m 关系创建另一个分割表来实现	FK
PROD_PROMO	是否是促销产品，结果为 YES 或 NO，默认值为 YES	
PROD_WEIGHT	产品重量，供装运时参考	
PROD_DIMEN	产品尺寸，供装运时参考	
PROD_NOTES	关于产品装运、操作等的说明	
PROD_ACTIVE	结果为 YES 或 NO。如果不是 YES 状态，顾客无法获得该产品，在产品撤销或者想要停止给定产品的销售时也可使用	

一般情况下，每一种产品都有一行，具有不同尺寸、颜色或类型(如鞋和衬衫等)的产品除外。遇到这些产品时有两个选择：一是顾客在订单中输入尺寸、颜色和类型等作为补充属性；二是为每一个产品尺寸、颜色和类型等的组合创建唯一的产品数据项。

3. PRODTYPE 表

该表描述了不同的产品类型。产品类型可以设置为仅有一个级别或有多个级别。这里我们确定使用两个级别。这个决定允许使用种类集，如“打印机”，在该种类中可以引用子类，如“激光打印机”或“喷墨打印机”。PRODTYPE 表的结构如表 9.4 所示。

表 9.4　PRODTYPE 表的结构

属性名称	说明	PK/FK
PTYPE_ID	产品类型 ID(自动生成)	PK
PTYPE_NAME	产品类型名称(如喷墨型)	
PTYPE_PARENT	产品父类型(如打印机)	FK

4. ORDER 表

该表包含所有订单信息。信用卡公司批准了事务之后，相应订单被添加到 ORDER 表。如果信用卡被拒绝（编号无效、过期、被盗等），则相应订单不会被添加到该表。不管订购产品的编号是什么，每一个新的顾客订单将会有一个 ORDER 行。如果注册顾客进行了订购，信用卡和购物信息将自动被添加到 ORDER 表。ORDER 表和 ORDLINE 表之间是 1∶m 的关系。ORDER 表的结构如表 9.5 所示。

表 9.5 ORDER 表的结构

属性名称	说明	PK/FK
ORD_ID	订单 ID（自动生成）	PK
ORD_DATE	添加订单日期	
CUST_ID	顾客 ID（非强制性），因为一些顾客不愿意注册。如果这是个注册顾客，CUST_ID 将由 Web 系统自动添加	FK
PMT_ID	支付类型 ID（由顾客选择）	FK
ORD_CCNAME	出现在信用卡中的姓名，可从 CUSTOMER 表中复制、由未注册顾客人工输入或由电子钱包软件输入	
ORD_CCNUM	信用卡编号（加密字段），可从 CUSTOMER 数据中复制、由未注册顾客人工输入或由电子钱包软件输入	
ORD_CCEXDATE	mm/yy 格式的信用卡截止日期，可从 CUSTOMER 数据中复制、由未注册顾客人工输入或由电子钱包软件输入	
SHIP_ID	运输的类型（自动输入或人工输入）	FK
ORD_SHIPADDR1	运输地址 1（自动输入或人工输入）	
ORD_SHIPADDR2	运输地址 2（自动输入或人工输入）	
ORD_SHIPCITY	运输地址所在城市（自动输入或人工输入）	
ORD_SHIPSTATE	运输地址所在省（自动输入或人工输入）	
ORD_SHIPZIP	运输地址邮政编码（自动输入或人工输入）	
ORD_SHIPCNTRY	运输地址所在国家（自动输入或人工输入）	FK
ORD_SHIPDATE	运输日期，如果完成了货物运输，可从此属性查看相关信息；如果部分完成了货物运输，查看每一个产品线的运输日期，请参见 ORDLINE 表	
ORD_SHIPCOST	总的运输成本，预计的订购运输成本。这是根据运输方法应用既定运输成本公式计算而来的结果	
ORD_PRODCOST	总的产品成本，所有产品乘以订购数量	
ORD_TAXCOST	销售税总额，通过将每个单一产品 ORDLINE 表的税额相加得出	
PROM_ID	应用于订购的促销 ID（非强制性的）	
ORD_TOTCOST	订单的总成本：ORD_PRODCOST＋ORD_SHIPCOST＋ORD_TAXCOST－PRO_DOLLAR（来自促销表）	
ORD_TRXNUM	信用卡公司的事务确认编号	
ORD_STATUS	订单状态：开口订货单、装运订货单或收讫订货单	

5. ORDLINE 表

该表包含每一个订单相关的一个或多个产品的相关信息。ORDLINE 表的结构如表 9.6 所示。

表 9.6　ORDLINE 表的结构

属性名称	说明	PK/FK
ORL_ID	订单线 ID(自动生成)	PK
ORD_ID	ORDER 表中的订单 ID	FK
PROD_ID	产品 ID	FK
ORL_QTY	订购数量	
ORL_PRICE	促销和打折后的产品价格	
ORL_TAX	应用于这种产品的百分比税率。一些产品和顾客可能免税。如果产品/顾客应纳税,则根据运输地址中的 COUNTRY 得到相应的税率	FK
SHIP_ID	在需要部分运输的情况下,指用来运输这种产品的运输公司和类型	
ORL_SHIPDATE	运输这种产品的日期	

6. SHOPCART 表

SHOPCART 表是 Web 站点用来在顾客购物期间临时存放产品的特殊表。为理解 SHOPCART 如何工作,需要理解在线订购的过程。

(1) 当顾客最初访问 Web 站点时,可能注册,也可能不注册。如果顾客注册了,则 Web 服务器将顾客的 CUST_ID 保存在内存中。

(2) 顾客浏览产品目录。如果顾客是注册顾客,就可以享受会员价格,否则顾客只能享受正常价格。

(3) 顾客第一次通过单击"加入购物车"按钮或"立即购买"按钮订购产品时,系统将购物车自动分配给顾客。

(4) 购物车存储顾客选择的每一种产品的 ID 和数量。

(5) 当顾客单击"结算"按钮时,会弹出订单确认对话框。该对话框显示放置在购物车中的产品的所有细节。

(6) 当顾客确认订单无误时,系统会弹出另一个对话框,顾客需要在这个对话框中输入运输和支付信息,之后顾客确认订购。

(7) 顾客确认订购之后,Web 服务器从信用卡公司请求事务确认。

(8) 收到信用卡公司的确认后,系统会正式生成 ORDER 数据和 ORDLINE 数据。

SHOPCART 表的结构如表 9.7 所示。

表 9.7 SHOPCART 表的结构

属性名称	说明	PK/FK
CART_ID	购物车 ID(自动生成)	PK
CART_PROD_ID	产品 ID,这是 PROD_ID 值的副本。SHOPCART 表可能会成为潜在的大业务量的表,表中会有很多添加和删除操作。出于性能原因,商家一般不想使得该表与 PRODUCT 表相关。处理顾客事务时,产品 ID 值将被自动复制到 ORDLINE 表	
CART_QTY	订购数量	

7. PMTTYPE 表

该表包含商家提供的不同支付选项。PMTTYPE 表的结构如表 9.8 所示。

表 9.8 PMTTYPE 表的结构

属性名称	说明	PK/FK
PMT_ID	支付类型 ID(自动生成)	PK
PMT_NAME	支付类型名称	
PMT_MCHNT_ID	商家 ID,由支付处理系统使用,当商家向信用卡公司注册时,这个 ID 被给予商家	
PMT_NOTE	额外的支付注解	

8. SHIPTYPE 表

该表包含商家提供的不同运输选项。SHIPTYPE 表的结构如表 9.9 所示。

表 9.9 SHIPTYPE 表的结构

属性名称	说明	PK/FK
SHIP_ID	运输类型 ID(自动生成)	PK
SHIP_NAME	运输类型名称	
SHIP_COST	每单位重量运输成本,取决于运输公司使用的计算公式	
SHIP_NOTES	额外的运输注解	

9. TAXRATE 表

该表包含不同国家使用的不同销售税率。通常,销售税率以运输地址为基础,有时销售税率也可依据顾客记账地址或信用卡记账地址而定。免税机构不收税。该表与 COUNTRY 表相关。TAXRATE 表的结构如表 9.10 所示。

表 9.10 TAXRATE 表的结构

属性名称	说明	PK/FK
CNTRY_ID	COUNTRY 表的国家 ID(必需的)	PK,FK
TAX_RATE	所应用的百分数销售税率(必需的)	
TAX_NOTES	额外注解(如税务收费原因等)	

10. COUNTRY 表

该表包含收税的每一个国家，与 TAXRATE 表相关。COUNTRY 表的结构如表 9.11 所示。

表 9.11　COUNTRY 表的结构

属性名称	说明	PK/FK
CNTRY_ID	国家 ID(自动生成)	PK
CNTRY_NAME	国家名称(必需的)	

11. PROMOTION 表

该表包含优惠购货券或销售折扣等特殊促销活动信息，包含每一次销售或商家提供的促销活动记录。所有促销活动都有一个开始和截止时间。一些促销可能适用于一个产品系列或适用于一种特殊产品，一些促销可能提供折扣百分比，而另一些则有具体面额，如优惠购物券。商家可以以很多方式来标识不同的促销活动。PROMOTION 表的结构如表 9.12 所示。

表 9.12　PROMOTION 表的结构

属性名称	说明	PK/FK
PROMO_ID	促销 ID(自动生成)	PK
PROMO_NAME	促销名称，如新年大促销、优惠购物券	
PROMO_DATE	提出促销活动的日期	
PROMO_BEGDATE	促销活动开始日期	
PROMO_ENDDATE	促销活动结束日期	
PTYPE_ID	产品类型 ID(非强制性)	FK
PROD_ID	促销影响的产品(非强制性)	FK
PROMO_MINQTY	促销供应的最小购买量(非强制性)	
PROMO_MAXQTY	促销供应的最大购买量	
PROMO_MINPUR	促销要求的最小总采购成本(非强制性)	
PROMO_PCTDISC	促销的折扣百分比(非强制性)	
PROMO_DOLLAR	促销的总金额(非强制性)	
PROMO_CEILING	促销的最高数值(非强制性)	

12. PRICEWATCH 表

很多电子商务 Web 站点提供“价格查看”服务。当产品价格低于或等于顾客预期的价格时，系统将以电子邮件或其他方式通知顾客。PRICEWATCH 表就是用来实现这种功能的。该表的变种还可以用于反报价。PRICEWATCH 表的结构如表 9.13 所示。

表 9.13　PRICEWATCH 表的结构

属性名称	说明	PK/FK
PW_ID	价格查看 ID(自动生成)	PK
PW_DATE	将行插入表中时的日期时间	
CUST_ID	顾客 ID(非强制性)	

续表

属性名称	说明	PK/FK
PW_CUST_NAME	顾客名称(必需的),人工输入或自动从 CUSTOMER 表中复制	
PW_CUST_MAIL	顾客电子邮件地址或其他联系方式(必需的)	
PW_ENDDATE	价格查看截止日期(非强制性),如果顾客需要,就输入此日期	
PROD_ID	需要查看价格的产品(必需的)	FK
PW_LOWPRICE	顾客想要被通知的价格,如果产品价格等于或小于这个值,系统将以发送电子邮件或其他方式通知顾客	

13. PRODPRICE 表

PRODPRICE 表用来管理多级别定价。一些电子商务 Web 站点会依据顾客订购产品的数量提供几种不同价格。例如,如果顾客购买 1～5(包括 5)双鞋,每双鞋的价格可能是 110 元,如果购买 6 双或更多,每双鞋的价格就可能降到 100 元。某产品如果使用多级别定价,就不使用 PRODUCT 表中的 PROD_PRICE。PRODPRICE 表的结构如表 9.14 所示。

表 9.14 PRODPRICE 表的结构

属性名称	说明	PK/FK
PROD_ID	PRODUCT 表中的产品 ID	PK,FK
PROD_QTYFROM	某范围内的产品购买数量起点(必需的,如 1 或 6 等)	PK
PROD_QTYTO	某范围内的产品购买数量终点(必需的,如 5 或 10 等)	PK
PROD_PRICE	某数量范围内的价格(必需的)	

9.3 本章小结

电子商务数据库的具体架构及其结构会因应用环境和功能要求不同而不同。本章简单介绍了电子商务数据库的分类,并具体阐述了电子商务基础数据库及其表结构,同时,对其设计要点进行了简要评述。

9.4 本章习题

1. 电子商务数据库分哪三类?它们的主要功能分别是什么?
2. 设计电子商务基础数据库时主要考虑哪些因素?
3. 试简述电子商务基础数据库与商务活动的关系。

9.5 本章参考文献

陈佳,谷锐,徐斌,2019.信息系统开发方法教程[M].5版.北京:清华大学出版社.

李锡辉,王樱,赵莉,2018.SQL Server 2016数据库案例教程[M].2版.北京:清华大学出版社.

史令,王占全,2018.数据库技术与应用教程[M].北京:清华大学出版社.

杨晓红,等,2020.Access数据库技术与应用[M].北京:清华大学出版社.

第 10 章

电子商务数据库应用实例

前面几章已经介绍了如何在数据库软件中创建数据库、表、索引、查询等内容，并介绍了各种数据库工具的使用。学习这些数据库对象的主要目的是开发和使用数据库应用系统。本章通过介绍一些应用实例来综合前面介绍的各种知识，有助于大家加深对各种数据库的认识和理解，并逐步对各部分的知识融会贯通。

本章主要内容：

1. 电子商务数据库的选择和设计准则；
2. 实例一：网上书店；
3. 实例二：某学校网上物资查询系统；
4. 实例三：小型企业基于 Web 的 ERP 系统；
5. 实例四：Android 移动商务点餐系统。

10.1 电子商务数据库的选择和设计准则

10.1.1 电子商务数据库的选择

1. 电子商务的运作过程

（1）交易前。

交易前，交易双方通过网络发布或查看商品信息、服务信息和采购信息等，寻找商务机会。

（2）交易中。

交易中，交易双方通过网络进行合同的签约和在线支付，以电子数据交换和电子支付方式进行。

（3）交易后。

交易后要进行商品交付，商家根据不同商品类型，通过传统的方式或电子数字方式向客户交付商品或服务。

2. 电子商务的范围

（1）货物贸易。

货物贸易包括网上商品的展示、查询、订购、在线支付、在线数字认证等。

(2) 服务贸易。

服务贸易包括网上服务项目的传输、资金的电子运作、在线股票交易、在线拍卖,以及在线的其他各种服务项目。

我们现在讲的电子商务主要是互联网上的交易,实际上也包括以内联网、外联网、广域网、局域网为平台的商务行为。

3. 电子商务数据库的选择

电子商务往往通过Web程序来实现其交易运作。目前,Web程序设计中最复杂的就是Web数据库的设计,其中涉及以下几个方面的问题。

(1) 最基本的HTML设计。

(2) CGI程序的编写和调试。

(3) 网络管理和客户协调。

(4) 数据库程序的编写。

(5) 客户/服务体系程序的编写。

例如,Oracle、Sybase、Microsoft SQL Server、Informix、MySQL等,这些程序能够为数据库的处理提供非常好的结构。一方面,它们将数据存储在表格中,表格的域可以包含许多种结构不同的数据类型,如整数、字符串、货币、日期和大型二进制对象等。另一方面,它们提供了管理表格的机制。表格和管理机制通过复杂的用户/口令/域保卫机制,保证数据的安全性。用户可以使用功能强大而且相对容易使用的语言(如SQL)与数据交流;而且,用户可以在存储后建立SQL声明,这样即使用户不懂这种语言也可以使用数据库。

从一般情况来看,使用Web数据库往往是要解决数据的归纳、索引和维护等问题。我们一般选择最流行的关系数据库,如SQL Server、Access,Sybase、MySQL等。当然,Oracle、Informix等也都是很流行的关系数据库。SQL给数据管理提供了一个标准而坚实的接口。数据量不大的中小型数据库一般使用SQL Server或MySQL。

10.1.2　电子商务数据库的设计准则

好的数据库产品需要好的设计,如果不能设计合理的数据库模型,则不仅会增加客户端和服务器端程序的编程和维护难度,而且会影响系统实际运行的性能。一般来讲,在一个数据库处于系统分析、设计、测试和试运行阶段时,因为数据量较小,设计人员和测试人员往往只注意到功能能否实现,而很难注意到性能的薄弱之处,等到系统运行一段时间后,才发现系统的性能在降低,这时再来考虑提高系统性能则要花费更多的人力和物力。所以,在进行数据库设计时需要遵循以下一些准则。

1. 命名的规范

不同的数据库产品对对象的命名有不同的要求。一般来说,数据库中各种对象的命名都应采用大小写敏感的形式,各种对象命名长度不宜超过30个字符,这样便于应用系统适应不同的数据库。

2. 索引的使用原则

创建索引一般有以下两个目的:一是维护被索引列的唯一性,二是提供快速访问表中数据的策略。大型数据库有两种索引，即聚簇索引和非聚簇索引。一个没有聚簇索引的表是按堆结构存储数据的，所有的数据均添加在表的尾部；而建立了聚簇索引的表，其数据在物理上会按照聚簇索引键的顺序存储。一个表只允许有一个聚簇索引。根据树结构，添加任何一种索引，均能提高按索引列查询的速度，但会降低插入、更新、删除操作的效率，尤其是当填充因子较大时。所以，若需要对索引较多的表进行频繁的插入、修改、删除操作，则建表和索引时应设置较小的填充因子，以便在各数据页中留下较多的自由空间，减少页分割及重新组织的工作。

3. 数据的一致性和完整性

为了保证数据的一致性和完整性，设计人员往往会设计较多的表间关联，尽可能地降低数据的冗余。表间关联是一种强制性措施，建立后，用户对父表和子表的插入、修改、删除操作均要占用系统资源。另外，最好不要用 Identify 属性字段作为主键与子表关联。如果数据冗余低，数据的完整性容易得到保证，但增加了表间关联查询的操作。因此，为了提高系统的响应速度，合理的数据冗余也是允许的。使用规则和约束来防止系统操作人员因误输入造成的数据错误，是设计人员的另一种常用手段。但是，不必要的规则和约束也会占用系统资源。需要说明的是，约束对数据的有效性验证要比规则快。设计人员在设计阶段应根据系统操作的类型和频度对上述事项加以均衡考虑。

4. 事务的使用

事务是指一次性完成的一组操作。虽然这些操作是单个的操作，但 SQL Server 能够保证这组操作要么全部都完成，要么一点都不做。SQL Server 为每个独立的 SQL 语句都提供了隐含的事务控制，使得每个 DML 的数据操作都能得以完整提交或回滚。此外，SQL Server 还提供了以下显式事务控制语句：

BEGIN TRANSACTION——开始一个事务；

COMMIT TRANSACTION——提交一个事务；

ROLLBACK TRANSACTION——回滚一个事务。

事务可以嵌套，用户可以通过全局变量@@trancount 检索到连接的事务处理嵌套层次。注意，容易使编程人员犯错误的是，每个显式事务或隐含的事务，在开始时都使得该变量加 1，每个事务的提交都使得该变量减 1，每个事务的回滚都使得该变量置 0，而只有当该变量为 0 时的事务提交(最后一个语句提交时)才能把物理数据写入磁盘。

5. 数据库性能调整

在计算机硬件配置和网络设计确定的情况下，影响应用系统性能的因素不外乎数据库性能和客户端程序设计。大多数数据库设计员采用两步法进行数据库设计：首先进行逻辑设计，而后进行物理设计。数据库逻辑设计去除了所有冗余数据，提高了数据吞吐速度，保证了数据的完整性，清楚地表达了数据元素之间的关系。但多表之间的关联查询(尤其是大数据表)的性能将会降低，同时也增加了客户端程序的编程难度。因此，物理设计时需折中考虑，应根据业务规则，确定关联表的数据量大小、数据项的访问频率，对需要进行频繁的关联查询的表应适当提高数据冗余设计。

6. 数据类型的选择

数据类型的合理选择对于数据库的性能和操作具有很大的影响。一般而言，Identify 字段不宜作为表的主键与其他表关联，因为这将会影响表的数据迁移。Text 和 Image 字段属指针型数据，主要用来存放二进制大型对象，这类数据的操作比其他数据类型慢，因此要避开使用。日期型字段的优点是有众多日期函数的支持，可使日期的大小比较、加减操作变得非常简单；缺点是在按照日期作为条件进行查询时要使用函数，与其他数据类型相比速度就慢了许多，因为用函数作为查询的条件时，服务器无法用先进的性能策略来优化查询。

10.2 实例一：网上书店

10.2.1 模型

利用网上书店，顾客可以通过网络浏览和订购书店的书籍，书店的工作人员在内部网中可以完成书籍的采购、销售以及财务管理等工作。网上书店的内部网结构如图 10.1 所示。

网上书店
采购书籍
送书
打印某段时间的账目
退出

图 10.1 网上书店的内部网结构

网上书店的数据流如图 10.2 所示。

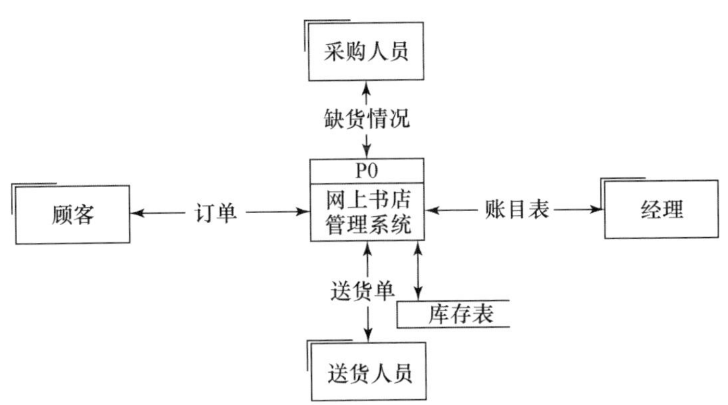

图 10.2 网上书店的数据流

为了实现现有书目、十大畅销书排行榜、未处理的订单、正在送货的订单、送货单、缺货情况、每月收支等查询功能，网上书店数据库建立了以下四个表。

(1) 用户表：包括用户名、地址、邮政编码、电话、真实姓名、信用卡号(网上银行交付)、用户级别。一般而言，不同的用户享受不同的优惠率。

(2) 订单表：包括订单号、用户名、图书编号、订购数量、价格、价格合计、优惠率、订单日期、订单状态、付款方式。

(3) 库存表：包括书目编号、分类、子分类、图书名称、作者、出版社、介绍、卖出价格、成本、图书库存数量(每卖出一本,本字段值减 1)。

(4) 账目表：包括账目编号、日期、项目、经手人及金额。

10.2.2 数据库表的创建

1. 用户表的创建

```
CREATE TABLE dbo. sc_user (
    username varchar (20) NOT NULL,
    address varchar (100) NULL,
    postcode varchar (6) NULL,
    telephone varchar (20) NULL,
    truename varchar (20) NULL,
    credit_card varchar (50) NULL,
    user_level varchar (6) NULL
)
```

2. 订单表的创建

```
CREATE TABLE dbo. sc_order (
    id int IDENTITY (1,1),
    username varchar (20) NULL,
    bookid varchar (10) NULL,
    book_numbers int NULL,
    price decimal(18,2) NULL,
    require_pay decimal(18,2) NULL,
    favourable decimal(18,2) NULL,
    order_date datetime NULL,
    order_state varchar (8) NULL,
    pay_style varchar (8) NULL
)
```

3. 库存表的创建

```
CREATE TABLE dbo. sc_bookstore (
    bookid varchar (10) NULL,
    book_page varchar (20) NULL,
    book_subpage varchar (20) NULL,
    book_name varchar (50) NULL,
    author varchar (50) NULL,
    publishs varchar (50) NULL,
    introduce varchar (100) NULL,
    price decimal(18,2) NULL,
    cost decimal(18,0) NULL,
```

```
    book_number decimal(18,0) NULL
)
```

4. 账目表的创建

```
CREATE TABLE dbo.sc_account(
    account_no int indentity(1,1),
    account_date datetime,
    project char(30) not null,
    person_handle char(10)not null,
    money account money
)
```

10.2.3　查询

(1) 现有书目查询：检索出书库中不缺货的书籍情况(如图 10.3 所示)。此查询的使用者是顾客。

```
SELECT * FROM sc_bookstore WHERE book_number>0
```

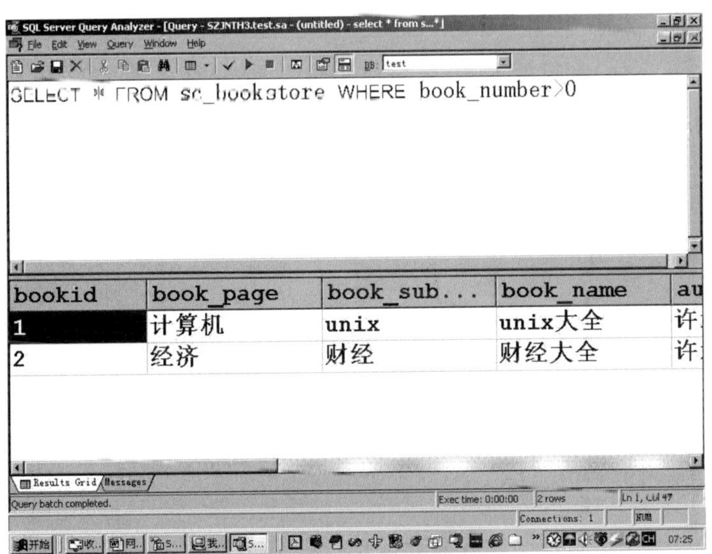

图 10.3　现有书目查询

(2) 十大畅销书排行榜：检索出销量最好的十本书(如图 10.4 所示)。此查询的使用者是顾客。

```
SELECT top 10 bookid,count(book_numbers) as number
FROM sc_order WHERE order_state = 'over' /* 订单的状态,over 表示已卖出 */
GROUP BY bookid /* 按书目编组 */
```

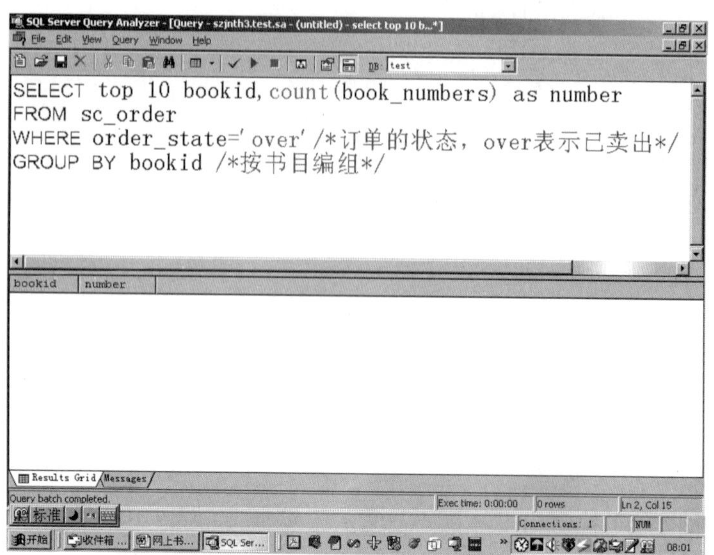

图 10.4　十大畅销书排行榜查询

(3) 未处理的订单：检索出顾客订购后仍未处理的订单(如图 10.5 所示)。此查询的使用者是送货人员。

```
SELECT * FROM sc_order WHERE order_state = 'wait'
```

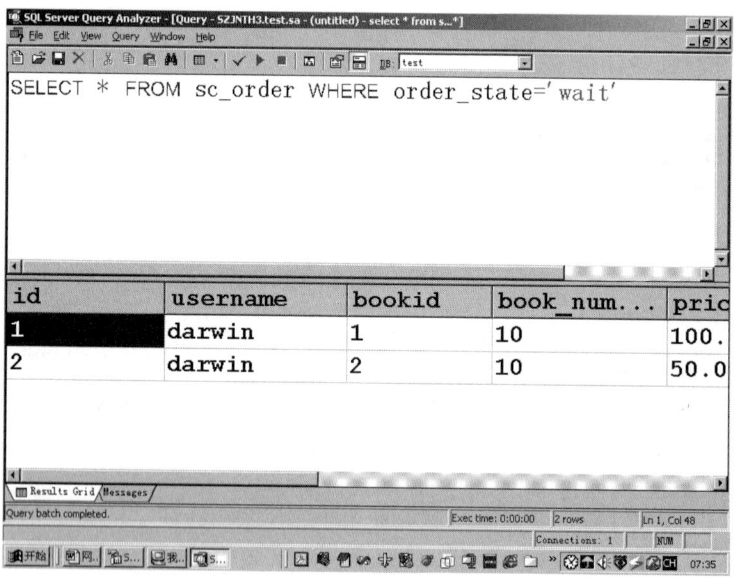

图 10.5　未处理的订单查询

(4) 正在送货的订单：检索出正在送货但仍未完成的订单(如图 10.6 所示)。此查询的使用者是送货人员。

```
SELECT * FROM sc_order WHERE order_state = 'send'
```

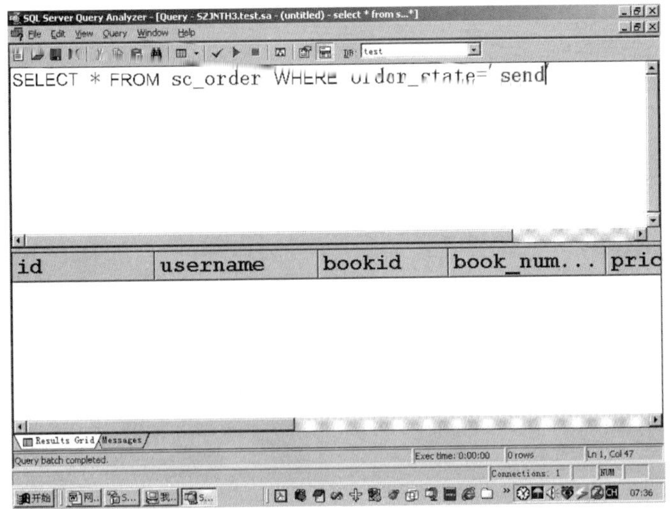

图 10.6　正在送货的订单查询

(5) 送货单：检索出需要打印送货单的订单。此查询的使用者是送货人员。

```
SELECT * FROM sc_order WHERE order_state - 'No'
```

(6) 缺货情况：检索出书库中缺货的书籍情况(如图 10.7 所示)。此查询的使用者是送货人员和采购人员。

```
SELECT * FROM sc_bookstore WHERE book_number< = 0
```

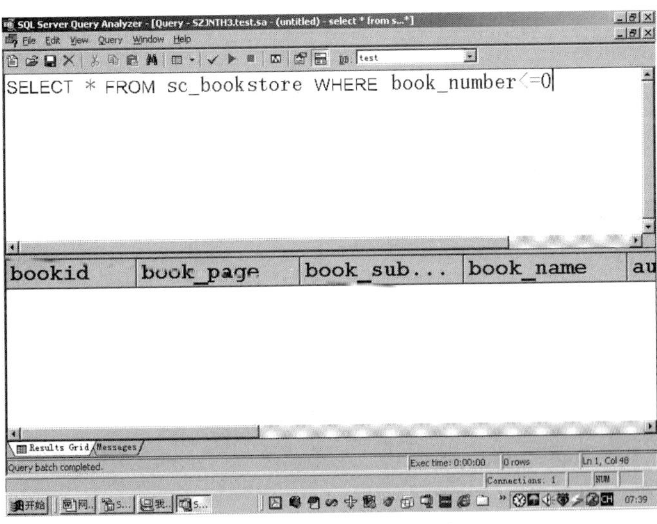

图 10.7　缺货情况查询

(7) 某月收支：按月份统计收支情况，如统计出 2020 年 9 月的收支情况(如图 10.8 所示)。此查询的使用者是经理。

```
SELECT a.cost,b.price * b.favourable as price
FROM sc_bookstore a,sc_order b
```

```
WHERE   a.bookid = b.bookid and
        b.order_state = 'over' and
        datepart (month,b.order_date) = 9 and/ * 9 月 * /
        datepart (year,b.order_date) = 2020/ * 2020 年 * /
```

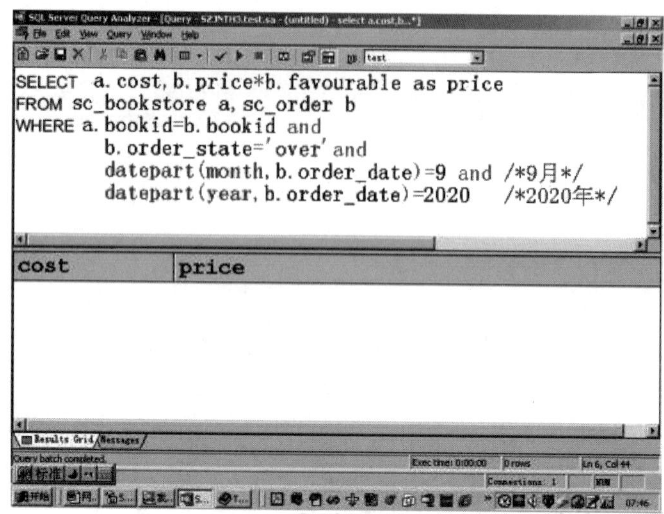

图 10.8　2020 年 9 月收支查询

(8) 按年份检索收支：这是一个参数查询，可以检索出某一年 12 个月的收支情况，如检索 2020 年的收支情况(如图 10.9 所示)。此查询的使用者是经理。

```
SELECT a.cost,b.price * b.favourable as price
FROM sc_bookstore a,sc_order b
WHERE   a.bookid = b.bookid and
        b.order_state = 'over' and
        datepart (year,b.order_date) = 2020/ * 2020 年 * /
```

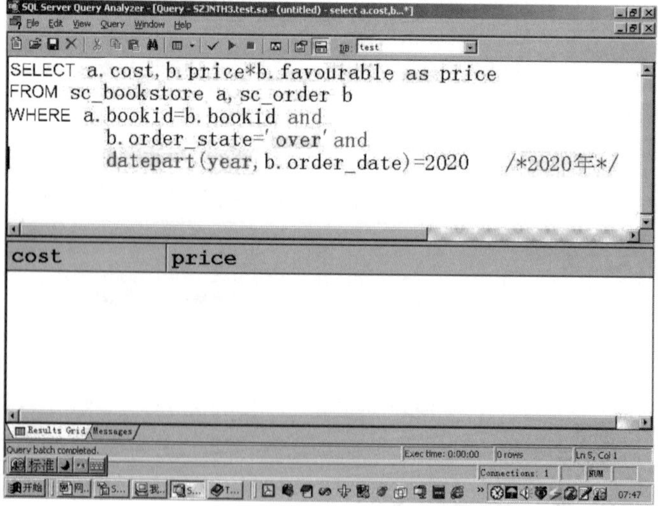

图 10.9　2020 年的收支查询

10.2.4 窗体

1. 主切换面板

主切换面板用于控制应用程序的流程。它的使用者是采购人员、送货人员和经理。

2. 书库管理

书库管理窗体用于将采购的书籍登记入库,并记入账目中。它的使用者是采购人员。

3. 送货

送货窗体用于从未处理的订单中选择出一部分进行送货。它的使用者是送货人员。

4. 订单入账

订单入账窗体用于将已经送货完毕的订单记入账目中。它的使用者是送货人员。

5. 缺货情况

缺货情况窗体用于显示缺货书籍的有关情况。它的使用者是采购人员和送货人员。

6. 按日期打印账单

按日期打印账单窗体用于选择并打印“账目”报表中某一天、某一月份或者某一年份的账单。它的使用者是经理。

10.2.5 报表

1. 缺货情况报表

缺货情况报表可用于显示并打印缺货情况。它的使用者是采购人员。

2. 送货单

送货单报表可用于显示并打印即将送货的订单。它的使用者是送货人员。

3. 账目

账目报表可用于显示并打印所有的账单。该报表如果与“按日期打印账单”窗体结合使用,可以支持打开“账目”报表并打印出某一天、某一月份或者某一年份的账单。它的使用者是经理。

10.2.6 页

全部数据访问页的使用者都是顾客。

1. 畅销书排行榜

顾客可以在该页浏览现有的十本最畅销的书籍。

2. 订购书

顾客可以在该页订购想要的书。

3. 现有书目一览

顾客可以在该页浏览书店中现有书籍的详细情况。

10.3 实例二：某学校网上物资查询系统

10.3.1 总体规划

某学校网上物资查询系统分两大部分：第一部分为浏览器/服务器结构，第二部分为应用程序服务器。

该系统的后台数据库为 SQL Server，Web 服务器为 IIS。

10.3.2 总体结构

某学校网上物资查询系统的总体结构如图 10.10 所示。

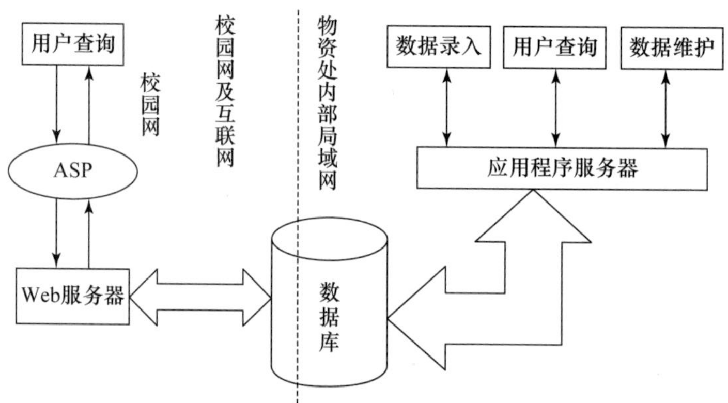

图 10.10 某学校网上物资查询系统的总体结构

图 10.10 的具体说明如下：

第一部分为校园网及互联网内的所有用户提供物资处有关信息的查询，根据用户的用户名和密码，系统将向用户提供有关物资及经费的信息。这部分使用的开发工具为 FrontPage、Visual InterDev。

第二部分为物资处内部局域网，负责重要数据的录入、查询和维护工作。

10.3.3 系统部分功能

根据用户不同，系统部分功能可以分成以下三类。

(1) 无须用户名及密码，普通用户皆可使用的功能。这部分功能主要包括库存查询，根据物品名、物品编号等条件查询物资的库存情况。

(2) 特定用户需要使用用户名和密码通过验证方可使用的功能。这部分功能主要包括科研经费查询、领料查询、科研账报销查询、自购查询等。

(3) 物资处人员需要使用有物资处账号才能使用的功能。这部分功能主要包括入库记账、入库修改、入库删除、自购记账、自购修改和账号管理。

10.3.4　网站结构

某学校网上物资查询系统的网站结构如图 10.11 所示。

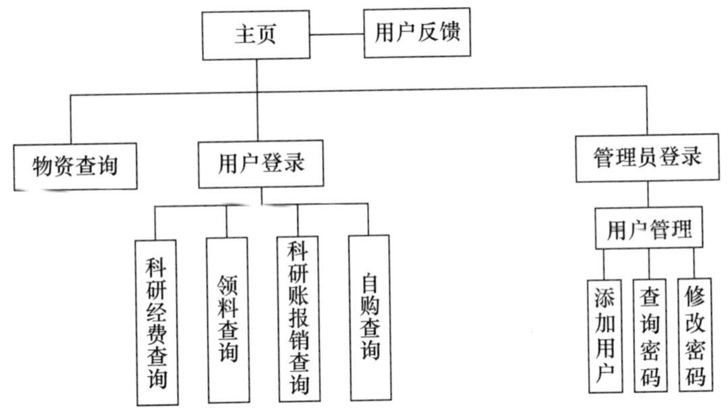

图 10.11　某学校网上物资查询系统的网站结构

下面以用户查询个人信息为例，介绍网站的实现过程。用户查询个人信息部分主要有以下四项功能。

(1) 用户更改密码；

(2) 科研经费查询；

(3) 领料记录查询；

(4) 自购记录查询。

用户查询个人信息部分的网站结构如图 10.12 所示。

第一页为登录页面(login. asp)。该页要求用户输入用户账号和密码。用户账号和密码交由 user. asp 验证，该页的 ASP 代码使用 ADO 访问 userpassword 表，如果正确，则出现查询界面。分别可查询科研经费、领料记录和自购记录。

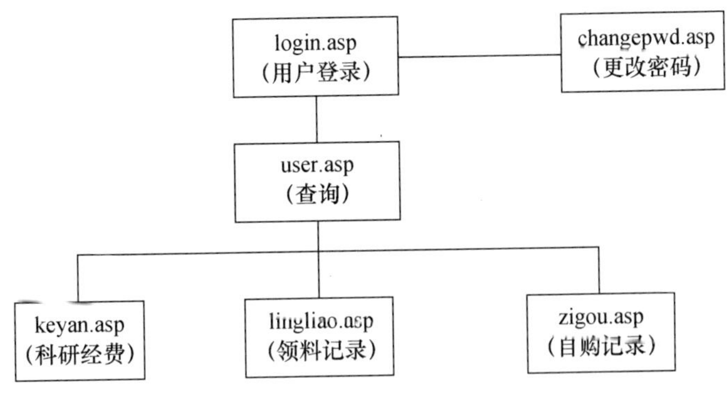

图 10.12　用户查询个人信息部分的网站结构

10.3.5 表结构

某学校网上物资查询系统中主要表及其结构如下。

(1) 用户明细表(yhmx)(其结构如表 10.1 所示)。

表 10.1 用户明细表结构

字段名	字段含义	数据类型	长度
usercode	用户序号	char	10
czrq	操作日期	datetime	8
jfnr	经费内容	char	10
jfe	经费额	money	
djbh	单据编号	char	10

(2) 物资库存表(wzkc)(其结构如表 10.2 所示)。

表 10.2 物资库存表结构

字段名	字段含义	数据类型	长度
rhh	货号	char	8
rpm	品名	char	20
rgg	规格	char	10
rdw	单位	char	4
rsqjy	期初数量	float	9
rsqjydj	期初单价	float	5
rsl	入库数量	float	9
rdj	入库单价	float	5
rkcl	库存数量	float	9

(3) 物资库存金额表(wzkce)(其结构如表 10.3 所示)。

表 10.3 物资库存金额表结构

字段名	字段含义	数据类型	长度
rhh	货号	char	8
rpm	品名	char	20
rgg	规格	char	10
rdw	单位	char	4
rsqjy	期初数量	float	9
rsqjydj	期初单价	float	5
rsl	入库数量	float	9
rdj	入库单价	float	5
rkcl	库存数量	float	9
rje	库存金额	float	9

(4) 物资领料表(wzll)(其结构如表10.4所示)。

表10.4　物资领料表结构

字段名	字段含义	数据类型	长度
lldjbh	领料登记簿号	char	7
lldw	领料单位	char	8
jfzckm	经费支出项目	char	8
llrq	领料日期	datetime	4
llhh	领料货号	char	8
llpm	领料品名	char	20
llgg	领料规格	char	10
llhdw	领料货物单位	char	4
llsl	领料货物实发数	float	5
lldj	领料货物单价	float	5
llje	领料货物金额	float	5
llsh	审核	char	8
llfl	发料	char	8
llll	领料	char	8
lljz	记账	char	8
lljfbz	领料经费备注	char	20
llxgbz	领料修改标志	bit	1

(5) 物资不入库表(wzbrk)(其结构如表10.5所示)。

表10.5　物资不入库表结构

字段名	字段含义	数据类型	长度
djbh	单据编号	char	7
jfkm	经费科目	char	8
bxsj	报销时间	smalldatetime	4
ghqy	供货企业	char	10
fph	发票号	char	8
ytry	用途内容	char	22
bxje	报销金额	float	9
bz	备注	char	10
bxdw	报销单位	char	10
bxr	报销人	char	8
jz	记账	bit	1
xg	修改	bit	1

(6) 物资经费账户表(wzjfzh)(其结构如表10.6所示)。

表10.6　物资经费账户表结构

字段名	字段含义	数据类型	长度
czrq	操作日期	datetime	4
jfnr	经费内容	char	8
jfe	经费额	money	8
djbh	单据编号	char	7

(7) 物资经费使用表(wzjf)(其结构如表 10.7 所示)。

表 10.7 物资经费使用表结构

字段名	字段含义	数据类型	长度
usercode	用户序号	char	10
catti	持卡人单位名称	char	10
chead1	姓名	char	10
ckind	资金类型	char	10
ccost	使用经费额	money	
usejf	经费结余	money	

(8) 物资系代码表(wzxdmk)(其结构如表 10.8 所示)。

表 10.8 物资系代码表结构

字段名	字段含义	数据类型	长度
xdh	系代号	char	2
xmc	系名称	char	20

(9) 物资盘盈亏表(wzpyxx)(其结构如表 10.9 所示)。

表 10.9 物资盘盈亏表结构

字段名	字段含义	数据类型	长度
pykdjbh	编号	char	6
pykrq	盘盈亏日期	datetime	
pykhh	盘盈亏货号	char	8
pykpm	盘盈亏品名	char	20
pykgg	盘盈亏规格	char	10
pykhdw	盘盈亏货物单位	char	4
pyksl	盘盈亏数量	float	5
pykdj	盘盈亏单价	money	
pykje	盘盈亏金额	float	9
pykbply	盘盈亏报批理由	char	20
pykbpr	盘盈亏报批人	char	8
pykscyj	盘盈亏审查意见	char	6
pykscr	盘盈亏审查人	char	8
pykjzbz	盘盈亏记账标志	bit	1

(10) 物资科研账表(wzkyz)(其结构如表 10.10 所示)。

表 10.10 物资科研账表结构

字段名	字段含义	数据类型	长度
djbh	单据编号	char	7
jfkm	经费科目	char	8
bxsj	报销时间	datetime	

续表

字段名	字段含义	数据类型	长度
ghqy	供货企业	char	10
fph	发票号	char	8
ytry	用途内容	char	22
bxje	报销金额	float	9
bz	备注	char	10
bxdw	报销单位	char	10
bxr	报销人	char	8
Jz	记账	bit	1
Xg	修改	bit	1

(11) 经费表(cost)(与表 wzjf 结构相同,是一个统计库,其结构如表 10.11 所示)。

表 10.11　经费表结构

字段名	字段含义	数据类型	长度
usercode	用户序号	char	10
catti	持卡人单位名称	char	10
chead1	姓名	char	10
ckind	资金类型	char	10
ccost	使用经费额	money	
balance	余额	money	

10.3.6　业务流程

1. 物资领料

用户持物资处发的物资领料本到各物资库领取物资,库房工作人员输入用户序号(调用表 wzjf),获得用户的信息。工作人员进行领料操作(调用表 wzll 和表 wzkc),结束后将领料信息存入表 wzll 和表 yhmx,并修改表 wzjf。

2. 物资入库

库房工作人员凭入库单完成入库操作(调用表 wzkc)。

3. 资金管理

(1) 开户:由财务工作人员输入用户的详细信息(调用表 wzjf),确认后操作。

(2) 销户:由财务工作人员输入用户的详细信息(调用表 wzjf),确认后操作。

(3) 转账:由财务工作人员输入用户的详细信息(调用表 wzjf),确认后操作。

4. 不入库

用户持物资处发的物资领料本和要报销的发票到财务工作人员处,财务工作人员输入物资经费本号码,然后完成不入库操作(调用表 wzbrk 和表 wzjf)。

科研报销:凭发票和科研经费卡到物资处会计处办理科研报销(注意:不与物资和物资经费账发生关系,只是做统计用)。

5. 物资报废

由财务工作人员根据报废单进行报废操作。

6. 物资盘盈

由财务工作人员根据盘库单进行盘盈操作。

7. 物质盘亏

由财务工作人员根据盘库单进行盘亏操作。

10.3.7 查询

数据库使用者可以通过 Enterprise Manager 对数据库中的数据进行查询。例如，查询 cost 表中“持卡人单位名称”为“化工系化工”的所有项(如图 10.13 所示)，相应 SQL 语句如下：

```
SELECT * FROM cost WHERE catti='化工系化工'
```

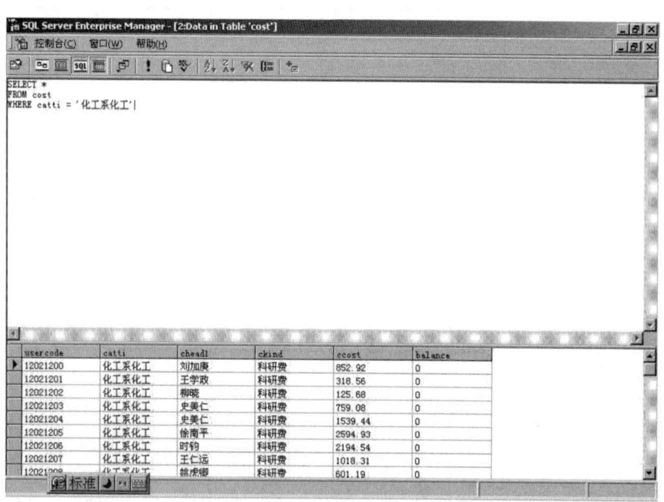

图 10.13 查询 cost 表中“持卡人单位名称”为“化工系化工”的所有项

10.4 实例三：小型企业基于 Web 的 ERP 系统

10.4.1 系统概况

小型企业基于 Web 的 ERP 系统的用户是企业内部员工。每个部门的员工对其项目进展要进行汇报，对每周的工作要做计划和总结；部门经理可以查看本部门负责的项目的实施进展情况，要对下一步工作做出安排；公司总经理可以查看所有部门的项目进展情况以及每个员工的工作计划。用户在系统的登录界面输入正确的 ID 和密码后，系统会根据用户所在的部门和用户的职务，给出符合其身份的界面。该系统的工作流程如图 10.14 所示。

10.4.2 项目管理流程

在本例中，个人信息、留言信息、每周工作计划等流程都非常简单，这些信息都由职能部

门或个人填写，存入数据库后很少改动。本系统中主要的环节是项目管理，具体的项目管理流程如图 10.15 所示。

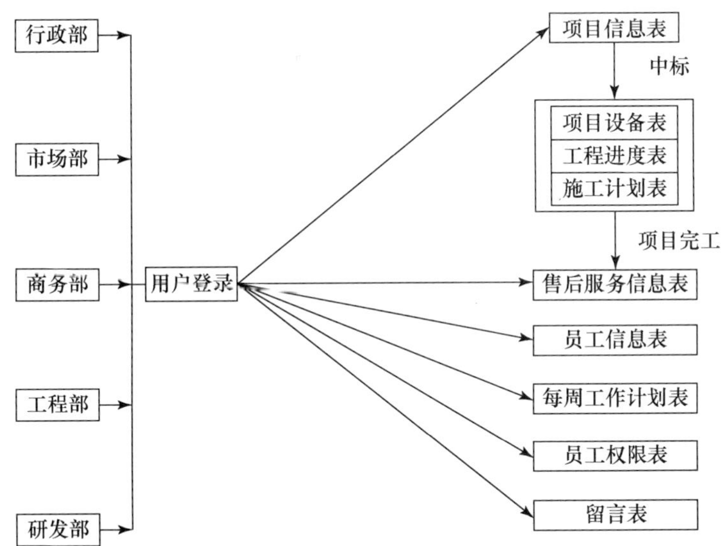

图 10.14 小型企业基于 Web 的 ERP 系统的工作流程

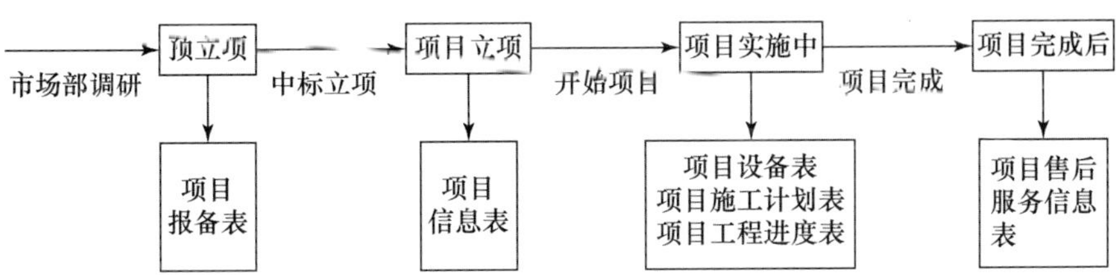

图 10.15 小型企业基于 Web 的 ERP 系统的项目管理流程

10.4.3 表结构设计

本系统中主要表的结构设计如下。

1. 员工信息表

员工信息表用于记录员工的基本信息，其结构如表 10.12 所示。

表 10.12 员工信息表的结构

字段名	字段含义	数据类型	长度
user_id	员工 ID(系统自动生成，是员工的唯一标识)	int	
user_name	员工姓名	char	16
user_nick	登录名	char	16
user_passwd	登录密码	char	12
user_department	所在部门 ID 号	int	2
user_rank	职务 ID 号	int	2
user_sex	性别	char	2

续表

字段名	字段含义	数据类型	长度
user_social_id	身份证号	char	18
user_birth	生日	datetime	
user_join	加入公司日期	datetime	
user_phone	联系电话	char	18
user_email	E_mail 地址	char	30
user_address	联系地址	char	100
user_hit	员工登录系统的总次数	int	

2. 员工权限表

员工权限表用于管理员工操作权限，其结构如表 10.13 所示。

表 10.13 员工权限表的结构

字段名	字段含义	数据类型	数据字段长度
user_id	员工 ID	int	
departmentdb	对部门表的管理权限代号	int	
equipmentdb	对项目设备表的管理权限代号	int	
evectiondb	对出差表的管理权限代号	int	
evolvedb	对项目工程进度表的管理权限代号	int	
plandb	对项目施工计划表的管理权限代号	int	
messagedb	对留言表的管理权限代号	int	
jobplandb	对每周计划及总结表的管理权限代号	int	
preprojectdb	对项目报备表的管理权限代号	int	
projectdb	对项目信息表的管理权限代号	int	
rankdb	对职务表的管理权限代号	int	
servedb	对项目售后服务表的管理权限代号	int	
supplymandb	对设备供应商信息表的管理权限代号	int	
userdb	对用户信息表的管理权限代号	int	
powerdb	对员工权限表的管理权限代号	int	
power_id	员工权限表 ID(系统自动生成)	int	

3. 项目报备表

项目报备表用于记录项目报备情况，其结构如表 10.14 所示。

表 10.14 项目报备表的结构

字段名	字段含义	数据类型	数据字段长度
project_id	报备项目 ID(系统自动生成)	int	
project_name	报备项目名称	char	80
regist_time	表格填写日期	datetime	
regist_man	表格填写人	char	16
president_name	总管姓名	char	16

续表

字段名	字段含义	数据类型	数据字段长度
president_phone	总管联系电话	char	18
vicepresident_name	副总管姓名	char	16
vicepresident_phone	副总管联系电话	char	18
project_master	项目负责人姓名	char	16
project_master_phone	项目负责人联系电话	char	18
project_actuality	项目状况	text	
project_need	项目需求	text	
project_starttime	预计项目实施时间	datetime	
project_fund	预计项目资金	int	10
project_analyse	项目分析	text	
manage_comment	部门经理审批意见	text	
project_status	报备项目是否立项	tinyint	1

4. 项目信息表

项目信息表用于记录项目的基本信息，其结构如表 10.15 所示。

表 10.15 项目信息表的结构

字段名	字段含义	数据类型	数据字段长度
project_id	项目 ID(系统自动生成)	int	
project_name	项目名称	char	80
project_number	项目编号	char	18
project_starttime	项目开始日期	datetime	
project_checktime	项目验收日期	datetime	
project_linkman	项目联系人	char	16
project_linkman_phone	联系人电话	char	18
project_abstract	项目摘要	text	
project_totalcost	合同总经费	int	
project_realcost	实际合同经费	int	
project_sale_principal	销售部项目负责人 ID	int	
project_engineer_principal	工程部项目负责人 ID	int	
project_commerce_principal	商务部项目负责人 ID	int	
project_content	项目施工内容	text	
project_status	项目进展状态	tinyint	

5. 项目施工计划表

项目施工计划表用于记录项目施工安排信息，其结构如表 10.16 所示。

表 10.16 项目施工计划表的结构

字段名	字段含义	数据类型	数据字段长度
project_number	项目工程名称	char	18
plan_abstract	施工计划简介	text	
plan_starttime	施工开始时间	datetime	
plan_period	施工预计天数	char	6
plan_content	施工内容	text	
plan_registman	填表人	char	16
plan_id	项目施工计划表 ID(系统自动生成)	int	

6. 项目工程进度表

项目工程进度表用于记录项目工程进度信息,其结构如表 10.17 所示。

表 10.17 项目工程进度表的结构

字段名	字段含义	数据类型	数据字段长度
project_number	项目工程名称	char	18
evolve_date	项目工程进度表填写日期	datetime	
evolve_content	项目工程进度表填写内容	text	
evolve_summarize	每日小结	text	
evolve_registman	项目工程进度表填写人	char	16
evolve_id	项目工程进度 ID(系统自动生成)	int	8

7. 项目售后服务表

项目售后服务表用于记录项目售后服务方面的详细信息,其结构如表 10.18 所示。

表 10.18 项目售后服务表的结构

字段名	字段含义	数据类型	数据字段长度
report_client	客户名称	char	80
report_linkman	联系人	char	16
report_linkman_phone	联系人电话	char	18
report_email	联系人 E-mail	char	30
report_address	客户地址	char	100
report_postcode	邮编	char	8
report_date	报修日期	datetime	
service_date	服务日期	datetime	
report_mode	报修方式	char	12
reception_man	接待人	char	16
failure_phenomena	故障现象	text	
service_record	服务记录	text	
service_man	服务人员	char	16
service_feedback	服务反馈信息	text	
service_feedback_man	反馈客户名称	char	16

续表

字段名	字段含义	数据类型	数据字段长度
phone_feedback	电话反馈信息	text	
manage_comment	主管意见	text	
manage_name	主管姓名	char	16
service_status	售后服务状态(是否解决故障)	tinyint	
service_id	项目售后服务表 ID(系统自动生成)	int	

8. 员工每周工作计划表

员工每周工作计划表用于记录员工每周工作计划的基本情况,其结构如表 10.19 所示。

表 10.19 员工每周工作计划表的结构

字段名	字段含义	数据类型	数据字段长度
job_emp_name	填表员工的姓名	char	16
job_date	填表日期	datetime	
job_mon1	周一上午工作记录	text	
job_mon2	周一下午工作记录	text	
job_tue1	周二上午工作记录	text	
job_tue2	周二下午工作记录	text	
job_wed1	周三上午工作记录	text	
job_wed2	周三下午工作记录	text	
job_thu1	周四上午工作记录	text	
job_thu2	周四下午工作记录	text	
job_fri1	周五上午工作记录	text	
job_fri2	周五下午工作记录	text	
job_sat1	周六上午工作记录	text	
job_sat2	周六下午工作记录	text	
job_sun1	周日上午工作记录	text	
job_sun2	周日下午工作记录	text	
job_finished	本周已完成工作	text	
job_unfinished	本周未完成工作	text	
job_issue	本周工作问题点	text	
job_solution	本周工作问题点解决方法	text	
job_summarize	本周工作总结	text	
job_nextweek	下周工作计划	text	
job_memo	备注	text	
job_status	表格是否填写好	tinyint	
job_id	工作计划表 ID(系统自动生成)	int	

10.4.4 表的创建

本系统使用的表较多,这里介绍一下主要几个表的创建语句。

1. 员工信息表

```
CREATE TABLE userdb (
    user_name char(16),
    user_nick char(16),
    user_passwd char(12),
    user_department int(2),
    user_rank int(2),
    user_sex char(2),
    user_social_id char(18),
    user_birth datetime,
    user_join datetime,
    user_phone char(18),
    user_email char(30),
    user_address char(100),
    user_hit int DEFAULT 0,
    user_id int DEFAULT 0 NOT NULL auto_increment,
    PRIMARY KEY (user_id))
```

2. 部门表

```
CREATE TABLE departmentdb (
    department_name   char(16),
    department_id int DEFAULT 0 NOT NULL auto_increment,
    PRIMARY KEY (department_id))
```

3. 员工权限表

```
CREATE TABLE powerdb (
    user_id int DEFAULT 0 NOT NULL,
    departmentdb int DEFAULT 0 NOT NULL,
    equipmentdb int DEFAULT 0 NOT NULL,
    evectiondb int DEFAULT 0 NOT NULL,
    evolvedb int DEFAULT 0 NOT NULL,
    jobplandb int DEFAULT 0 NOT NULL,
    messagedb int DEFAULT 0 NOT NULL,
    plandb int DEFAULT 0 NOT NULL,
    preprojectdb int DEFAULT 0 NOT NULL,
    projectdb int DEFAULT 0 NOT NULL,
    rankdb int DEFAULT 0 NOT NULL,
    servedb int DEFAULT 0 NOT NULL,
    supplymandb int DEFAULT 0 NOT NULL,
    userdb int DEFAULT 0 NOT NULL,
    powerdb int DEFAULT 0,
    power_id int DEFAULT 0 NOT NULL auto_increment,
    PRIMARY KEY (power_id))
```

4. 项目报备表

```
CREATE TABLE preprojectdb (
    project_name char(80),
    regist_time datetime,
    regist_man char(16),
    president_name char(16),
    president_phone char(18),
    vicepresident_name char(16),
    vicepresident_phone char(18),
    project_master char(16),
    project_master_phone char(18),
    project_actuality text,
    project_need text,
    project_starttime datetime,
    project_fund int(10),
    project_analyse text,
    manage_comment text,
    project_status tinyint(1) DEFAULT 0,
    project_id int DEFAULT 0 NOT NULL auto_increment,
    PRIMARY KEY (project_id))
```

5. 项目信息表

```
CREATE TABLE projectdb (
    project_name char(80),
    project_number char(18),
    project_starttime datetime,
    project_checktime datetime,
    project_linkman char(16),
    project_linkman_phone char(18),
    project_abstract text,
    project_totalcost int,
    project_realcost int,
    project_sale_principal int,
    project_engineer_principal int,
    project_commerce_principal int,
    project_content text,
    project_status tinyint DEFAULT 0,
    project_id int DEFAULT 0 NOT NULL auto_increment,
    PRIMARY KEY (project_id))
```

6. 项目施工计划表

```
CREATE TABLE plandb (
    project_number char(18),
    plan_abstract text,
```

```
    plan_starttime datetime,
    plan_period char(6),
    plan_content text,
    plan_registman char(16),
    plan_id int DEFAULT 0 NOT NULL auto_increment,
    PRIMARY KEY (plan_id))
```

7. 项目工程进度表

```
CREATE TABLE evolvedb (
    project_number char(18),
    evolve_date datetime,evolve_content text,
    evolve_summarize text,
    evolve_registman char(16),
    evolve_id int(8) DEFAULT 0 NOT NULL auto_increment,
    PRIMARY KEY (evolve_id))
```

8. 项目售后服务表

```
CREATE TABLE  servedb (
    report_client char(80),
    report_linkman char(16),
    report_linkman_phone char(18),
    report_email char(30),
    report_address char(100),
    report_postcode char(8),
    report_date datetime,
    service_date datetime,
    report_mode char(12),
    reception_man char(16),
    failure_phenomena text,
    service_record text,
    service_man char(16),
    service_feedback text,
    service_feedback_man char(16),
    phone_feedback text,
    manage_comment text,
    manage_name char(16),
    service_status tinyint DEFAULT 0,
    service_id int DEFAULT 0 NOT NULL auto_increment,
    PRIMARY KEY (service_id))
```

9. 员工每周工作计划表

```
CREATE TABLE jobplandb (
    job_emp_name char(16),
    job_date datetime,
```

```
    job_mon1 text,
    job_mon2 text,
    job_tue1 text,
    job_tue2 text,
    job_wed1 text,
    job_wed2 text,
    job_thu1 text,
    job_thu2 text,
    job_fri1 text,
    job_fri2 text,
    job_sat1 text,
    job_sat2 text,
    job_sun1 text,
    job_sun2 text,
    job_finished text,
    job_unfinished text,
    job_issue text,
    job_solution text,
    job_summarize text,
    job_nextweek text,
    job_memo text,
    job_status tinyint DEFAULT 0,
    job_id int DEFAULT 0 NOT NULL auto_increment,
    PRIMARY KEY (job_id))
```

10. 留言表

```
CREATE TABLE messagedb (
    message_title char(50)  NOT NULL,
    message_user_name char(16)  NOT NULL,
    message_user email char(30),
    message_datetime timestamp(14),
    message_content char(255),
    message_id int DEFAULT 0 NOT NULL auto_increment,
    message_if_delete tinyint(1) DEFAULT 0,
    PRIMARY KEY (message_id))
```

10.4.5 窗体

本系统的主窗体为 IE 浏览器,其主窗体视图如图 10.16 所示。

不同员工登录系统后界面内容不同,但是窗体形式是相同的。窗体左侧是系统具有的各种功能选项,窗体右侧是进行查询、显示表格内容、填写工作计划、汇报项目进程等的主界面。单击左边的功能选项,窗体右侧就会出现该功能的执行内容。

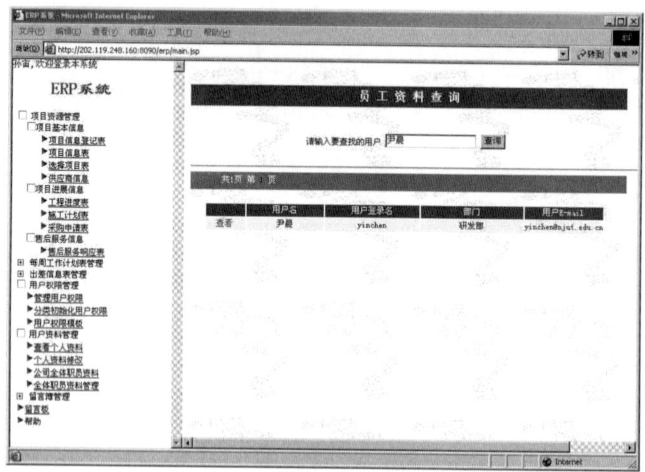

图 10.16　系统主窗体

10.4.6　查询

查询的主要使用对象是管理人员，如部门经理、总经理。

1. 项目查询

在数据库中具有很多项目记录的情况下，项目查询用于了解某个具体项目的信息。此查询的使用者是总经理。例如，在项目信息表中查询项目名称中包含“材料”的所有项目，相应 SQL 语句如下，查询结果如图 10.17 所示。

```
SELECT * FROM projectdb WHERE project_name like ´材料´
```

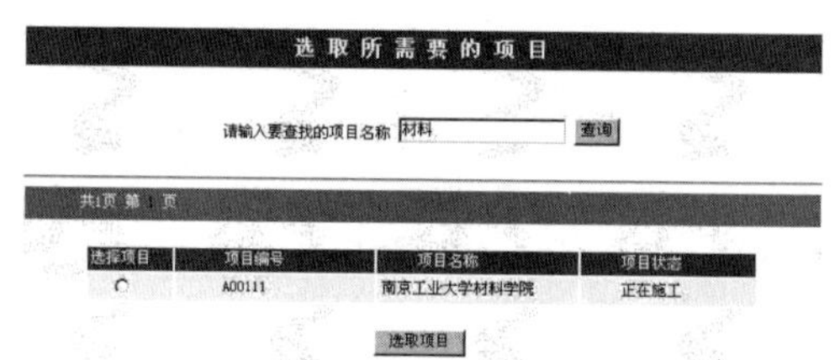

图 10.17　项目名称中包含“材料”所有项目的查询结果

2. 员工资料查询

员工资料查询用于查看员工的个人资料。此查询的使用者是行政部门经理和总经理。例如，在员工信息表中查询用户名为“尹晨”的所有信息，相应 SQL 语句如下，查询结果如图 10.18 所示。

```
SELECT * FROM userdb WHERE user_name = ´尹晨´
```

3. 用户个人工作计划查询

用户个人工作计划查询用于查看员工的工作计划。此查询的使用者是部门经理或者总经理。例如，在员工每周工作计划表查询员工“孙宙”的每周工作总结，相应 SQL 语句如下，查询结果如图 10.19 所示。

```
SELECT job_emp_name,job_summarize,job_date FROM jobplandb WHERE job_emp_name = ´孙宙´
```

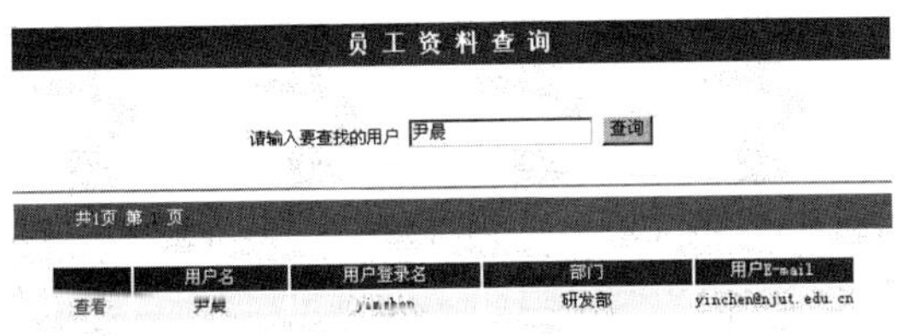

图 10.18 用户名为“尹晨”的个人资料查询结果

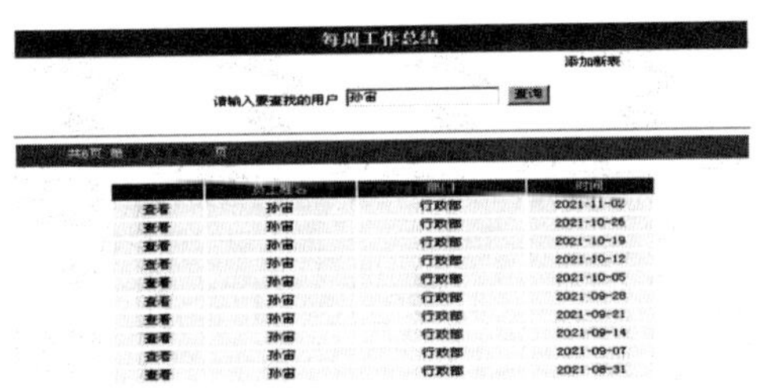

图 10.19 员工“孙宙”的每周工作总结查询结果

10.5 实例四：Android 移动商务点餐系统

10.5.1 总体规划

Android 移动商务点餐系统采用客户机/服务器结构。本系统主要包括三个模块：移动设备点餐系统、吧台综合管理系统、厨房管理系统(如图 10.20 所示)。

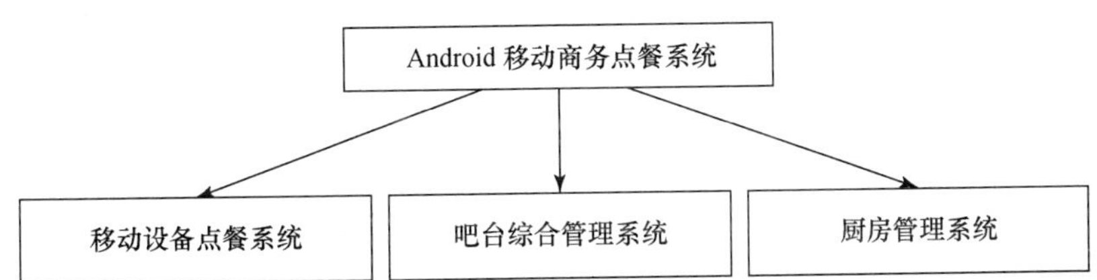

图 10.20 Android 移动商务点餐系统总体架构图

移动设备点餐系统的结构如图 10.21 所示。

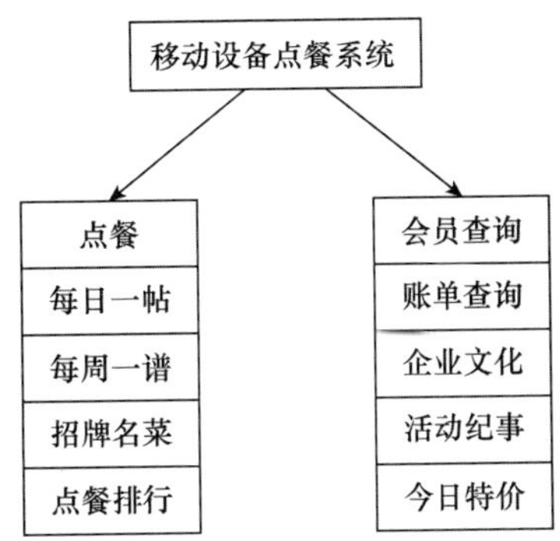

图 10.21 移动设备点餐系统的结构

吧台综合管理系统的结构如图 10.22 所示。

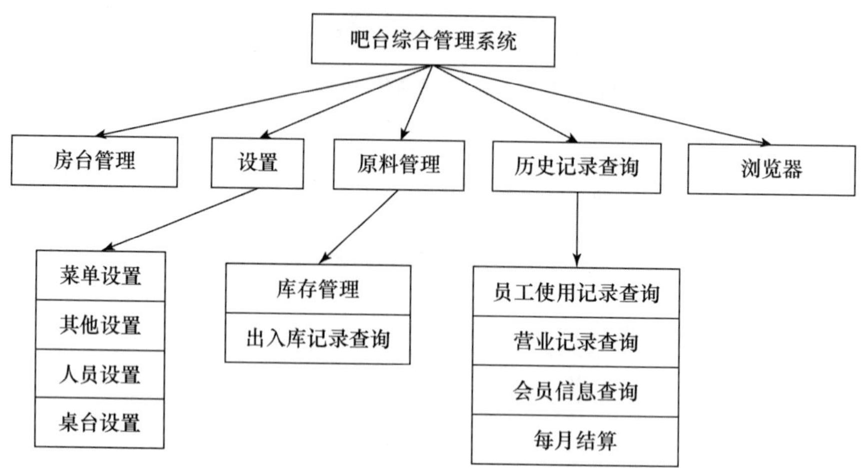

图 10.22 吧台综合管理系统的结构

厨房管理系统的结构如图 10.23 所示。

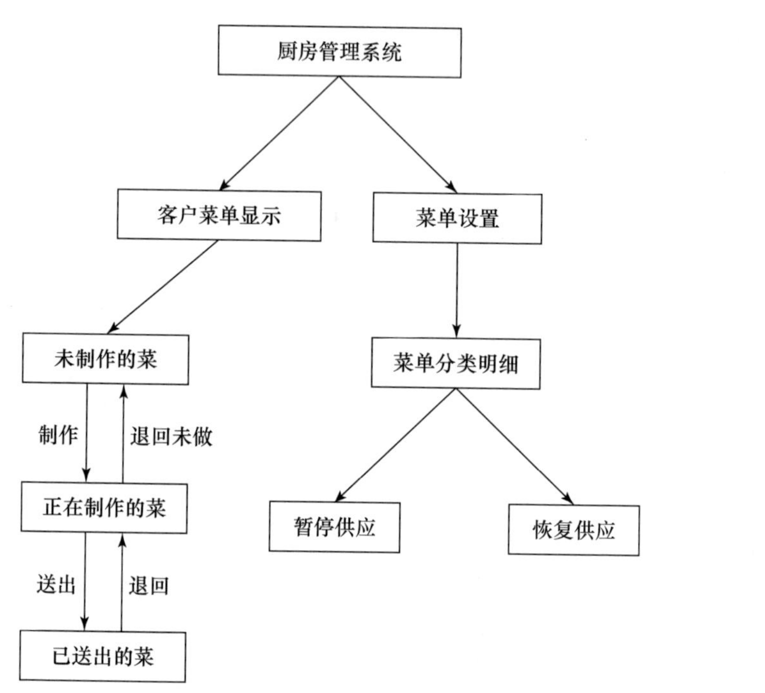

图 10.23 厨房管理系统的结构

10.5.2 主要功能模块结构

1. 桌台管理功能模块

桌台管理是店内桌台管理的主要界面，总体上分为两个部分：桌台管理和桌台结账(如图 10.24 所示)。在桌台管理中，工作人员可以通过查看预定情况来避免桌台使用冲突。当

有客户选择某桌台以后，系统通过启用桌台来将此桌台激活为使用状态。如果客户对已选桌台不满意，可以更换桌台，系统也会使用桌台更换功能调整系统信息，这样可以确保在使用按桌台结账的时候不产生错误。当客户结账完毕，被使用的桌台可以投入下一轮使用时，系统会通过清台功能将桌台置于未使用状态。

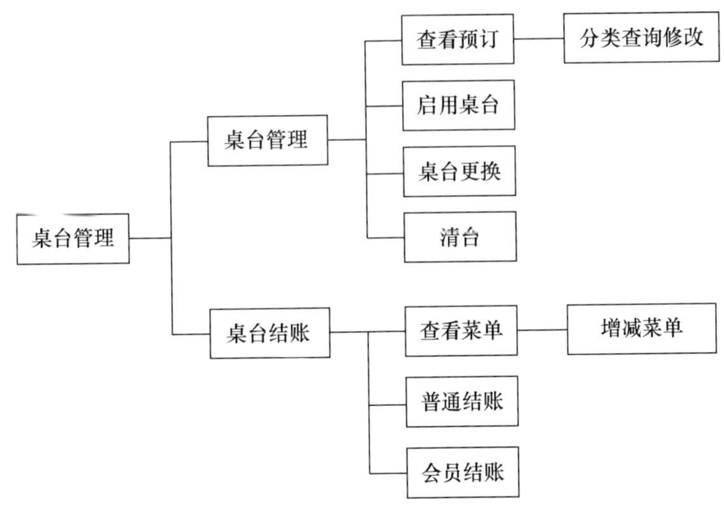

图 10.24　桌台管理功能模块的结构

2. 桌台设置功能模块

桌台设置功能模块的结构如图 10.25 所示。工作人员可以通过桌台选择要查看的账单，也可以修改或删除菜单内容，以满足用户中途换菜或减少菜品的需求，并可根据实际情况对某些客户进行赠送相应菜品以及酒水等操作。在桌台设置中，企业新增或缩减桌台时，可以通过“添加桌台”和“删除桌台”等功能修改现有桌台的资料。当企业修改桌台结构时，可通过“修改桌台”功能来实现。“设置类型”是桌台的分类之一，工作人员可根据情况设置是否为包间以及容纳人数等数据。

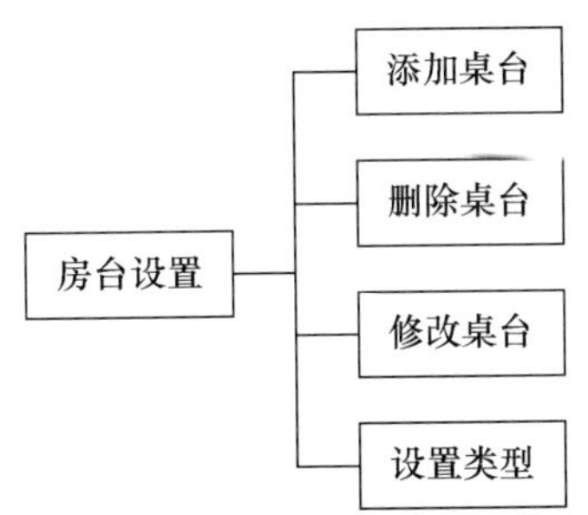

图 10.25　桌台设置功能模块的结构

3. 其他设置功能模块

其他设置功能模块的结构如图 10.26 所示。在其他设置功能模块，工作人员可以修改菜品排行等信息，还可以对会员进行信息管理(如通过设定不同的会员等级来为会员提供不同的折扣),从而刺激消费,为企业带来更多利润。对于付款方式,除了可设置为现金外,还可以设置信用卡、移动支付等,以适应客户的不同需求。企业文化是展示企业风采的窗口,因此,设置企业文化时,除了使用描述性文字外,还可以使用图片、视频等信息。

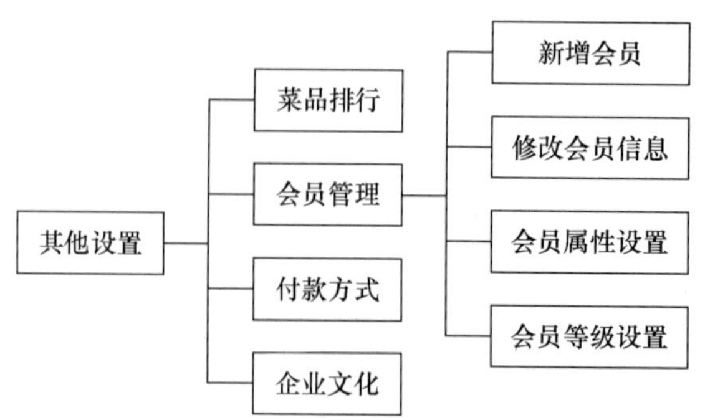

图 10.26 其他设置功能模块的结构

4. 历史记录查询功能模块

历史记录查询功能模块的结构如图 10.27 所示。通过不同的查询条件,工作人员可以获取相应的信息,以进行客户关系管理、控制成本、核算资金等。

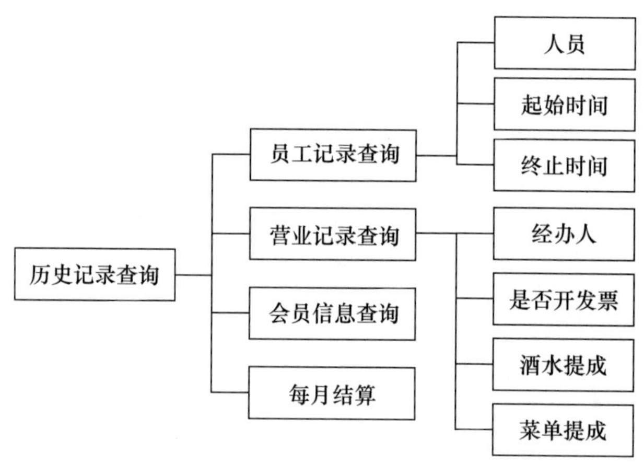

图 10.27 历史记录查询功能模块的结构

10.5.3 系统主要工作流程

根据客户进入餐厅就餐到结账后离开餐厅这条主线,系统主要工作流程如图 10.28 所示。

10.5.4 表结构

这里介绍一下最核心的与账单相关的几个表。

1. 账单表(Bill)

账单表主要负责记录消费情况,用于吧台结算,其结构如表 10.20 所示。

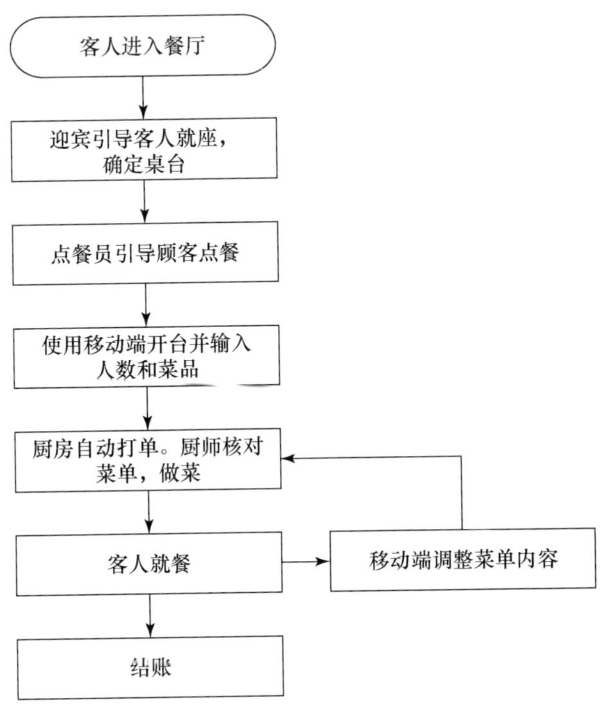

图 10.28 系统主要工作流程

表 10.20 账单表的结构

字段名	字段含义	数据类型	数据字段长度
BillNo	账单编号	bigint	8
TableID	桌位号	bigint	8
NumofPerson	人数	int	4
StartTime	开始时间	datetime	
EndTime	结束时间	datetime	
FoodDiscount	菜单折扣	Numeric	(8,2)
DrinkDiscount	酒水折扣	Numeric	(8,2)
FoodTotalPrice	餐饮总价	Numeric	(8,2)
FoodActualTotalPrice	实付价格	Numeric	(8,2)
DrinkTotalPrice	酒水总价	Numeric	(8,2)
DrinkActualTotalPrice	酒水实付价格	Numeric	(8,2)
ServiceFee	服务费	Numeric	(8,2)
CheckoutPattern	付款类型	Varchar	255
Invoiced	小票	Varchar	255
Handler	经办人	Varchar	255
FoodDeducter	菜单折扣费用	Numeric	(8,2)
DrinkDeducter	酒水折扣费用	Numeric	(8,2)
CheckoutTime	结账时间	datetime	
MemberID	会员编号	Varchar	255

2. 账单明细表(BillDetail)

账单明细表包含所有消费信息,主要用于打印小票,其结构如表 10.21 所示。

表 10.21 账单明细表的结构

字段名	字段含义	数据类型	数据字段长度
ID	编号	bigint	8
BillNo	账单编号	bigint	8
FoodName	菜名	varchar	255
FoodType	所属类型	varchar	255
Amount	总计	Numeric	(8,1)
Unit	类型(份/壶/客)	varchar	10
RequestTime	点菜时间	datetime	
OriginalPrice	原价	Numeric	(8,1)
Discount	折扣	Numeric	(8,1)
CanBeDiscounted	是否享受折扣	int	4
IsDrink	是否为酒水	int	4

账单明细表通过 BillNo 与账单表关联,在输出小票时可通过联合查询生成结果。

3. 会员表(Member)

会员表包含会员的详细信息,其结构如表 10.22 所示。其中,Grade 为会员级别,不同级别的会员享受不同的折扣。这样设计的好处是能够吸引会员消费,通过消费增长级别,从而达到刺激消费和稳定固定消费群的效果。会员表中的所有信息均可通过吧台会员管理进行修改,在验证身份以后通过移动端也可以查看。

表 10.22 会员表的结构

字段名	字段含义	数据类型	数据字段长度
MemberID	会员编号	bigint	8
Password	密码	varchar	255
Money	会员卡余额	numeric	(8,2)
Grade	会员级别	varchar	255
Name	名称	varchar	255
Sex	性别	varchar	255
Company	公司	varchar	255
CompanyTel	公司电话	varchar	255
HomeTel	家庭电话	varchar	255
Mobile	移动电话	varchar	255
Birthday	生日	varchar	255
Email	电子邮件	varchar	255
Characteristic	个人特征	varchar	255
Others	其他备注	varchar	255

4. 桌台点餐记录表(TableMenu)

桌台点餐记录表用于记录桌台的点菜详情,其结构如表 10.23 所示。其中,Remark 是

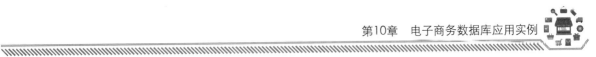

备注栏，用来记顾客对菜品的特殊要求（如辣/不加姜），以使顾客有更好的用餐体验。Printed 和 NotFree 通过记录 0 或者 1 来判断是否打印和是否免费。当顾客在桌台点菜以后，系统会记录点菜时间 RequestTime。当厨房制作完毕，将菜送入送菜队列时，系统将记录上菜时间 OutTime。这样的设计主要用来监督并且改善厨房的做菜效率。

表 10.23　桌台点餐记录表的结构

字段名	字段含义	数据类型	数据字段长度
ID	编号	bigint	8
FoodID	菜名编号	bigint	8
Amount	总数	numeric	(8,2)
Status	单位	int	4
RequestTime	点菜时间	datetime	
OutTime	上菜时间	datetime	
Remark	备注	varchar	255
Printed	是否打印	int	4
NotFree	是否赠送	int	4

5. 菜单表(FoodMenu)

菜单表中包含菜品的详细信息，其结构如表 10.24 所示。当 EveryweekTip=1 时，此菜品将显示在每日一帖的推荐中。当 IsFamous=1 时，此菜品将被列为特色菜。当 CanBeDiscounted=1 时，此菜品可以特价结算（非会员）。当 CanBeHalf=1 时，此菜品可以半份销售。

表 10.24　菜单表的结构

字段名	字段含义	数据类型	数据字段长度
ID	编号	bigint	8
Name	菜名	varchar	255
Price	价格	numeric	(8,2)
Unit	类型(份/壶/客)	int	4
Discount	折扣	numeric	(8,2)
CanBeDiscounted	是否今日特价	int	4
TypeID	类型编号	int	4
CanBeHalf	能否半份供应	int	4
Remark	备注	varchar	
Status	附加情况	varchar	
Description	描述		
EveryweekTip	每日一帖	int	4
IsFamous	是否为特色菜	int	4
Rank	等级	int	4

10.6 本章小结

本章通过四个以数据库驱动的 Web 网站后台数据库的设计开发实例，详细介绍了本书的主要教学内容的实际应用。

10.7 本章习题

1. 按照本章给出的流程，完成一个网上物流查询系统的开发工作。
2. 结合学校实际情况，按照本章给出的流程，开发一个校内食堂网上订餐系统。

10.8 本章参考文献

陈联刚，2017. 电子商务基础与实训[M]. 武汉：华中科技大学出版社.

李月军，付良廷，2019. 数据库原理及应用(MySQL 版)[M]. 北京：清华大学出版社.

邵丽萍，张后扬，王馨迪，2011. Access 数据库技术与应用案例汇编[M]. 北京：清华大学出版社.

石道元，2010. 电子商务网站开发实务[M]. 北京：电子工业出版社.

谭红杨，2011. Visual FoxPro 数据库设计案例教程[M]. 北京：北京大学出版社.

王长松，等，2009. 数据库应用课程设计案例精编[M]. 北京：清华大学出版社.

卫琳，2019. SQL Server 2014 数据库应用与开发教程[M]. 4 版. 北京：清华大学出版社.

赵姝颖，等，2007. Delphi 数据库管理信息系统开发案例精选[M]. 北京：清华大学出版社.